KB091396

디지털 트윈 개발 및 클라우드 배포

이 책은 에이콘출판(주)가 단독으로 계약하여 번역한 책입니다. 실무자와 연구원은 이 책에서 설명하고 있는
정보나 방법론, 결론, 실험을 분석하고 사용하는 경우, 언제나 자체적인 경험과 지식을 따라야 합니다.
특히 의학이 급속도로 발전함에 따라 진단 및 약물 투약에 대한 독립적인 검증이 이루어져야 합니다. 이 책의 번역과
관련된 Elsevier, 저자, 편집자, 기타 관계자는 제조물책임, 부주의, 기타 이유로 인한, 또는 이 책의 내용에 포함된
방법론, 제품, 지침, 아이디어의 사용 및 수행으로 인한 인명 및 재산상의 상해에 책임을 지지 않습니다.

디지털 트윈 개발 및 클라우드 배포

**Simulink, Simscape, AWS를 활용해
클라우드 기반 다이내믹 모델 개발하기**

Nassim Khaled · Bibin Pattel · Affan Siddiqui 지음   최만균 옮김

에이콘출판의 기틀을 마련하신 故 정완재 선생님 (1935-2004)

| 지은이 소개 |

나심 칼레드[Nassim Khaled]

제어와 시뮬레이션 분야에서 두 권의 책을 저술했다. 미국의 엔지니어링 회사인 커민스[Cummins]와 힐피닉스[HillPhoenix]에서 제어 엔지니어링 관리자로 근무했다. 현재 사우디아라비아의 프린스 모하마드 빈 파드 대학교[Prince Mohammad Bin Fahd University]에서 조교수로 일하고 있다. 전 세계적으로 30건 이상의 특허 출원을 했고 24건의 미국 특허를 출원했다.

비빈 파텔[Bibin Pattel]

제어 및 시뮬레이션 분야에서 책을 저술한 저자다. 현재 자동차 제어 분야에서 KPIT의 기술 전문가로 일하고 있다. 진단 및 제어용 소프트웨어 개발 전문가이며 기계공학 석사 학위를 갖고 있다.

아판 시디키[Affan Siddiqui]

현재 커민스 이미션스 솔루션스[Cummins Emissions Solutions]에서 수석 제어 엔지니어로 일하고 있다. 디젤 엔진과 후처리 시스템의 제어 및 진단 알고리듬의 소프트웨어 개발 전문가이며 기계공학 석사 학위를 갖고 있다.

| 감사의 글 |

이 책을 나의 어린 딸에게 헌정한다. 아이가 태어난 이후, 아이와 아이의 세대를 위한 더 나은 미래를 만들어 주고 싶은 동기를 갖게 됐다.

다음 세대는 미래의 주역이다. 나는 오늘날의 혁신이 더 많은 돈을 벌기 위해서라기보다는 더 나은 미래를 위해 나아가길 바란다.

딸아, 아빠는 부자가 아니란다. 내가 너에게 줄 수 있는 유산은 지식과 아이디어란다. 몇 십 년이 지난 후에 다시 이 책을 기억해 주면 좋겠구나.

그리고 내가 더 이상 너의 곁에 없더라도 너를 무척이나 아끼고 사랑했다는 사실을 알아주면 좋겠구나.

나심[Nassim]

나와 형제들이 좋은 교육을 받을 수 있도록 수고하신 나의 사랑하는 부모님께 이 책을 헌정한다. 또한 언제나 곁에서 영감과 희망을 주는 나의 사랑하는 아내와 딸에게도 이 책을 헌정한다. 그리고 언제나 나를 응원해 주는 나의 형제들에게 이 책을 헌정한다. 이들의 지원과 필요할 때마다 언제나 곁에 있어 준 모든 사람들에게 감사한다.

비빈[Bibin]

내가 늘 감사하게 생각하는 나의 사랑하는 부모님, 나딤 파르바이즈 시디퀴[Nadeem Parvaiz Siddiqui] 그리고 파우지아 나딤 시디퀴[Fauzia Nadeem Siddiqui]께 이 책을 헌정한다. 또한 내 삶에서 언제나 아낌없는 도움과 지원을 해주는 나의 두 형에게 이 책을 헌정한다.

아판[Affan]

우리와 같이 풀타임 근무를 하고 부양해야 하는 가족들이 있는 교수들의 경우에는 책을 출판하는 것이 쉽지 않다. 운이 좋게도 우리는 지난 몇 년 동안 다양한 사람들에게 지원을 받을 수 있었다. 우리가 받은 지원들은 이 책이 출판할 수 있는 원동력이 됐다. 이 자리를 빌어 주요 후원자들을 언급하고 그들의 지원에 감사드리고자 한다.

매스웍스^{Mathworks}는 출판 프로그램^{Book program}을 통해 이 책을 후원했다. 이 책에 포함된 다양한 애플리케이션 모델과 예시를 개발할 수 있게 MATLAB, SIMULINK, 여러 가지 도구 상자^{toolbox} 라이선스를 제공해 줬다. 이 책을 출판할 수 있도록 지속적인 도움을 제공해 준 것에 대해 감사드린다.

2장에 기여해 준 체탄 군두라오^{Chetan Gundurao}와 나레쉬 크리슈나무티^{Naresh Krishnamoorthy}에 감사드린다.

6장을 위해 수행한 스티븐 림보스^{Stephen Limbos}의 실험과 기여에 감사드린다.

또한 7장에 기여해 준 지샤 프라카시^{Jisha Prakash}에게 감사드린다.

엘스비어^{Elsevier}는 콘텐츠 제출부터 리뷰, 출판까지의 과정을 순조롭게 진행할 수 있도록 도와줬다. 특히 출판 프로젝트 기간에 긴밀하게 협조해 준 손니니 루이스 유라^{Sonnini Ruiz Yura}, 카메시 라마조기^{Kamesh Ramajogi}, 라파엘 트롬바코^{Rafael Trombaco}에게 감사드린다.

문의

한국어판의 정오표는 에이콘출판사의 도서정보 페이지 http://www.acornpub.co.kr/book/digital-twin에서 확인할 수 있다. 한국어판에 관해 질문이 있다면 에이콘출판사 편집 팀(editor@acornpub.co.kr)이나 옮긴이의 이메일로 연락주길 바란다.

옮긴이 소개

최만균(ferozah83@naver.com)

한국과 뉴질랜드에서 14년의 IT 경력을 쌓았다. 한국에서는 네트워크 및 보안 분야 엔지니어로 근무하며 다수의 국내외 대기업 및 정부 프로젝트에 참여했다. 뉴질랜드에서는 기업의 소프트웨어 테스트 자동화 프로세스 개발 및 수행 그리고 웹 보안 업무를 수행하고 있다. 또한 빅데이터 분석, AI, 클라우드 보안에 관심이 많다.

매일같이 오라일리^{Oreilly}와 미디엄^{Medium} 사이트를 누비며 다양한 원서들과 영문 아티클을 통해 끊임없이 공부하고 연구하고 있다. 기술 관련 도서 번역을 제2의 직업으로 생각하며, 『사이버 보안』(에이콘, 2019)과 『어반 컴퓨팅』(에이콘, 2020)을 번역했고 앞으로도 다양한 원서를 번역하고자 하는 목표를 갖고 있다.

디지털 트윈은 물리적인 객체를 디지털 방식으로 표현한 가상 모델이다. 디지털 트윈을 통해 비즈니스 프로세스를 개선하고 위험을 줄이고 운영 효율성을 최적화할 수 있다.

디지털 트윈은 2002년에 최초로 개념이 소개된 이후 최근 들어 AI 및 클라우드 기술과 접목돼 여러 산업 분야에서 주목을 받고 있다.

이 책의 저자들은 디지털 트윈이 다양한 기계 및 프로세스에 높은 안전성과 효율성을 제공할 수 있다고 믿으며 디지털 트윈을 통해 객체에 대한 진단과 예측을 수행할 수 있음을 보여 준다. 또한 클라우드를 활용한 실시간 디지털 트윈 모델 활용 방법도 소개한다.

디지털 트윈을 활용하는 시장은 점차 커지고 있으며, 미래의 발전 가능성도 매우 높다. 무엇보다 메타버스와 함께 미래 핵심 기술 중 하나로서 우리의 삶과 직접적으로 관련돼 있기 때문에 흥미로운 분야라고 할 수 있다. 이 책이 가상 세계와 현실 세계를 연결하는 디지털 트윈에 한 걸음 다가서는 계기가 될 수 있을 것이다.

차례

디지털 트윈 및 IoT의 부가가치

1.1 소개

이제 모델링 및 시뮬레이션 비즈니스를 시작할 때다. 전자 기기 및 마이크로프로세서 기능의 발전으로 일반 PC에서도 고성능 시뮬레이션을 할 수 있게 됐다. 또한 클라우드 기술을 활용해 대량의 시뮬레이션을 서버에서 수행할 수 있게 됐다. 클라우드는 또한 서비스로서의 소프트웨어^{Software as a Service}(제품으로서의 소프트웨어 모델과 반대되는 개념)와 같은 새로운 종류의 수입원을 확보하게 됐다. 이러한 발전으로 매스웍스^{MathWorks}는 개인용 시뮬레이션 및 컴퓨팅 소프트웨어 최초로 10억 달러의 수익을 올렸다.

클라우드 서비스 제공업체 또한 호재를 맞았다. 스트리밍 서비스, 데이터 스토리지, 데이터 분석, 소셜 미디어 아웃렛^{social media outlet}, IoT 관련 활동은 엄청난 비즈니스 기회를 제공했다. 마이크로소프트 애저^{Azure}, 구글 클라우드 플랫폼, 아마존 웹 서비스는 클라우드 수익 측면에서 상위권을 차지하고 있다. 2020년 해당 기업들은 800억 달러에 근접한 매출을 올리고 있다.

일반적으로 엔지니어링 및 설계 회사는 클라우드 환경에서 시뮬레이션을 수행하지 않는다. 이러한 낮은 클라우드 사용률의 핵심적인 이유는 엔지니어들의 커리큘럼 문화에

뿌리를 두고 있다. 저자들의 경험에 비춰 보면 대부분의 엔지니어들은 여전히 '클라우드는 IT 기능$^{IT\ function}$'이라고 생각한다.

엔지니어들이 클라우드를 사용하지 않는 몇 가지 이유와 원인은 클라우드 서버의 이점, 클라우드 시뮬레이션을 설정하고 배포하는 데 걸리는 시간, 보안 문제, 시뮬레이션으로 생성된 대용량 데이터의 다운로드 속도에 대한 인식 부족에 기인한다.

클라우드 시뮬레이션은 클라우드 매출의 극히 일부분이며, 가까운 미래에도 마찬가지일 것이다. 해당 서비스는 활용도가 매우 낮다. 클라우드 시뮬레이션은 대규모 클라우드 인프라와 기존 통신, 보안 프로토콜, 파일 개정 표준, 소프트웨어를 서비스 모델로 활용해 대부분의 엔지니어링 관행과 설계를 개선할 수 있다. 클라우드 시뮬레이션은 진단과 예측 분야에서도 엄청난 잠재력을 갖고 있다.

이 책은 진단과 예측을 개선하려는 목적으로 클라우드 기반의 다중물리^{multiphysics} 시뮬레이션 모델 활용을 촉진하고자 썼다. 이 책에서는 진단 및 예측의 관점에서 디지털 트윈$^{digital\ twin}$이라는 용어를 재정의할 것이다. 디지털 트윈의 일부 정의가 해당 분야의 성숙을 방해하고 있다고 생각한다. 엔지니어링 기업의 비즈니스 리더들은 '디지털 트윈이 무엇인지?', '어떻게 가치를 제공할 수 있는지?', '배포(및 유지 보수) 비용이 얼마나 필요한지?' 등을 이해해야 한다. 이러한 이해를 바탕으로 디지털 트윈의 도입 여부를 결정할 수 있다.

디지털 트윈을 배포하는 데 필요한 핵심 요소를 간략하게 설명할 것이다. 디지털 트윈의 개발 및 배포 과정을 포함해서 필요한 하드웨어 및 소프트웨어도 설명할 것이다. 직면하게 될 문제점들과 어려움들을 해결하고, 즉시 사용할 수 있거나 추후 활용할 수 있는 대응책$^{work-around}$도 소개할 것이다.

1.2 이 책을 쓰게 된 동기

저자들은 높은 수준의 안전성을 디지털 트윈이 기계/제품/프로세스에 제공할 수 있다고 생각한다. 또한 디지털 트윈이 포함된 자체 진단 및 예측 분야와 관련된 자료가 부족하다는 것도 알게 됐다. 해당 분야는 통신 및 컴퓨터 과학을 포함하는 전자 기계 시스템, 자동화 및 제어의 기본적인 운영 지식을 결합한 분야다.

이 책을 저술한 전문가들의 배경을 소개하고자 한다. 이를 통해 저자들의 동기와 의견

이 어떻게 구체화됐는지 이해할 수 있다. 7명의 전문가가 긴밀하게 협력해 이 책을 썼다. 저자들은 엔지니어링 제품의 안전성을 향상시키고자 시뮬레이션 및 클라우드 기술 분야에 특화된 출판물을 발표할 계획을 세웠다. 유용한 지식을 전 세계에 전파해 인류의 삶을 향상시키는 것은 그들의 사명 가운데 하나다.

저자들은 산업, 연구개발, 학문 분야에 종사하고 있다. 이들이 속한 산업에는 자동차, 자율 안내 및 제어, 배터리 시스템, HVAC 및 냉동, 전력망 제어, 비디오 및 이미지 처리가 포함된다. 전문가들은 모두 40세 미만이지만 각 전문가들의 경험을 합치면 60년의 경력을 가진다.

나심 칼레드 박사Dr. Nassim Khaled는 제어와 시뮬레이션 분야에서 두 권의 책을 저술했다 [1,2](두 책 모두 베스트셀러 MATLAB 전자책이다). 그는 미국의 엔지니어링 회사인 커민스Cummins와 힐피닉스HillPhoenix에서 제어 엔지니어링 관리자로 근무했다. 현재 사우디아라비아의 프린스 모하마드 빈 파드 대학교Prince Mohammad Bin Fahd University에서 조교수로 일하고 있다. 칼레드 박사는 전 세계적으로 30건 이상의 특허 출원을 했고 24건의 미국 특허를 출원했다.

비빈 파텔Bibin Pattel은 제어 및 시뮬레이션 분야에서 책을 저술한 저자다. 그는 현재 자동차 제어 분야에서 KPIT의 기술 전문가로 일하고 있다. 그는 진단 및 제어용 소프트웨어 개발 전문가이며 기계공학 석사학위를 갖고 있다.

아판 시디키Affan Siddiqui는 현재 커민스 이미션스 솔루션스Cummins Emissions Solutions에서 수석 제어 엔지니어로 일하고 있다. 그는 디젤 엔진과 후처리 시스템의 제어 및 진단 알고리듬의 소프트웨어 개발 전문가이며 기계공학 석사 학위를 갖고 있다.

체탄 건두라오Chetan Gundurao는 소프트웨어와 임베디드embedded 시스템 기반의 폐쇄 루프 및 개방형 루프 제어 솔루션을 개발하면서 제어 프로세스와 이산 자동화 제어 산업과 관련된 다양한 산업에서 근무했다. 체탄은 현재 도버Dover Corporation의 기술 설계자로 일하고 있다. 그는 전자 및 통신공학 학사 학위와 컴퓨터과학 석사 학위를 갖고 있다.

나레쉬 쿠마르 크리슈나무르티에Naresh Kumar Krishnamoorthy는 전기공학 석사 학위를 갖고 있다. 그는 현재 인도 도버 이노베이션 센터Dover Innovation Center에서 프로젝트 리더를 맡고 있으며 진단 및 제어 전문가다.

지샤 프라카시Jisha Prakash는 현재 전기공학 석사 과정을 밟고 있으며 연구 분야는 파워 일렉트로닉스 최적 제어다.

스티븐 존 림보스$^{Stephen\ John\ Limbos}$는 프린스 모하마드 빈 파드 대학교의 공과대학 연구실 기술자다. 그는 전자통신공학 학사 학위를 갖고 있으며 소프트웨어/하드웨어 통합에 광범위한 경험이 있다.

저자들은 클라우드 시뮬레이션을 통해 수행되는 모델 기반 진단이 엔지니어링 분야에서 활용도가 매우 낮으며 일련의 제품에 대해 상당한 안전 및 유지 보수를 개선할 수 있는 잠재력이 있다는 점에 동의했다.

이 책은 주로 기계의 진단 및 예측에 활용되는 디지털 트윈 개발을 간소화하기 위한 프레임워크를 제공한다.

1.3 디지털 트윈

이 책에서는 프로세스, 공장 또는 기계의 이상 탐지를 목적으로 하는 디지털 트윈을 정의한다. 이미 발생한 잠재적 이상에 대한 탐지는 일반적으로 진단이라고 하며, 미래에 발생할 수 있는 잠재적 이상에 대한 탐지는 예측이라고 한다. 두 개념 모두 시스템의 물리적 동작을 모방한 특정 형태의 수학적 모델이 필요하다.

기업들은 비즈니스 모델을 기반으로 디지털 트윈을 정의한다. 해당 정의는 디지털 트윈에 대한 오해를 불러일으키고 장점을 제한한다. 아래와 같이 디지털 트윈이 기업에서 어떻게 정의되는지에 대한 두 가지 예시가 존재한다.

매스웍스는 디지털 트윈을 다음과 같이 정의한다. "운영 중인 실제 물리적 자산의 최신 표현 모델로서 현재 자산 상태를 반영하고 자산과 관련된 과거 데이터를 포함한다. 디지털 트윈은 자산의 현재 상태를 평가하는 데 사용할 수 있으며 더 중요한 것은 미래 행동을 예측하고 제어를 개선하거나 운영을 최적화할 수 있다[3]."

보쉬^{Bosch}는 디지털 트윈을 "도구, 자동차, 기계, 센서 및 기타 웹 기반 객체들이 클라우드 내에서 재사용 가능하고 추상화된 방식으로 연결된 기기들"이라고 정의한다[4].

여기에서는 매스웍스가 제시한 정의를 적용할 것이다. 보쉬가 제시한 디지털 트윈의 정의는 매스웍스보다 한 단계 높은 추상화를 의미한다.

우리는 "디지털 트윈이란 무엇입니까?", "어떻게 가치를 제공할 수 있습니까?", "배포 (및 유지 관리) 비용은 얼마입니까?"와 같은 비즈니스 리더가 제기할 수 있는 질문에 답하는 데 도움이 되기를 바란다.

그림 1.1 기존 온보드 진단 셋업

1.4 온보드 및 오프보드 진단

온보드 진단^{OBD, On-Board Diagnostics}은 다른 산업에서도 사용할 수 있지만 주로 자동차 산업에서 사용되는 용어다. 온보드 진단은 차량의 오작동을 진단하고자 프로세서를 탑재하는 것을 의미한다. 일반적으로 기능을 제공하는 센서, 작동 장치 또는 구성 요소가 있고 예상되는 결과를 예측하는 가상 모델이 있다. 두 결과물을 비교하고 그 차이에 따라 진단 결과가 내려진다. 그림 1.1은 차량에 설치 및 활용되는 기존 프로세스를 보여 준다.

차량 진단의 주요 문제점은 온보드 처리 장치의 제한된 처리 성능이다. 차량의 전자 모듈에서 보통 100ms마다 수백 개의 진단이 실행된다. 즉 제한된 성능의 디지털 트윈이 차량에 내장된다. 디지털 트윈의 설계와 구조는 차량이나 기계의 라이프 사이클 동안 업데이트되지 않는다(제품에 대한 리콜이 없는 한). 또한 온보드 디지털 트윈은 온보드 차량에서 제공하지 않는 센서 자료(평균 습도, 풍속, 또는 특정 지역의 공기 밀도)를 활용할 수 없다. 그리고 온보드 디지털 트윈은 온보드 메모리 제약으로 인해 차량의 과거 데이터에 접근할 수 없다. 결과적으로, 온보드 모델은 다른 차량의 디지털 트윈과 연결돼 있지 않기 때문에 전체적인 데이터 학습에 대한 이점을 누리지 못한다.

이번에는 온보드가 아닌 오프보드 진단^{Off-BD, Off-Board Diagnostics}이라는 용어를 소개하고자 한다. 오프보드 진단은 차량 또는 기계에 대한 디지털 트윈과 진단 프로세스가 클라우드 또는 원격에서 수행되는 것을 말한다. 오프보드 진단의 설계 단계는 그림 1.2에 하이라이

그림 1.2 다양한 장애 모드를 기반으로 한 디지털 트윈 개발 및 배포

트돼 있다. 자산의 장애 모드 및 입력/출력 블록 다이어그램 또한 포함돼 있다. 에지 기기 edge device는 클라우드에 데이터를 전송한다. 자산에 대한 가상 모델이 구축되고 보정된다 (일반적으로 MATLAB/Simulink 도구가 사용됨). 진단 알고리듬이 생성된다. 해당 알고리듬은 일반적으로 가상 모델과 물리적 자산의 차이를 추적한다. 가상 모델은 자산의 명목상 동작을 나타낸다. 가상 모델의 편차가 사전 정의된 임계값을 초과하는 경우 장애로 간주한다.

온보드, 오프보드 자가진단은 모든 자산에 필요한 기능이다. 해당 진단은 자산의 중요하고 근본적인 장애를 탐지한다. 특정 장애 모드를 탐지하고자 해당 진단을 설계하는 것은 엔지니어링 분야에서 특별히 깊이 있게 탐구되지 않는 기술이다. 해당 기술은 일반적으로 물리학, 관찰자, 컨트롤러, 통신, 마이크로프로세서에 대한 지식을 통합한다.

저자들은 자가진단과 디지털 트윈에는 밀접한 연관성이 있다고 생각한다. 실제로 이 책 전반에 걸쳐 디지털 트윈이 특정 진단 형식과 함께 사용된다고 가정한다. 단순히 원격에 데이터가 존재한다고 해서 디지털 트윈으로 간주하지는 않는다. 자산의 장애 기준과 관련된 클라우드의 가상 모델 프로세스를 설명하고자 오프보드라는 용어를 사용하는 이유다. 가상 모델의 출력 데이터와 물리적 데이터가 일부 진단 로직에서 변경이 발생할 경우 해당 자산의 장애로 간주된다. 사용자는 이러한 장애 상황을 인지해야 한다.

그림 1.3에서는 하나의 물리적 자산에 오프보드가 어떻게 동작하는지 보여 준다. 그림 1.4에서는 동일한 플랫폼에 포함된 5개의 유사한 자산에 오프보드가 어떻게 동작하는지 보여 준다.

1.5 모델링 및 시뮬레이션 소프트웨어

가상 환경에서 석유 굴착 장치, 차량, 항공기 또는 우주 왕복선을 모델링하는 것은 복잡한 과정이다. 해당 시스템에는 기계, 전기, 구조, 화학, 전자 부품이 포함된다. 대부분의 경우 전체 시스템에 대해 별도의 모델이 구축된다. 예를 들어 연소 모델은 출력, 열 전달, 배출을 시뮬레이션하고자 생성된다. 전송 역학transmission dynamics을 모델링하고자 별도의 모델이 구축된다. 차량의 공기 역학을 시뮬레이션하는 모델도 구축된다. 마찬가지로 또 다른 모델은 엔진의 공기 정화air handling 서브시스템subsystem을 제어하는 제어 로직의 강건성을 시뮬레이션한다. 해당 모델들은 서로 다른 특성을 갖고 있고 시스템의 부분적인 행동을 모방한다. 해당 모델의 실행 시간은 몇 초에서 며칠까지 다양하다.

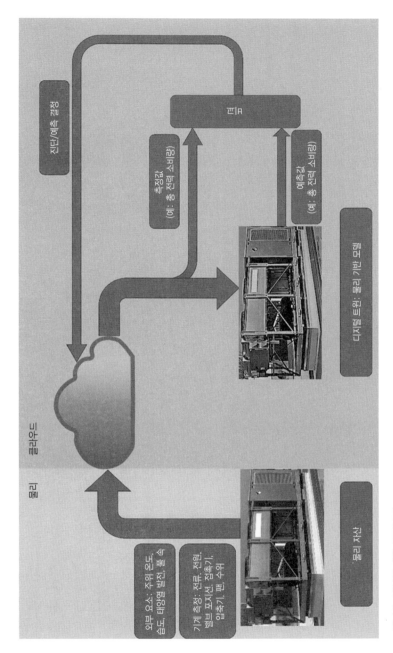

그림 1.3 자산에 대한 오프보드

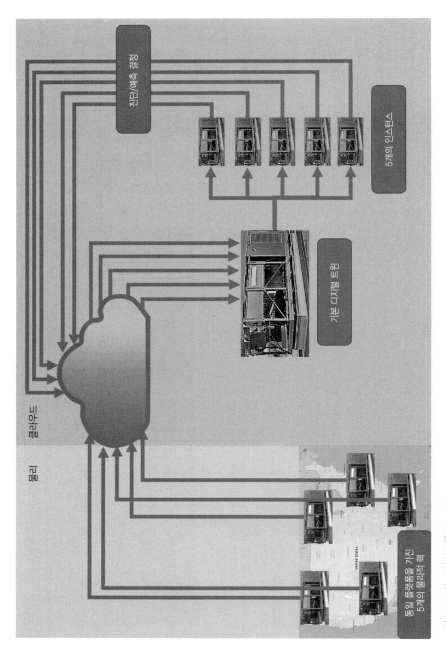

그림 1.4 5개 자산에 대한 오프보드

전체 시스템을 나타내는 다중물리 모델multiphysics model은 거의 없다. 기계적, 전기적, 구조적, 화학적, 전자적 프로세스에 대한 공통 솔버common solver 및 단계적 크기의 존재는 모델의 사용을 어렵게 한다. 그럼에도 서브시스템을 나타내는 다중물리 모델이 존재한다. 해당 모델들은 일반적으로 시스템의 소프트웨어 및 하드웨어 설계에 사용된다.

다중물리 모델링을 위한 다양한 소프트웨어가 존재한다. COMSOL[5], SimScale[6], AnyLogic[7], MathWorks[8], Ansys[9] 모두 다중물리 모델을 구축하는 데 사용할 수 있는 강력한 도구들이다.

자동차, 항공 우주, 엔지니어링 기업에 시뮬레이션 소프트웨어의 높은 필요성에도 불구하고 모델링 소프트웨어 회사의 수익은 그다지 크지 않으며 해당 소프트웨어가 가진 잠재력과 비용 절감 효과에 비해서 저평가된 것으로 보인다. 상장 기업인 Ansys는 2018년에 13억 달러의 매출을 달성했다[10]. 반면 COMSOL, SimScale, AnyLogic의 매출은 3,500만 달러, 5,500만 달러, 2,500만 달러다[9].

이 책에서는 제어 및 알고리듬 개발을 위해 가장 많이 사용되는 소프트웨어인 MATLAB® 및 Simulink®를 중점적으로 다룬다. 산업 및 연구 분야 모두 매스웍스에서 제공하는 소프트웨어 도구를 자주 사용한다.

링크드인LinkedIn은 2019년 기업에서 필요한 핵심 기술로서 계산 과학 기술을 선정했다[11]. 특히 해당 기사에서 필수적인 스킬을 획득하고자 MATLAB® 학습을 추천했다.

1.6 이 책의 구성 및 개요

이 책은 3개의 부part로 구성된다.

1부(1장, 2장)는 온보드 및 오프보드 진단, 클라우드 기술에 대한 전체적인 개요를 다루며 클라우드의 기원, 인프라, 현재 기능들을 다룬다.

2부(3~8장)는 저자들이 제안하는 다중물리 시뮬레이션 모델을 생성하기 위한 프로세스 최적화를 중점적으로 다룬다. Simscape를 활용해 물리 시스템의 다양한 시뮬레이션 모델을 개발한다. 에지 기기와 클라우드 배포는 해당 파트에서 다루지 않는다(그림 1.5).

3부(9장, 10장)는 클라우드 기반의 시뮬레이션 모델 배포 단계를 다룬다(그림 1.2).

다음은 개별 장들에 대한 설명이다.

1장에서는 책을 집필한 배경과 동기를 소개한다. 또한 온보드와 제안된 오프보드 프로

그림 1.5 3~8장에서 다루는 오프보드 단계

세스의 차이점을 설명하며 저자의 경험과 책의 개요를 다룬다.

2장에서는 클라우드의 기원, 인프라, 현재 기능, 클라우드가 제공하는 새로운 비즈니스 기회를 다룬다.

3장에서는 그림이 포함된 3 자유도$^{3\,degrees\text{-}of\text{-}freedom}$ 로봇 팔의 모델링 및 시뮬레이션을 다룬다. Simscape™는 동적 모델을 개발하는 데 사용된다. 애플리케이션 문제에 대한 결론을 도출한다.

4장에서는 볼 온 플레이트$^{ball\,on\,plate}$의 모델링 및 시뮬레이션을 다룬다. Simscape™는 동적 모델을 개발하는 데 사용된다. 문제는 볼과 플레이트가 서로 연결되지 않은 2개의 움직이는 물체라는 점이다. 볼 다이내믹스$^{ball\,dynamics}$를 모델링하고자 커스터마이징된 C 언어를 사용한다. 애플리케이션 문제에 대한 결론을 도출한다.

5장에서는 이중 매스 스프링 시스템$^{double\,mass\,spring\,system}$의 모델링 및 시뮬레이션을 다룬다. 애플리케이션 문제에 대한 결론을 도출한다.

6장에서는 태양광 전지의 모델링과 시뮬레이션을 다룬다. 해당 모델은 태양광 전지의 일사량과 온도를 설명하고 전지의 출력을 예측한다. 애플리케이션 문제에 대한 결론을 도출한다.

7장에서는 전기/하이브리드 차량의 모델링 및 시뮬레이션을 다룬다. 애플리케이션 문제에 대한 결론을 도출한다.

8장에서는 3상 인버터 시스템$^{three\text{-}phase\,inverter\,system}$의 모델링, 진단, 오류 복구를 다룬다. 모델 기반 장애 진단 및 대응 알고리듬을 구현해 단선, 단락, DC 링크 장애를 진단한다. 해당 모델은 별도의 장치를 추가하지 않고 인버터 드라이브 토폴로지를 조정해 장애 모드를 완화하는 데 사용된다.

9장에서는 하드웨어 진단을 목적으로 DC 모터의 디지털 트윈을 개발하고 배포하는 전체적인 최종 단계를 다룬다. 문제들과 복잡성은 특히 더 자세히 다루며 하드웨어 플랫폼, AWS 클라우드 및 디지털 트윈을 통해 실시간으로 오프보드 수행 방법을 자세히 설명한다. 다음은 전체 오프보드 프로세스 관련 설정이다.

1. DC 모터 속도 제어를 위한 실시간 임베디드 컨트롤러 하드웨어 설정

2. DC 모터 속도 제어를 위한 Simscape^{TM} 디지털 트윈 모델 개발

3. Simulink Design Optimization^{TM}을 사용해 실제 하드웨어 시스템의 데이터로 Simscape^{TM} DC 모터 모델의 매개 변수 튜닝

4. DC 모터 속도 제어를 위해 실시간 임베디드 컨트롤러 하드웨어에 클라우드 연결성 추가

5. 아마존^{Amazon} AWS 클라우드에 Simscape^{TM} 디지털 트윈 모델 배포

6. 디지털 트윈 배포를 위한 음성과 이메일 그리고 텍스트 사용자 인터페이스 개발

10장에서는 하드웨어 진단을 목적으로 풍력 터빈의 디지털 트윈을 개발하고 배포하는 전체적인 단계를 다룬다. 문제들과 복잡성은 특히 더 자세히 다루며 하드웨어 플랫폼, AWS 클라우드, 디지털 트윈을 통해 실시간으로 오프보드를 수행하는 방법을 자세히 설명한다. 다음은 전체 오프보드 프로세스 관련 설정이다.

1. 풍력 터빈의 실시간 임베디드 컨트롤러 하드웨어 설정

2. 풍력 터빈의 Simscape^{TM} 디지털 트윈 모델 개발

3. Simulink Design Optimization^{TM}을 사용해 실제 하드웨어 시스템의 데이터로 Simscape^{TM} 풍력 터빈의 매개 변수 튜닝

4. 풍력 터빈의 실시간 임베디드 컨트롤러 하드웨어에 클라우드 연결성 추가

5. 아마존^{Amazon} AWS 클라우드에 Simscape^{TM} 디지털 트윈 모델 배포

6. 디지털 트윈 배포를 위한 음성, 이메일 텍스트 사용자 인터페이스 개발

모든 코드는 MATLAB Central에서 책의 ISBN을 검색해 무료로 다운로드할 수 있다. 또는 MATLAB Central의 'Nassim Khaled'를 검색할 수 있다.

더 많은 영상과 최신 소식을 확인하려면 아래의 웹 사이트를 방문하면 된다.

www.practicalmpc.com/digital-twins.

참고문헌

[1] https://www.elsevier.com/books/practical-design-and-application-of-model-predictivecontrol/khaled/978-0-12-813918-9.

[2] https://www.springer.com/gp/book/9781447123293.

[3] https://www.mathworks.com/discovery/digital-twin.html.

[4] https://aws.amazon.com/marketplace/pp/Bosch-Software-Innovations-Bosch-IoT-Things/B07DTJK8MV.

[5] https://www.comsol.com/.

[6] https://www.simscale.com/.

[7] https://www.anylogic.com/.

[8] https://www.mathworks.com/.

[9] https://www.ansys.com/.

[10] https://www.mathworks.com/company/aboutus.html.

[11] https://www.linkedin.com/business/learning/blog/top-skills-and-courses/the-skills-companies-need-most-in-2019-and-how-to-learn-them.

클라우드 및 IoT 기술

2.1 개요

클라우드 기술은 소프트웨어 가상화를 기반으로 한다. 소프트웨어 가상화의 경우 동일한 하드웨어^{PC}가 여러 소프트웨어(운영체제) 인스턴스를 효율적으로 실행할 수 있다. 해당 기술을 통해 조직은 성능 저하 없이 하드웨어 비용을 절감할 수 있다.

클라우드는 공통 가상화 소프트웨어 플랫폼 기반의 서버 팜$^{server\ farm}$을 클라우드 제공업체에서 컴퓨터 서버 시스템 형태로 제공하는 본질적으로 거대한 컴퓨터 하드웨어다.

해당 서버는 테넌트^{tenant} 및 사용자들에게 가상화 기반의 소프트웨어 서비스를 제공한다. 그림 2.1은 기반 하드웨어가 포함된 일반적인 클라우드 플랫폼 레이아웃에 대한 블록 다이어그램$^{block\ diagram}$을 보여 주며 가상화 소프트웨어 계층을 통해 전용 가상머신$^{virtual\ machine}$을 배포할 수 있다. 전용 가상머신 외에도 보다 구체적인 작업을 수행하는 맞춤형 소프트웨어와 플랫폼 구성을 할 수 있다. 클라우드 컴퓨팅은 인프라 확장성을 지원하고 여러 사용자가 '종량제$^{pay-as-you-use}$' 모델을 사용해 동일한 하드웨어 및 소프트웨어를 활용할 수 있도록 한다.

클라우드 플랫폼은 아래와 같은 중요한 장점이 있다.

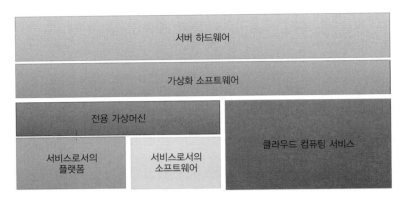

그림 2.1 클라우드 플랫폼 레이아웃

a. 전통적인 자본 지출의 형태로 막대한 투자가 필요했던 하드웨어 인프라에 대한 상당한 비용 절감

b. 하드웨어 및 소프트웨어 유지 보수 비용, 소프트웨어 라이선스 소유 비용, IT 관련 서비스 비용 절감

c. 소프트웨어 업그레이드 및 확장성 간편화

d. 소프트웨어 라이선스의 디지털화

현재 시장에는 아마존, 마이크로소프트, 구글과 같은 다양한 클라우드 플랫폼 서비스 제공업체가 있으며 다양한 기업들이 전문화된 클라우드 서비스를 제공한다.

2.2 클라우드 역사

초창기에 IT 인프라스트럭처를 클라우드로 확장하고자 했던 조직들은 클라우드 플랫폼 서비스를 선택했다. 조직들은 클라우드를 통해 리소스 동적 확장, 소프트웨어 서비스 추가, 하드웨어 성능 확장에 활용할 수 있었고 일반적으로 많은 투자 비용이 요구되는 IT 및 네트워크 보안 서비스 확장도 할 수 있었다. 해당 환경은 '서비스로서의 인프라 Infrastructure as a Service'로 알려져 있다.

클라우드 플랫폼 서비스에 대한 관심은 서비스로서의 소프트웨어SaaS, Software as a Service 로 이어졌다. 클라우드 혁명 이전의 조직은 소프트웨어 도구 유지 보수에 높은 간접비가 발생하는 소프트웨어 라이선스에 막대한 비용을 소모했다. 또한 동적 소프트웨어 라이선싱을 통해 조직의 유지 보수를 더욱 손쉽게 할 수 있다.

SaaS를 통해 이제 기업들은 필요한 경우 클라우드 라이선스로 제공되는 소프트웨어 라이선스를 사용할 수 있다. 또한 SaaS 서비스는 본질적으로 물리적 미디어 업그레이드가 필요한 데이터 스토리지 기능을 제약 없이 제공한다. 소프트웨어 라이선스 문제를 해결하는 것 외에도 중소기업들은 다양한 금융, 전사적 자원 관리[ERP, Enterprise Resource Planning], 고객 관계 관리, 인적 자본 관리, 기타 고비용 소프트웨어를 활용할 수 있으며, 해당 소프트웨어들은 일반적으로 월별 요금으로 라이선스가 부여되고 청구된다.

서비스로서의 플랫폼과 SaaS는 해당 플랫폼에서 제공되는 설정 방법이 거의 유사하다.

2.3 클라우드 기술 진화

클라우드 플랫폼 서비스는 현재 아래와 같은 서비스를 포함한다.

a. 가상 PC의 중단 없이 하드웨어 스케일링 확장 및 축소를 통한 실시간 인프라스트럭처 확장성

b. 여러 지역에 분포된 데이터를 보호하기 위한 이중화 시스템을 통한 재해 복구

c. 고객 데이터를 안전하게 저장하기 위한 대규모 데이터베이스 스토리지[Database as a Service]

d. 소규모 및 대규모 팀이 클라우드 라이선스를 사용해 협업하고 소프트웨어를 개발할 수 있도록 지원하는 개발자 중심 도구

e. 분산된 팀이 인터넷을 통해 협업을 수행할 수 있도록 제공되는 다양한 협업 도구

f. 데이터를 거의 실시간으로 수집하고 결과를 제공할 수 있는 고성능 컴퓨터가 포함된 데이터 과학자를 위한 분석 도구

g. 클라우드에서 실시간 비디오 스트리밍, 객체 탐지, 분석 등을 위해 프로세싱을 수행하는 서비스로서 전문가들이 개발한 비디오 분석 도구

h. 얼굴 인식, 텍스트 인식, 음성 처리, 컬러 분할, 객체 탐색 등을 위한 표준 알고리듬이 포함된 이미지 처리와 컴퓨터 비전 툴킷 그리고 서비스

i. 보안 서명에 하드웨어 키를 사용하는 서비스와 암호 인증 방법을 사용해 웹 트래픽을 보호할 수 있는 보안 서비스

j. 기기에 클라우드 인터페이스를 활용해 예측 유지 보수^{predictive maintenance}, 원격 모니터링(실시간), 장치 성능 추적 등을 할 수 있게 하는 IoT^{Internet of things} 서비스

2.4 클라우드에 장치 연결

임베디드 시스템을 클라우드 플랫폼과 연동하는 것은 그 자체로 어려운 과제다. 임베디드 시스템은 제한된 메모리 가용성, 낮은 성능 등과 같은 몇 가지 중요한 문제점이 있다. 임베디드 시스템은 특히 사전 정의된 중요한 작업을 수행한다. 제한된 메모리와 낮은 성능으로 인한 문제를 완화하고자 다양한 모듈형(계층화) 클라우드 플랫폼 통신 프로토콜이 등장했고 해당 프로토콜을 사용해 임베디드 시스템을 클라우드와 연동할 수 있게 됐다. AMQP, MQTT, RESR 등과 같은 다양한 클라우드 플랫폼 통합 프로토콜은 메모리 사용량이 낮고 보안성이 높다.

또한 최근 많은 반도체 칩 공급업체는 보안 계층, TCP/IP 인터페이스, Wi-Fi 통신 인터페이스 등과 같은 서비스를 제공하기 위한 전용 실리콘 칩을 제공하며, 기존의 저속 통신 프로토콜을 사용해 저전력 장치에 접속할 수 있는 하드웨어 모듈에 내장돼 있다.

마이크로소프트, 즉 애저 스피어^{Azure Sphere} OS와 같은 다양한 조직은 임베디드 솔루션을 클라우드에 통합하고자 하는 조직에서 사용할 수 있는 전용 마이크로프로세서 기반 솔루션을 제공하지만, 전문성 부족 또는 제한된 리소스와 시간으로 인해 단순히 해당 모듈만을 사용하거나 제어 방법을 해당 모듈에 프로그래밍한 후 기존 인프라스트럭처를 사용해 각 클라우드 서비스에 안전하게 연동한다. 클라우드와 기기의 연결은 주로 아래와 같은 영역에 걸쳐 엄청난 기회를 만들었다.

1. OEMs/customers 장비의 원격 모니터링

2. 현장에서 수집된 데이터는 분석 애플리케이션과 예측 유지 보수에 대한 광범위한 기회를 제공했고, 예측 및 예방 유지 보수, 장애 탐지 및 안전 장치^{fail safe}, 원격 사이트 감시 및 감독, 쉬운 경보 추적 등의 애플리케이션과 관련해 광범위한 기회를 제공

3. 분석/데이터 과학 기법을 생태계에 통합함으로써 여러 가지 예측 및 자동 재고 구매 주문 생성 가능(재고 감소가 예상되는 경우)

2.5 애플리케이션

2.5.1 전사적 자원 관리

전사적 자원 관리[ERP, Enterprise Resource Planning]는 생산 및 제조 산업을 위한 중요한 도구다. 기업 리소스 관리 및 계획 분야에 대해 전혀 투자하지 않거나 최소한의 투자만 하던 대부분의 조직은 이제 ERP 소프트웨어에 대한 SaaS 모델 가격 정책을 검토하고 활용할 기회를 갖게 됐다. 현재 ERP 시스템은 월별 가격 모델에 따라 라이선스가 부여되고 작업 현장의 기계 데이터를 ERP 시스템으로 통합하는 옵션이 패키지로 제공된다. 이를 통해 ERP 시스템은 작업 부하를 예측하고, 기계 유지 보수 및 가동 시간의 경비를 모니터링해 정확한 가격을 산출하고, 또한 재고 관리, 유지 보수 일정 등을 추적할 수 있다.

2.5.2 자동차 및 자산 관리

자동차 산업은 IoT와 클라우드 솔루션 통합의 얼리어답터[early adopter] 중 하나다. 차량 위치 모니터링, 성능(ECU 상태, OBD 데이터, 타이어 공기압, 오일 온도) 최적의 연비 효율을 산출(차량 관리 기업의 경우)할 수 있는 다양한 클라우드(원격) 매개 변수 모니터링에서부터 차량 상태, 성능과 공회전 시간을 비교하고 하루 동안 가장 사용량이 높은 시간을 모니터링한다. IoT와 클라우드 기술을 함께 사용하면 차량 관리/운송 기업이 클라우드를 통해 리소스를 효과적으로 모니터링할 수 있다. 물류 회사들은 이제 클라우드에 통합된 GPS와 같은 기술을 사용해 발송에서 도착까지 배송을 추적할 수 있다. 차량 의존적인 비즈니스를 운영하는 기업은 클라우드 컴퓨팅과 IoT를 활용해서 트럭/차량의 자산 추적 및 차량 관리를 하고자 클라우드 기술을 활용하는 방법을 모색하고 있다. 자산 관리는 연료 운송, 화학 운송, 상품 배송(특히 액체) 등의 산업에서 새로운 트렌드다. 그러한 예로는 유량이 장착된 운송 트럭을 위한 OEM, 클라우드와 통합된 트럭의 레벨 센서 등이 있다.

2.5.3 장비 모니터링

많은 OEM^{Original Equipment Manufacturing} 기업이 디지털 기법을 적용해 자사 장비의 성능을 클라우드에서 실시간으로 모니터링하고 있다. 이를 통해 OEM 기업들은 시스템 성능을 분석하고, 상태를 모니터링하며, 보증 클레임(장비 오류/오용 등)을 제공할 수 있게 됐다. 다양한 OEM 기업은 또한 향상된 사용자 환경을 위해 클라우드를 플랫폼의 일부로 사용하는 방향으로 나아가고 있다.

특수 센서를 적용하고 데이터를 클라우드에 통합해 시스템 성능 및 사용량을 모니터링하는 윈치^{winch} 산업이 하나의 예시가 될 수 있다.

운전자 행위를 클라우드를 통해 모니터링하는 비디오 프로세싱을 도입한 트럭 OEM 기업은 운전자가 고속도로에서 제한 속도를 초과하는 경우 차량 관리자에게 경보를 전송한다.

펌프의 전체 처리량, 예측 유지 보수 등을 위해 클라우드에서 모니터링되는 유량 센서 데이터 및 펌프 매개 변수를 통합한 펌프 제조업체도 또 다른 예시가 될 수 있다.

2.5.4 농업

IoT 및 클라우드 기술은 농업 분야에서 엄청난 모멘텀^{momentum}을 보였으며, 이를 통해 품질과 효율성을 모니터링하고 클라우드를 통해 생산성을 제어할 수 있게 됐다. 닭의 건강 상태를 모니터링하고자 닭의 울음소리를 분석하는 음성 프로세싱을 도입한 양계장이 또 하나의 예시가 될 수 있다.

2.5.5 자선 단체

2만 명의 고아와 소외 계층 어린이에게 음식을 제공하는 자선 단체는 차량 매개 변수와 함께 식료품을 이동시킬 때 품질 관리에 어려움을 겪었다. 자선 단체들은 목적지 학교에 배송되는 식료품의 품질을 유지하고자 차량 위치를 추적하고 모니터링해 도착 시간, 배송 중인 식료품의 온도 등을 계산할 수 있는 솔루션 기반의 클라우드 플랫폼을 성공적으로 도입했다.

2.5.6 바이오메디컬

바이오메디컬^{biomedical} 펌프 제조업체는 생산용으로 선정된 신규 유체에 따라 설정을 주기적으로 변경해야 하는 문제가 있었다. 생산 현장의 각 시설은 설정이 비슷하다. 새로운 유체가 제조될 때마다 각 펌프에는 매개 변수 설정 집합과 특정 센서 임계값 등이 필요하다.

또한 품질 지표를 위해 펌프의 성능 매개 변수를 지속적으로 모니터링해야 한다. 해당 업체들은 매번 신규 매개 변수를 설정하고 적용할 때마다 기술자의 도움을 받아야 하는 문제가 있었다.

업체들은 아래와 같은 목적을 갖고 IoT 기반 접근 방식을 적용했다.

a. 각 펌프에 IoT 게이트웨이 모듈 장착
b. 클라우드를 통해 전체 설정 집합 접근
c. 클라우드를 통해 신규 설정 집합 생성
d. 각 펌프는 AMQP/MQTT와 같은 표준 클라우드 인터페이스를 사용해서 클라우드로부터 신규 구성을 불러옴
e. 운영자는 작업이 진행되는 동안 해당 작업에 맞는 구성을 사용할 수 있음
f. 펌프의 핵심 매개 변수는 클라우드를 통해 개별 작업에 대한 상황을 온라인으로 확인할 수 있으며 원격으로 모니터링함
g. 해당 원격 모니터링은 전체 작업 현장에 적용되며 업그레이드 시간을 단축할 수 있음

아래 블록 다이어그램은 전체 시스템 기능을 설명한다(그림 2.2).

a. 펌프는 IoT 게이트웨이 하드웨어 및 MQTT/AMQP 프로토콜과 같은 표준 프로토콜을 사용해 클라우드 플랫폼을 통해 IoT Hub에 연결됨
b. 해당 장치는 펌프 속도를 제어하고 RPM에 대한 피드백을 측정함
c. 유체의 전달 함수는 MATLAB과 같은 수학적 도구를 사용해 설계 및 테스트함
d. 전달 함수/모델은 MATLAB에서 내보내거나 C/python과 같은 표준 프로그래밍 언어로 변환됨
e. 전달 함수 라이브러리를 사용하는 애플리케이션은 IoT Hub에 각 장치를 매핑함

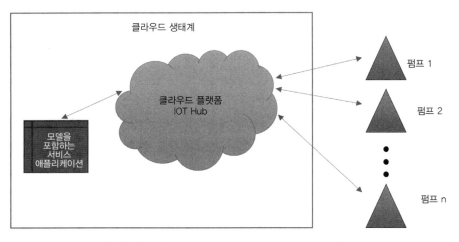

그림 2.2 바이오메디컬 펌프 애플리케이션

f. 작업을 시작할 때 사용자 정의 서비스는 작업 정보를 가져오고, 해당 펌프에서 사전에 설정된 사용할 수 있는 전달 함수를 확인함

g. 그다음 사용자 정의 모델은 사전 사용할 수 있는 전달 함수를 호출하고 작업에 해당되는 매개 변수를 적용해 목표 전력 및 RPM의 출력을 생성함

h. 펌프는 MQTT를 통해 목표 전력 및 RPM에 대한 정보를 수신함

i. 클라우드 서비스는 압력, 총 운영 시간, 모터 상태 등과 같은 상태 매개 변수를 모니터링하고 필요한 교체/서비스에 대해 관련자들에게 알람을 전송함

2.5.7 기타 애플리케이션

최근 클라우드 플랫폼은 데이터 과학, 분석, 머신러닝, 컴퓨터 비전을 포함한 다양한 인지 서비스에 관한 많은 서비스를 제공한다. 해당 서비스는 또한 클라이언트 애플리케이션에서 활용할 수 있는 API^{Application Programming Interface}를 제공한다. 이러한 서비스를 통해 엔지니어는 과거 데이터(클라우드에 존재함)에 대한 추론 통계, 머신러닝 등과 같은 기법을 사용해 분석 솔루션을 개발하고 추론 및 성능 예측을 수행할 수 있다. 이런 종류의 애플리케이션들에는 시계열 분석 및 기타 추론 통계 기법을 사용해 고객 이탈 예측 모델을 수행하는 통신사에서도 사용될 수 있다.

해당 인지 서비스는 인공지능과 머신러닝 분야에서 점차 발전해 왔으며 아래와 같은 부분을 중심으로 다양한 시각 기반 분석을 제공한다.

a. 객체 탐지
b. 얼굴 인식
c. 텍스트 인식(OCR 엔진)
d. 이미지에 포함된 사용자 지정 객체 학습, 교육, 식별
e. 부적절한 이미지 식별
f. 비디오에 포함된 객체 인식
g. 음성 인식 및 화자 인식^{speaker recognition}
h. 기타 다양한 서비스

클라우드 플랫폼을 통해 대본에 나타난 감정을 탐지하고자 언어 인식 형태로 제공되는 인지 서비스가 존재한다. 언어 인식 형태의 가장 성공적인 서비스는 음성 인식이다. 음성/화자 인식을 포함하는 솔루션을 쉽게 개발하고, 인공지능을 시스템에 통합해 대화형 음성 기반 사용자 요청 처리에 활용할 수 있다.

또한 인공지능에 의해 구동되는 챗봇^{chatbot}은 다양한 비즈니스에서 널리 사용되고 있으며 대화형 채팅 메신저를 통해 사용자들과 소통한다.

데이터 과학, 인공지능, 머신러닝 분야의 또 다른 서비스는 데이터 과학과 머신러닝 툴킷^{toolkit}이 포함된 환경을 제공하며 모델 개발과 실제 환경 배포를 위해 시간당 단위로 임대할 수 있다.

데이터 과학 및 인공지능을 언제든지 사용할 수 있는 가상머신이 존재하며, 해당 가상머신은 백엔드에 스토리지가 포함된 환경을 제공하므로 엔지니어와 과학자가 모델을 설계, 개발, 실제 환경에 배포할 수 있고 해당 모델의 서비스를 이용하는 다른 애플리케이션(또는 특정 서비스를 사용하는 사용자)에서 사용할 수 있는 REST API를 제공한다.

클라우드 분야에는 아마존, 마이크로소프트, 구글과 같은 주요 서비스 제공업체가 있다.

아마존은 클라우드를 통해 다양한 클라우드 플랫폼 서비스를 제공한 첫 번째(그리고 리더의 역할을 하는) 서비스 제공업체다. 마이크로소프트는 마침내 클라우드 경쟁에 뛰어들었고 아마존이 제공하는 서비스와 동일한 서비스를 제공한다. 아마존과 마이크로소프트

에서 제공하는 대부분의 서비스는 거의 비슷하지만 약간의 차이가 있다(비용/애플리케이션 인터페이스 종류/사용 편의성 등). 애저^{Azure}는 마이크로소프트 자체 기술을 클라우드에 통합하고 솔루션의 손쉬운 구현에 앞장서는 반면, 아마존은 오픈소스 소프트웨어에 대한 적극적인 지원을 포함해 아마존을 통해 제공되는 대부분의 서비스와 신규 기능 및 지원 가능한 형태의 통신 프로토콜에서 선두의 자리를 차지하고 있다. 아마존의 음성 인식은 시장을 선도하고 있다.

구글은 특히 모바일 장치 프로파일과 개인용 스토리지 프로파일 SaaS 분야 및 클라우드 스토리지 공간을 중심으로 클라우드 플랫폼 서비스에 대한 여정을 일찌감치 시작했다. 하지만 구글의 관심은 주로 음성 인식, 이미지 프로세싱, 동영상 분석이며, 또한 다른 클라우드 제공업체와 마찬가지로 인지 서비스를 제공한다.

모든 서비스 제공업체는 텐서플로^{Tensorflow}와 같은 다양한 서비스를 제공하며 간편한 인터페이스를 활용해 고성능 이미지 프로세싱을 필요로 하는 사용자 정의 이미지 프로세싱 애플리케이션과 통합될 수 있다.

또한 클라우드 서비스 제공업체는 사용자가 IoT Hub에 접속해서 필드 데이터(변수)를 지속적으로 모니터링할 수 있는 기본적인 '모니터' 서비스도 제공한다. 해당 모니터링은 사전 정의된 시간 간격 동안 변수의 추세를 표시하고 히스토그램 생성과 같은 작업을 수행한다. IoT Hub 인터페이스 모듈은 임베디드 시스템을 클라우드 플랫폼에 연결하는 모듈이다. 해당 모듈은 일반적으로 게이트웨이(또는 IoT Gateway)라고 한다. 게이트웨이는 클라이언트로부터 수신되는 모든 데이터를 스트리밍하는 수동 장치다. IoT 에지 게이트웨이$^{Edge\ Gateway}$는 일반적으로 데이터를 필터링하고 필요한 데이터만 IoT Hub에 전달한다. 해당 필터링을 통해 IoT Hub에 인입되거나 저장되는 트래픽으로 인해 발생하는 네트워크 대역폭 비용을 절감할 수 있다.

2.6 클라우드 서비스 고려 사항

2.6.1 보안

클라우드는 여러 가지 사이버보안 위험을 갖고 있다. 하드웨어 요구 사항(시스템, 에지 프로세서, 서버)을 포함해서 방화벽 이중화와 개선된 통신 프로토콜 모두 클라우드 서비스의 필수적인 요소다. 클라우드 플랫폼의 한 가지 장점은 지속적으로 업데이트되고, 클라우드 플랫폼 공급자가 제공하는 모든 서비스는 전체 사용자에게 동일한 수준의 보안을 제공하며, 해당 보안을 통해 보안 관련 구축 비용을 통합할 수 있는 기회를 모색할 수 있다.

2.6.2 GDPR

GDPR^{General Data Protection Regulation}은 유럽 연합의 규제 기관이다. 해당 규제는 사용자 관련 데이터 보존에 강력한 제제를 가한다. 개인 정보를 보유한 기업의 경우 GDPR 및 이와 유사한 규정 중 일부가 해당 데이터에 적용될 가능성이 높다. 데이터 저장에 적합한 IT 인프라를 선택하고 서비스 위치(데이터가 호스팅되는 지역)를 선택하기 전에 기업은 GDPR 및 기타 규정을 철저히 검토해 해당 규정의 권고에 따라 개인 정보를 보호할 수 있는지 자세히 검토해야 한다.

2.6.3 섀도우 IT 서비스

섀도우 IT 서비스^{Shadow IT service}는 기본적으로 조직의 클라우드 플랫폼 계정에 대한 접근 권한이 있고 필요한 경우 자유롭게 리소스를 배포할 수 있는 모든 접근 권한을 가진 직원이다.

섀도우 IT 서비스는 통제되지 않는 리소스 사용과 추적할 수 없는 비용을 야기할 수 있다. 클라우드를 도입하는 기업은 이러한 핸드오프^{handoff}를 방지하고자 적절한 프로세스를 활용해야 한다.

2.6.4 클라우드 비용 최적화

클라우드로 완전히 전환한 대부분의 조직은 부적절한 아키텍처, 불충분한 경험과 계획으로 인해 막대한 비용을 절감할 기회를 놓치고 있었음을 깨닫는다. 많은 기업이 비용 절감을 위한 노력의 일환으로 입출력 트래픽을 축소했다. 컴퓨팅 리소스를 항상 주간에 배포했다. 또한 데이터를 클라우드로 스트리밍하기 전에 클라이언트 측에서 가능한 한 많은 데이터를 처리해 스토리지 사용량을 크게 감소시켰다.

2.7 에지 컴퓨팅이란?

네트워크의 '에지edge'는 일반적으로 HVAC 시스템, 기관차의 견인 시스템, 또는 펠레타이저pelletizer 장비와 같이 기계에 포함돼 모니터링 및 동작되는 프로세서를 가리킨다. 해당 기술은 데이터를 수집하고 클라우드로 전송하는 데 한계가 있었으며 지금까지 충분히 활용되지 않고 있었다. 해당 분야의 기업들이 방대한 양의 데이터를 에지에서 바로 사용할 수 있는 실용적인 지능형 기계로 전환할 수 있다면 어떻게 될까? 에지 컴퓨팅은 산업용 기계가 지능형 기계로 빠르게 전환되는 강력한 동력원으로 부상하고 있기 때문에 매우 중요한 기술이다.

2.8 에지 컴퓨팅 vs 클라우드 컴퓨팅

클라우드 및 에지 컴퓨팅은 상호 보완적인 기술이다. 에지 컴퓨팅은 낮은 지연 시간low latency, 대역폭bandwidth, 실시간/근실시간near real-time 작동, 간헐적 또는 비연결성 등과 같은 상황에서 중요한 역할을 수행하며 클라우드는 대용량 컴퓨팅 작업, 머신러닝, 디지털 트윈 등에서 더 중요한 역할을 할 수 있다. 비즈니스 및 운영 목표에 가장 적합한 에지 및 클라우드를 설계하는 과정에서 상호 보완적인 역할을 해야 한다. 향후 10년 이내에 에지 컴퓨팅으로의 중대한 전환이 있을 것으로 예상한다(그림 2.3).

2.9 에지 및 클라우드 컴퓨팅 사례

몇 가지 사례를 살펴보고자 한다. 산업적 맥락에서 지능형 에지 기계는 실시간 분석 및 작동을 필요로 하는 에지 컴퓨팅의 증가로 인해 혜택을 받게 된다. 예를 들어 기관차에는 초당 10억 개의 명령어를 전송할 수 있는 약 150개의 센서가 있다. 기관차에서 생성된 모든 데이터를 프로세싱, 분석, 작동을 위해 클라우드로 전송하는 것은 비효율적이고 비현실적이다. 최근에는 애플리케이션이 로컬에서 데이터를 수집하고 변화에 대응하며 상황에 맞게 중요한 분석을 수행할 수 있다. 개선된 기관차의 경우 온보드 에지 컴퓨팅을 사용해 데이터를 분석하고 더 스마트하고 효율적인 알고리듬을 활용해 운영 비용, 안전성, 가동 시간을 개선한다. 실시간 분석 및 기계의 작동 모니터링 대신 해당 데이터는 전

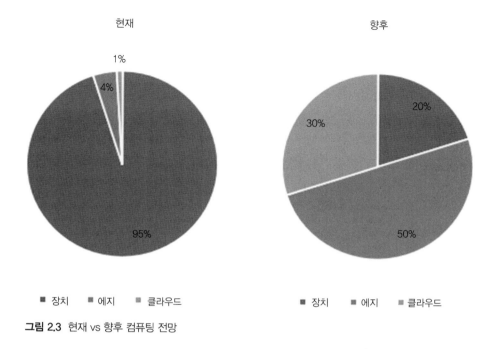

1%

4%

95%

20%

30%

50%

■ 장치   ■ 에지   ■ 클라우드   ■ 장치   ■ 에지   ■ 클라우드

그림 2.3 현재 vs 향후 컴퓨팅 전망

송 및 저장되며, 철도 차량의 효율성과 성능을 모니터링할 수 있는 시계열 데이터 및 분석을 수행하는 클라우드에 전달된다. 기업은 이러한 데이터를 사용해 차량의 가동 시간을 개선하고, 수리 및 연료 비용 절감, 차량의 안전 운영을 개선할 수 있다. 이와 같은 상황에서 에지는 중요하지만 아직은 미미한 역할을 하고 있는 반면 클라우드는 핵심적인 역할을 하고 있다.

2.10 5G는 클라우드 컴퓨팅을 가속화할 것인가?

5G는 속도 증가와 더불어 지연 시간을 획기적으로 감소시킨다. 지연 시간은 네트워크에 위치한 두 기기가 서로 통신하는 데 소요되는 시간이다. 3G 네트워크의 지연 시간은 약 100ms^{millisecond}, 4G는 약 30ms, 5G는 최대 1ms다. 5G의 낮은 지연 시간은 클라우드에게 무엇을 의미할까?

클라우드를 통해 기업이 얻을 수 있는 주요 이점 중 하나는 수많은 기기가 중앙 시스템 또는 클라우드 스토리지에 연결돼 데이터를 전송한다는 것이다. 예를 들어 클라우드는 대용량 동영상을 손쉽게 전송할 수 있는데, 공유 드라이브에 업로드하면 다른 사용자가 해당 공유 드라이브에서 다운로드할 수 있다. 하지만 서로 통신하는 기기의 지연 시간이 1ms이고 최소 20gbps의 다운로드 속도와 10gbps의 업로드 속도를 갖고 있다고 가정하면 이런 과정을 군이 거쳐야 할 필요가 있을까? 이런 경우라면 공유 드라이브에 대용량 파일을 올리거나 온라인 저장소를 사용할 필요가 없다.

클라우드 컴퓨팅은 향후 5G(또한 6G를 포함한 그 이상)와 호환돼야 한다. 5G가 클라우드에 활용되면 헬스케어 애플리케이션에서부터 자율 주행 차량까지 다양한 분야에 혁신을 촉진할 것이다. 클라우드 기반 제품과 서비스는 더욱 안정적이고, 빠르고, 효율적으로 발전할 것으로 예상된다. 이러한 혁신은 결과적으로 클라우드 비즈니스 투자를 가속화할 것이다.

3

로봇 팔의 디지털 트윈 모델 생성

3.1 소개

최근 산업 분야에서 자동화된 대형 기계 로봇 팔을 통해 여러 가지 무거운 리프팅 작업들을 수행하고 있다. 이러한 로봇 팔의 일반적인 역할은 물체를 집어서 원하는 위치에 이동시키는 것이다. 로봇 팔은 정방향 기구학^{forward kinematics} 문제다. 해당 팔 구조는 링크나 관절로 연결된 다양한 요소로 구성된다. 애플리케이션에는 구동 장치^{actuator}를 사용해 팔의 다른 요소를 특정 위치(x, y, z)로 이동하는 것이 포함된다. 로봇 팔의 설계는 자유도^{degrees of freedom}, 토크^{torque}, 운동 방정식^{the equations of motion}과 같은 핵심적인 요소에 대한 지식이 필요하다.

3장에서는 MATLAB Simscape^{TM}의 www.roboholicmaniacs.com에서 주문 제작한 자유도^{DOF, Degrees-Of-Freedom} 3의 소형 로봇 팔을 모델링할 것이다. 해당 로봇 팔에 사용되는 구동기는 스테퍼 모터^{stepper motor}다. 3-DOF 팔에 대한 주요 입력은 엔드 이펙터^{end effector}의 x, y, z 위치를 출력하는 구동기에 대한 토크 각도다. 오프보드 진단 관점에서 각각의 토크 각도 입력에 대해 팔에 장착된 가속도계에서 팔 관절의 가속도를 감지할 수 있다. 물리적 센서의 가속도를 클라우드로 전송할 수 있으며 동일한 토크 각도 입력에 대한 트

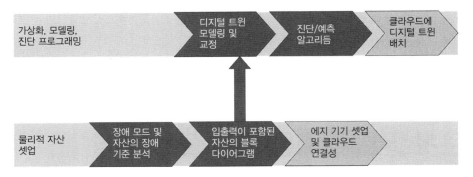

그림 3.1 3–DOF 로봇 팔의 오프보드 진단 프로세스

원 모델 시뮬레이션 결과와 비교할 수 있다. 그림 3.1은 3장에서 살펴볼 오프보드 진단 프로세스를 나타내며 파란색(인쇄 버전에서는 진한 회색)으로 강조돼 있다. 반면 회색 영역은 3장에서 다루지 않는다. 그림에서 볼 수 있듯이 독자들이 자체 모델을 개발할 수 있는 프레임워크가 제공되는 로봇 팔 디지털 트윈 모델에 집중할 것이다. 그림 3.2는 로봇 팔 시스템의 경계 다이어그램과 트윈 모델과의 상호 작용을 보여 준다.

그림 3.3은 3장에서 시뮬레이션하는 3-DOF 로봇 팔을 보여 준다. 그림에서 볼 수 있듯이 Z 축을 기준으로 베이스를 회전하는 모션, Y 축을 중심으로 어퍼 암$^{upper\ arm}$을 회전하는 모션, 그리퍼^{gripper} 모션을 위해 Z 축을 중심으로 회전하는 모션이 있다. 3-DOF 로봇 팔은 이 같은 모션들로 구성된다. 해당 모션은 서보모터^{servomotor}와 마이크로컨트롤러^{microcontroller}로 제어한다. 아두이노^{Arduino} 소프트웨어 툴셋을 사용해서 모션을 프로그래밍할 수 있다.

3장의 목적은 MATLAB Simscape^{TM}에서 자유도 3 로봇 팔을 모델링하는 방법의 단계별 가이드를 보여 주며 로봇 팔이 지정된 모션 입력에 따라 어떻게 움직이는지 확인할 수 있다.

모든 소스코드는 MATLAB File Exchange에서 무료로 다운로드할 수 있다. 아래 링크를 클릭하고 ISBN 또는 책 제목으로 검색하면 된다.

https://www.mathworks.com/matlabcentral/fileexchange/.

또는 저자들의 웹 사이트에서 이 책과 관련된 자료들을 다운로드할 수 있으며 필요한 경우 추가로 문의할 수 있다.

https://www.practicalmpc.com/.

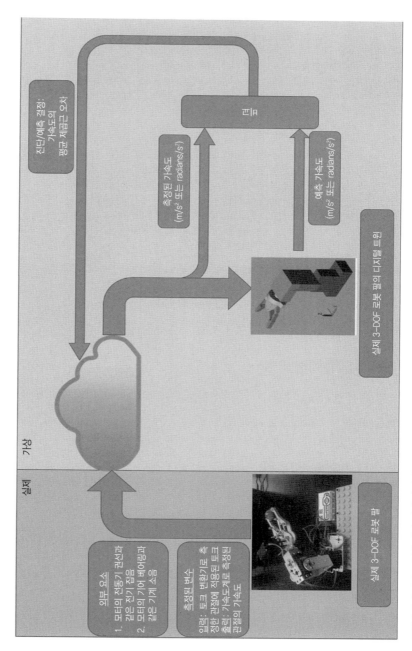

외부 요소
1. 모터의 진동기 권선과 같은 전기 잡음
2. 모터의 기어 베어링과 같은 기계 소음

측정된 변수
입력: 토크 변환기로 측정한 관절에 작용된 토크
출력: 가속도계로 측정한 관절의 가속도

실제 3-DOF 로봇 팔

진단/예측 결정: 가속도의 평균 제곱근 오차

측정된 가속도 (m/s² 또는 radians/s²)

예측 가속도 (m/s² 또는 radians/s²)

비교

실제 3-DOF 로봇 팔의 디지털 트윈

실제   가상

그림 3.2 3-DOF 로봇 팔의 경계 다이어그램

그림 3.3 3–DOF 로봇 팔

3.2 하드웨어 매개 변수

로봇 팔을 Simcare™에서 시뮬레이션하기 전에 Simcare™에서 로봇 팔을 시뮬레이션할 수 있도록 요소의 치수를 측정해야 한다.

그림 3.4와 같이 로봇 팔의 요소를 줄자로 측정한다. 이 경우 Y 축을 따라 베이스의 폭을 측정한다. X, Y, Z 축을 따라 로봇 팔의 다른 모든 요소에 대해 동일한 절차를 반복한다.

Simcare™에서 해당 로봇 팔의 모양을 근사화한다. 따라서 더 세부적인 사항이 필요하지 않다. 그리퍼를 길이, 너비, 높이를 가진 직육면체로 근사화할 수 있다.

3.3 시뮬레이션 프로세스

최종 모델은 그림 3.5에서 확인할 수 있다.

다음은 그림 3.5에 표시된 섹션을 기반으로 Simcare™ 모델을 구축하는 세부 단계다.

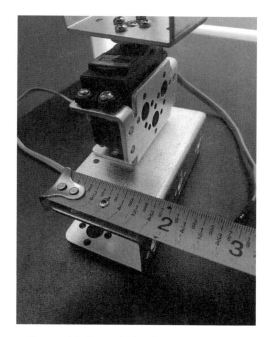

그림 3.4 로봇 팔 요소의 치수 측정

3.3.1 초기 조건

1. 신규 **Simulink® model**을 생성한 후 그림 3.6과 같이 툴바^{toolbar}에서 **Simulink® Library Browser** 버튼을 클릭한다.

2. 그림 3.7과 같이 **Simscape › Utilities**로 이동한다. 모델에 **Mechanism Configuration** 라이브러리를 추가한다.

3. 그림 3.8과 같이 **Simscape › Utilities**로 이동한다. 모델에 **Solver Configuration library** 블록을 추가한다.

4. 그림 3.9와 같이 **Simscape › Multibody › Frames and Transforms**로 이동한다. 모델에 **World Frame** 라이브러리 블록을 추가한다.

5. 그림 3.10과 같이 **World Frame**, **Mechanism Configuration**, **Solver Configuration**의 포트를 서로 연결해 연결 지점 생성한다. 해당 연결은 초기 조건을 나타낸다.

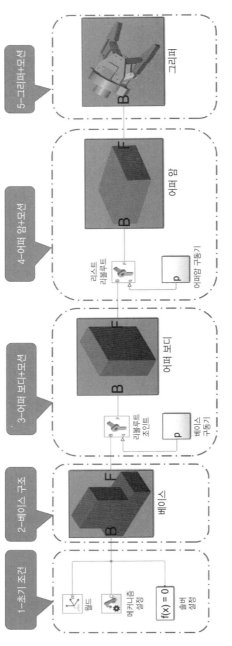

그림 3.5 로봇 팔 모델의 주요 요소

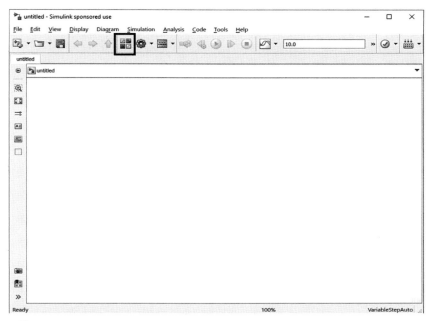

그림 3.6 Simulink® Library Browser

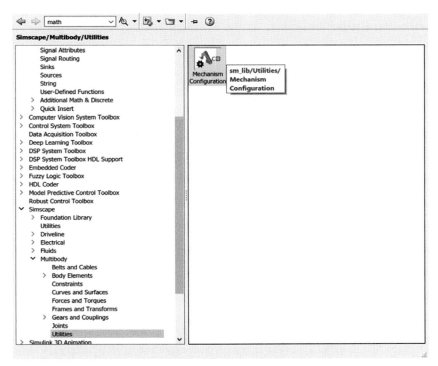

그림 3.7 Mechanism Configuration

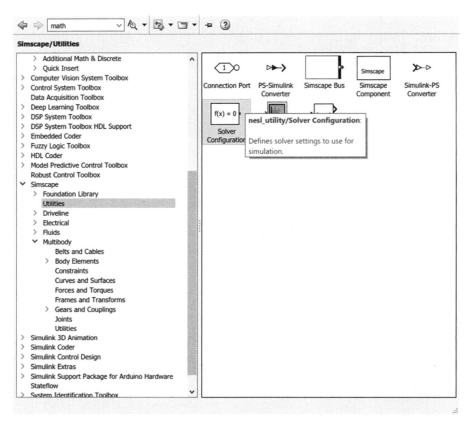

그림 3.8 Solver Configuration 블록

3.3.2 베이스 구조

6. **Simulink® library browser**를 클릭한다. 그림 3.11과 같이 **Simscape** ›
   Multibody › **Body Elements**로 이동한다. 모델에 **Solid** 블록을 추가한다. **Solid**
   블록은 로봇의 베이스 구조에 포함된다. 블록 하단을 클릭한 후 'Base'라는 이름
   을 입력해 해당 **Solid** 블록에 레이블을 지정한다. 해당 블록에 '**R**' 포트를 확인한
   다. '**R**'은 베이스에 대한 [X, Y, Z] 좌표 기준이다.

7. Base 블록을 더블클릭하면 그림 3.12와 같은 다이얼로그 박스가 생성된다.

8. 그림 3.12에 표시된 차원을 확인한다. 3.2절에서 설명한 로봇 팔 요소의 모양을
   근사화할 수 있다. 직사각형은 베이스의 모양을 근사화할 때 사용된다. 베이스의

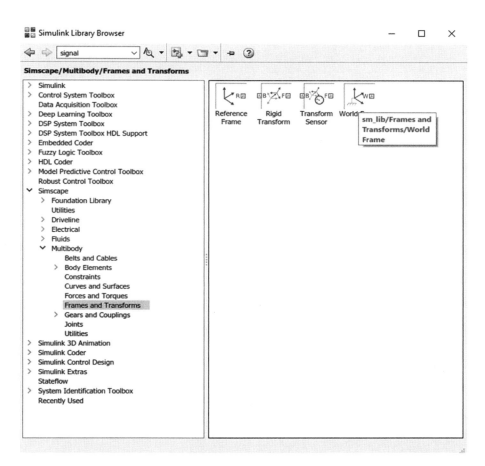

그림 3.9 World frame

차원은 [0.09, 0.042, 0.027] m이다.

9. 8단계의 다이얼로그 박스 **Frame** 섹션 하단, **New Frame** 필드의 오른쪽에 있는 플러스 버튼을 클릭해 신규 **Frame**을 추가한다. 그림 3.13과 같은 다이얼로그 박스 또는 신규 프레임 속성이 나타난다. 기본값을 사용한다. Frame **R**과 동일한 방향이 된다. Frame **F1**의 이름을 생성한다. **F1**을 정의한 후 다이얼로그 박스를 닫는다. 해당 모델의 베이스는 Frame 'F1'과 'R' 2개의 프레임을 갖는다.

10. 그림 3.14와 같이 초기 조건을 가진 Frame **F1**에 연결한다. **F1**에 연결된 상태에서 해당 베이스는 이제 world frame 좌표에 고정된다. Frame **R**은 해당 베이스와

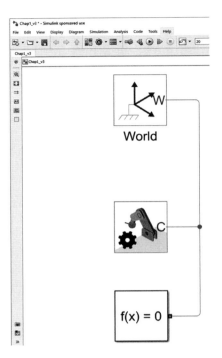

그림 3.10 초기 조건

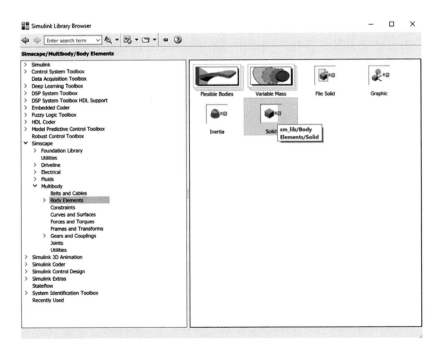

그림 3.11 Solid library block

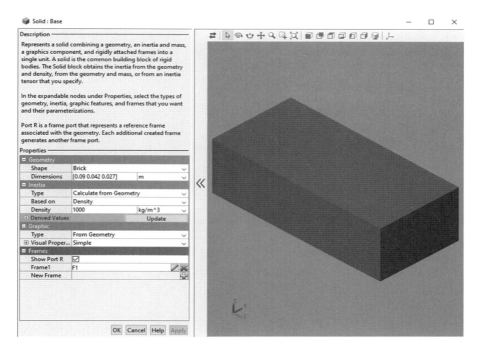

그림 3.12 베이스 속성

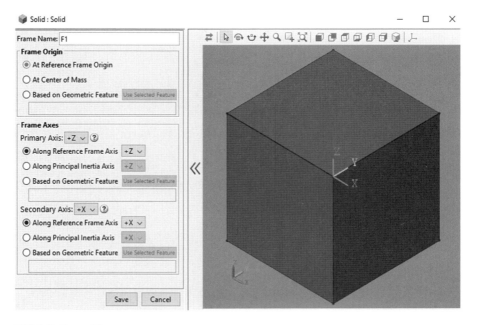

그림 3.13 Frame F1

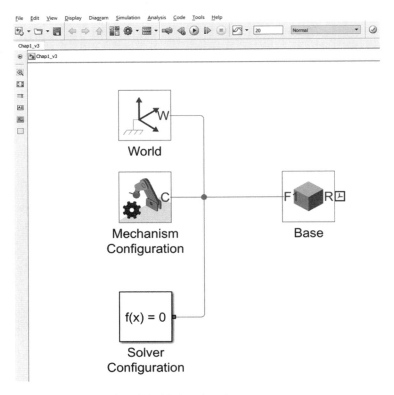

그림 3.14 Solid block(Base)에 적용된 초기 조건

베이스 요소 결과 사이의 공간적 관계를 정의하는 데 사용된다.

11. Simulink® library browser에서 그림 3.15와 같이 **Simscape** › **Multibody** › **Frames and Transforms**로 이동한다. **Rigid Transform** 라이브러리 블록을 모델에 추가한다.

12. **Rigid Transform** 블록의 **B**(Base) 포트를 기존 **Solid** 블록의 **R** 포트에 연결한다. 그림 3.16과 같이 **Rigid Transform** 블록의 이름을 'Translation'으로 변경한다.

13. Translation 블록을 더블클릭하고 그림 3.17과 같이 하단 Translation 속성의 오프셋^{offset}을 확인한다. 그림에서 볼 수 있듯이 X 방향에는 오프셋이 없지만 −Y 방향과 +Z 방향에는 오프셋이 존재한다. 오프셋에 표시된 숫자는 하단부 베이스의 질량의 중심과 상단 베이스 사이의 거리를 나타낸다. 3장의 3.2절에서 측정한

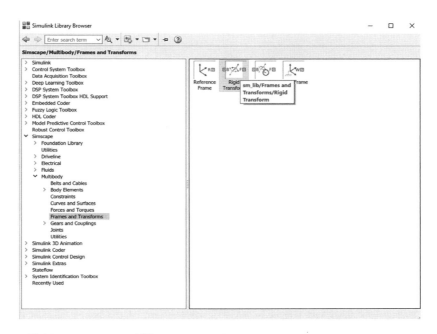

그림 3.15 Rigid transform 블록

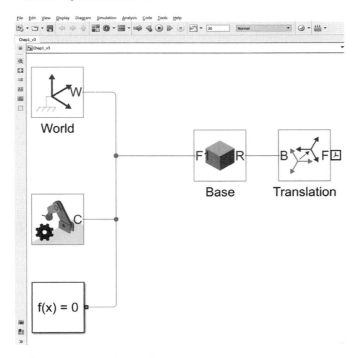

그림 3.16 Translation과 Base 연결

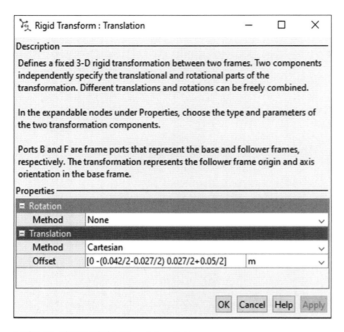

그림 3.17 하단부 베이스 Translation 속성

치수를 절반으로 줄임으로써 질량의 중심을 찾을 수 있다.

14. Simulink® library browser에서 **Simscape › Multibody › Body Elements**로 이 동해 모델에 **Solid** 블록을 추가한다. 9단계와 마찬가지로 신규 Frame **F1**을 추가 하고 **F1**을 그림 3.18과 같이 Translation블록의 F^Follower 포트에 연결한다.

15. 해당 블록을 더블클릭하고 그림 3.19와 같이 블록의 속성값을 입력한다. 해당 블 록은 상단 베이스의 역할을 한다. Simulink® library browser에서 **Simscape › Multibody › Frames and Transforms**로 이동해 **Rigid Transform** 라이브러리 블록을 추가한다. 그림 3.20과 같이 **Rigid Transform** 블록의 **B** 포트를 Body1 블록의 **R** 포트에 연결한다.

16. Translation 블록을 더블클릭한 후 그림 3.21과 같이 상단부 베이스의 translation 오프셋을 확인한다.

17. Base, Translation, Body1, Translation 블록을 하이라이트한 후 그림 3.22와 같 이 마우스 우클릭해 '**Create Subsystem from Selection**'을 선택한다. 해당 서브

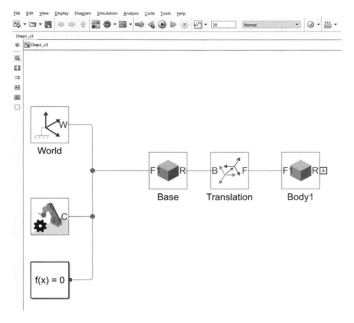

그림 3.18 상단부 베이스 블록

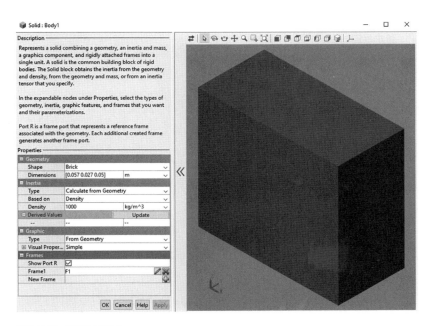

그림 3.19 상단부 베이스

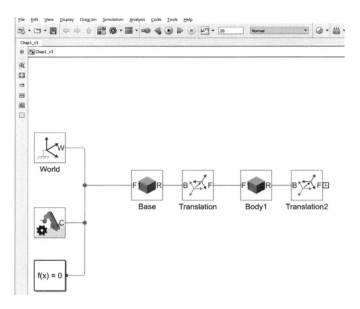

그림 3.20 상단부 베이스의 Translation

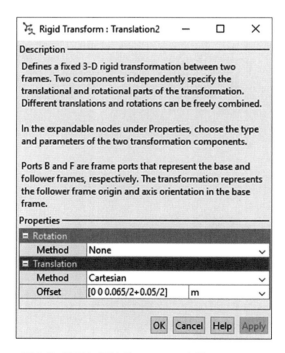

그림 3.21 상단부 베이스의 Translation 속성

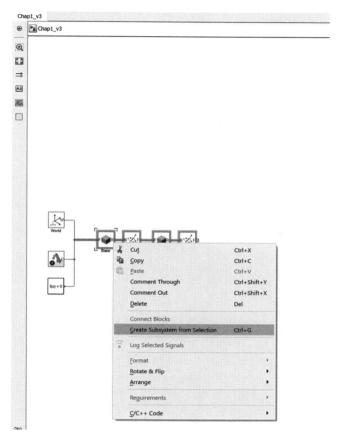

그림 3.22 베이스 서브시스템 생성

시스템^{subsystem}을 'Base'로 명명한다. 로봇 팔의 베이스를 포함하는 서브시스템은 그림 3.23과 같다. 위 단계를 통해 로봇 팔의 베이스를 생성했으며 이어서 상단부를 생성한다.

3.3.3 상단부

18. **Simulink® library browser**에서 **Simscape** › **Multibody** › **Joints**로 이동해 그림 3.24와 같이 모델에 **Revolute Joint** 라이브러리 블록을 추가한다. 해당 joint를 사용하면 solid 블록의 Z 축을 중심으로 이동할 수 있다. 해당 joint를 사용

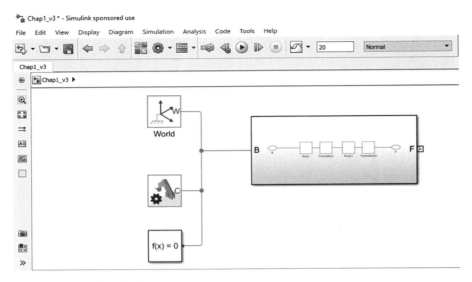

그림 3.23 베이스 서브시스템

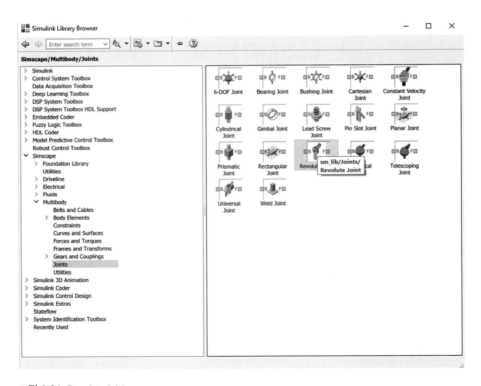

그림 3.24 Revolute joint

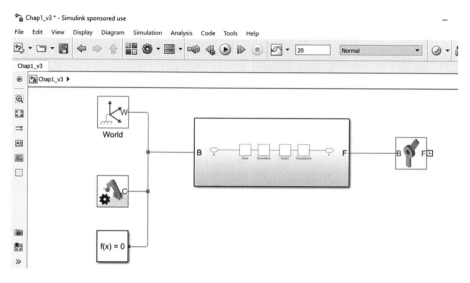

그림 3.25 상단부 Revolute joint

해 Z 축을 중심으로 상단부를 회전시켜 서보모터를 통해 1-DOF를 시뮬레이션
한다.

19. 그림 3.25와 같이 **Revolute joint**의 **B** 포트를 Base 서브시스템의 **F** 포트에 연결
한다.

20. **Simulink® library browser**에서 **Simscape › Multibody › Body Elements**로
이동한 후 모델에 **Solid** 블록을 추가한다. 9단계와 같이 신규 프레임 **F1**을 추가
하고 그림 3.26과 같이 **F1**을 **Revolute Joint**의 **F** 포트에 연결한다. 해당 블록을
VertBody2로 명명한다.

21. 해당 블록을 더블클릭하고 그림 3.27과 같이 블록의 속성값을 정의한다. 해당 블
록은 상단부의 역할을 하게 된다.

22. **Simulink® library browser**에서 **Simscape › Multibody › Frames and
Transforms**로 이동하고 모델에 **Rigid Transform** 라이브러리 블록을 추가한다.
Rigid Transform 블록의 **B** 포트를 그림 3.28과 같이 VertBody2 블록의 **R** 포트
에 연결한다. 해당 블록의 이름을 Translation3 + Rotation1로 설정한다.

23. Translation3 + Rotation1 블록을 더블클릭하고 그림 3.29의 rotation과

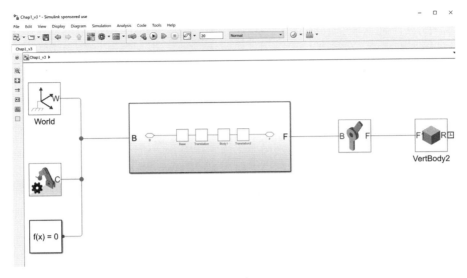

그림 3.26 Revolute Joint에 연결된 상단부 'VertBody2'

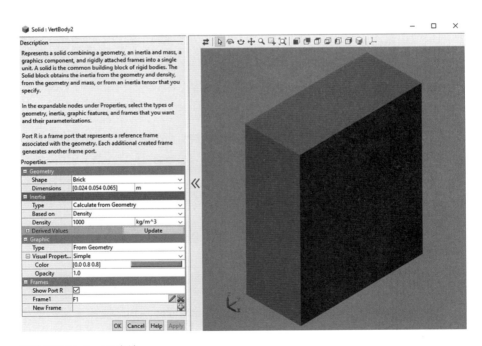

그림 3.27 Vertbody2 속성

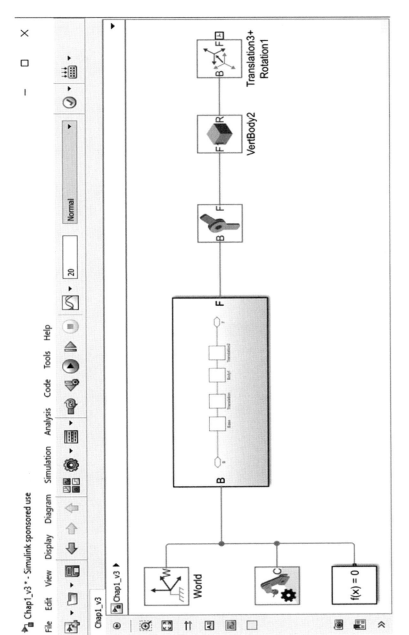

그림 3.28 Vertbody2의 Translation 및 Rotation

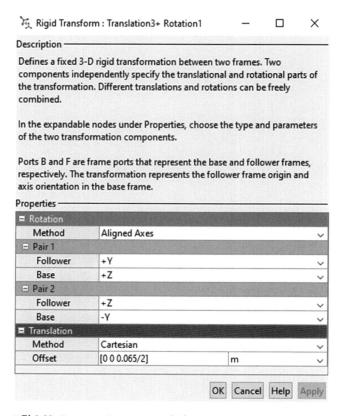

그림 3.29 Translation3 + Rotation1 속성

translation 오프셋을 확인한다. rotation method는 Aligned Axes이며 Base 프레임에 대해 follower 프레임 또는 **F**를 변환한다. Base 프레임은 기존 베이스 프레임이며 Follower 프레임은 후속 베이스에서 사용되는 프레임이다. **Aligned axes**는 변환에 사용될 두 쌍의 프레임을 사용한다. 첫 번째 쌍에서는 Follower 프레임의 +Y 축은 베이스 프레임의 +Z 축이다. 두 번째 쌍에서는 Follower 프레임의 +Z 축은 Base 프레임의 −Y 축이다. 해당 rotation의 근거는 25단계에서 설명한다.

24. **Revolute Joint**, VertBody2, Translation3 + Rotation1 블록을 하이라이트 표시하고 마우스 우클릭하고 '**Create Subsystem from Selection**'을 선택한다. 로봇팔의 베이스를 통합하는 서브시스템은 그림 3.30에 나와 있다. 해당 서브시스템

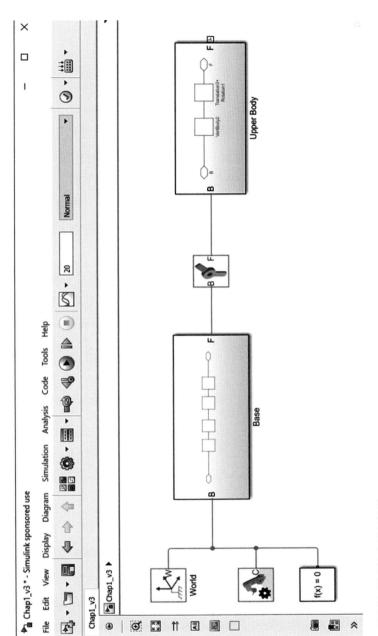

그림 3.30 어퍼 보디 서브시스템

의 이름을 'Upper Body'로 설정한다. 여기까지 로봇 팔의 어퍼 보디 설정을 완료했으며 이어서 어퍼 암 설정을 할 것이다.

3.3.4 어퍼 암

25. 모델에 **Revolute Joint** 라이브러리 블록을 추가한다. 해당 Revolute Joint는 +Y를 중심으로 어퍼 암 모션을 사용한다. **Revolute Joint**는 +Z를 중심으로 로테이션^{rotation} 하지만 Follower 프레임의 +Y축이 베이스 프레임의 +Z축이 되고 Follower의 +Z가 베이스의 −Y축으로 변환되기 때문에 Y축을 중심으로 **Revolute Joint**를 정의할 수 있다. 그림 3.31과 같이 **Revolute Joint**를 연결하고 'Wrist Revolute'로 명명한다.

26. 모델에 **Rigid Transform** 라이브러리 블록을 추가한다. Rigid Transform 블록의 **B** 포트를 그림 3.32와 같이 기존 Wrist Revolute 블록의 **F** 포트에 연결한다. 블록 이름을 'Translation4'로 설정한다. Translation은 revolute joint를 −X 방향으로 이동해 +Y 축에 대한 서보모터의 두 번째 DOF를 시뮬레이션하고자 사용된다.

27. Translation 블록을 더블클릭하고 그림 3.33과 같이 translation 오프셋을 확인한다.

28. 모델에 **Solid** 라이브러리 블록을 추가한다. 그림 3.34와 같이 신규 프레임 **F1**을 추가하고 **F1**을 Translation4의 **F** 포트에 연결한다. 해당 블록은 어퍼 암으로 동작한다.

29. 해당 블록을 더블클릭해 속성을 정의하고 그림 3.35와 같이 값을 입력한다. 하드웨어 매개 변수의 기존 측정값의 Y 측정값은 **Dimension** 탭의 Z 값으로 반영돼야 한다.

30. Wrist Revolute Joint, Translation4, **Solid** 블록, Translation5 블록을 하이라이트하고 마우스 우클릭하고 **'Create Subsystem from Selection'**을 선택한다. 로봇 팔의 베이스를 포함하는 서브시스템은 그림 3.36과 같다. 해당 서브시스템을 'Upper arm'으로 명명한다. 여기까지 로봇 팔의 어퍼 암 설정을 완료했으며 이어서 그리퍼를 설정한다.

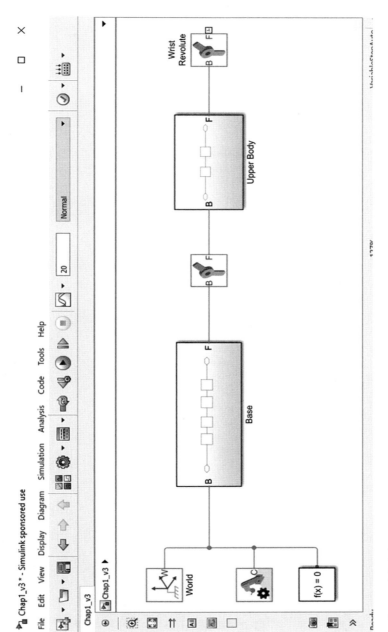

그림 3.31 어퍼 임의 Wrist revolute

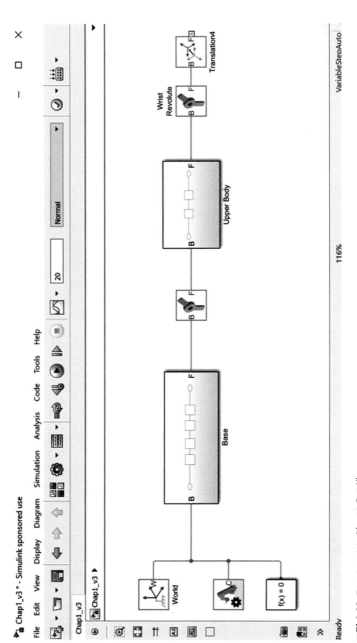

그림 3.32 Revolute Joint의 −X 오프셋

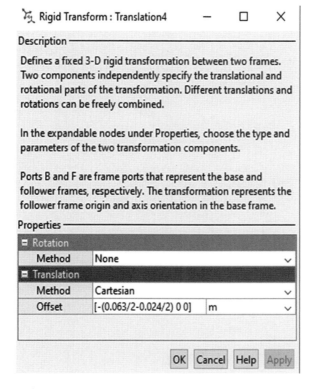

그림 3.33 Translation4 속성

3.3.5 그리퍼 암

31. **MATLAB Simscape^{TM}** 예제에서 그리퍼 모델을 .STL 형식으로 가져온다. 그림 3.37은 **Simscape^{TM}**의 그리퍼 모델을 보여 준다. 그리퍼는 녹색 손바닥 뼈 ^{metacarpal}, 4개의 손가락 연결부(빨간색 2개, 노란색 1개, 회색 1개), 2개의 손가락 끝 $^{\text{finger tips}}$으로 구성된다. 해당 그리퍼를 사용하려면 **MATLAB workspace**으로 이 동해 'smimport('sm_robot')'를 입력한다. **Simscape^{TM}**은 해당 명령어를 사용해 .STL 파일을 가져올 수 있다. 사용자는 3D CAD 소프트웨어에서 solid 모델을 만들고 .xml 파일로 내보내기^{export}한다. 그다음 MATLAB 명령어 **smimport** 는 xml 파일을 가져와서 **Simscape^{TM}** 모델로 변환 후 joint 및 solid 요소로 분리한다. 해당 요소는 **sm_robot** 모델에서 확인할 수 있다. 모델을 일단 생성하면 마

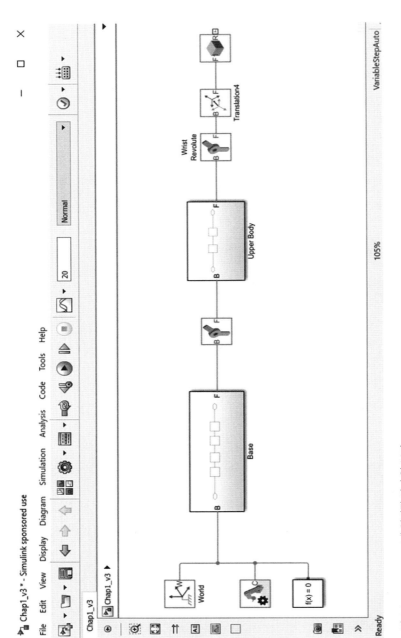

그림 3.34 Translation4에 연결된 어퍼 암 보디

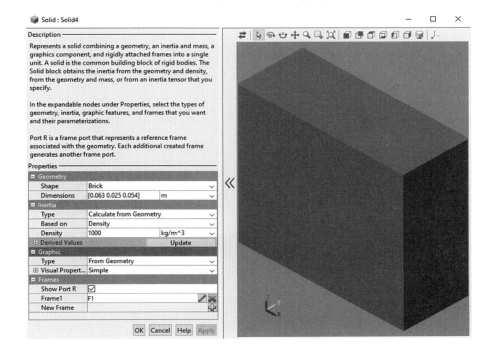

그림 3.35 어퍼 암 속성

지막 'grip_1' 서브시스템 블록을 모델에 복사한다. 해당 서브시스템을 연결하기 전에 그리퍼의 방향을 프레임에 가져오고자 몇 가지 rigid transform을 적용해야 한다.

32. 모델에 **Rigid Transform** 라이브러리 블록을 추가한다. 그림 3.38과 같이 **Rigid Transform** 블록의 **B** 포트를 어퍼 암 서브시스템의 **F** 포트의 **R** 포트에 연결한다. 해당 블록의 이름을 'Grippertransform'로 설정한다.

33. Grippertransform 블록을 더블클릭하고 그림 3.39와 같이 rotation 및 translation 오프셋을 확인한다. 해당 그림에 포함된 rotation method는 **Aligned Axes**다. .STL 모델은 **Simscape™**에서 Z 축으로 +Y 축을 갖고 있으므로 베이스의 Z 축을 기준으로 Follower의 Y 축을 변환하기 위한 변환이 필요하다. X 축의 변환은 어퍼 암 보디의 중심에 있는 어퍼 암 프레임에서 그리퍼를 '(0.063/2)'만큼 오프셋한다.

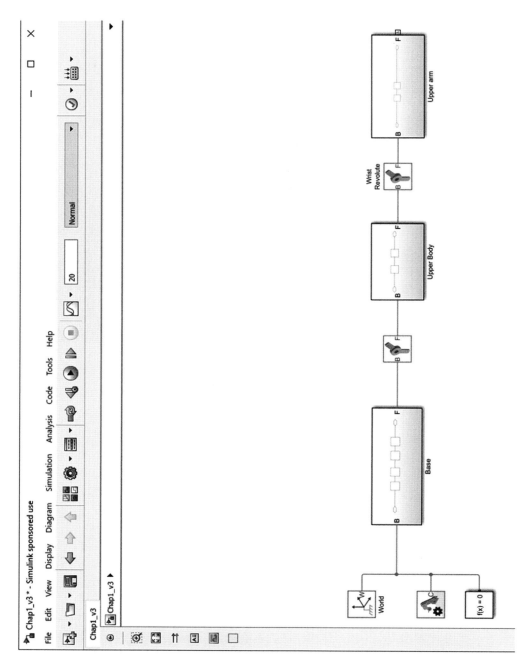

그림 3.36 어퍼 암 서브시스템

72

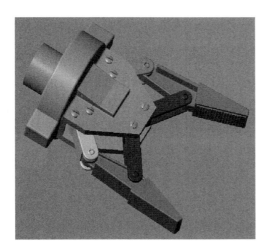

그림 3.37 그리퍼 상세 그림

34. **sm_robot** 모델에서 복사한 grip_1 서브시스템의 **F** 포트를 그림 3.40과 같이 Grippertransform 블록의 **F** 포트에 연결한다.

35. grip_1 서브시스템으로 이동한다. 가장 왼쪽의 **Reference frame**에 가까운 Transform 블록을 제거하고 대신 그림 3.41과 같이 왼쪽 포트 **F**에 연결된 **Rigid Transform**을 추가한다. 참고: 가장 왼쪽에 **Reference Frame**이 존재한다. **Reference Frame**은 네트워크의 다른 프레임을 참고하거나 연결할 수 있는 블록을 정의한다. **Reference Frame**이 필수는 아니지만 모델링 및 설계 편의성을 제공한다.

36. **Rigid Transform** 블록을 더블클릭하고 그림 3.42의 rotation을 확인한다. 그림에 표시된 rotation method는 지정된 축에 대한 고정 각도 변환을 정의하는 **Standard Axis**다. 이 경우 .STL 파일이 Y 축을 기준으로 180도 방향이 지정됐기 때문에 Y 축을 기준으로 180도다.

37. 그림 3.41에 표시된 metacarples_1_RIGID 서브시스템을 더블클릭한다. 이제 그림 3.43에서 4개의 핑거 링크^{finger link}에 필요한 transfrom을 확인할 수 있다. 해당 transform은 **smimport** 명령어 덕분에 이미 32단계에서 정의됐다. **Solid** 블록을 더블클릭하고 그림 3.44에 표시된 손바닥뼈^{metacarpal} 속성을 확인한다. 모든 속성

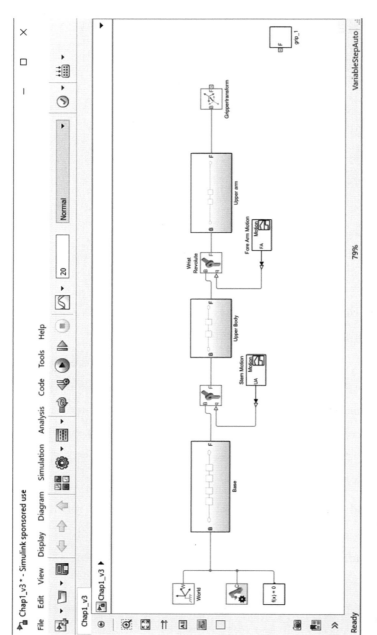

그림 3.38 Translation 그리퍼의 정렬 축

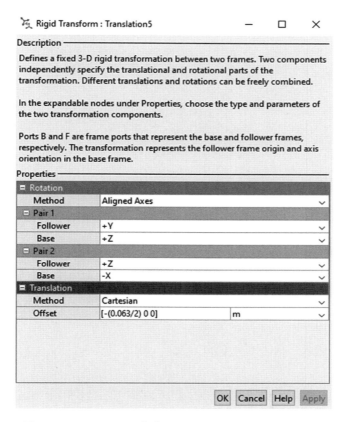

그림 3.39 Grippertransform 속성

이 이미 정의돼 있다. 다른 요소들(핑거 링크 및 핑거 팁) 또한 동일한 방식으로 정의돼 있다.

38. 이 단계를 통해, 구성된 그리퍼의 방향을 모델에 맞췄으며 이제 모델에서 DOF에 대한 동작을 정의하는 단계로 넘어갈 것이다. 3-DOF는 아직 살펴보지 않았다. 해당 DOF는 3.3.6절에서 설명한다.

3.3.6 모션

39. 그리퍼 서브시스템 외부에 있는 모델로 이동한다. Base와 19단계에서 정의한 어퍼 보디 사이의 **Revolute Joint**를 더블클릭한다. 그림 3.45에 나온 속성을 확인

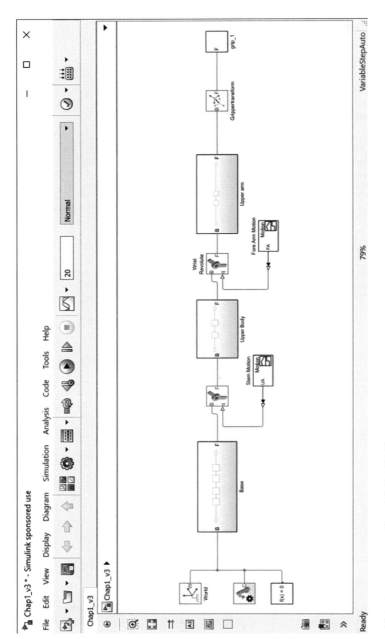

그림 3.40 sm_robot.xml의 그리퍼 서브시스템

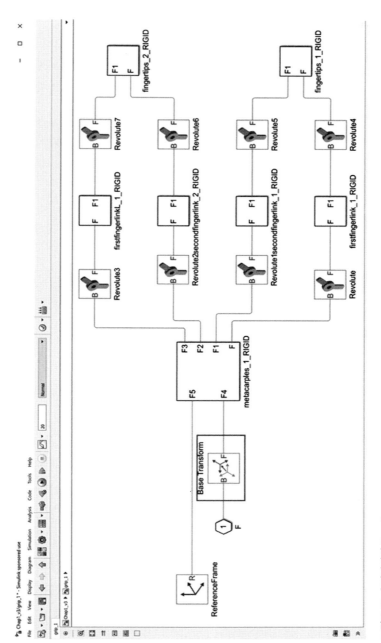

그림 3.41 손바닥뼈의 Transform

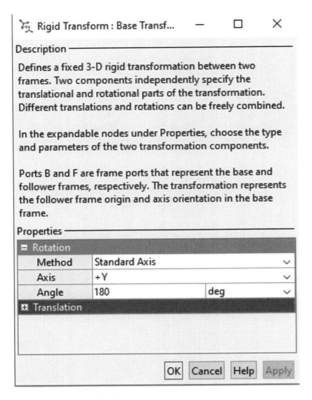

그림 3.42 손바닥뼈 속성의 Rigid transform

한다. 입력값을 제공하면 토크^{torque}는 해당 입력값을 기반으로 **Simscape**^{TM}에서 계산된다. 입력은 Z 축을 중심으로 각도를 나타낸다. OK를 클릭하고 모션에 대한 **Revolute Joint**의 q 값을 확인할 수 있다. 조인트의 출력값을 모니터링해야 하는 경우에는 **Sensing** 탭을 사용할 수 있다.

40. **Simulink® library browser**에서 그림 3.46과 같이 **Simulink®** › **Sources**로 이동한다. 모델에 **Signal Builder** 라이브러리 블록을 추가한다. 해당 블록은 **Revolute Joint**에 대한 작업을 정의하는 데 사용된다.

41. 그림 3.47과 같이 **Simscape** › **Utilities**로 이동한다. **Simulink®-PS Converter** 라이브러리 모델을 모델에 추가한다. 해당 블록은 **Simscape**^{TM}에서 단위가 없는 **Simulink®** 시그널을 물리적 시그널로 변환하고자 사용된다. **Simscape**^{TM}는 시

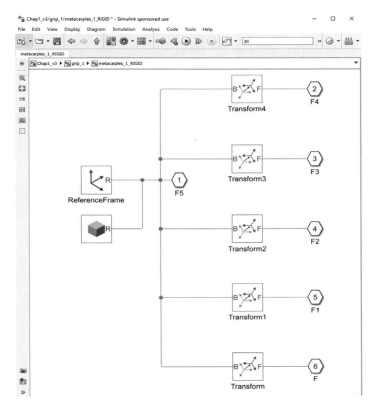

그림 3.43 손바닥뼈 transform 프레임

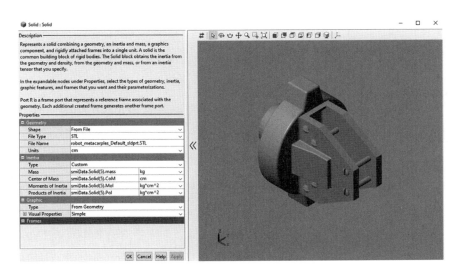

그림 3.44 손바닥뼈 속성

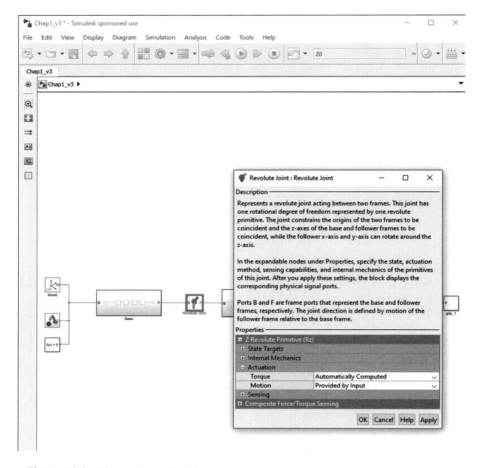

그림 3.45 어퍼 보디 revolute joint의 모션

퓰레이션을 위해 물리적 시그널을 사용하기 때문에 **Signal builder**에서 정의한 작업을 각도 단위로 변환하는 데 사용된다. 물리적 단위를 단위 없는 시그널로 변환하는 **PS-Simulink® converter**도 있다.

42. **Signal Builder**와 **Simulink®-PS converter**를 회전시켜서 입력을 오른쪽에서 왼쪽으로 이동시킨다. 이것은 시각적 효과만 고려한 것이다. 두 블록을 모두 하이라이트 표시한 다음 마우스 우클릭하고 그림 3.48과 같이 **Rotate & Flip** › **Flip Left-Right**를 선택한다. **Signal builder** 블록을 'Stem Motioin'으로 명명한다.

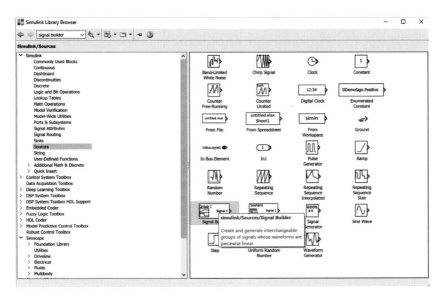

그림 3.46 Signal builder

43. **Signal builder**를 **Simulink®-PS converter**에 연결한 후 **Simulink®-PS converter**를 그림 3.49와 같이 **Revolute Joint**의 q 입력값에 연결한다. 이제 어퍼 보디 모션의 움직임을 각도로 정의할 수 있는 방법을 활용할 수 있다.

44. **Signal builder**를 더블클릭하고 그림 3.50과 같이 디폴트 시그널을 확인한다. 타임스탬프^{timestamps}와 파란색(인쇄 버전은 옅은 회색) 원 안에 있는 6개 지점 각각에 대한 시그널 값을 편집할 것이다.

45. 먼저 그림 3.51과 같이 마우스 우클릭하고 '**Change Time Range**'를 선택해 입력의 시간 범위를 확장한다. **Max** time을 20초로 설정한다. 결과는 그림 3.52에서 확인할 수 있다.

46. 왼쪽 및 오른쪽 엔드포인트는 이미 필요한 값으로 설정돼 있다. 그림 3.53과 같이 다섯 번째 포인트(6s, 0도)를 클릭하고 **T**에 대한 왼쪽 포인트 필드의 값을 17.5로, **Y**를 90으로 변경한다. 해당 값은 시그널이 17.5s에서 +90도임을 의미한다.

47. 다른 포인트에 대해 46번 단계를 반복한다. 결과는 그림 3.54와 같다. 여기까지 Z축을 중심으로 한 어퍼 보디에 모션의 초기 각도에 대한 정의를 마쳤다.

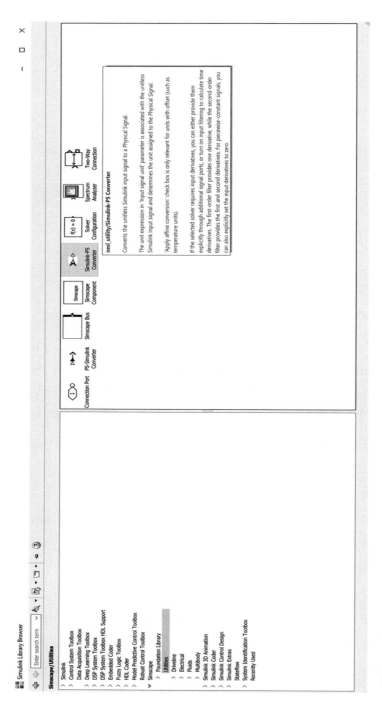

그림 3.47 PS-Simulink® Converter

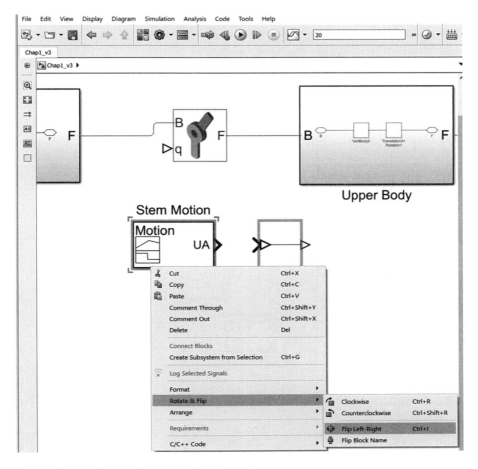

그림 3.48 Flip Signal builder 및 PS–Simulink Converter

    a. 네 번째 포인트: [12.5,90]

    b. 세 번째 포인트: [7.5,−90]

    c. 두 번째 포인트: [2.5,−90]

48. 다음 단계는 추가한 **Simulink-PS Converter** 블록의 속성을 정의하는 것이다. 이전 단계에서 단위 없는 시그널을 정의했기 때문에 관절의 작동을 위해 물리적 단위로 변환해야 한다. **Simulink-PS Converter** 블록을 더블클릭하고 그림 3.55와 같이 단위의 각도를 나타내는 deg를 입력한다.

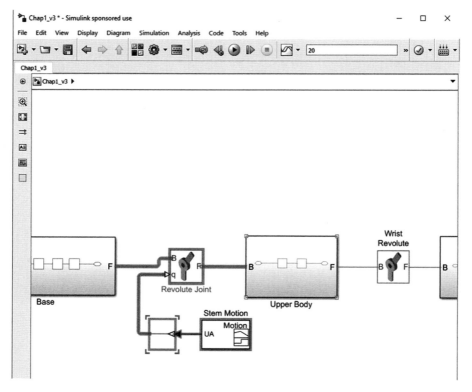

그림 3.49 어퍼 보디 revolute joint 모션

49. 이제 어퍼 암의 Y 축을 중심으로 2차 모션을 정의할 것이다. 어퍼 보디 서브시스템과 어퍼 암 서브시스템 사이에 위치한 Revolute Joint로 이동한다. **Revolute Joint**를 더블클릭하고 그림 3.56과 같이 속성을 확인한다.

50. 어퍼 암 모션을 정의하고자 40~43단계를 반복한다. 그림 3.57과 같이 Signal builder를 'Fore Arm Motion'으로 명명한다.

51. 어퍼 암 모션을 정의하는 44~48단계를 반복한다. 하단 포인트 좌표를 확인한다. Signal 결과값은 그림 3.58과 같다. 여기까지 Y 축을 중심으로 하는 어퍼 암의 두 번째 모션 각도를 정의했다.

a. 첫 번째 포인트: [0,0]

b. 두 번째 포인트: [2.5,−45]

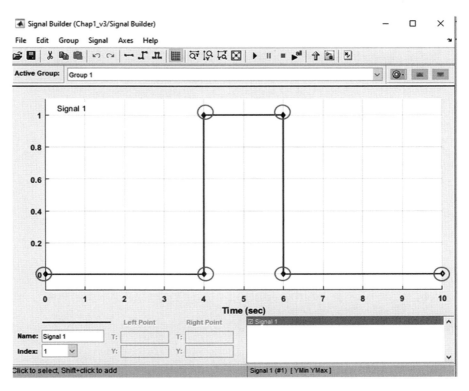

그림 3.50 Signal Builder의 디폴트 뷰

     c. 세 번째 포인트: [7.5,−45]

     d. 네 번째 포인트: [12.5,30]

     e. 다섯 번째 포인트: [17.5,30]

     f. 여섯 번째 포인트: [20,0]

52. '**grip_1**' 서브시스템 내부로 이동한 후 Revolute1과 Revolute2 joints를 더블클릭한다. 이 부분은 핑거 링크^{finger link}의 조인트 커넥터^{joints connector}다. 해당 조인트는 그리퍼의 Jaw 부분으로서 세 번째 모션 각도에서 사용된다. 그림 3.59에서 **Revolute Joint** 속성을 확인할 수 있다.

53. **Simulink® library browser**에서 그림 3.60과 같이 **Simulink®** › **Math Operations**으로 이동한다. 모델에 **Gain** 라이브러리 블록을 추가한다. 해당 블록은 추후 사용할 것이다.

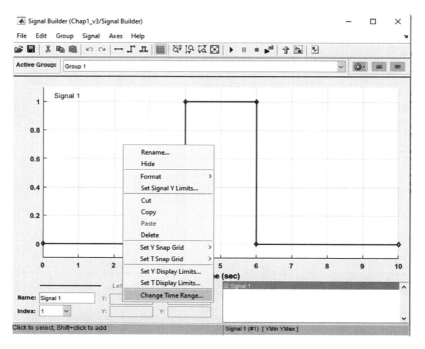

그림 3.51 시간 범위 확장

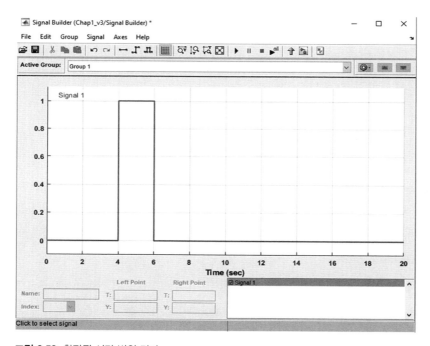

그림 3.52 확장된 시간 범위 결과

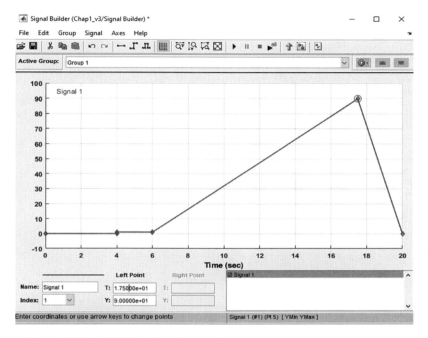

그림 3.53 변경된 다섯 번째 포인트 값 [17.5,90]

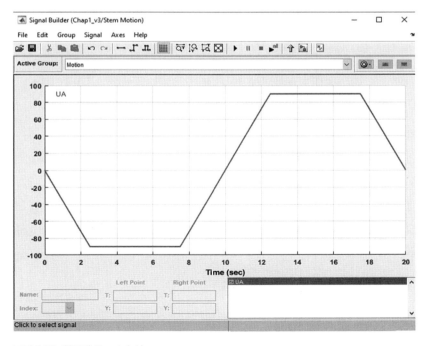

그림 3.54 완료된 Signal 속성

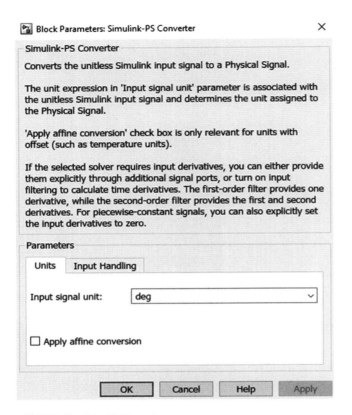

그림 3.55 Simulink–PS Converter

54. **Gain** 블록을 더블클릭하고 그림 3.61과 같이 −1값을 입력한다.

55. Signal builder를 추가하고 2개의 **Simulink®-PS Converter** 블록을 모델로 이동 시키고 그림 3.62와 같이 연결한다. **Gain** 블록의 −1은 각도가 Gain 값 −1로 반 전되므로 jaw의 반대쪽 끝의 동작을 미러링하는 데 사용된다.

56. 그리퍼 모션을 정의하는 44~48단계를 반복한다. 아래의 포인트 좌표를 확인한 다. Signal 결과는 그림 3.63과 같다. 여기까지 Z 축을 중심으로 하는 그리퍼 모 션의 세 번째 모션 각도의 정의를 마쳤다.

   a. 첫 번째 포인트: [0,130]

   b. 두 번째 포인트: [4.5,130]

   c. 세 번째 포인트: [5.5,150]

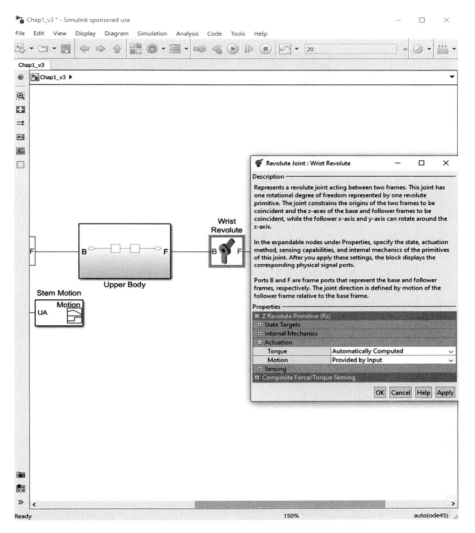

그림 3.56 어퍼 암 wrist revolute 모션

    d. 네 번째 포인트: [14.5,150]

    e. 다섯 번째 포인트: [15.5,130]

    f. 여섯 번째 포인트: [20,130]

57. 3-DOF 암 모델 및 해당 모델의 모션 정의를 통해 이제 모델을 시뮬레이션할 수 있게 됐다. play 버튼을 누르고 제공된 모션에 따라 암이 어떻게 작동하는지 확인

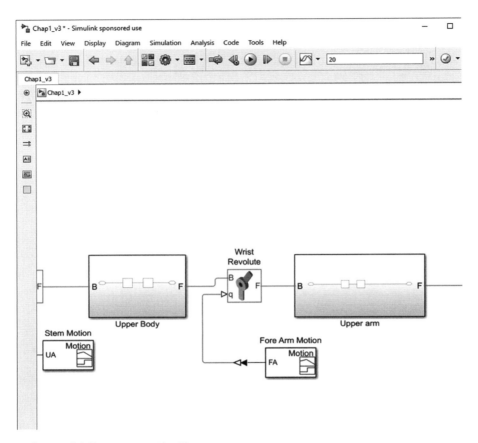

그림 3.57 어퍼 암 revolute joint의 모션

한다. 3-DOF 암의 최종 레이아웃은 그림 3.64와 같다.

3.3.7 장애 발생 시스템 시뮬레이션

58. 3.3.7절에서는 장애 발생 시스템을 모델에 도입하고 동일한 입력에 대한 장애 발생 시스템의 응답을 에뮬레이트한다. **Solver Configuration**, **Mechanism Configuration**, **World Frame** 블록을 제외한 전체 모델을 선택하고 해당 모델에 대한 서브시스템을 생성한다. 해당 시스템의 이름을 Digital Twin으로 변경한 후 해당 시스템을 복사-붙여넣기^{copy-paste}하고 신규 생성된 시스템의 이름을

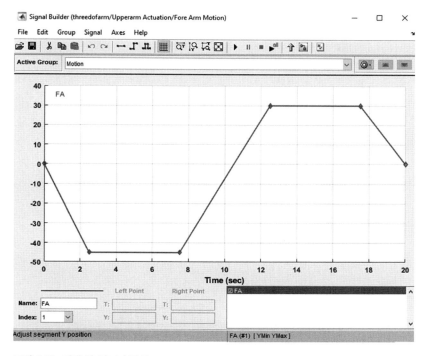

그림 3.58 어퍼 암 시그널 모션

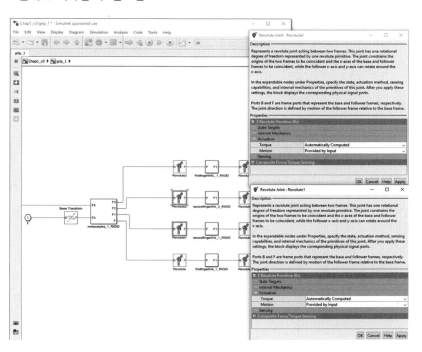

그림 3.59 Revolute1 및 Revolute2 속성

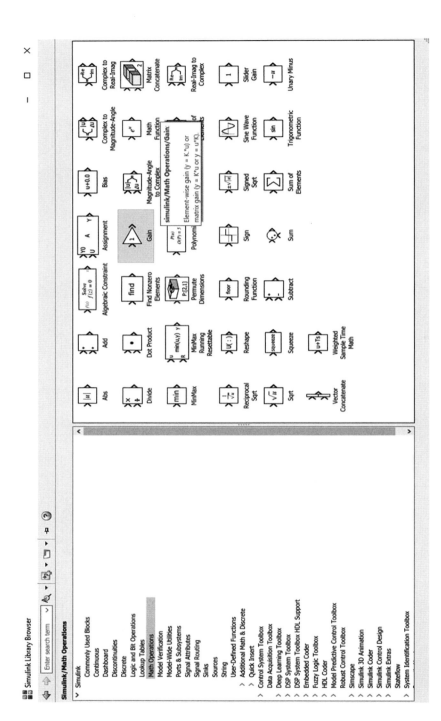

그림 3.60 Gain 라이브러리 블록

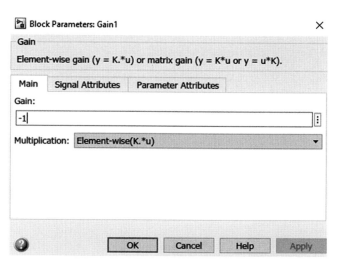

그림 3.61 Gain 속성

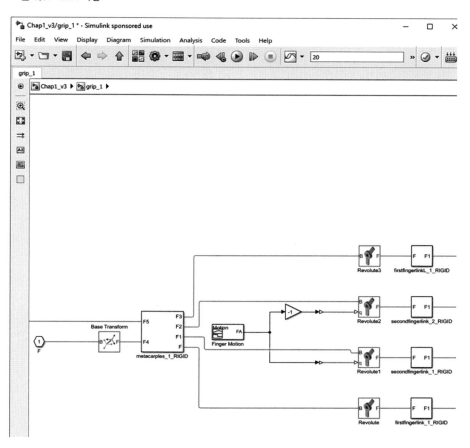

그림 3.62 어퍼 암 revolute joint 모션

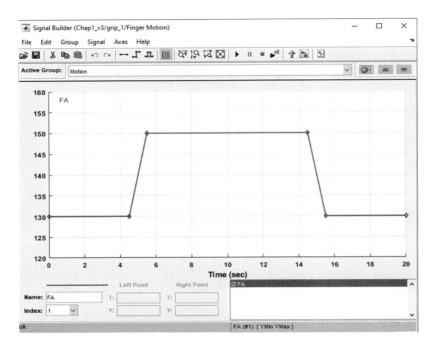

그림 3.63 그리퍼 시그널 모션

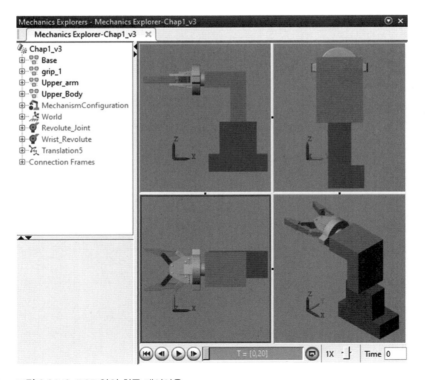

그림 3.64 3-DOF 암의 최종 레이아웃

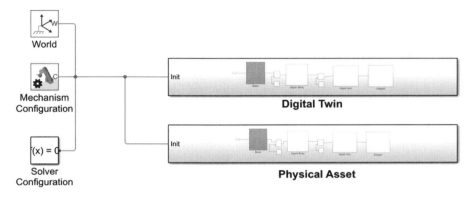

그림 3.65 Digital Twin 및 Physical Asset 서브시스템

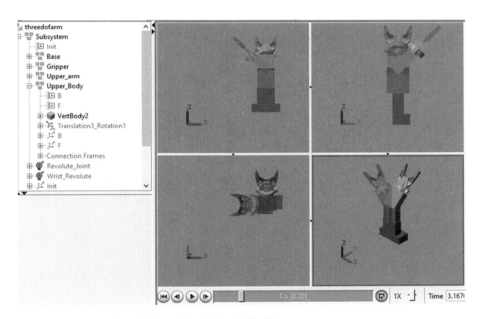

그림 3.66 가상의 물리적 자산을 디지털 트윈과 비교한 경우

Physical Asset으로 변경한다. 해당 신규 서브시스템은 장애가 발생한 서브시스템의 역할을 하며 **Solver Configuration**, **Mechanism Configuration**, **World Frame**을 Physical Asset 서브시스템 입력에 연결한다. 관련된 변경사항은 그림 3.65와 같다.

59. **Physical Asset** 서브시스템 내부로 이동한 다음 **Base Actuation** 서브시스템 내부로 이동한다. **Simulink®-PS converter** 블록 이전에 **Gain** 블록을 삽입한다. gain 값을 0으로 변경한다. 해당 값은 정지된 스테퍼 모터^{stepper motor}를 시뮬레이션한다. 시뮬레이션을 실행하고 그림 3.66과 같이 Mechanics Explorer 윈도우에서 물리적 자산과 디지털 트윈 간의 불일치를 확인한다.

3.4 애플리케이션 문제

a. 그리퍼가 이제 world frame의 X 축을 중심으로 회전하도록 신규 DOF를 추가한다.

b. 그리퍼는 암 그리퍼가 상단 위치에 있을 때 +45도 회전하고 암이 하단 위치에 있을 때는 −45도 회전하는 사전 정의된 모션을 해당 DOF에 추가한다. 해당 모션은 그리퍼가 열리거나 닫히기 전에 수행돼야 한다.

c. DOF가 정의된 경우 해당 조인트^{joints}의 토크를 모니터링한다.

d. Simulink 스코프에서 토크를 플롯^{plot}한다.

힌트: 조인트의 '**Sensing**' 속성을 활용해야 한다.

MATLAB® Central에서 3장의 자료를 다운로드할 수 있다. 최종 Simulink®는 **Application_Problem_arm** 폴더에 포함돼 있다. Simulink® 모델은 **Application_Problem.slx**에 포함돼 있다.

볼 온 플레이트 모델링

4.1 소개

볼 온 플레이트$^{ball\ on\ a\ plate}$는 제어 설계 및 테스트에 널리 사용되는 대표적인 벤치마크 문제이며 오프보드$^{Off-BD}$ 설정에 사용되는 디지털 트윈을 구축하는 좋은 사례다. 볼 온 플레이트에는 플레이트의 각도를 변경하는 2개의 서보모터가 있어 볼의 위치를 변경한다. 해당 서보모터의 목적은 볼을 지정된 위치(일반적으로 중앙)에 유지하는 것이다. 4장에서는 볼 온 플레이트의 디지털 트윈 모델을 생성하는 것에 초점을 맞출 것이다. 그림 4.1은 4장에서 다루는 오프보드 단계를 보여 준다. 여기에는 자산의 장애 모드, 블록 다이어그램, 디지털 트윈의 모델링, 예비 진단 알고리듬이 포함된다. 클라우드 환경에서의 디지털 트윈 에지^{edge} 디바이스 설정, 연결, 배포는 다루지 않는다.

4장에서 사용된 모든 코드는 MATLAB File Exchange에서 무료로 다운로드할 수 있다. 아래 링크에서 ISBN 또는 이 책의 제목을 검색하면 된다.

https://www.mathworks.com/matlabcentral/fileexchange/.

또한 독자는 전용 웹 사이트에서 자료 및 기타 리소스를 다운로드하거나 저자에게 추

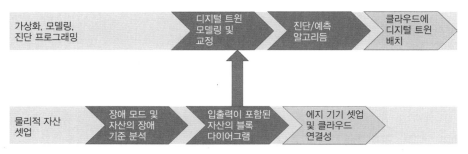

그림 4.1 4장에서 다루는 오프보드 단계

가 문의를 할 수 있다.

https://www.practicalmpc.com/.

4.2 볼 온 플레이트 하드웨어

볼 온 플레이트 하드웨어는 RoboholicManiacs(www.roboholicmaniacs.com)에서 구매할 수 있다. 해당 플레이트는 플레이트의 x, y 기울기를 제어하는 2개의 서보모터가 있다.

플레이트는 38cm × 24cm 크기이며 두께가 2cm인 터치 스크린이다(그림 4.2). 볼의 지름은 1인치이고 질량은 51g이다. 서보모터 및 크랭크샤프트crankshaft 메커니즘은 모델링되지 않는다. 그 대신 플레이트의 각도는 Simscape™ 모델에 대한 입력값이다.

4.3 볼 온 플레이트 시스템의 블록 다이어그램

볼 온 플레이트는 2차 다중 입력multiinput 및 다중 출력multioutput 문제다. 해당 시스템에는 2개의 입력(일반적으로 2개의 구동 장치가 있음)과 2개의 출력(볼의 x 및 y 위치)이 있다(그림 4.3). 핵심 파트는 볼, 플레이트, 구동 메커니즘이다. 구동 메커니즘은 서보모터 또는 자기 유도 코일magnetic induction coil을 통해 활성화된다. 플레이트는 일반적으로 x축과 y축(롤 및 피치 각도)을 중심으로 회전하도록 제한된다. 구동 메커니즘은 플레이트의 두 각도를 수정해 x 및 y 방향의 중력으로 인해 볼을 이동시킨다. 대부분의 제어 문제와 관련된 목표는 외부 요소에 관계없이 주어진 좌표에 볼을 유지하는 것이다.

그림 4.2 RoboholicManiacs의 볼 온 플레이트 하드웨어

그림 4.3 볼 온 플레이트의 블록 다이어그램

4.4 볼 온 플레이트의 장애 모드 및 진단 개념

4장에서는 볼 가속에 영향을 미치는 장애를 탐지하는 것에 초점을 맞출 것이다. 장애 모드에는 배선 문제, 노후화된 서보 또는 회전 메커니즘의 기계적 고장과 같은 서보모터 장애가 포함된다. 장애는 먼지 또는 다른 장애물로 인해 볼이 움직일 수 없는 상황도 포함된다. 마지막으로 탐지 메커니즘의 장애는 볼 가속도에 영향을 미칠 수 있다.

서보 유형 또는 탐지 메커니즘에 관계없이 시스템을 진단하고자 설계된 프로세스는 적용할 수 있어야 한다. 기본적인 아이디어는 가속도 측정 또는 추정에 의존한다. 물리적

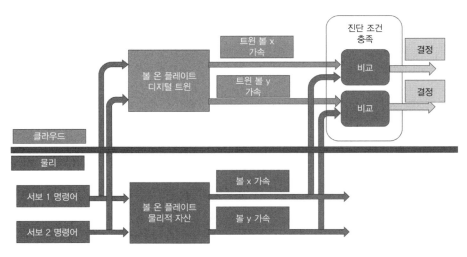

그림 4.4 볼 온 플레이트의 오프보드 진단 프로세스

자산의 가속도가 디지털 트윈의 가속도와 크게 다른 경우 장애로 설정된다. 일반적으로 진단 설계 기술은 디지털 트윈으로부터 물리적 자산의 편차가 확대되는 조건을 찾을 수 있는 논리의 구현에 있다. 이를 통해 모델링 오류, 하드웨어의 경미한 노화, 플레이트가 놓인 고르지 않은 표면 및 측정되지 않은 방해(볼 온 플레이트 설정과 관련된 실내 공기 상태)와 관련된 불확실성을 극복할 수 있는 강력한 로직을 구축할 수 있다. 해당 로직이 적절히 구현된 경우 진단 활성화 조건을 통해 탐지할 수 있는 신호 대 잡음비$^{signal-to-noise ratio}$를 생성할 수 있다. 서보 명령어 또는 볼의 가속도가 클 때 진단을 활성화할 것이다. 몇 가지 샘플로 디지털 트윈 및 물리적 자산 평균 가속도를 비교할 수 있다. 차이가 임계값보다 큰 경우 장애로 설정된다. 그림 4.4는 진단 프로세스를 보여 준다.

4.5 볼 온 플레이트의 Simscape 모델

디지털 트윈을 생성하고자 Simscape Multibody™(구 SimMechanics™)를 사용할 것이다. 모델에 대한 입력은 플레이트의 각도가 되고 출력은 볼의 x 및 y 위치다. 또한 모델에 PID 컨트롤러 2개를 통합할 것이다. Mechanics Explorer를 사용해 볼의 천이 응답$^{transient response}$을 관찰하고 기록할 것이다. 시뮬레이션은 재생 및 데모에 사용하고자 비디오로

그림 4.5 플레이트에 적용된 데카르트 좌표 및 회전 각도

녹화된다. 그림 4.5는 데카르트 좌표와 플레이트의 회전 각도를 보여 준다.

Simscape™를 사용한 해당 애플리케이션 모델링의 단점은 Simscape Multibody의 대부분의 구성 요소와 달리 볼과 플레이트가 조인트, 벨트로 연결되지 않거나 접촉이 제한된다는 것이다. 즉 볼과 플레이트 사이의 사용자 지정 방정식을 Simscape™ 솔버가 아닌 Simulink 또는 사용자 정의user-defined 서브시스템에서 명시적으로 개발하고 해결해야 한다는 것을 의미한다.

최종 모델은 그림 4.6과 같으며 주요 구성 요소는 아래와 같다.

- 플레이트 다이내믹스plate dynamics
- 볼 다이내믹스ball dynamics
- 플레이트/볼 상호 작용plate/ball interaction

3장에서 언급한 것처럼 Simulink®과는 달리 Simscape™에서는 신호 흐름의 방향성이 없다. 그림 4.6의 기본 아이디어를 요약하면 world frame을 사용한다. world frame은 범용 frame으로 동작하며 2 자유도 조인트DOF, Degree-Of-Freedom에 연결된다. 사용자는 해당 조인트를 사용해서 플레이트의 두 가지 각도를 설정할 수 있다. 범용 조인트universal joint는 플레이트의 solid shape 블록에 연결된다. 여기에는 플레이트의 질량mass, 관성inertia, 지오메트리geometry, 그래픽이 포함된다. 플레이트는 Ball & Pllate interaction 블록에 연결된다. 해당 블록에는 6 DOF 조인트와 볼과 플레이트 사이의 힘을 계산하는 s-function이 포함된다. 최종적으로 볼 지오메트리는 볼 6-DOF 조인트에 follower frame으로 연결된다. 그림 4.7은 볼 온 플레이트 모델의 주요 구성 요소를 보여 준다.

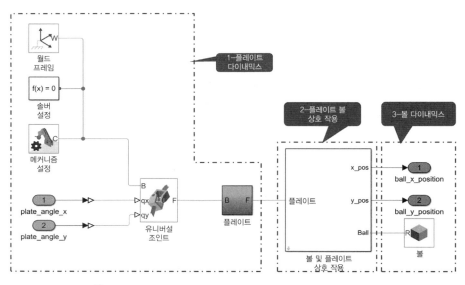

그림 4.6 Simscape™ 모델 개요

최종적으로, 볼 지오메트리는 볼 6-DOF 조인트에 follower frame으로 연결된다. 그림 4.7은 볼 온 플레이트 모델의 주요 구성 요소를 보여 준다.

아래는 Simscape® 모델을 구축하기 위한 세부 단계다.

1단계: **Simulink® model** 신규 생성.

2단계: **Simulink® Library Browser** 클릭(그림 4.8).

3단계: **Simscape › Multibody Library › Frames and Transforms**로 이동한 후 **World Frame** 블록을 모델에 추가(그림 4.9).

4단계: **Simscape › Utilities**로 이동한 후 **Solver Configuration** 블록 추가(그림 4.10).

5단계: **Multibody › Utilities**로 이동한 후 **Mechanism Configuration** 블록 추가(그림 4.11).

6단계: **Multibody › Joints**로 이동한 후 **Universal Joint** 블록을 모델에 추가(그림 4.12).

7단계: 플레이트에 각도를 입력으로 지정하고자 **Universal Joint**를 더블클릭하고 **X Revolute Primitive(Rx)** 및 **Y Revolute Primitive(Ry)**(그림 4.13)에 대한 입력을 통해 **Actuation › Motion › Provided**의 세팅을 변경한다. 이러한 각도는 라디안^{radian}을 사

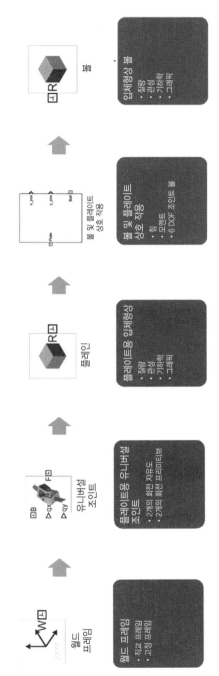

그림 4.7 볼 온 플레이트 모델의 주요 구성 요소

월드 프레임

월드 프레임
- 직교 프레임
- 고정 프레임

유니버설 조인트

플레이트용 유니버설 조인트
- 2개의 회전 자유도
- 2개의 회전 프리미티브

플레인

플레이트용 입체형상
- 질량
- 관성
- 기하학
- 그래픽

볼 및 플레이트 상호 작용

볼 및 플레이트 상호 작용
- 힘
- 모멘트
- 6 DOF 조인트볼

볼

입체형상볼
- 질량
- 관성
- 기하학
- 그래픽

그림 4.8 Simulink® Library Browser

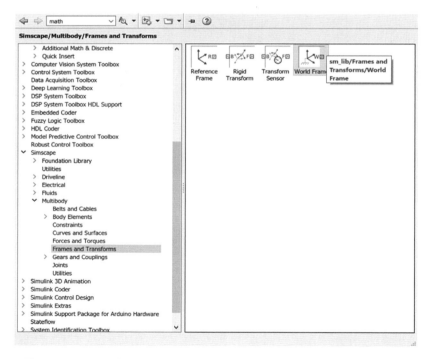

그림 4.9 World Frame 블록

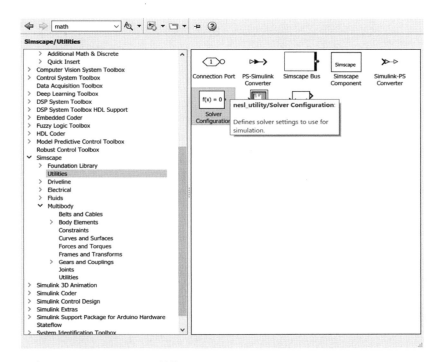

그림 4.10 Solver Configuration 블록

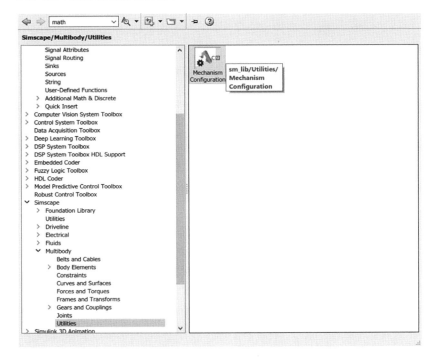

그림 4.11 Mechanism Configuration

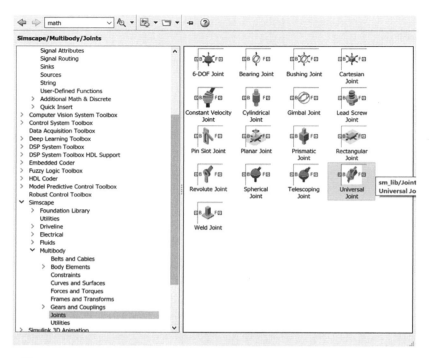

그림 4.12 Universal Joint

용한다.

8단계: 앞서 언급한 모든 블록을 **Universal Joints**(그림 4.14)에 연결하고자 한 블록을 **Universal Joint**에 연결하고 나머지 블록을 연결 라인[connecting line]에 연결한다. **Simscape** 블록을 연결하는 것은 Simulink 블록을 연결하는 것과 차이가 있다.

9단계: 플레이트를 나타내는 물리적 객체를 생성하려면 **Simscape** › **Multibody Library** › **Body Elements Library**(그림 4.15)에서 Solid 블록을 추가한다.

10단계: Solid 블록을 더블클릭하고 플레이트의 차원을 나타내는 [0.38, 0.25, 0.02] m로 변경한다(그림 4.16).

11단계: 플레이트가 플렉시 글라스[plexiglass]이기 때문에 밀도를 1.18g/cm^3으로 변경한다(그림 4.17).

12단계: **Color**와 **Opacity**를 원하는 값으로 변경한다(그림 4.18).

13단계: **Simscape** › **Utilities**에서 모델에 2개의 connection port를 추가한다(그림 4.19).

14단계: 포트 **F**와 **B**의 이름을 각각 변경한다. 블록을 한 번 클릭한 다음 블록 아래의

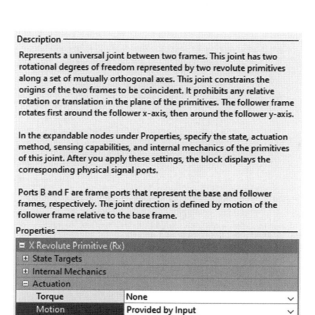

Description

Represents a universal joint between two frames. This joint has two rotational degrees of freedom represented by two revolute primitives along a set of mutually orthogonal axes. This joint constrains the origins of the two frames to be coincident. It prohibits any relative rotation or translation in the plane of the primitives. The follower frame rotates first around the follower x-axis, then around the follower y-axis.

In the expandable nodes under Properties, specify the state, actuation method, sensing capabilities, and internal mechanics of the primitives of this joint. After you apply these settings, the block displays the corresponding physical signal ports.

Ports B and F are frame ports that represent the base and follower frames, respectively. The joint direction is defined by motion of the follower frame relative to the base frame.

Properties

X Revolute Primitive (Rx)	
State Targets	
Internal Mechanics	
Actuation	
Torque	None
Motion	Provided by Input
	Provided by Input
Sensing	Automatically Computed
Y Revolute Primitive (Ry)	
Composite Force/Torque Sensing	

OK Cancel Help Apply

그림 4.13 Universal Joint의 구동 설정

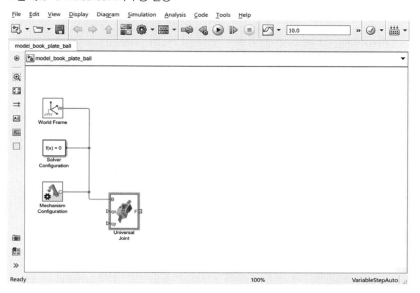

그림 4.14 Universal Joint에 블록 연결

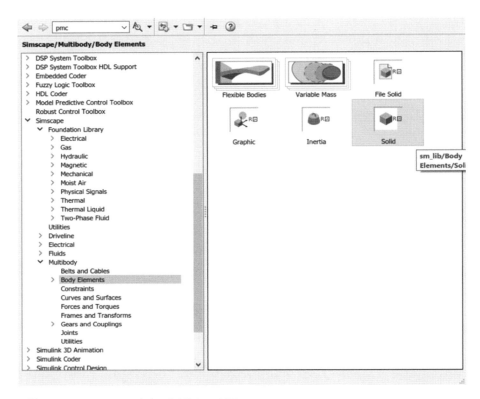

그림 4.15 Body Elements 라이브러리의 Solid 블록

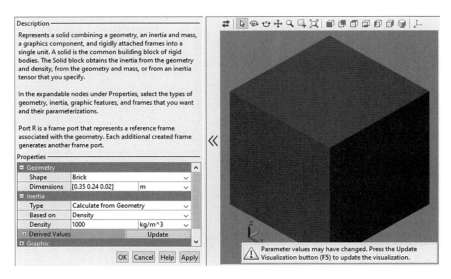

그림 4.16 플레이트의 차원

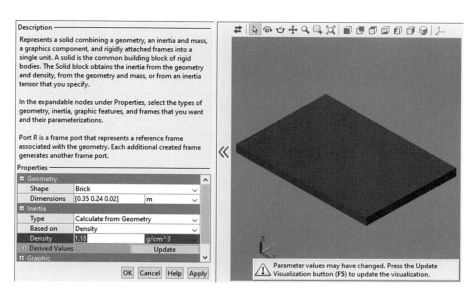

그림 4.17 플레이트의 밀도

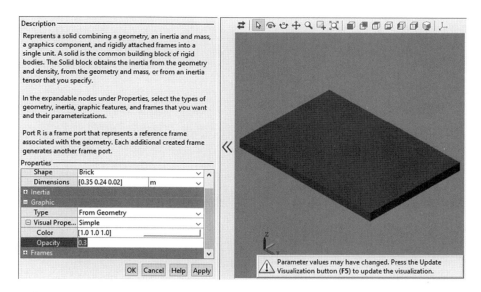

그림 4.18 플레이트의 그래픽 속성

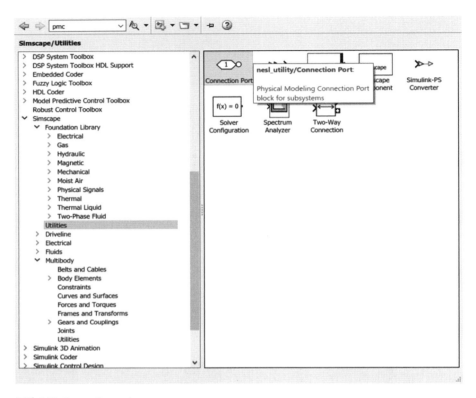

그림 4.19 Connection ports

이름을 편집한다. Solid에 대해서도 동일한 작업을 수행하고 플레이트의 이름을 변경한다(그림 4.20).

15단계: 구성 요소의 서브시스템을 생성하고 용이하게 접근하고자 connection port **B**를 더블클릭하고 포트 위치를 오른쪽으로 변경한다.

16단계: connection port **B**를 Solid에 연결하고 connection port **F**를 라인 연결한다.

17단계: 플레이트와 함께 **F** 및 connection port **B**를 선택하고 서브시스템을 생성한다.

18단계: 플레이트 서브시스템의 이름을 변경하고 **F**와 **B**의 입력 및 출력 포트를 삭제한다. 모델은 그림 4.23과 같다.

19단계: **Universal Joint**를 **Plate** 서브시스템에 연결한다. 블록의 순서와 서브시스템 생성은 모델에 대한 이해를 돕기 위한 것이다. 블록의 이름과 위치를 제외하고 connection port **F**와 **B**는 모두 동일하다.

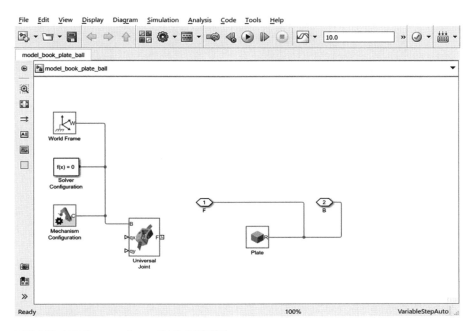

그림 4.20 F 및 B connection port를 Solid에 연결

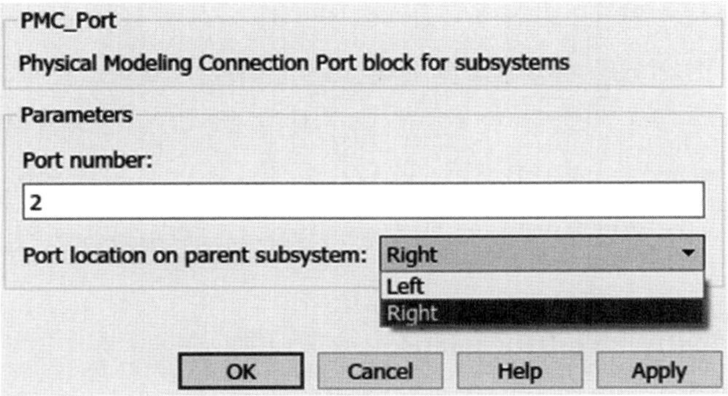

PMC_Port

Physical Modeling Connection Port block for subsystems

Parameters

Port number:

2

Port location on parent subsystem: | Right ▼
Left
Right

OK   Cancel   Help   Apply

그림 4.21 Port location

20단계: **Simscape › Multibody › Joints** 이동한 후 모델에 **6-DOF Joint**를 추가한다 (그림 4.24). **6-DOF Joint**는 볼의 reference frame으로 사용된다. 볼은 translation 및 rotation을 보여 준다.

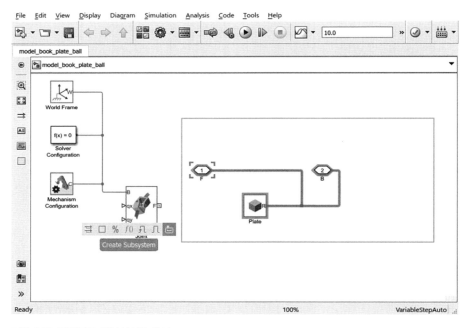

그림 4.22 플레이트 서브시스템 생성

21단계: 플레이트는 x 및 y 방향으로 볼에 마찰력(fx 및 fy)을 가한다. 또한 플레이트는 일반적인 분력$^{component\ force}$인 fz를 사용해 볼이 플레이트를 통과하지 못하게 한다.

마지막으로 마찰력(fx 및 fy)이 구체^{sphere}의 토크(tx 및 ty)를 생성한다. 해당 마찰력과 토크는 **6-DOF Joint**의 입력으로 설정된다. 그림 4.25는 마찰력 fx를 joint에 대한 입력으로 설정하는 방법을 보여 준다. fy 및 fz 또한 설정 가능하다. 그림 4.26은 tx 및 ty 설정 방법을 보여 준다.

22단계: 입력값을 확인하기 위해 **6-DOF Joint** 블록을 확대한다.

23단계: 플레이트 블록의 **F** 포트를 **6-DOF Joint**의 **B** 포트에 연결한다(그림 4.27). 또는 **Universal Joint**를 **6-DOF Joint**에 연결할 수 있다(그림 4.28). 해당 연결의 목표는 **6-DOF Joint**를 **Universal Joint**에 상대적인 follower frame으로 만드는 것이다.

24단계: 볼과 플레이트 상호 작용을 계산하고자 **6-DOF Joint**의 출력 집합(측정값)이 필요하다. **6-DOF Joint** 블록을 더블클릭하고 **X Prismatic Primitive(Px)**, **Y Prismatic Primitive(Py)**, **Z Prismatic Primitive(Pz)**의 **Position** 및 **Velocity** 박스를 체크 표시한다(그림 4.29). 회전 측정의 경우 **Spherical Primitive(S)**의 **Velocity(X)** 및

112

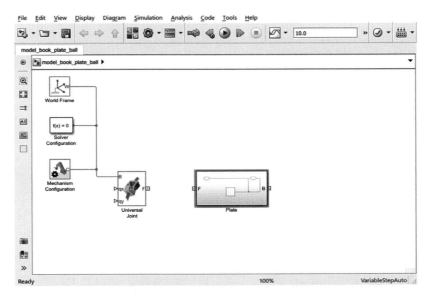

그림 4.23 플레이트 서브시스템이 포함된 전체 모델

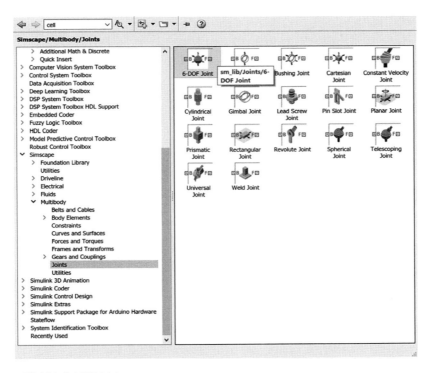

그림 4.24 6-DOF Joint

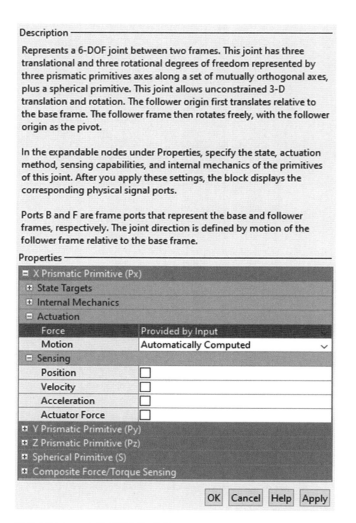

그림 4.25 force fx를 입력으로 설정

Velocity(Y)를 체크 표시한다. 이것은 X 및 Y 축을 중심으로 하는 회전 속도를 나타낸다.

25단계: **Simulink › User-Defined Functions**에서 **S-Function**을 추가한다. 해당 블록에 z 방향의 지지력을 포함해서 마찰력과 플레이트 온 볼의 모멘트[moment]를 계산하는 c 언어 스크립트 ballplateforces.c가 포함된다. c 스크립트는 다음 절에서 논의할 것이다.

26단계: **Simulink › Commonly Used Blocks**에서 **Mux** 및 **Demux** 블록을 추가한다.

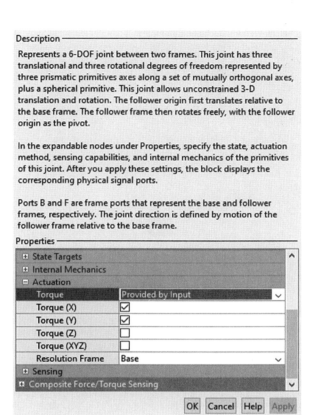

Description

Represents a 6-DOF joint between two frames. This joint has three translational and three rotational degrees of freedom represented by three prismatic primitives axes along a set of mutually orthogonal axes, plus a spherical primitive. This joint allows unconstrained 3-D translation and rotation. The follower origin first translates relative to the base frame. The follower frame then rotates freely, with the follower origin as the pivot.

In the expandable nodes under Properties, specify the state, actuation method, sensing capabilities, and internal mechanics of the primitives of this joint. After you apply these settings, the block displays the corresponding physical signal ports.

Ports B and F are frame ports that represent the base and follower frames, respectively. The joint direction is defined by motion of the follower frame relative to the base frame.

Properties

State Targets	
Internal Mechanics	
Actuation	
Torque	Provided by Input
Torque (X)	☑
Torque (Y)	☑
Torque (Z)	☐
Torque (XYZ)	☐
Resolution Frame	Base
Sensing	
Composite Force/Torque Sensing	

OK　Cancel　Help　Apply

그림 4.26 토크 tx 및 ty 설정

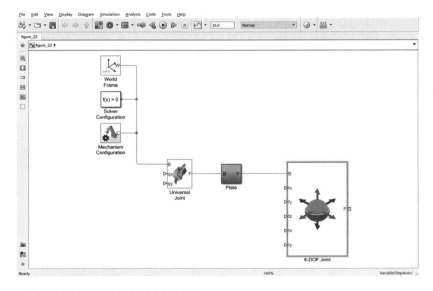

그림 4.27 플레이트 및 6–DOF Joint 블록

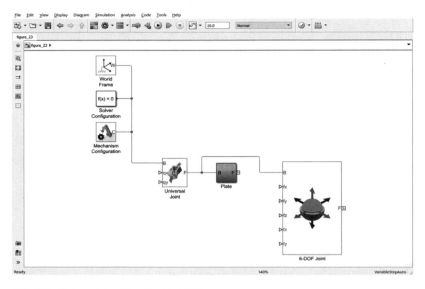

그림 4.28 Universal Joint 6–DOF Joint 블록

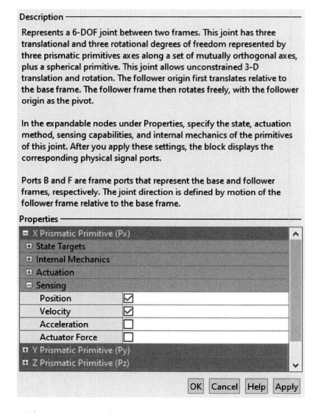

그림 4.29 Position 및 Velocity 센싱

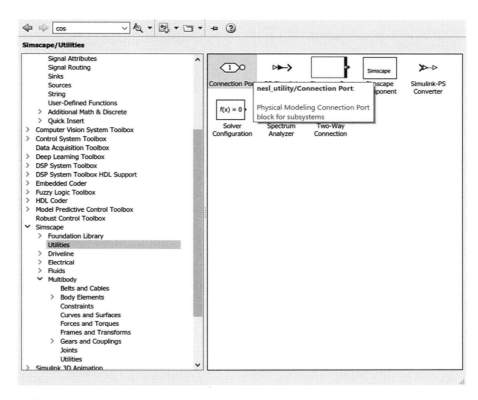

그림 4.30 Connection Port

27단계: c 스크립트, **ballplateforces.c**의 입력은 px, vx, py, vy, pz, vz, wx, wy다. 또한 시뮬레이션 시간을 입력한다. Mux의 입력값을 9로 변경한다.

28단계: c 스크립트 **ballplateforces.c**의 출력은 fx, fy, fz, tx, ty다. Demux 출력값을 5로 변경한다.

29단계: **Simscape › Utilities**에서 **Connection Port**를 추가한다(그림 4.30). **Ctrl+R**을 2번 눌러서 port를 회전시킨다.

30단계: **Simscape › Utilities**에서 **PS-Simulink Converter** 8개를 추가한다(그림 4.31).

31단계: **6-DOF Joint**의 **F** 포트를 **Connection Port**에 연결한다. 마찬가지로 px, vx, py, vy, pz, vz, wx, wy를 **PS-Simulink Converters**에 연결한 후 **Mux** 블록에 연결한다. 그림 4.32는 연결 결과를 보여 준다.

32단계: **S-Function** 블록을 **Demux** 블록에 연결한다.

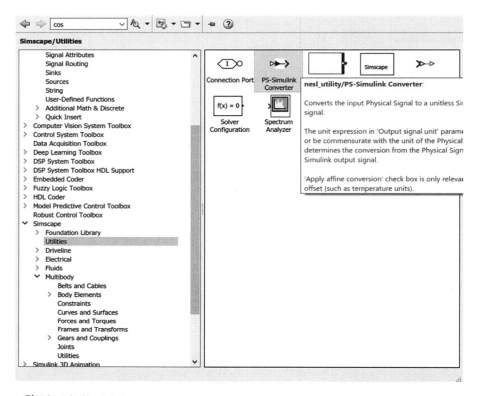

그림 4.31 PS–Simulink Converter

33단계: **Simscape › Utilities**에서 5개의 **Simulink-PS Converters**를 추가한다.

34단계: **Demux** 블록을 5개의 **Simulink-PS Converters**에 연결한 후 **Simulink-PS Converters**을 **6-DOF Joint** 블록에 연결한다(그림 4.33).

35단계: **Simulink › Commonly Used Blocks**에서 **Out1** 블록을 추가한다. 이름을 **x_pos** 및 **y_pos**로 변경하고 그림 4.34에 따라 px 및 py에 연결한다.

36단계: 그림 4.35에서 사각형으로 강조 표시된 구성 요소를 선택하고 서브시스템을 생성한다. 서브시스템의 이름을 **Ball Plate Interaction**으로 변경한다.

37단계: **Ball Plate Interaction** 서브시스템을 열고 **Conn2**(B에 연결된 포트) 포트의 이름을 **B**로 변경한다. **F** 포트에 연결된 포트의 이름을 **F**로 변경한다.

38단계: 볼을 나타내는 물리적 객체를 생성하고자 **Simscape › Multibody Library › Body Elements Library**에서 Solid 블록에 추가한다(그림 4.36).

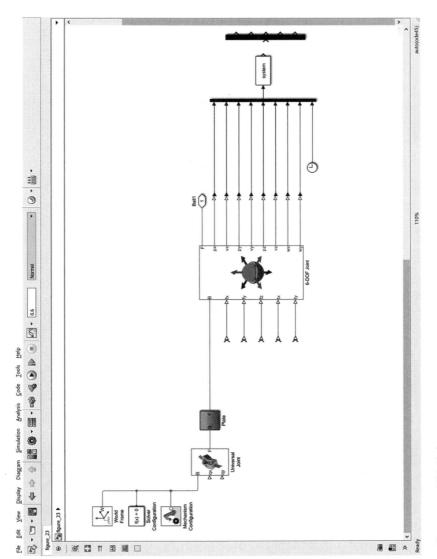

그림 4.32 Mux 블록 연결

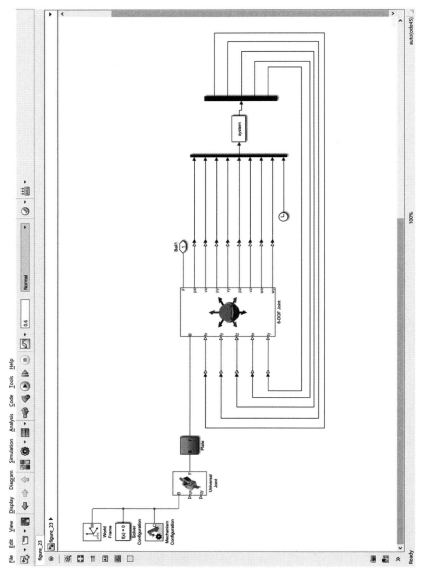

그림 4.33 모델 연결

120

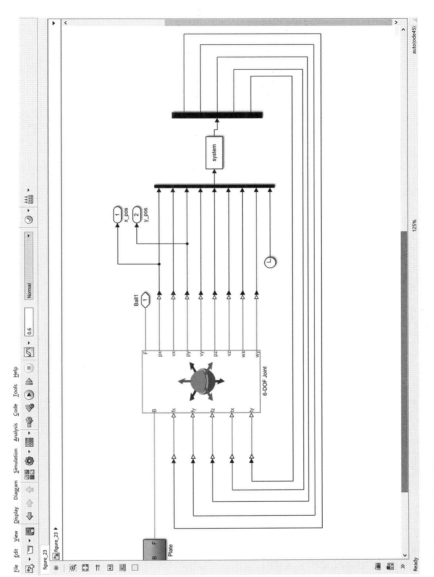

그림 4.34 볼의 x 및 y 위치

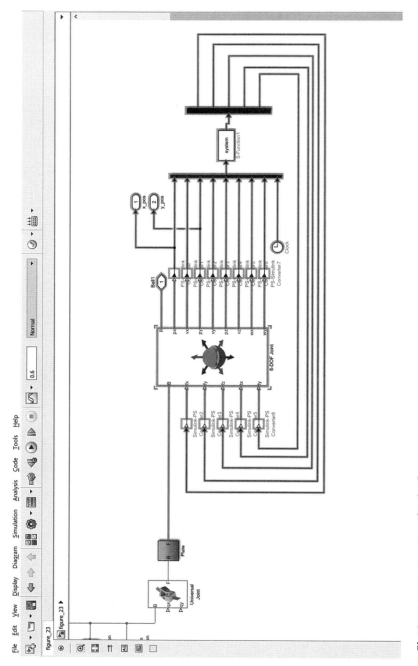

그림 4.35 Ball-Plate Interaction 서브시스템

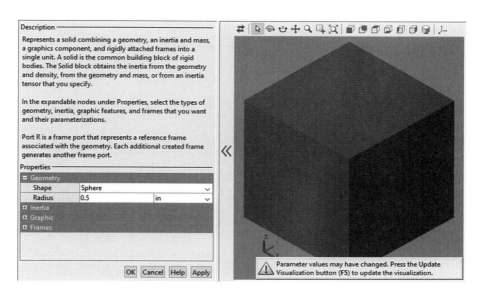

그림 4.36 sphere의 반지름

39단계: **Solid** 블록을 **Ball**로 변경한다. **Ctrl+R**을 더블클릭해 Solid 블록을 회전한다.

40단계: **Solid** 블록을 더블클릭한다. Shape 속성을 sphere로 변경하고 반지름을 0.5인치로 설정한다(그림 4.36).

41단계: sphere의 mass 속성을 51g로 변경하고(그림 4.37) OK를 클릭한다.

42단계: 블록을 더블클릭하고 shape가 sphere로 변경됐는지 확인한다(그림 4.38).

43단계: **Ball Plate Interaction** 서브시스템의 **Ball** 포트에 연결된 **F** 포트를 삭제한다. **Ball** 포트를 **Ball** 블록에 연결한다(그림 4.39).

44단계: 플레이트에 입력 각도를 추가하고자 **Simulink › Commonly Used Blocks** 이동해 2개의 Constant 블록을 추가한다. 해당 블록의 값을 pi/20으로 설정한다.

45단계: **Constant**를 **Universal Joint**에 연결하고자 33단계와 같이 **Simulink-PS Converters** 2개를 추가한다. Converters 2개를 추가하고, constant 블록을 converter에 연결한 후 Universal Joint에 연결한다(그림 4.40).

46단계: **Simulation › Model Configuration Parameters**에서 **max step time**을 1e-3으로 변경하고 시뮬레이션 **stop time**을 0.6으로 변경한다.

이상 46단계에서 universal frame인 frame 1과 frame 2를 추가하는 프로세스를 알아

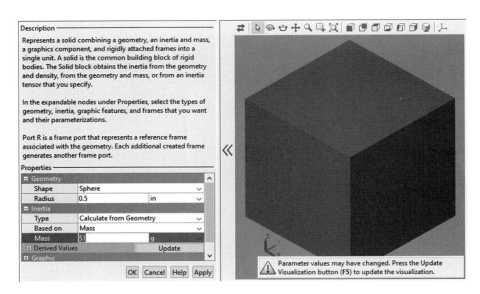

그림 4.37 sphere의 Mass 속성

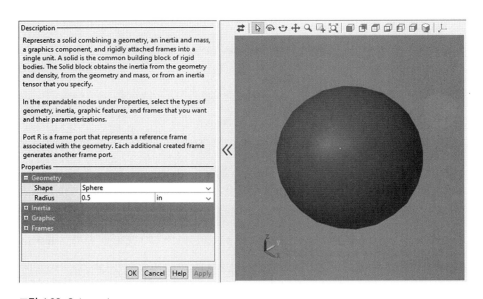

그림 4.38 Sphere shape

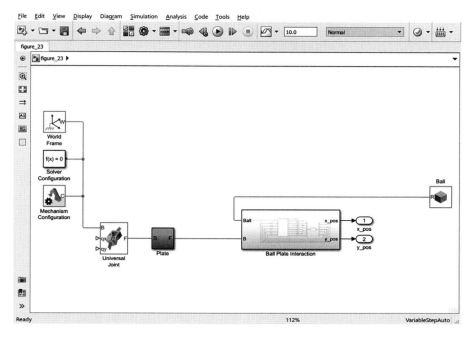

그림 4.39 Ball Plate Interaction 및 Ball connection

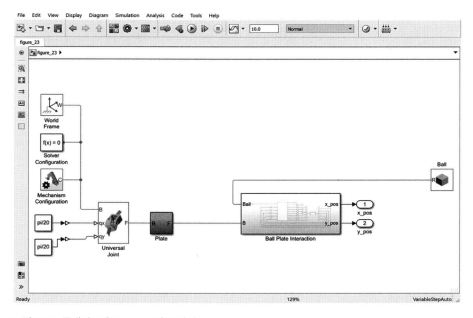

그림 4.40 플레이트에 Constant 각도 입력

봤다. frame 1은 플레이트에 포함되고 frame 2는 볼에 포함된다. frame 1의 x 및 y 회전 각도에 대한 입력은 상수다. 4.6절에서는 볼에 대한 플레이트 물리력을 자세히 설명한다. s-function에 대한 c-script도 살펴볼 것이다.

4.6 Ball Plate Interaction

Simscape Multibody는 기본적으로 3D 구성 요소 간의 상호 작용을 처리한다. Simscape Multibody는 주어진 모션 제한, 제한된 물리력을 사용하는 모션, 또는 두 가지가 혼합된 형태를 처리한다. 볼 온 플레이트의 고유한 요소는 2개의 3D 구성 요소가 Simscape에서 기본적으로 연결돼 있지 않다는 것이다. 볼과 플레이트 사이의 상호 작용력을 계산할 필요가 있다.

논의될 첫 번째 힘은 중력으로 인해 볼이 플레이트에 떨어지는 것을 방지하는 지지력이다(볼의 중력은 볼의 솔리드 블록에서 본질적으로 이미 처리되고 있다). 해당 지지력은 플레이트의 반작용력[reaction force]이다. 볼이 플레이트와 맞닿아 있는 경우 플레이트는 frame 1(플레이트 프레임)에 대해 측정된 볼에 z 방향의 힘을 생성한다. 해당 힘은 스프링[spring]과 댐퍼[damper]라는 두 가지 구성 요소가 있다. 해당 시스템은 볼이 플레이트에서 튀지 않도록 오버댐핑된 시스템[overdamped system]이다. 해당 구성 요소는 볼이 플레이트를 통과하지 않도록 한다. 볼 중심[ball center]은 플레이트 중심(frame 1이 고정된 위치)에서 $(C_{gap} + r_{ball})$만큼 떨어져 있다(그림 4.41). 플레이트의 중심에서 항상 $(C_{gap} + r_{ball})$로 볼을 유지하는 정확한 힘을

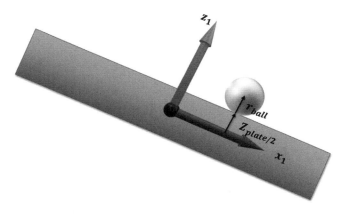

그림 4.41 플레이트 중심선으로부터 볼의 거리

알아내는 것은 사실상 불가능하다. 추후 확인할 수 있는 것처럼 볼은 미세하게 플레이트 방향으로 움직인다. 지지력에 대한 Mass spring 모델은 아래의 식 4.1과 같다.

$$F_z = -K_{pen}(P_z - C_{gap}) - D_{pen}V_z \qquad (4.1)$$

P_z는 플레이트 중심에서 측정한 볼 중심의 z 좌표다(그림 4.42는 6-DOF Joint의 **Pz** 출력을 보여 준다).

C_{gap}은 상수이며 아래와 같이 정의한다.

$$C_{gap} = \frac{Z_{plate}}{2} + r_{ball}$$

Z_{plate}는 플레이트 두께이며 0.02m다(첫 섹션에 있는 플레이트 치수로부터 2cm).

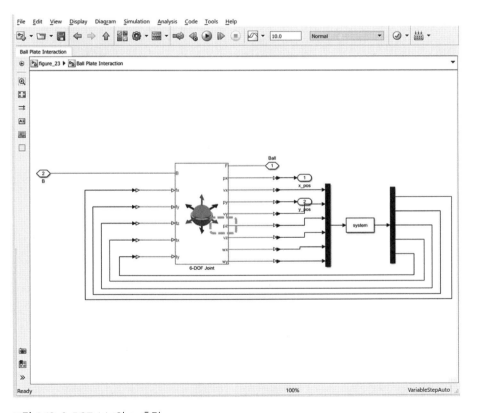

그림 4.42 6-DOF Joint의 pz 출력

r_{ball}은 볼의 반지름이며 1.27cm다(첫 번째 섹션에 있는 볼 면적의 1/2인치).

K_{pen} 오버댐핑된 시스템을 보장하기 위한 플레이트의 스프링 상수다. 해당 값은 모델에서 800,000N/m로 설정되며 이번 절의 후반부에 나온 것과 같이 실험을 통해 결정할 수 있다.

D_{pen} 감쇠 계수^{damping coefficient}이다. 해당 값은 1000kg/s로 설정되며 이번 절의 후반부 나온 것과 같이 실험을 통해 결정할 수 있다.

볼이 플레이트에 닿지 않을 때마다 F_z가 0으로 설정된다.

플레이트가 볼에 가하는 나머지 힘과 토크는 x 및 y 방향의 마찰과 토크다.

x 및 y 방향의 마찰력은 아래와 같다.

$$F_{fx} = -sign(v_x) \times \mu_{static} \times F_z \tag{4.2}$$

$$F_{fy} = -sign(v_y) \times \mu_{static} \times F_z \tag{4.3}$$

x와 y 방향의 마찰 계수는 $\mu_{static} = 0.6$으로 일정하게 설정되며 v_x와 v_y는 x와 y 방향에 대한 볼 중심부의 속도다. 식 4.2 및 4.3의 μ_{static} 마찰 계수는 아래와 같이 대체할 수 있다.

$$\mu_x = \mu_{static} \times \frac{v_{x-slippage}}{v_{slippage-threshold}} \tag{4.4}$$

$$\mu_y = \mu_{static} \times \frac{v_{y-slippage}}{v_{slippage-threshold}} \tag{4.5}$$

$v_{x-slippage}$ 및 $v_{y-slippage}$는 마찰력의 방향이 같고 다음과 같은 값을 가진다.

$$v_{x-slippage} = -v_x + r_{ball} \times \omega_y \tag{4.6}$$

$$v_{y-slippage} = -v_y - r_{ball} \times \omega_x \tag{4.7}$$

$-r_{ball} \times \omega_y$ 및 $+r_{ball} \times \omega_x$은 각각 x 및 y 방향으로 플레이트와 접촉하는 지점에서 볼의 원주 속도^{circumferential speed}를 나타낸다. 오른손 회전 법칙^{righthand rule of rotation}을 사용해 $r_{ball} \times \omega_x$가 모션을 취하는 동안 $r_{ball} \times \omega_y$는 반대 모션을 취하는 것을 알 수 있고 식 (4.6) 및 (4.7)의 부호는 서로 반대다.

그림 4.43 및 4.44는 하강 속도^{slippage velocities}와 y 및 x의 해당 항^{terms}을 보여 준다.

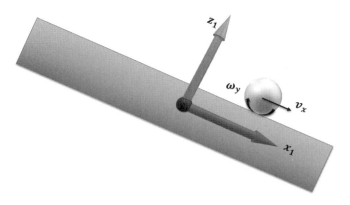

그림 4.43 x 방향으로 이동하는 다이어그램(y_1 축은 내부에 있음)

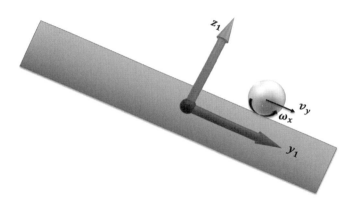

그림 4.44 y 방향으로 이동하는 다이어그램(x_1 축은 내부에 있음)

$$T_x = r_{ball} \times F_{fy} \tag{4.8}$$

$$T_y = - r_{ball} \times F_{fx} \tag{4.9}$$

4.7 Ball Plate Interaction의 S-function

이번 절에서 식 (4.1)-(4.9)를 계산하고자 C-script를 생성할 것이다. 먼저 C-MEX 템플릿을 사용한다. Simulink › User-Defined Functions › S-function Examples › C-Files › Basic C-Mex Template(그림 4.45)로 이동한다. 스크립트를 작성하기 전에 그림 4.42에

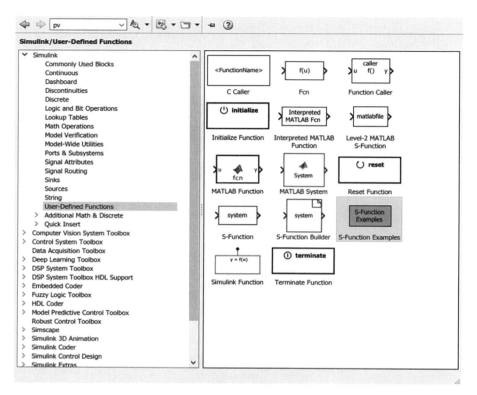

그림 4.45 Basic C-Mex Template

있는 모델을 간단하게 업데이트할 것이다. 사용자 정의 블록의 6개 입력 대신 시뮬레이션 시간을 입력한다(그림 4.46). 아래 코드는 식 (4.1)-(4.9)의 구현을 설명하는 전체 주석이 포함된 **ballplateforces.c** 스크립트다. 해당 스크립트는 MATLAB Central에서 책 제목을 검색한 후 4장에 해당하는 파일들을 다운로드할 수 있다. C-script에 변경 사항이 있거나 제공된 Simulink 모델을 실행하는 데 문제가 있는 경우 **MATLAB®** 명령어 윈도우에서 **mex ballplateforce.c**를 입력하고 실행해야 한다.

```
/* Ball Plate Forces
 *
 *
 */
#define S_FUNCTION_NAME     ballplateforces
#define S_FUNCTION_LEVEL    2
```

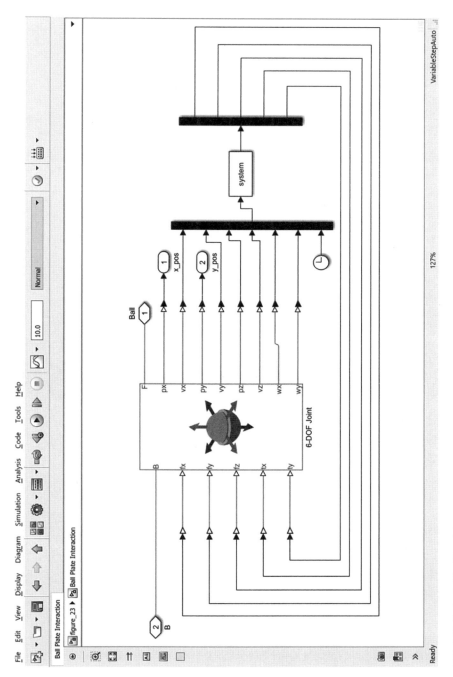

그림 4.46 Basic C-Mex Template

```c
#include "simstruc.h"
#include <math.h>
#define PAR(element)        (*mxGetPr(ssGetSFcnParam(S,element)))
#define U(element)          (*uPtrs[element])
/* Parameters. */
#define xpla               PAR(0) /* Plane length [m]. */
#define ypla               PAR(1) /* Plane width [m]. */
#define zpla               PAR(2) /* Plane thickness [m]. */
#define rbal               PAR(3) /* Ball radius [m]. */
#define Kpen               PAR(4) /* Spring constant [N/m]. */
#define Dpen               PAR(5) /* Damping constant [N.s/m]. */
#define mustat             PAR(6) /* Static friction constant [ ]. */
#define vthr               PAR(7) /*Frictionthresholdspeed[m/s].*/


/* Inputs. */
#define xpos    U(0)    /* Ball position in x-direction. */
#define vx      U(1)    /* Ball speed in the x direction. [m/s] */
#define ypos    U(2)    /* Ball position in y-direction. */
#define vy      U(3)    /* Ball speed in the y direction. [m/s] */
#define pz      U(4)    /* Ball position in the z direction. [m] */
#define vz      U(5)    /* Ball speed in the z direction. [m/s] */
#define wx      U(6)    /* Ball rotation speed around the x axis.
[rad/s] */
#define wy      U(7)    /* Ballrotationspeedaroundtheyaxis.[rad/s]*/
#define Tsim    U(8)    /* Simulation time. [s] */

/* Initialization. */
static void mdlInitializeSizes(SimStruct *S) {
  ssSetNumSFcnParams(S, 8);
  if (ssGetNumSFcnParams(S) != ssGetSFcnParamsCount(S)) {
    /* Return if number of expected != number of actual parameters */
    return;
  }
  ssSetNumContStates(S, 0);
  ssSetNumDiscStates(S, 0);
  if (!ssSetNumInputPorts(S, 1)) return;
  ssSetInputPortWidth(S, 0, 9);
  ssSetInputPortDirectFeedThrough(S, 0, 9);
  if (!ssSetNumOutputPorts(S, 1)) return;
  ssSetOutputPortWidth(S, 0, 5);
  ssSetNumSampleTimes(S, 1);
  ssSetOptions(S, SS_OPTION_EXCEPTION_FREE_CODE);
}
static void mdlInitializeSampleTimes(SimStruct *S) {
  ssSetSampleTime(S, 0, CONTINUOUS_SAMPLE_TIME);
```

```
   ssSetOffsetTime(S, 0, 0.0);
}
#define MDL_INITIALIZE_CONDITIONS      /* Change to #undef to remove
function */
#if defined(MDL_INITIALIZE_CONDITIONS)
  /* Function: mdlInitializeConditions
==============================
  * Abstract:
  *      In this function, you should initialize the continuous and
discrete
  *      states for your S-function block. The initial states are
placed
  *      in the state vector, ssGetContStates(S) or
ssGetRealDiscStates(S).
  *      You can also perform any other initialization activities that
your
  *      S-function may require. Note, this routine will be called at
the
  *      start of simulation and if it is present in an enabled
subsystem
  *      configured to reset states, it will be call when the enabled
subsystem
  * restarts execution to reset the states.
  */
  static void mdlInitializeConditions(SimStruct *S)
  {
  }
#endif /* MDL_INITIALIZE_CONDITIONS */
static void mdlOutputs(SimStruct *S, int_T tid) {
  real_T *y      = ssGetOutputPortRealSignal(S,0);
  real_T *x      = ssGetContStates(S);
  InputRealPtrsType    uPtrs = ssGetInputPortRealSignalPtrs(S,0);
  real_T        cgap, Fz;
  real_T        vxslippage, vyslippage;
  real_T        mux, muy, Ffx, Ffy;
  real_T        Tx, Ty;
  /* Support force parameters. */
  cgap = zpla/2þrbal;
  /* Support force Fz (eq 1) when the ball is on the plate, and
simulation time is post initialization . */
  if (pz<cgap && fabs(xpos)<xpla/2 && fabs(ypos)<ypla/2 &&
Tsim>0.001)
    Fz = -Kpen*(pz-cgap)-Dpen*vz;
  else
    Fz = 0;
```

```
    /* Slippage speed(eq 6 and 7). */
    vxslippage = -vx+rbal*wy;
    vyslippage = -vy-rbal*wx;
    if (fabs(vxslippage) <= vthr)
    /* Friction coefficient in the x direction(eq 4). */
      mux = mustat * vxslippage/vthr;
    else if(vxslippage > vthr)
    /* Friction coefficient in the x direction for positive velocity. */
      mux = mustat;
    else
    /* Friction coefficient in the x direction for positive velocity. */
      mux = -mustat;
    /* Friction force in the x direction(eq 2). */
    Ffx = mux*Fz;
    if (fabs(vyslippage) <= vthr)
    /* Friction coefficient in the y direction(eq 5). */
      muy = mustat * vyslippage/vthr;
    else if(vyslippage > vthr)
    /* Friction coefficient in the y direction for positive velocity. */
      muy = mustat;
    else
    /* Friction coefficient in the y direction for positive velocity. */
      muy = -mustat;
    /* Friction force in the y direction(eq 3). */
    Ffy = muy*Fz;
    /* Rolling torque around the x axis(eq 8). */
    Tx = rbal*Ffy;
    /* Rolling torque around the x axis(eq 9). */
    Ty = -rbal*Ffx;
    y[0] = Ffx;
    y[1] = Ffy;
    y[2] = Fz;
    y[3] = Tx;
    y[4] = Ty;
}
#define MDL_DERIVATIVES   /* Change to #undef to remove function */
#if defined(MDL_DERIVATIVES)
  /* Function: mdlDerivatives
========================
  * Abstract:
  *       In this function, you compute the S-function block's
derivatives.
  *       The derivatives are placed in the derivative vector,
ssGetdX(S).
  */
```

```
    static void mdlDerivatives(SimStruct *S)
    {
    }
#endif /* MDL_DERIVATIVES */
/* Function: mdlTerminate
=============================
* Abstract:
*       In this function, you should perform any actions that are
necessary
*       at the termination of a simulation. For example, if memory was
*       allocated in mdlStart, this is the place to free it.
*/
static void mdlTerminate(SimStruct *S)
{
}
/*=============================*
 * Required S-function trailer *
 *=============================*/
#ifdef MATLAB_MEX_FILE          /* Is this file being compiled as a MEX-file?
*/
#include "simulink.c"          /* MEX-file interface mechanism */
#else
#include "cg_sfun.h"           /* Code generation registration function
*/
#endif
```

4.8 모델 시뮬레이션

볼을 시뮬레이션하려면 S-function 블록의 스크립트 이름을 **ballpplateforces**로 변경해야 한다. 또한 스크립트의 xpla, ypla, zpla, rbal, Kpen, Dpen, mustat, vthr의 입력 매개변수를 각각 0.35, 0.24, 0.0254/2, 1000, 100, 0.6, 1e-4로 설정한다. 해당 작업이 완료되면 시뮬레이션을 수행한다. Mechanics Explorer가 자동으로 열리고 시스템 프레임과 함께 2개의 기하학적 보디$^{geometrical\ body}$를 가진 플레이트와 볼이 표시된다. 그림 4.47의 왼쪽 상단은 시간이 $0^{time\ zero}$인 경우 볼이 플레이트로 떨어지는 것을 보여 준다. 시뮬레이션 후반부에서는 볼이 플레이트 상단의 정상 위치로 전환되고 중력과 마찰력의 충격으로 기울어진 플레이트를 굴러간다. z 방향에서 볼의 초기 위치를 설정하려면 6-DOF 조인트를 더블클릭한다. **Z Prismatic Primitive (Pz)** › **State Targets** › **Specify Position Target**

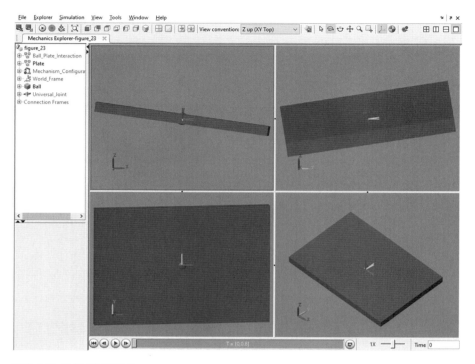

그림 4.47 볼 온 플레이트의 Mechanics Explorer

으로 이동하고 박스를 클릭한다. 우선 순위[Priority]를 높음으로 설정하고 값을 $C_{gap} = \dfrac{Z_{plate}}{2}$ $+ r_{ball} = 0.2/2 + 0.0254/2 = 0.0227\,(\mathrm{m})$(그림 4.48)으로 설정한다. 해당 설정이 완료되면 **Apply** 및 **OK**를 클릭하고 시뮬레이션을 다시 실행한다. 볼은 플레이트의 상단에 있어야 한다.

Mechanics Explorer가 시스템의 프레임(그림 4.47의 오른쪽 상단 모서리에 있는 축 아이콘) 을 보여 준다는 점을 인지해야 한다(그림 4.47의 오른쪽 상단에 있는 축 아이콘). Mechanics Explorer은 보디의 회전 및 병진 운동[rotational and translational motion]을 시각적으로 확인할 수 있는 매우 유용한 도구다.

4.8.1 애플리케이션 문제 1

그림 4.1의 볼 온 플레이트 시스템

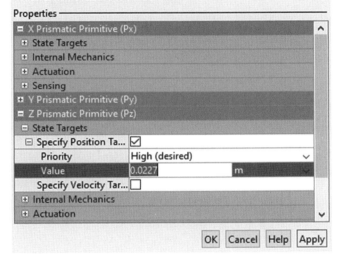

그림 4.48 z 방향의 초기 볼 위치

(a) 플레이트의 x 및 y 각도에 대해 2개의 PID 컨트롤러 개발. 목표는 플레이트 중앙에 볼을 유지하는 것이다. PID 컨트롤러의 시뮬레이션 시간은 30초이고 실행 시간은 0.01초다.

(b) x 오류, y 오류, x PID 출력, y PID 출력 플롯.

(c) 볼을 x 방향으로 10초 동안 무게의 10%에 해당하는 충격력$^{impulse\ force}$을 가한다. 모델에 해당 힘을 추가하고 2개의 PID 루프를 조정한다. 볼은 충격(시간 0에서 17

초) 후 7초 동안 플레이트 중심에서 반경 2cm 이내에 있어야 한다.

(d) x 에러, y 에러, x PID 출력, y PID 출력 플롯.

힌트: 볼의 x 위치를 제어하려면 qy를 변경해야 한다. 마찬가지로 볼의 위치를 제어하려면 qx를 변경해야 한다. qx와 qy 모두 라디안radian을 사용한다.

4장의 관련 자료는 MATLAB® Central에서 다운로드할 수 있다. 파트 a 및 c에 대한 최종 **Simulink®** 모델은 **Application_Problem_2** 폴더에 있다. **Simulink®** 모델은 **Application_Problem_1_a.slx** 및 **Application_Problem_1_c.slx**에 저장된다.

4.8.2 애플리케이션 문제 2

볼을 $1.27\text{cm}^3 \times 1.27\text{cm}^3 \times 1.27\text{cm}^3$ 크기의 사각형으로 교체한다. 플레이트의 x 및 y 각도는 $\frac{\pi}{20}$으로 설정한다.

(a) 식 (4.1)-(4.9)를 재확인하고 적용할 수 있는 상태인지 확인한다.
(b) 관련 자료를 **MATLAB®** Central에서 다운로드한다. **Application_Problem_2** 폴더에서, **ballplateforces.c** 파일을 열고 파트 a에 적용된 변경 내용을 기반으로 수정한다. 해당 파일을 **squareplateforces.c**으로 저장한다.
(c) **ball_on_plate.slx**를 열고 볼을 사각형으로 변경한다.
(d) **Matlab®** 명령어 윈도우에서 **mex squareplateforce.c**를 입력하고 실행한다.
(e) S-Function 블록의 스크립트 이름을 **squareplateforces**로 변경하고 모델을 실행한다.

최종 **Simulink®** 모델은 **Application_Problem_2** 폴더에 포함된다. **Simulink®** 모델은 **square_on_plate.slx**에 저장되고 스크립트는 **squareplateforces.c**에 저장된다.

4.8.3 애플리케이션 문제 3

관련 자료를 MATLAB® Central에서 다운로드한다. **Application_Problem_3** 폴더에서 **Simulated_Digital_Twin_Good_Asset.slx** 모델을 열고 확인한다(그림 4.49). 모델에는 아래와 같이 몇 가지 변경 사항이 존재한다.

1-플레이트 모델은 가독성을 높이고자 서브시스템에 패키징된다.

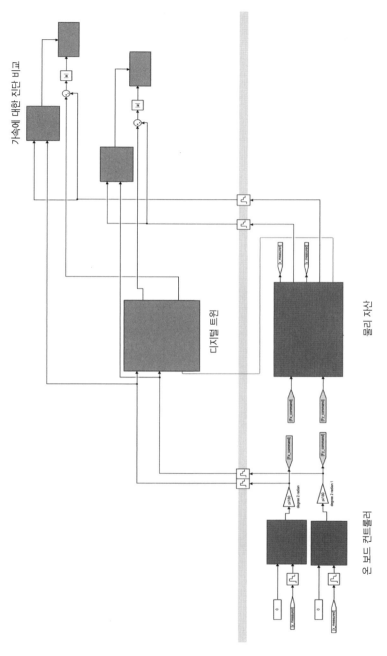

그림 4.49 Simulated_Digital_Twin_Good_Asset.slx 모델

2-모델의 출력은 위치가 아닌 x와 y 방향에 대한 가속도다. 위치는 볼의 위치를 제어하고자 사용되지만 가속은 진단에 사용된다.

3-모델에는 볼 온 플레이트 시스템의 두 가지 복사본이 포함돼 있다. 즉 볼 온 플레이트(모델 하단의 하늘색)와 디지털 트윈(모델 상단의 녹색)에 대한 물리적 하드웨어를 나타낸다.

4-x 및 y 진단에는 2개의 블록이 있다. 하나는 진단을 활성화하는 블록이고 다른 하나는 디지털 트윈과 물리적 자산 사이의 가속 편차를 계산하는 블록이다.

아래 명령을 수행한다.

(1) **Simulated_Digital_Twin_Good_Asset.slx**를 실행하고 시뮬레이션이 완료된 후 보고된 오류가 있는지 확인하고 결과를 플로팅한다.

(2) **Simulated_Digital_Twin_Bad_x_Servo**를 실행하고 시뮬레이션이 완료된 후 보고된 오류가 있는지 확인하고 결과를 플로팅한다.

힌트: 모델의 붉은색 블록을 확인할 것.

더블 매스 스프링 댐퍼 시스템의 디지털 트윈 모델 생성

5.1 소개

스프링 매스 댐퍼 시스템^{spring mass damper system}은 일반적으로 기계 공학 분야에서 배우는 주제다. 해당 시스템의 실제 예시는 대부분 차량의 서스펜션^{suspension}에서 볼 수 있다. 서스펜션은 스프링^{spring}, 댐퍼^{damper}, 매스^{mass}의 세 가지 요소로 구성된다. 이 시스템은 다양한 동적 시스템^{dynamic systems}의 동작을 연구하는 데 사용된다. 해당 시스템의 예시는 그림 5.1과 같다. 스프링이 외부 힘에 의해 압축되면 위치 에너지^{potential energy}를 저장한 후 매스^{mass}로 방출된다. 스프링의 에너지가 방출되면 스프링은 대기 상태^{rest state}에 도달할 때까지 평형 위치^{equilibrium position}를 중심으로 움직인다. 해당 시스템의 댐퍼는 스프링에 의해 방출되는 에너지의 일부를 분산시켜 스프링에서 발생되는 진동의 수와 진폭을 줄이는 데 사용된다.

그림 5.1의 예시는 더블 매스 스프링 댐퍼 시스템의 기본적인 부분을 보여 준다. 목표는 외부 힘이 작용할 때 시스템의 동작을 이해하는 것이다. 매스의 위치와 속도를 찾는 것이 목표다. 첫 번째 단계는 x 방향의 에너지 보존을 사용해 두 질량에 대한 일련의 방정식을 개발한 다음 해당 정보를 기반으로 미분 방정식^{differential equation}을 유도하는 것이

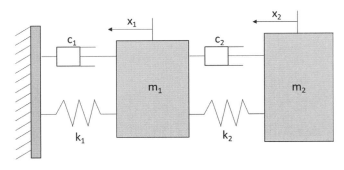

그림 5.1 더블 매스 스프링 댐퍼 시스템, 여기서 k는 스프링의 스프링 상수(spring constant)를, c는 댐퍼의 댐핑 계수(damping coefficient)를, m은 각 매스(mass)를 나타낸다.

다. 이미 알고 있듯이 복잡한 시스템에 대해서는 상당히 광범위한 분석 접근 방식이 필요하다. 5장의 목표는 우리 스스로 방정식을 도출할 필요 없이 MATLAB Simscape™에서 해당 시스템을 모델링할 수 있다는 것을 보여 주는 것이다.

오프보드 진단과 관련해 장애 입력에 대한 m_1 및 m_2의 가속도를 탐지할 수 있다. 해당 장애는 외부 단계 입력, 임펄스 또는 초기 조건 때문에 발생할 수 있다. 그다음 물리적 센서의 가속도를 클라우드로 전송하고 동일 장애에 대한 트윈 모델 시뮬레이션 결과와 비교할 수 있다. 그림 5.2의 파란색(인쇄 버전에서 진한 회색)으로 하이라이트된 부분은 5장에서 다루는 부분이며 회색 부분은 다루지 않는 오프보드 진단 프로세스를 나타낸다. 그림에서 볼 수 있듯이 더블 매스 스프링 시스템을 위한 디지털 트윈 모델을 통해 독자들이 자체 모델을 개발할 수 있는 프레임워크를 제공하는 것에 초점을 맞출 것이다. 그림 5.3

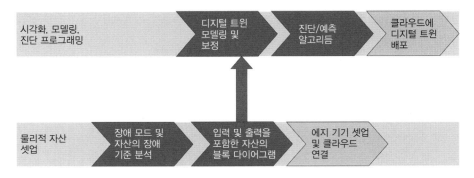

그림 5.2 더블 매스 스프링 댐퍼 시스템의 오프보드 진단 프로세스

은 트윈 모델과의 상호 작용을 포함한 더블 매스 스프링 시스템의 경계 다이어그램을 보여 준다.

5장에서 사용된 모든 코드는 MATLAB File Exchange에서 무료로 다운로드할 수 있다. 아래 링크에서 이 책의 ISBN 또는 제목을 검색할 수 있다.

https://www.mathworks.com/matlabcentral/fileexchange/.

또는 독자 전용 웹 사이트에서 자료 및 여러 가지 리소스를 다운로드하거나 저자에게 문의해 추가적인 도움을 받을 수도 있다.

https://www.practicalmpc.com/.

5.2 하드웨어 매개 변수

해당 시스템을 Simscape™에서 시뮬레이션하기 전에 스프링 계수, 댐핑 계수, 매스, 출발 위치, 해당 시스템에 동적 행위를 사용하는 데 요구되는 외부 힘을 설정해야 한다. 아래의 스프링, 댐퍼, 매스 매개 변수를 설정한다.

- 스프링 상수 400N/m.
- 댐핑 계수 5(N/m)/s.
- 매스는 각각 1kg.

매스 2개의 초기 조건은 0이다. 이 경우 시스템이 정지해 있으므로 시스템을 활성화하려면 외부 힘이 필요하다. 따라서 진폭 500N의 step force가 1초 후에 발생한다.

5.3 시뮬레이션 프로세스

최종 모델은 아래 그림 5.4와 같이 나타낼 수 있다.

아래는 그림 5.4에 표시된 섹션을 기반으로 Simscape™ 모델을 구축하는 세부 단계다.

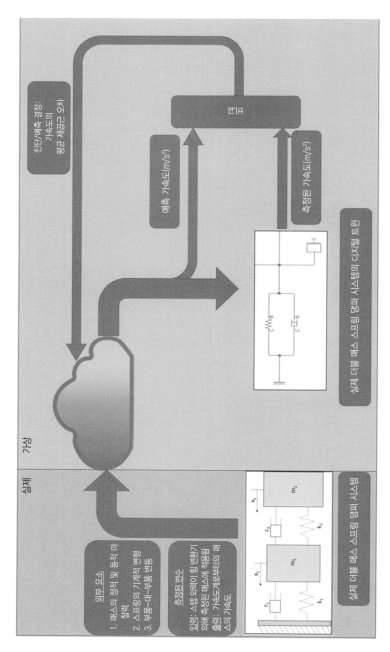

실제

가상

진단/예측 결정:
가속도의
평균 제곱근 오차

예측 가속도(m/s²)

측정된 가속도(m/s²)

비교

외부 요소
1. 매스의 정적 및 동적 마
찰력
2. 스프링의 기계적 변형
3. 부품 대 부품 변동

측정된 변수
입력: 스텝 외력이 힘 변환기
의해 측정된 매스에 작용됨
출력: 가속도계로부터의 매
스의 가속도

실제 더블 매스 스프링 댐퍼 시스템

실제 더블 매스 스프링 댐퍼 시스템의 디지털 트윈

그림 5.3 더블 매스 스프링 댐퍼 시스템의 블록 다이어그램

144

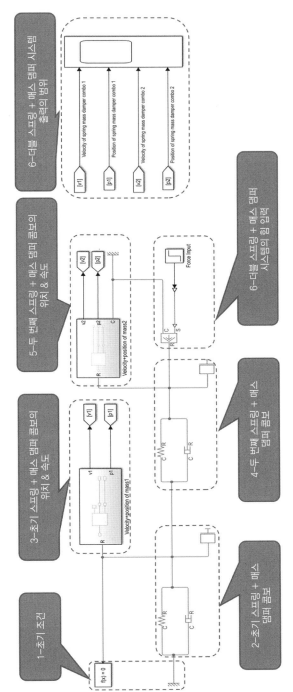

그림 5.4 더블 매스 스프링 댐퍼 모델의 주요 구성 요소

5.3.1 초기 조건 및 스프링+매스 댐퍼 콤보

1. 신규 **Simulink® model**을 생성한 후 툴바^{toolbar}에서 **Simulink® Library Browser** 버튼을 클릭한다.

2. **Simscape** › **Utilities**로 이동한다. 모델에 **Solver Configuration** 라이브러리 블록을 추가한다.

3. 그림 5.5와 같이 **Simscape** › **Foundation Library** › **Mechanical** › **Translational Elements**로 이동한다. **Mechanical Translational Reference** 라이브러리 블록을 모델에 추가한다.

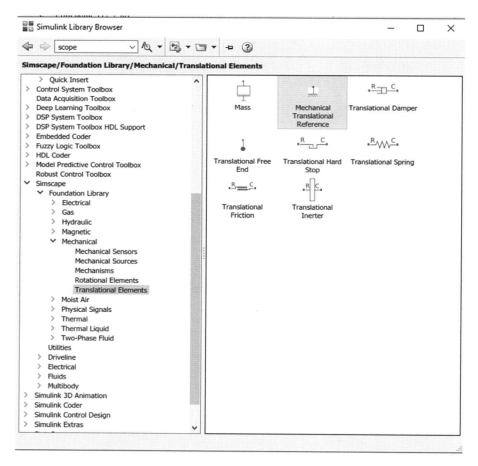

그림 5.5 Mechanical Translational Reference

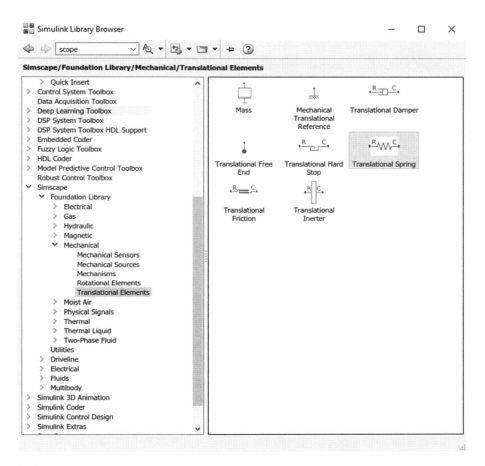

그림 5.6 Translational Spring

4. 그림 5.6과 같이 **Simscape › Foundation Library › Mechanical › Translational Elements**로 이동한다. **Translational Spring** 라이브러리 블록을 모델에 추가한다.

5. 그림 5.7과 같이 **Simscape › Foundation Library › Mechanical › Translational Elements**로 이동한다. **Translational Damper** 라이브러리 블록을 모델에 추가한다.

6. 그림 5.8과 같이 **Simscape › Foundation Library › Mechanical › Translational Elements**로 이동한다. **Mass** 라이브러리 블록을 모델에 추가한다.

7. **Translational Damper** 및 **Translational Spring**의 **C** 포트를 연결해 junction

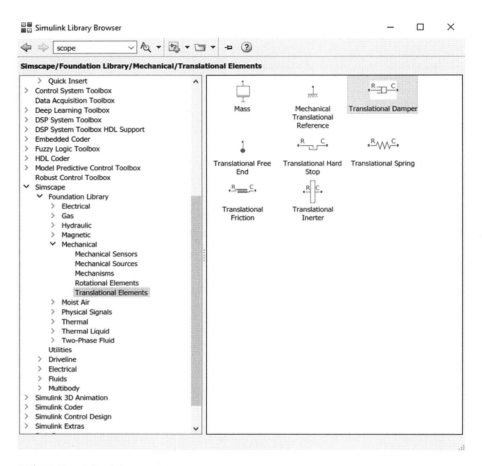

그림 5.7 Translational Damper

을 생성한 후 해당 junction을 **Mechanical Translational Reference** 블록에 연결한다. **Translational Damper** 및 **Translational Spring**의 **R** 포트를 연결해 junction을 생성한 후 해당 junction을 Mass 블록에 연결한다. 마지막으로 그림 5.9와 같이 Solver Configuration을 Mass 블록과 연결된 junction에 연결한다. **Solver Configuration** 및 **Mechanical Translational Reference** 블록은 모델의 초기 조건을 나타내며 **Translational Damper**, **Translational Spring** 및 **Mass** 블록은 첫 번째 스프링+매스 댐퍼 콤보를 나타낸다.

8. **Translational Spring**, **Translational Damper**, **Mass** 블록을 더블클릭하고 그

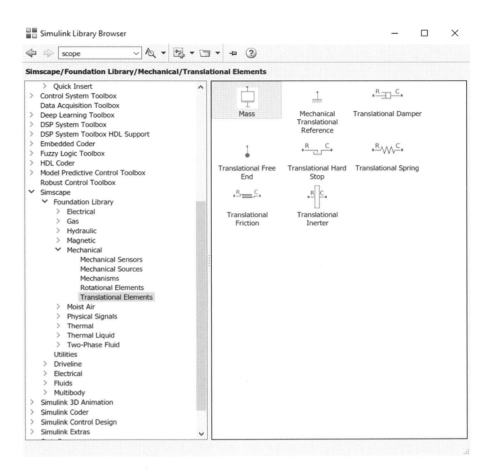

그림 5.8 매스 블록

림 5.10-5.12와 같이 매개 변수의 값을 400N/m, 5N/(m/s), 1kg으로 각각 변경한다.

5.3.2 첫 번째 스프링+매스 댐퍼 콤보의 위치 및 속도

9. 그림 5.13과 같이 **Simscape › Foundation Library › Mechanical › Mechanical Sensors**로 이동한다. **Ideal Translational Motion Sensor** 라이브러리 블록을 모델에 추가한다. 해당 블록은 R 포트 junction의 위치와 속도를 모니터링하는 데 사용된다(첫 번째 스프링+매스 댐퍼 콤보의 위치와 속도를 모니터링한다).

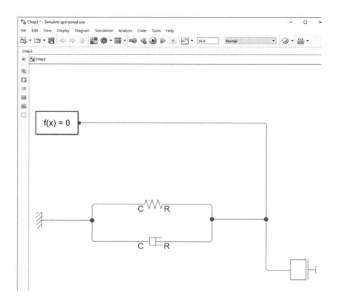

그림 5.9 초기 조건 및 첫 번째 스프링 매스 댐퍼 콤보

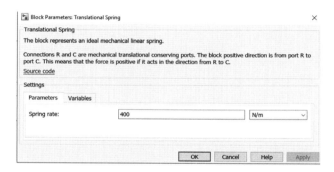

그림 5.10 스프링 상수 매개 변수

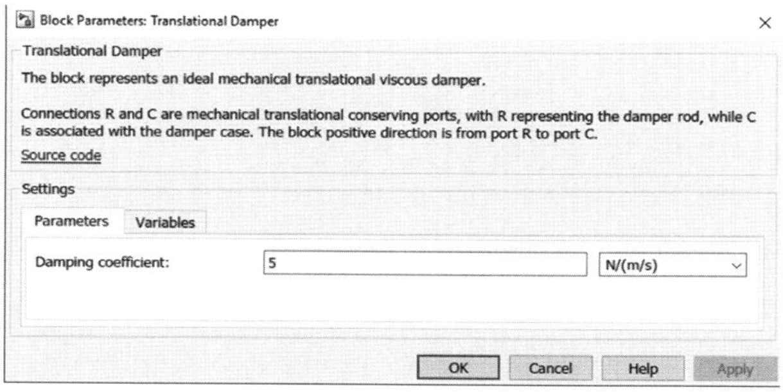

그림 5.11 댐퍼 계수 매개 변수

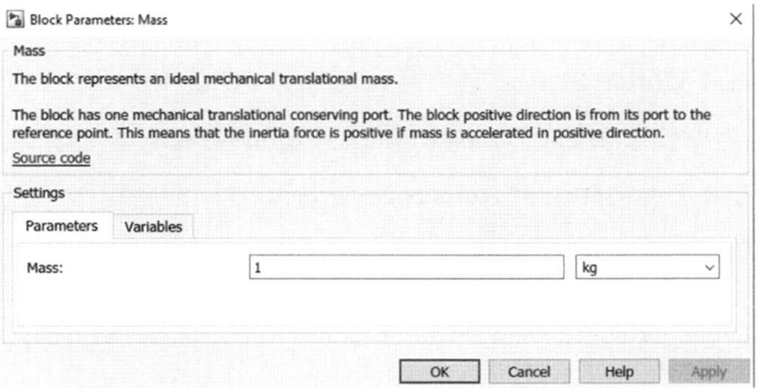

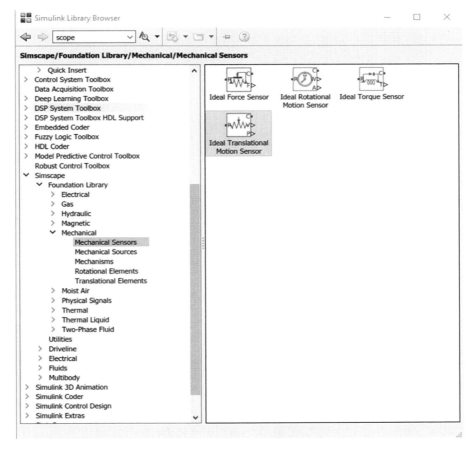

그림 5.12 매스 매개 변수

그림 5.13 Ideal Translational Motion Sensor

10. 3단계를 반복한다. 블록을 왼쪽에서 오른쪽으로 뒤집어서 모델에 배치한다.

11. Ideal Translational Motion Sensor 블록의 **R** 포트를 7단계에서 **R** 포트에서 생성된 junction에 연결한다. **Ideal Translational Motion Sensor**의 **C** 포트를 10 단계의 **Mechanical Translational Reference**에 연결한다. 연결은 그림 5.14와 같다. V 및 P 포트는 센서의 속도 및 위치 포트를 나타내며 추후 사용된다.

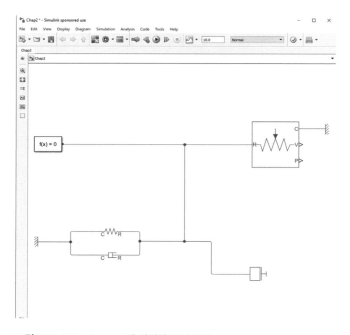

그림 5.14 R junction port에 연결된 모션 센서

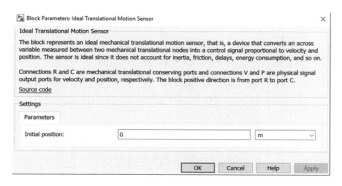

그림 5.15 첫 번째 스프링+매스 댐퍼 콤보의 초기 위치

12. **Ideal Translational Motion Sensor** 블록을 더블클릭하고 그림 5.15와 같이 초기 위치를 0m으로 설정한다. 0m 설정은 기준점[reference point]으로 사용된다.

5.3.3 두 번째 스프링+매스 댐퍼 콤보 및 두 번째 스프링+매스 댐퍼 콤보의 위치 및 속도

13. 7단계를 제외하고 4~12단계를 반복한다. **Translational Damper** 및 **Translational Spring**의 C 포트는 junction을 생성한다. 첫 번째 스프링+매스 댐퍼 콤보의 해당 junction에서 매스에 선[wire]을 연결한다. 해당 작업이 완료되면 그림 5.16과 같이 12단계를 수행한다.

5.3.4 더블 스프링+매스 댐퍼 시스템에 대한 힘 입력

14. 그림 5.17과 같이 **Simscape** › **Foundation Library** › **Mechanical** › **Mechanical Sources**로 이동한다. **Ideal Force Source** 라이브러리 블록을 모델에 추가한다. 해당 블록을 통해 더블 매스 스프링 시스템에 힘 입력을 전달할 수 있다.

15. 그림 5.18과 같이 **Simulink** › **Sources**로 이동한다. 모델에 **Step** 라이브러리 블록

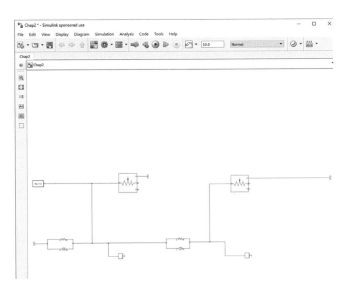

그림 5.16 두 번째 스프링+매스 댐퍼 콤보

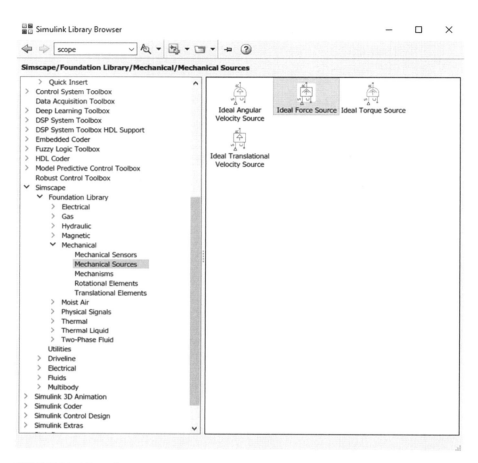

그림 5.17 Ideal Force Source

을 추가한다. 해당 블록은 단위가 없는^{unitless} step 신호를 전달하고자 사용된다.

16. 그림 5.19와 같이 **Simscape › Utilities**로 이동한다. **Simulink-PS Converter** 라 이브러리 블록을 모델에 추가한다. 해당 블록을 통해 단위가 없는 step 입력을 **Ideal Force Source block**의 힘 입력으로 변환할 수 있다.

17. **Simulink-PS Converter** 및 **Step** 블록의 방향을 왼쪽에서 오른쪽으로 변경한다. **Step** 블록을 **Simulink-PS Converter**에 연결한 후 **Simulink-PS Converter**를 그림 5.20과 같이 **Ideal Force Source block**의 S 포트에 연결한다.

18. **Step** 블록을 더블클릭한다. step 시그널은 500이며, 그림 5.21과 같이 1초 후에

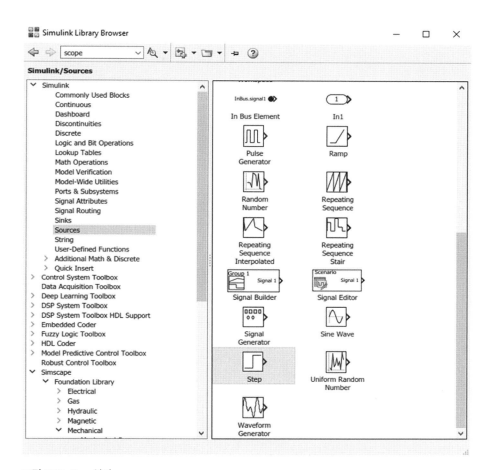

그림 5.18 Step 입력

발생한다.

19. **Simulink-PS Converter**를 더블클릭한다. 그림 5.22와 같이 step 시그널 유닛은 N이다.

5.3.5 더블 스프링+매스 댐퍼 시스템 출력의 범위

20. 그림 5.23과 같이 **Simscape** › **Utilities**로 이동한다. **PS-Simulink Converter** 라이브러리 블록을 모델에 추가한다. 해당 블록에서 Simscape 시그널을 Simulink 형태로 변환해 **Simulink Scope**로 나타낼 수 있다.

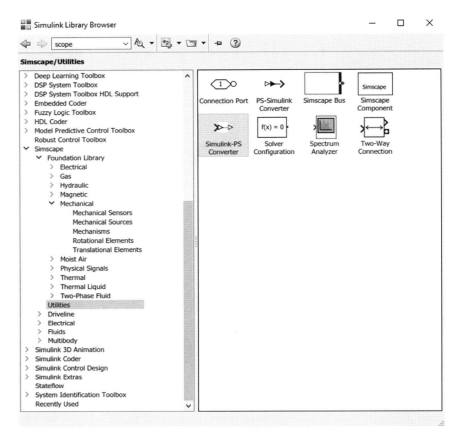

그림 5.19 Simulink–PS Converter 블록

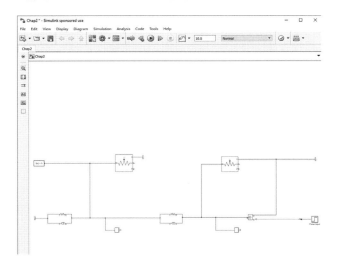

그림 5.20 Step force 입력

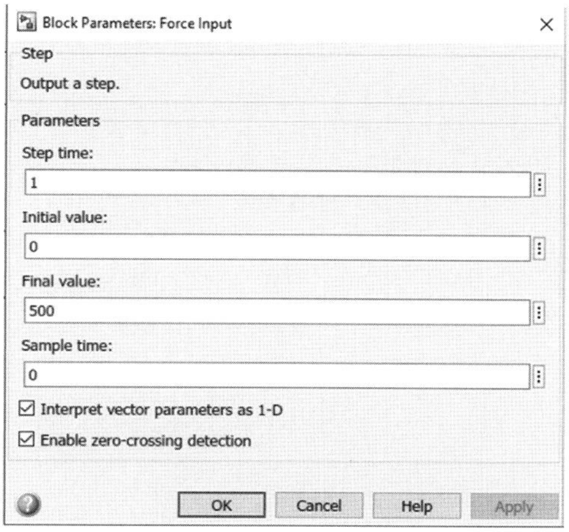

그림 5.21 Step 시그널 매개 변수

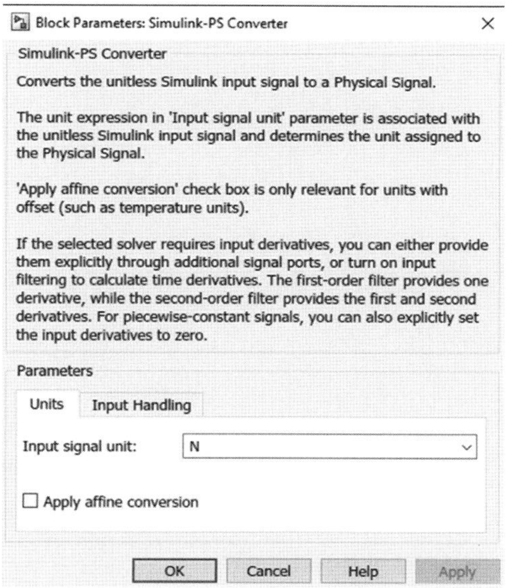

그림 5.22 Simulink–PS converter 매개 변수

21. 그림 5.24와 같이 **Simulink › Signal Routing**으로 이동한다. **Goto** 라이브러리 블록을 모델에 추가한다. 해당 블록은 시그널 라우팅[signal routing] 용도로 사용된다.

22. 첫 번째 스프링+매스 댐퍼 콤보의 **Ideal Translational Motion Sensor**의 **V** 포

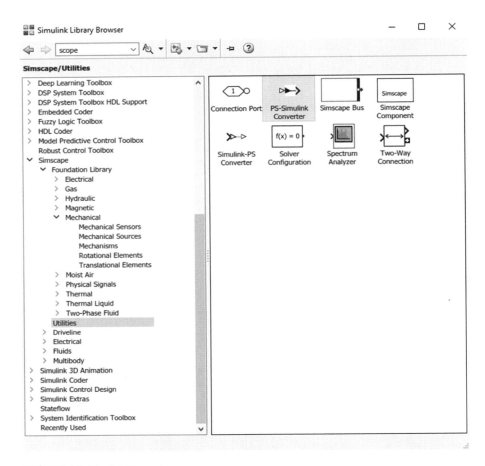

그림 5.23 PS–Simulink Converter

트를 **PS-Simulink Converter**에 연결하면 **PS-Simulink Converter**는 **Goto** 플래그에 연결된다. **Goto** 플래그를 v1으로 변경한다. **P** 포트에 대해서도 동일한 작업을 수행하고 **Goto** 플래그를 p1으로 변경한다.

23. 위에서 수행한 단계를 두 번째 **Ideal Translational Motion Sensor**에 대해서도 반복한다. **V** 및 **P** 포트의 **Goto** 플래그는 v2 및 p2로 각각 변경한다. 최종 연결은 그림 5.25와 같다.

24. 2개의 **Ideal Translational Motion Sensor** 블록에 포함된 **V** 포트의 **PS-Simulink Converter**를 더블클릭하고 그림 5.26과 같이 unit을 m/s로 변경한다.

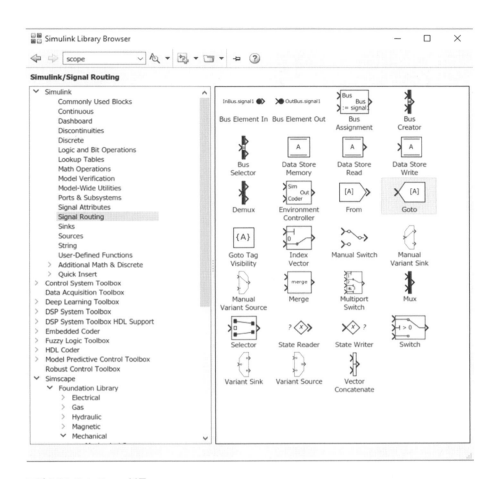

그림 5.24 Goto library 블록

25. 2개의 **Ideal Translational Motion Sensor** 블록에 포함된 **P** 포트의 **PS-Simulink Converter**를 더블클릭하고 그림 5.27과 같이 unit을 m으로 변경한다.

26. 그림 5.28과 같이 **Simulink › Signal Routing**으로 이동한다. 4개의 **From** 라이브러리 블록을 모델에 추가한다. 해당 블록들은 시그널 라우팅 용도로 사용된다.

27. 그림 5.29와 같이 **Simulink › Sinks**로 이동한다. **Scope** 라이브러리 블록을 모델에 추가한다. 해당 블록은 Simulink 시그널 출력을 보여 주는 용도로 사용된다.

28. **Scope** 블록을 더블클릭하고 setting 아이콘(톱니바퀴 모양)을 클릭한 후 메인 탭에서 그림 5.30과 같이 입력 포트의 개수를 4로 변경한다.

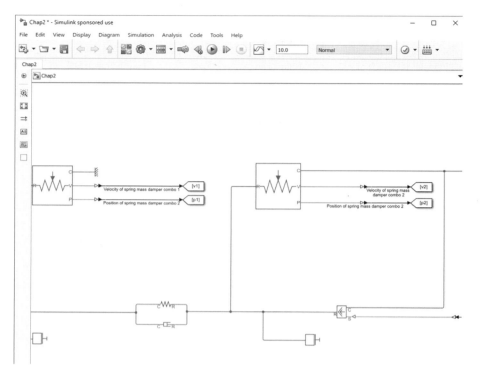

그림 5.25 scope의 Goto 플래그

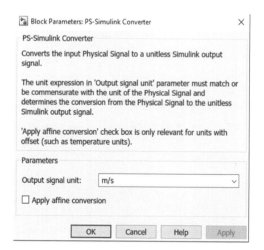

그림 5.26 속도 PS–Simulink converter 매개 변수

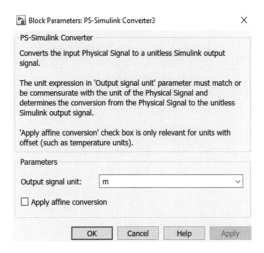

그림 5.27 위치 PS–Simulink converter 매개 변수

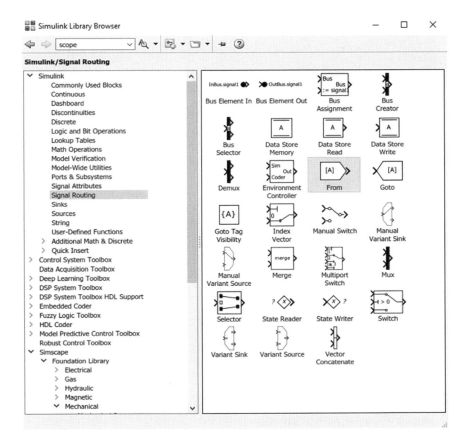

그림 5.28 From 플래그

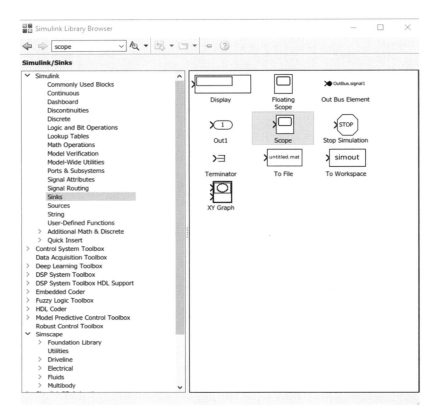

그림 5.29 Scope 블록

29. **From** 블록을 **Scope**의 각 포트에 하나씩 연결하고 그림 5.31과 같이 **From** 플래
그의 이름을 위에서부터 v1, p1, v2, p2로 변경한다. 각 **From** 플래그는 이름에
따라 **Goto** 플래그와 연동되며 모델에서 사용되는 선 연결 횟수를 줄여 준다.

30. **v1**으로 설정된 **From** 플래그와 Scope에 연결된 선을 마우스 우클릭한 후 속성을
클릭한다. 시그널 이름을 Velocity of spring mass damper combo 1으로 변경한다.
p1, v2, p2에 대해 동일한 작업을 반복하고 각각 Position of spring mass damper
combo 1, Velocity of spring mass damper combo 2, Position of spring mass
damper combo 2로 시그널 이름을 설정한다. 시그널 이름은 그림 5.31과 같다.

31. **Mechanical Translational Reference**에 대한 **C** 포트 연결을 포함하는 첫 번째
Ideal Translation Motion Sensor 블록을 선택하고 해당 선택에 대한 서브시

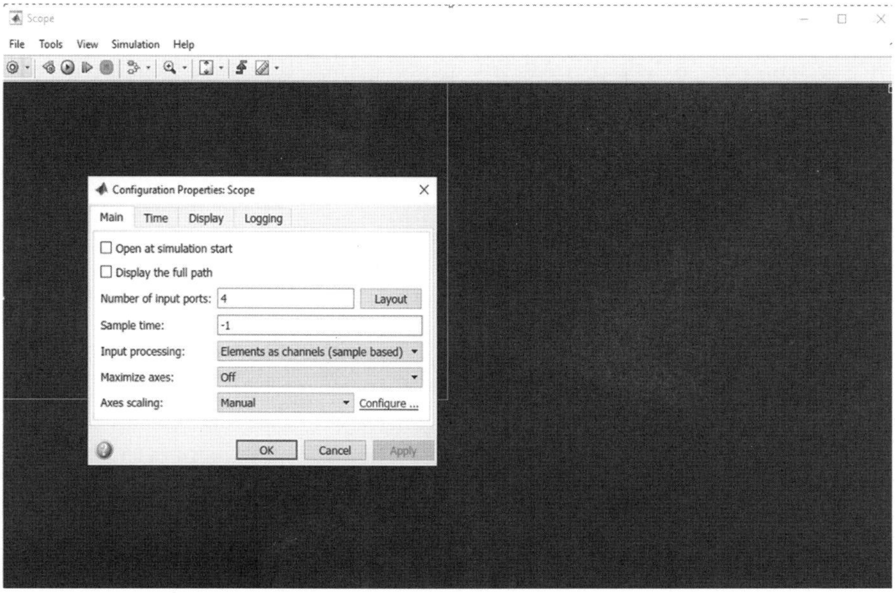

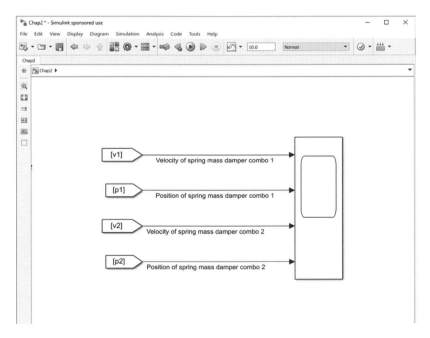

그림 5.30 Scope 입력 개수

그림 5.31 From 플래그와 Scope 연결

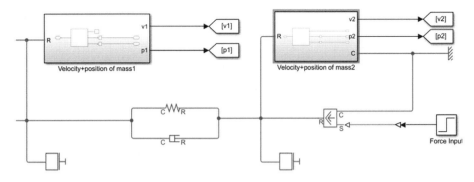

그림 5.32 첫 번째 및 두 번째 Ideal Translational Motion Sensor 블록의 서브시스템

스템을 생성한다. 하위 시스템의 내부 포트^{inport} 이름을 **R**로 변경하고 외부 포트 ^{outports}를 v1 및 p1으로 변경한다.

32. 두 번째 **Ideal Translational Motion Sensor**에 대해 31단계를 반복하지만 서브 시스템의 C 포트 연결은 수행하지 않는다. 외부 포트는 v2, p2, C다. 32단계와 31 단계의 서브시스템은 그림 5.32와 같다.

33. 더블 매스 스프링 시스템을 위해 생성된 모델을 통해 이제 해당 모델을 시뮬레이 션할 수 있다. 그림 5.33~5.36과 같이 Play 버튼을 누르고 500N step 입력을 가 진 scope에 있는 두 매스의 위치와 속도를 확인한다.

5.3.6 장애 시스템 시뮬레이션

34. 5.3.6절에서는 장애 시스템을 모델에 도입하고 동일한 입력 힘$^{input\ force}$을 갖 는 장애 시스템을 에뮬레이션^{emulation}한다. **Solver Configuration, Mechanical Translational Reference** 블록 및 scope를 제외한 전체 모델을 선택하고 해당 모델의 서브시스템을 생성한다. 서브시스템의 이름을 **Digital Twin**으로 변경한 다. 그다음 서브시스템을 복사 및 붙여넣기$^{copy-paste}$하고 신규 서브시스템의 이름 을 **Physical Asset**으로 변경한다. 해당 신규 서브시스템은 장애 서브시스템의 역 할을 한다. 그다음 신규 **Solver Configuration** 및 **Mechanical Translational Reference block**을 추가하고 **Physical Asset** 서브시스템의 입력에 연결한다. 해 당 변경 사항들은 그림 5.37에서 확인할 수 있다.

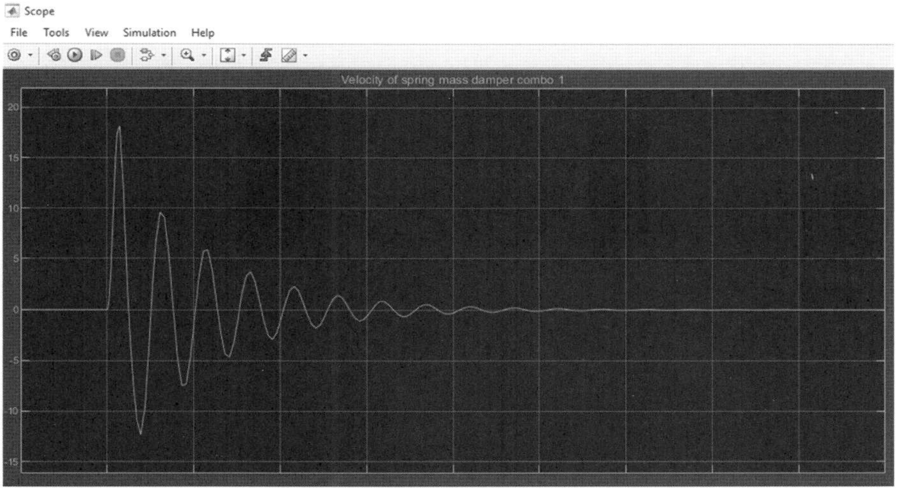

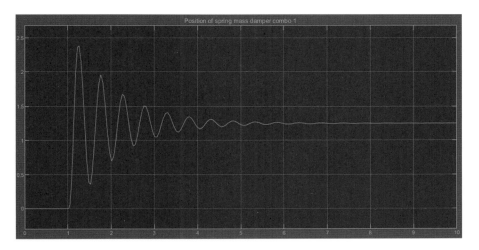

그림 5.33 첫 번째 매스의 속도

그림 5.34 첫 번째 매스의 위치

35. **Physical Asset** 내부의 **GoTo** 플래그 이름을 변경해 해당 시그널 이름 앞에 **real**을 추가한 후 **Mux** 블록에 연결된 동일한 이름의 **From** 플래그를 배치하고 scope에 연결한다. 해당 변경 사항은 그림 5.38과 같다.

36. **Physical Asset** 서브시스템 내부로 이동하고 첫 번째 **Translational spring**의 스

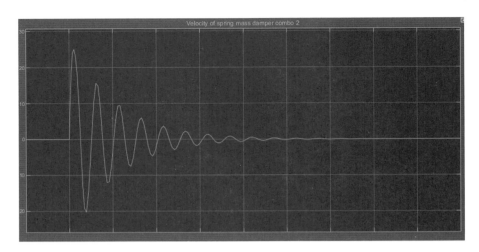

그림 5.35 두 번째 매스의 속도

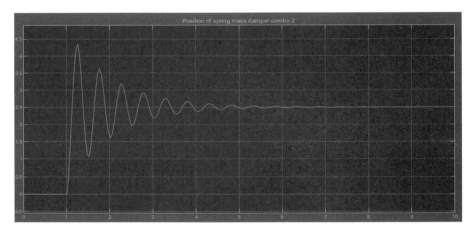

그림 5.36 두 번째 매스의 위치

프링 상수를 400에서 100N/m으로 변경한다. 해당 시스템은 변형된 스프링을 에 뮬레이션한다. 시뮬레이션을 실행하고 그림 5.39에 표시된 scope에서 위치 및 속 도 결과를 확인한다. scope에서 볼 수 있듯이 변형된 스프링을 사용하면 진동의 영향이 훨씬 크게 작용한다.

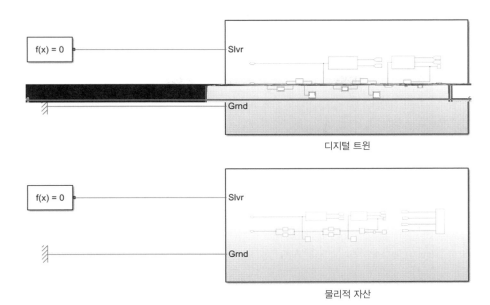

디지털 트윈

물리적 자산

그림 5.37 디지털 트윈 및 물리적 자산 서브시스템

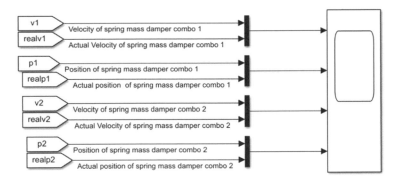

그림 5.38 물리적 자산에 신규 scope 연결

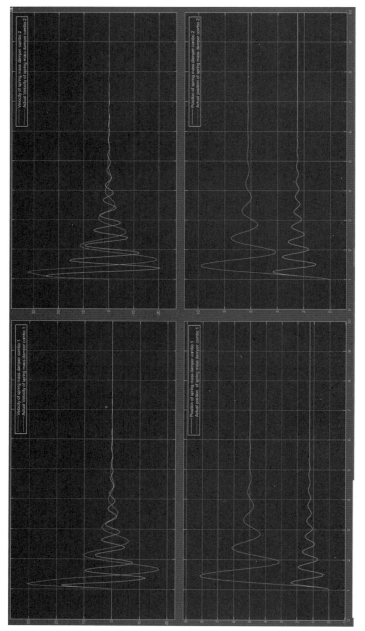

그림 5.39 물리적 자산(파란색 [인쇄 버전에서는 회색]) 및 디지털 트윈(노란색 [인쇄 버전의 흰색])

5.4 애플리케이션 문제

5.4.1 애플리케이션 문제 1

그림 5.1과 같은 더블 스프링 매스 댐퍼 시스템을 고려할 때 step unit을 force input으로 사용하는 대신 임펄스^{impulse} 입력을 사용한다. 크기는 10ms 동안 500N으로 설정한다.

힌트: 임펄스 입력 라이브러리 블록은 존재하지 않기 때문에 step 입력 블록을 통해 창의력을 발휘해야 한다.

5장의 관련된 자료는 MATLAB® Central에서 다운로드할 수 있다. 최종 Simulink® 는 **Application_Problem_2massspringdamper** 폴더에서 확인할 수 있다. Simulink® 모델은 **Application_Problem_1.slx**에 저장된다.

5.4.2 애플리케이션 문제 2

5장에서 **Simscape › Foundation Library › Mechanical** 라이브러리의 Simscape 라이브러리 블록을 활용했다. 이번에는 3D 공간에서 시스템의 결과를 시각화할 것이다 (**Simscape › Multibody**). 매스 스프링 댐퍼 조합만 시뮬레이션한다. 해당 작업이 완료되면 5.3.6절과 같이 변형된 스프링을 포함하는 장애 시스템을 추가한다. 아래 내용은 이와 관련된 몇 가지 팁이다.

(a) 3D 공간의 초기 조건은 로봇 팔을 다룬 장에서 사용한 것과 동일하다.

(b) 우리가 갖고 있는 자유도$^{degrees\ of\ freedom}$와 관련해 사용해야 하는 조인트를 고려한다.

MATLAB® central에서 관련 자료를 다운로드할 수 있다. 최종 Simulink®는 **Application_Problem_2massspringdamper** 폴더에서 확인할 수 있다. Simulink® 모델은 **Application_Problem_2.slx**에 저장된다.

CHAPTER

6

솔라 패널의 디지털 트윈 모델 생성

6.1 소개

6장에서는 PV^{photovoltaic} 셀을 위한 디지털 트윈 모델 생성에 중점을 둔다. 해당 모델은 오 프보드 셋업을 하는 데 사용되며 주로 일사량$^{solar\ irradiance}$과 태양광 패널$^{solar\ panel}$의 표면 온도라는 두 가지 외부 요소를 고려해야 한다. 시스템에는 이러한 외부 요인의 다양한 변 화를 탐지하는 센서와 Simscape 모델에서 입력으로 사용할 데이터를 처리하고 기록하는 마이크로컨트롤러가 장착돼 있다.

그림 6.1은 6장에서 다룰 오프보드 단계를 보여 준다. 여기에는 자산의 장애 모드, 블 록 다이어그램, 디지털 트윈 모델링, 예비 진단 알고리듬이 포함된다. 에지 장치 셋업, 연 결성, 클라우드의 디지털 트윈 배포는 포함하지 않는다.

6장에서는 10개의 태양광 패널을 모니터링하기 위한 오프보드 애플리케이션을 다룬 다. 6장에서 사용된 모든 코드는 MATLAB File Exchange에서 무료로 다운로드할 수 있 다. 아래 링크에서 ISBN 또는 이 책의 제목을 검색하면 된다.

https://www.mathworks.com/matlabcentral/fileexchange/.

그림 6.1 기존 온보드 진단 셋업

또한 독자는 전용 웹 사이트에서 자료 및 기타 리소스를 다운로드하거나 저자에게 추가 문의를 할 수 있다.

https://www.practicalmpc.com/.

6.2 태양광 하드웨어 셋업

태양광$^{PV, Photovoltaic}$ 셋업은 3개의 패널(PV$_1$, PV$_2$, PV$_3$)(그림 6.2)을 포함한다. PV$_2$ 및 PV$_3$는 병렬로 연결된다. PV$_1$의 정격 전력은 85W이고 PV$_2$와 PV$_3$의 정격 전력은 각각 100W다. 패널의 전기 등급은 표 6.1에 요약돼 있다.

패널에는 3개의 동일한 표면 온도 센서가 장착돼 있다. 또한 태양광 센서를 PV$_1$에 배치해 태양광의 강도를 측정한다(그림 6.3).

그림 6.3은 실내 시스템 셋업을 보여 준다. 지붕에 있는 태양광 패널의 출력은 충전 컨트롤러에 연결된 전기 패널에 공급된다. 배터리는 태양광 충전 컨트롤러 및 인버터에 연결돼 그림에 표시된 컴퓨터 및 다양한 장비에 AC 전원을 공급한다. 실내 설정의 속성은 표 6.2와 같다. 그림 6.4는 시스템의 회로도$^{circuit\ schematic\ of\ the\ system}$를 보여 준다.

6.2.1 태양광 패널 시스템의 블록 다이어그램

태양광 패널 진단은 다중 입력 및 단일 출력$^{MISO, MultiInput\ and\ Single-Output}$ 문제다. 두 가지의 주요 입력은 일사량과 패널의 표면 온도다. 주요 출력은 발전$^{power\ generation}$이다(그림 6.5).

그림 6.2 PV 옥외 셋업

표 6.1 PV 전기 정격은 1000w/m²이고 온도는 25℃다.

매개 변수	PV₁	PV₂	PV₃
최대 전력(Pmax)	85W	100W	100W
전압(Vmp)	17V	17V	17V
전류(Imp)	5A	5.88A	5.88A
개방 회로 전압(VOC)	21.5V	21.5V	21.5V
단락 전류(ISC)	5.49A	6.37A	6.37A
최소 바이패스 다이오드	10A	12A	12A
최대 직렬 퓨즈	9A	10A	10A

6.2.2 장애 모드 및 PV 시스템의 진단 개념

6장에서는 PV 셀의 발전에 영향을 미치는 장애 모드에 초점을 맞춘다. 장애는 패널의 물리적 손상(예: 균열), 하드웨어 내부 구성 요소 손상, 먼지, 지속적인 그림자persistent shadow, 또는 막힘blockage 등이 포함된다.

그림 6.3 PV 실내 셋업

표 6.2 실내 셋업의 PV 전기 스펙

장치	전압	전류	전력
태양광 충전 컨트롤러	12V DC	20A	240W
배터리 뱅크	12V DC	320AH	3840WH
인터버	230V AC	13A	3000W

측정된 전력은 디지털 트윈 추정 전력과 비교된다. 편차가 큰 경우 사용자에게 알람이 보내진다(그림 6.6). 진단 조건에는 시간대$^{time of the day}$, 방사조도 수준$^{level of irradiance}$, 장애 시간 타이머$^{timer for length of failure}$ 등이 포함된다.

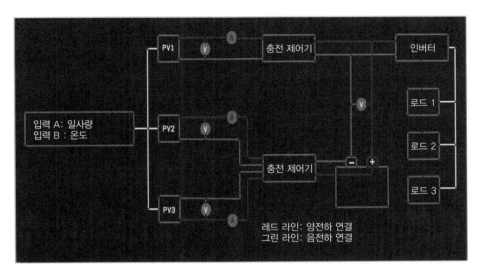

그림 6.4 PV 실험 셋업 회로도

그림 6.5 태양광 패널 시스템의 블록 다이어그램

6.3 모델 생성을 위한 실험 데이터 수집

설정에 대한 데이터는 하루 동안 보관된다. 시뮬레이션 작업을 하고자 6300초 동안 데이터를 사용할 것이다. 일사량, 3개의 태양광 패널의 표면 온도, PV_1, PV_2, PV_3의 전압(병렬로 연결), PV_1, PV_2, PV_3의 전류는 모두 4초 간격으로 기록된다. 배터리 데이터(전압, 충전 상태, 전력 부하)는 실험적으로 수집되지 않는다. 해당 데이터는 Simscape에서 모델링되지만 모델의 정확성을 검증할 데이터가 존재하지 않는다.

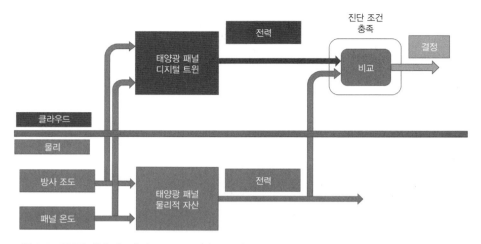

그림 6.6 태양광 패널 시스템의 오프보드 진단 프로세스

6.4 PV 시스템 Simscape 모델

6장의 주요 목표는 Simscape를 사용해 시스템의 전체 모델을 만들고, 센서를 사용해 수집된 데이터를 기반으로 시뮬레이션 결과를 실제 결과와 비교하고, 생성된 모델의 정확도를 확인하는 것이다. 여기에서는 PV를 주로 다루기 때문에 시스템에 대한 전기 부하는 모델에서 제외한다. 시스템에 대한 주요 입력은 방사 조도 및 PV 표면 온도만 포함된다.

그림 6.7은 모델의 전체적인 개요를 보여 준다. 기록된 입력, 방사조도, 표면 온도는 3개의 PV 패널에 제공된다. 출력에는 전류와 전압이 포함된다. 해당 데이터는 출력으로 표시되고 실험 데이터와 비교된다.

계속해서 그림 6.7의 PV 모델에 사용된 주요 구성 요소, 구성 방법, 배선 방법을 설명할 것이다.

6.5 PV 시스템의 태양 전지 모델링

주요 구성 요소는 태양 전지(그림 6.8)이며 elec_library/Sources에 포함돼 있다. 방사 조도는 모든 태양 전지에 직접 입력된다(그림 6.9). 양극 단자$^{positive\ terminal}$는 입력이고 음극 단

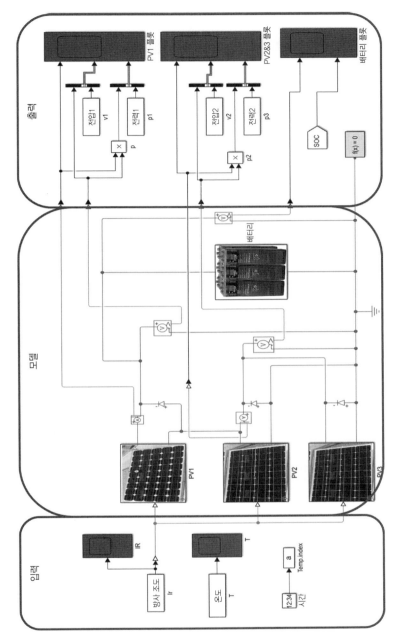

그림 6.7 모델의 전체적인 개요

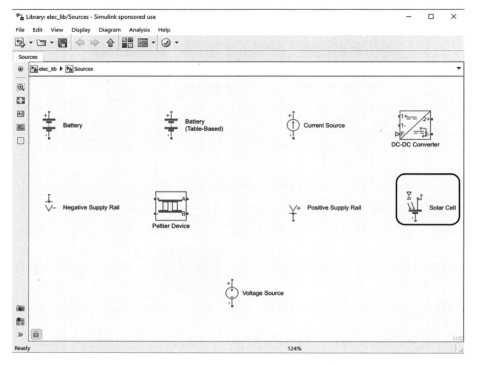

그림 6.8 태양 전지

자$^{negative\ terminal}$는 출력이다.

그림 6.10은 기본 Simulink 매개 변수와 비교한 전지의 특성을 보여 준다. 또한 표 6.3은 기본값에서 변경된 값을 보여 준다. 'New Value' 열^{column}은 우리가 지정한 매개 변수 값을 가진다. 'Parameter Value'는 PV_1 패널의 마스크에서 설정한 값을 보여 준다. 해당 작업은 PV_1 모델의 매개 변수 값을 쉽게 변경하기 위한 것이다. 각각의 태양 전지 매개

태양 전지

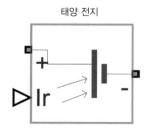

그림 6.9 입력 및 출력을 포함하는 태양 전지

Block Parameters: Solar Cell

Solar Cell

This block models a solar cell as a parallel combination of a current source, two exponential diodes and a parallel resistor, Rp, that are connected in series with a resistance Rs. The output current I is given by

$$I = Iph - Is^*(e^{((V+I^*Rs)/(N^*Vt))}-1) - Is2^*(e^{((V+I^*Rs)/(N2^*Vt))}-1) - (V+I^*Rs)/Rp$$

where Is and Is2 are the diode saturation currents, Vt is the thermal voltage, N and N2 are the quality factors (diode emission coefficients) and Iph is the solar-generated current.

Models of reduced complexity can be specified in the mask. The quality factor varies for amorphous cells, and typically has a value in the range of 1 to 2. The physical signal input Ir is the irradiance (light intensity) in W/m^2 falling on the cell. The solar-generated current Iph is given by Ir^*(Iph0/Ir0) where Iph0 is the measured solar-generated current for irradiance Ir0.

Settings

| Cell Characteristics | Configuration | Temperature Dependence |

| Parameterize by: | By s/c current and o/c voltage, 5 parameter | ▶ |

Short-circuit current, Isc:	7.34	A	∨
Open-circuit voltage, Voc:	0.6	V	∨
Irradiance used for measurements, Ir0:	1000	W/m^2	∨
Quality factor, N:	1.5		∨
Series resistance, Rs:	0	Ohm	∨

OK   Cancel   Help   Apply

Block Parameters: Solar Cell5

Solar Cell

This block models a solar cell as a parallel combination of a current source, two exponential diodes and a parallel resistor, Rp, that are connected in series with a resistance Rs. The output current I is given by

$$I = Iph - Is^*(e^{((V+I^*Rs)/(N^*Vt))}-1) - Is2^*(e^{((V+I^*Rs)/(N2^*Vt))}-1) - (V+I^*Rs)/Rp$$

where Is and Is2 are the diode saturation currents, Vt is the thermal voltage, N and N2 are the quality factors (diode emission coefficients) and Iph is the solar-generated current.

Models of reduced complexity can be specified in the mask. The quality factor varies for amorphous cells, and typically has a value in the range of 1 to 2. The physical signal input Ir is the irradiance (light intensity) in W/m^2 falling on the cell. The solar-generated current Iph is given by Ir^*(Iph0/Ir0) where Iph0 is the measured solar-generated current for irradiance Ir0.

Settings

| Cell Characteristics | Configuration | Temperature Dependence |

| Parameterize by: | By s/c current and o/c voltage, 5 parameter | ▶ |

Short-circuit current, Isc:	Isc	A	∨
Open-circuit voltage, Voc:	Voc/45	V	∨
Irradiance used for measurements, Ir0:	Ir0	W/m^2	∨
Quality factor, N:	n		∨
Series resistance, Rs:	Rs/45	Ohm	∨

OK   Cancel   Help   Apply

그림 6.10 기본 태양 전지 특성(왼쪽) 및 수정된 태양 전지(오른쪽)

표 6.3 PV₁의 태양 전지 특성

매개 변수	기본값	신규값	매개 변수 값(마스크)
단락 전류, Isc	7.34	Isc	PV₁ 5.49(표 6.1)
개방 회로 전압, Voc	0.6	Voc/45	21.5/45(표 6.1)
측정용 방사 조도, Ir0	1000	Ir0	실험 데이터에서 시간 데이터로 제공
품질 요소, N	1.5	n	1.5
직렬 저항, Rs	0	Rs/45	0

변수를 변경하는 대신 전체 태양 전지의 마스크에서 매개 변수를 변경할 수 있다.

그림 6.11은 PV₁의 마스크를 보여 준다. 해당 부분에 대해서는 이번 절의 뒷부분에서 더 자세히 설명한다. 특히 온도 값은 실험적으로 기록된 태양 전지의 평균 온도를 상수로 설정한다. 태양 전지를 구성하고자 전지의 개수를 기본값인 1로 설정했다(그림 6.12).

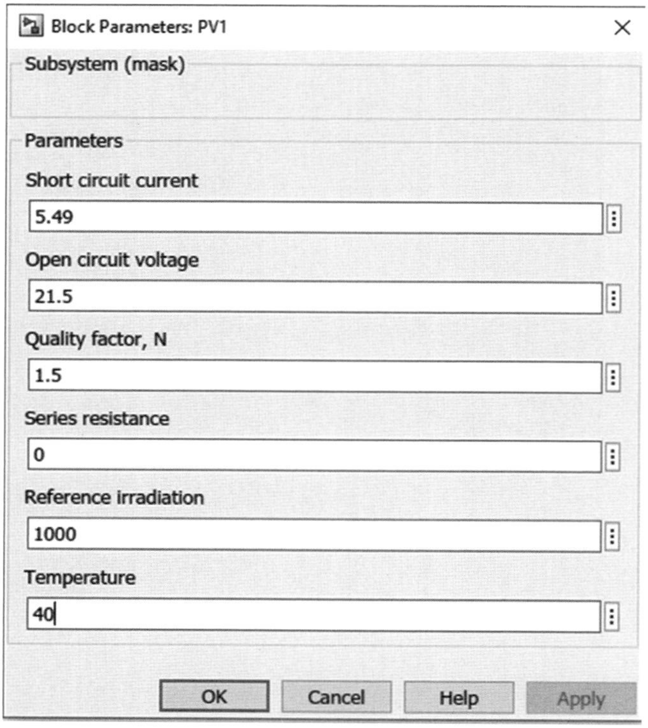

그림 6.11 PV₁ 서브시스템 마스크

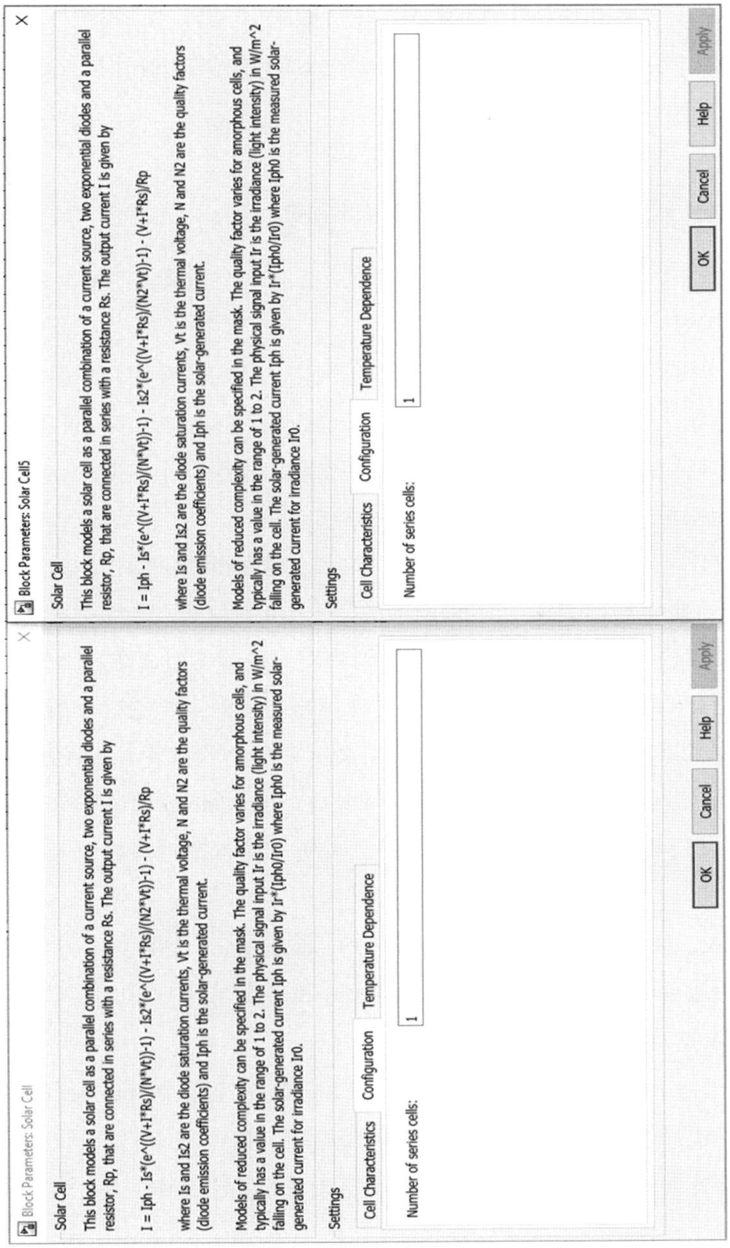

Block Parameters: Solar Cell

Solar Cell

This block models a solar cell as a parallel combination of a current source, two exponential diodes and a parallel resistor, Rp, that are connected in series with a resistance Rs. The output current I is given by

I = Iph - Is*(e^((V+I*Rs)/(N*Vt))-1) - Is2*(e^((V+I*Rs)/(N2*Vt))-1) - (V+I*Rs)/Rp

where Is and Is2 are the diode saturation currents, Vt is the thermal voltage, N and N2 are the quality factors (diode emission coefficients) and Iph is the solar-generated current.

Models of reduced complexity can be specified in the mask. The quality factor varies for amorphous cells, and typically has a value in the range of 1 to 2. The physical signal input Ir is the irradiance (light intensity) in W/m^2 falling on the cell. The solar-generated current Iph is given by Ir*(Iph0/Ir0) where Iph0 is the measured solar-generated current for irradiance Ir0.

Settings

Cell Characteristics | Configuration | Temperature Dependence

Number of series cells:

1

OK   Cancel   Help   Apply

Block Parameters: Solar Cell5

Solar Cell

This block models a solar cell as a parallel combination of a current source, two exponential diodes and a parallel resistor, Rp, that are connected in series with a resistance Rs. The output current I is given by

I = Iph - Is*(e^((V+I*Rs)/(N*Vt))-1) - Is2*(e^((V+I*Rs)/(N2*Vt))-1) - (V+I*Rs)/Rp

where Is and Is2 are the diode saturation currents, Vt is the thermal voltage, N and N2 are the quality factors (diode emission coefficients) and Iph is the solar-generated current.

Models of reduced complexity can be specified in the mask. The quality factor varies for amorphous cells, and typically has a value in the range of 1 to 2. The physical signal input Ir is the irradiance (light intensity) in W/m^2 falling on the cell. The solar-generated current Iph is given by Ir*(Iph0/Ir0) where Iph0 is the measured solar-generated current for irradiance Ir0.

Settings

Cell Characteristics | Configuration | Temperature Dependence

Number of series cells:

1

OK   Cancel   Help   Apply

그림 6.12 태양 전지의 기본 설정(왼쪽) 및 수정된 설정(오른쪽)

표면 온도를 T로 설정한다(그림 6.13). T는 서브시스템의 마스크에서 정의된다(그림 6.11). a.Data는 시간 인덱스$^{time\ index}$다. T(a.Data)는 a.Data 인덱스에서 측정된 온도다.

6.6 PV 서브시스템의 태양 전지 모델링

우리는 3개의 태양광 패널(PV_1, PV_2, PV_3)을 갖고 있고 PV_1 패널의 경우 $5 \times 9 = 45$ 태양 전지를 갖고 있다(그림 6.14).

위에서 살펴본 것과 같이 45개의 태양 전지를 구성하고 직렬로 연결해야 한다(그림 6.15).

45개의 태양 전지 전체를 선택하고 서브시스템을 생성한다(그림 6.16). 서브시스템을 마우스 우클릭하고 마스크를 생성한다(그림 6.17).

그다음 서브시스템을 마우스 우클릭하고 마스크를 수정한다(그림 6.18). icon drawing commands에 image('PV1.jpg') 명령어를 사용해서 이미지를 마스크에 추가한다(그림 6.19).

표 6.3에 있는 매개 변수(Isc, Voc, Ir0, n, Rs)와 온도를 포함하고자 마스크 매개 변수를 수정한다(그림 6.20). 표 6.3을 기반으로 추가된 매개 변수의 값을 각각 편집한다.

동일한 과정을 PV_2 및 PV_3에도 수행한다. 해당 패널은 각각 $4 \times 9 = 36$개의 태양 전지를 가진다. 그림 6.21은 최종 모델을 보여 준다. Simscape 모델에서 측정값을 추출하고자 전압 및 전류 센서를 추가했다(그림 6.22). 또한 그림 6.23과 같이 회로에 다이오드를 추가한다.

다른 Simscape 모델과 마찬가지로 Solver Configuration 블록을 추가한다(그림 6.24). 배터리는 모델링됐지만 최적화되지 않았다. 배터리는 독자가 배터리를 추가로 진단하고자 하는 경우를 대비해 포함됐다.

최종 모델은 MATLAB Central에서 다운로드할 수 있다. **Chapter_6/Solar_Cell_Modeling_of_the_PV_Subsystem**에서 최종 모델을 확인하면 된다.

다운로드한 후에 **PV_Model.slx**를 실행하면 시뮬레이션 결과가 플롯^{plotted}된다.

Block Parameters: Solar Cell ✕

Solar Cell

This block models a solar cell as a parallel combination of a current source, two exponential diodes and a parallel resistor, Rp, that are connected in series with a resistance Rs. The output current I is given by

$$I = Iph - Is*(e^{((V+I*Rs)/(N*Vt))}-1) - Is2*(e^{((V+I*Rs)/(N2*Vt))}-1) - (V+I*Rs)/Rp$$

where Is and Is2 are the diode saturation currents, Vt is the thermal voltage, N and N2 are the quality factors (diode emission coefficients) and Iph is the solar-generated current.

Models of reduced complexity can be specified in the mask. The quality factor varies for amorphous cells, and typically has a value in the range of 1 to 2. The physical signal input Ir is the irradiance (light intensity) in W/m^2 falling on the cell. The solar-generated current Iph is given by Ir*(Iph0/Ir0) where Iph0 is the measured solar-generated current for irradiance Ir0.

Settings

| Cell Characteristics | Configuration | Temperature Dependence |

First order temperature coefficient for Iph, TIPH1:	0	1/K ∨
Energy gap, EG:	1.11	eV ∨
Temperature exponent for Is, TXIS1:	3	∨
Temperature exponent for Rs, TRS1:	0	∨
Measurement temperature:	25	degC ∨
Device simulation temperature:	25	degC ∨

[OK]   [Cancel]   [Help]   [Apply]

Block Parameters: Solar Cell5 ✕

Solar Cell

This block models a solar cell as a parallel combination of a current source, two exponential diodes and a parallel resistor, Rp, that are connected in series with a resistance Rs. The output current I is given by

$$I = Iph - Is*(e^{((V+I*Rs)/(N*Vt))}-1) - Is2*(e^{((V+I*Rs)/(N2*Vt))}-1) - (V+I*Rs)/Rp$$

where Is and Is2 are the diode saturation currents, Vt is the thermal voltage, N and N2 are the quality factors (diode emission coefficients) and Iph is the solar-generated current.

Models of reduced complexity can be specified in the mask. The quality factor varies for amorphous cells, and typically has a value in the range of 1 to 2. The physical signal input Ir is the irradiance (light intensity) in W/m^2 falling on the cell. The solar-generated current Iph is given by Ir*(Iph0/Ir0) where Iph0 is the measured solar-generated current for irradiance Ir0.

Settings

| Cell Characteristics | Configuration | Temperature Dependence |

First order temperature coefficient for Iph, TIPH1:	0	1/K ∨
Energy gap, EG:	1.11	eV ∨
Temperature exponent for Is, TXIS1:	3	∨
Temperature exponent for Rs, TRS1:	0	∨
Measurement temperature:	T	degC ∨
Device simulation temperature:	T	degC ∨

[OK]   [Cancel]   [Help]   [Apply]

그림 6.13 태양 전지의 기본 온도 의존성(왼쪽) 및 수정된 온도 의존성(오른쪽)

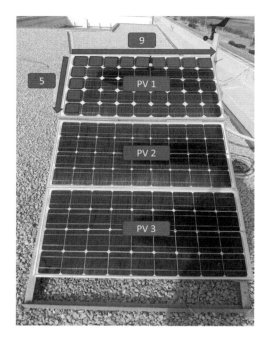

그림 6.14 태양 전지 시스템

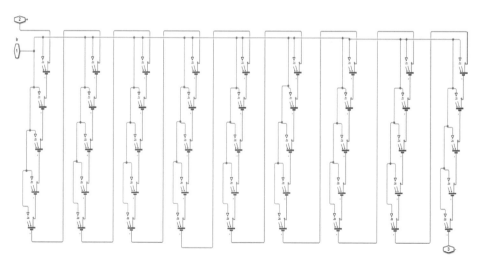

그림 6.15 PV₁ 모델의 45개 태양 전지

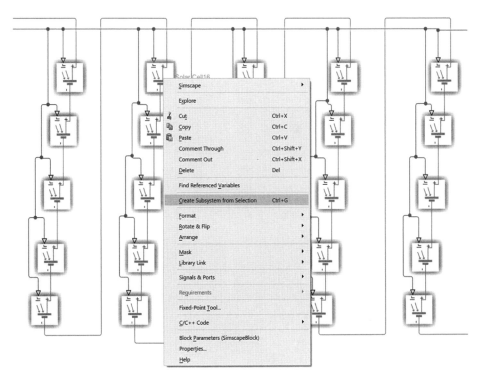

그림 6.16 PV$_i$의 서브시스템 생성

6.7 시뮬레이션 결과

PV 전지 모델링의 과제 중 하나는 태양 전지 표면 온도를 고려하는 것이다. 고온은 PV 전지([1] 및 [2])의 효율을 크게 저하시킬 수 있다. 불행히도 Simscape의 태양 전지 블록의 현재 포맷은 온도를 시간에 따른 입력으로 설정할 수 없다. [3]에서 칼레드[Khaled]와 비빈[Bibin]은 알요압[Aljoab]과 연구진들([1] 및 [2])의 연구를 기반으로 표면 온도의 영향을 모델링하고자 사용자 정의 블록을 사용할 것을 제안했다. 우리는 Simscape 블록을 사용해 온도의 영향을 수정하는 방법을 활용할 것이다.

PV$_1$, PV$_2$, PV$_3$의 표면 온도(그림 6.11의 마지막 매개 변수)를 30℃과 50℃으로 설정해 온도에 대한 모델의 민감도를 확인한다. 그림 6.25와 같이 결과는 거의 동일하다.

이 문제를 해결하고자 아래의 단계를 수행한다.

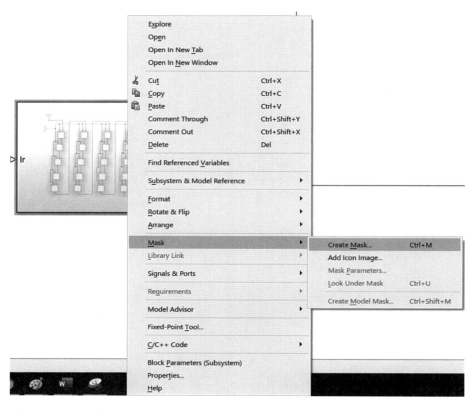

그림 6.17 마스크 생성

1. 태양광 패널의 온도를 30C로 설정한다. 그림 6.26과 6.27에서 결과를 확인할 수 있다.

2. 시뮬레이션과 실험 데이터 사이의 전력 오차를 계산한다(그림 6.28 및 6.29).

3. Tools › Basic Fitting 아래의 figure 메뉴에 있는 curve fitting 도구를 사용해 전력 시뮬레이션 오류를 태양 전지 표면 온도(그림 6.30 및 6.31)의 함수로 설명하는 2차 곡선을 피팅한다.

4. PV_1, PV_2, PV_3 모델에 대해 사용자 정의 함수(그림 6.32)를 활용해 시뮬레이션 모델 전력 출력에 오프셋 항term을 추가한다. fit 방정식이 사용됨을 유의한다.

5. 시뮬레이션을 재실행하면 오프셋을 포함하는 전력 결과값이 개선된다(그림 6.33

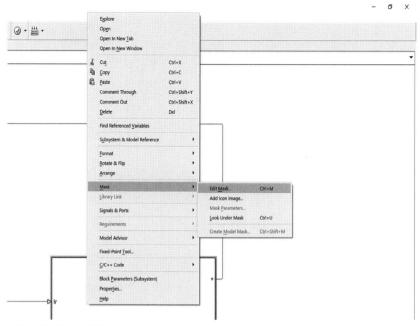

그림 6.18 마스크 설정

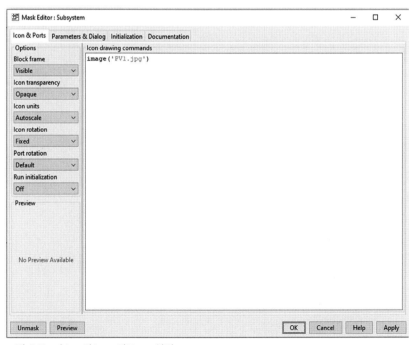

그림 6.19 마스크의 Icon 및 Ports 설정

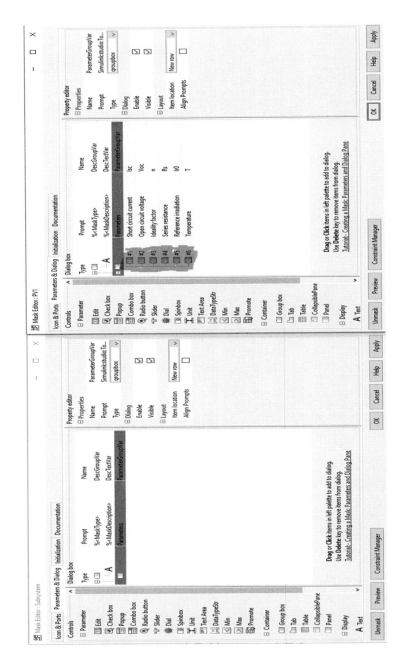

그림 6.20 기본 마스크 매개 변수(왼쪽) 및 수정된 마스크 매개 변수

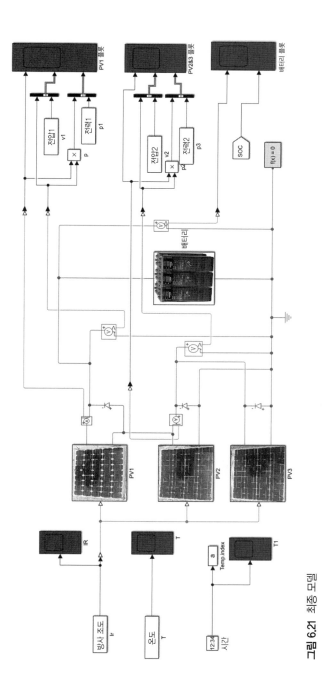

그림 6.21 최종 모델

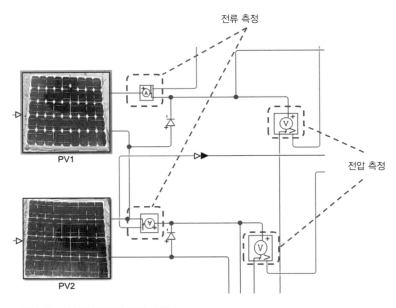

그림 6.22 시스템 전류 및 전압 측정

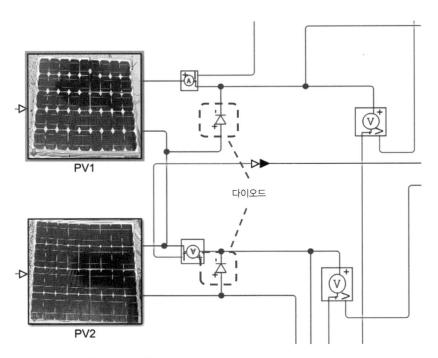

그림 6.23 시스템에 다이오드 추가

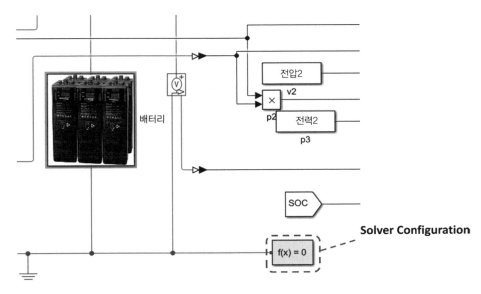

그림 6.24 Solver Configuration 블록

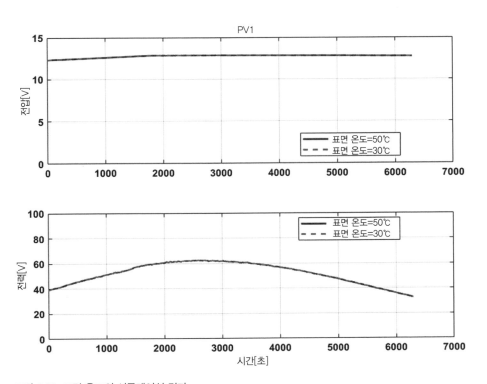

그림 6.25 표면 온도의 시뮬레이션 결과

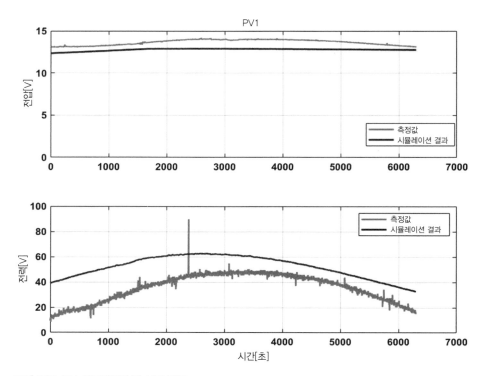

그림 6.26 PV₁ 시뮬레이션 및 실험 결과

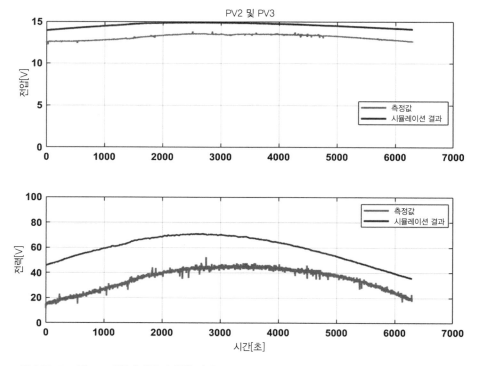

그림 6.27 PV₂ 및 PV₃ 시뮬레이션 및 실험 결과

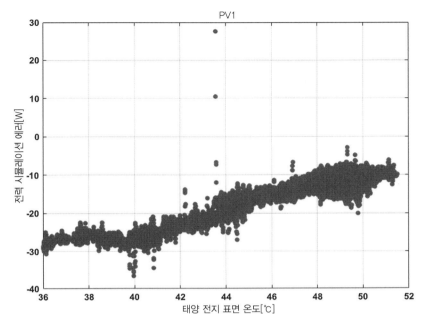

그림 6.28 PV₁ 태양 전지 표면 온도와 관련된 전력 시뮬레이션 에러

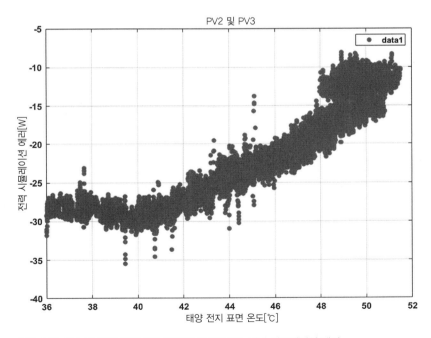

그림 6.29 PV₂ 및 태양 전지 표면 온도와 관련된 PV₃ 전력 시뮬레이션 에러

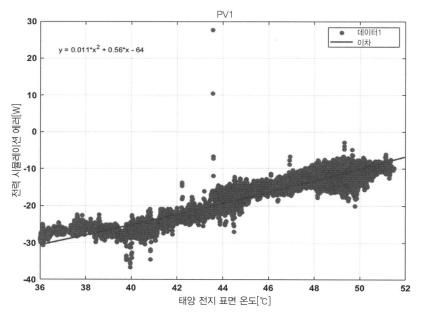

그림 6.30 태양 전지 표면 온도와 관련된 PV_1 전력 시뮬레이션 에러에 대한 커브 피팅

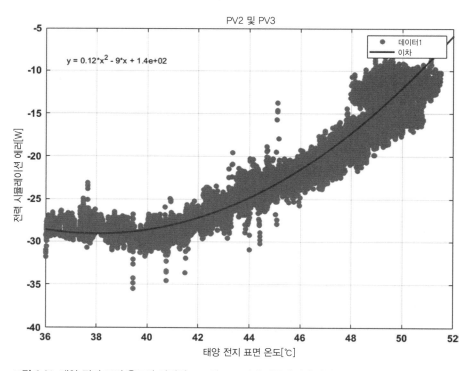

그림 6.31 태양 전지 표면 온도와 관련된 PV_2 및 PV_3 전력 시뮬레이션 에러에 대한 커브 피팅

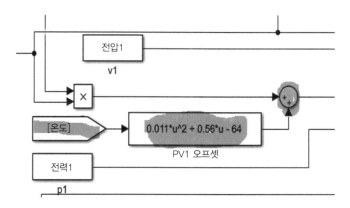

그림 6.32 PV₁ 전력에 오프셋 추가

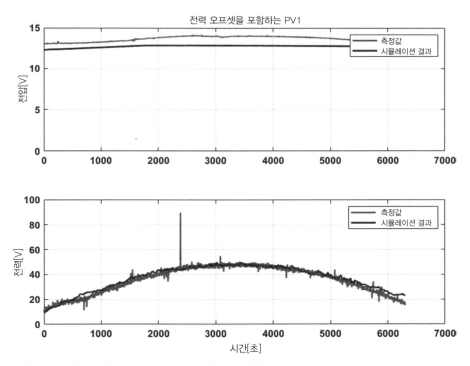

그림 6.33 전력 오프셋을 포함하는 PV₁ 시뮬레이션 및 실험 결과

및 6.34).

오프셋이 포함된 모델은 **Chapter_6/Simulation_Results/**에 저장된다.

해당 파일을 다운로드한 후에 **PV_Model_Offset.slx**을 실행하면 시뮬레이션 결과값이 플롯된다.

6.8 애플리케이션 문제

사용자는 10개의 동일한 태양광 패널을 갖고 있다. 해당 패널들은 외부에 설치된다. 진단 패널의 장애를 탐지할 수 있는 디지털 트윈과 연동되는 로직을 구축해 적절한 전력을 생성한다. 유일하게 센싱 데이터로 사용되는 것은 방사 조도다. 태양관 패널의 지리적 위치로 인해 온도 의존성은 배제한다(주변 온도 변화가 크지 않음).

물리적 시스템의 입력/출력 센싱 데이터를 포함하는 10개의 정상 패널을 가진 Simscape 모델이 제공된다. 해당 모델은 MATLAB central의 **Application_Problem** 폴더에서 다운로드할 수 있다. 모델은 이름은 **Application_Problem_Model**이다. 그림 6.35 및 6.36은 해당 모델을 보여 준다.

요구 사항:

1. 최소 하루 1회 이상 오프보드 결과 생성

2. 데이터가 10초마다 한 번씩 클라우드로 전송

3. 적절한 일광이 있을 때만 진단을 실행(진단을 실행하려면 방사 조도 수준이 최소 방사 조도 값보다 높아야 함)

힌트 1: 먼저 패널의 성능 변동을 정량화하고 부품의 변동성 비율을 나타내는 장애 기준을 정의한다.

힌트 2: 데이터가 클라우드에 존재하며 진단이 클라우드에서 시뮬레이션이 수행된다는 것을 가정한다.

힌트 3: (**Power_PV1_digital_twin and Power_PV1_physical**), (**Power_PV2_digital_twin and Power_PV2_physical**) 등의 시그널을 비교한다. 진단 조건이 만족되면 비교를 수행한다.

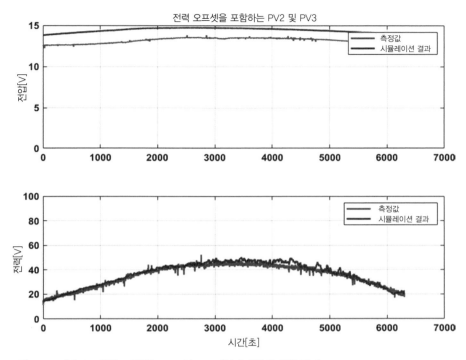

그림 6.34 전력 오프셋을 포함하는 PV_2 및 PV_3 시뮬레이션 및 실험 결과

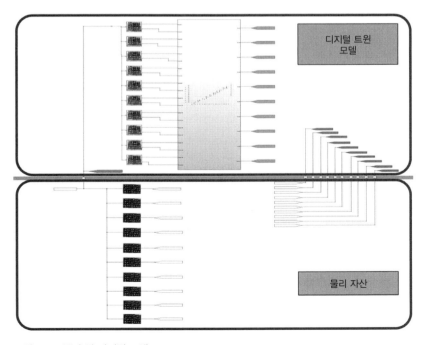

그림 6.35 물리 및 디지털 모델

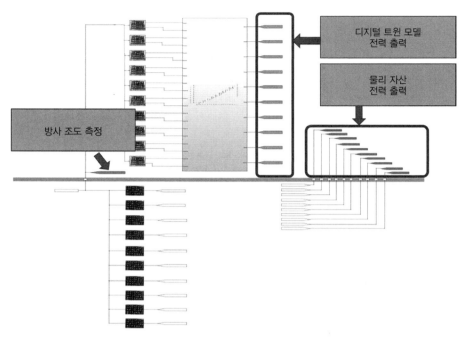

그림 6.36 물리 및 디지털 모델 입력 및 출력

6장에서 사용된 코드는 MATLAB File Exchange에서 다운로드할 수 있다. 아래 링크를 클릭한 후 ISBN 또는 책 제목을 검색하면 된다.

https://www.mathworks.com/matlabcentral/fileexchange/.

또는 저자들의 웹 사이트에서 이 책과 관련된 자료들을 다운로드할 수 있으며 필요한 경우 추가적으로 문의할 수 있다.

https://www.practicalmpc.com/.

참고문헌

[1]   S. Aljoaba, A. Cramer, B. Walcott, Thermoelectrical modeling of wavelength effects on photovoltaic module performancedpart I: model, IEEE J. Photovol. 3 (July 2013) 1027–1033.

[2]   S. Aljoaba, A. Cramer, S. Rawashdeh, B. Walcott, Thermoelectrical modeling of wavelength effects on photovoltaic module performancedpart II: parameterization, IEEE J. Photovol. 3 (July 2013) 1034-1037.

[3]   N. Khaled, B. Pattel, Practical Design and Application of MPC, Elsevier, 2018. ISBN 9780128139189.

CHAPTER

7

모터 구동 시스템용 인버터 회로의 디지털 트윈 개발

7.1 소개

7장에서는 3상 모터와 직렬로 연결된 2개의 3 레그 인버터^{three-leg inverter}를 사용해 3상 모터 구동 시스템을 위한 디지털 트윈 모델을 개발하는 과정에 대해 다룬다. 개발 모델은 개방 회로, 단락, DC 링크 장애 모드에 대한 실제 시스템의 결함 허용^{fault tolerant} 기능에 대한 오프보드 진단을 수행하는 데 사용할 수 있다. 해당 모델은 MATLAB®, Simulink, Simscape™ Electrical, Simscape Power Systems 도구를 사용해 개발된다. IGBT 스위치^{switches}, 다이오드^{diodes}, 전압계^{voltmeter}, 전류계^{ammeter}, 저항기^{resistor}, 인덕터^{inductors}와 같은 Simscape™ 구성 요소는 2개의 3 leg 인버터를 개발하는 데 사용된다. PWM 생성기^{generator}는 Simulink 블록을 사용해 각 IGBT 스위치에 대한 게이트 신호를 생성하는 데 필요하다. 장애 조건이 유도되고 인버터 구성과 결과의 시뮬레이션 동작에 대해 논의한다. 그림 7.1은 7장에서 다룰 오프보드 단계를 보여 준다. 7장에서 사용된 모든 코드는 MATLAB File Exchange에서 무료로 다운로드할 수 있다. 아래 링크에서 ISBN 또는 이 책의 제목을 검색하면 된다.

그림 7.1 7장에서 다룰 오프보드 단계

https://www.mathworks.com/matlabcentral/fileexchange/.

또한 독자는 전용 웹 사이트에서 자료 및 기타 리소스를 다운로드하거나 저자에게 추가 문의를 할 수 있다.

https://www.practicalmpc.com/.

3상 기계와 직렬로 연결된 2개의 3 레그 인버터를 사용하는 3상 모터 구동 시스템의 장점 중 하나는 해당 시스템의 결함 허용 호환성[fault tolerance compatibility]이다. 7장에서는 이와 같은 3상 모터 구동 시스템의 시뮬레이션을 분석하고 논의할 것이다. 시뮬레이션 결과는 개방 회로 장애, 단락 회로 장애, DC 링크 장애와 같은 다양한 유형의 장애를 통해 구현된다. 시뮬레이션은 MATLAB, Simulink, Simscape를 사용해 직렬로 연결된 3상[three-phase], 2개의 3 leg 인버터에 대한 장애 진단 및 복구의 모델 기반 구현으로 MATLAB 환경에서 수행된다. 7장에서는 별도의 기기를 추가하지 않고 모터의 Y 연결을 포함하는 전력 컨버터 토폴로지를 재구성해 결함 보상[fault compensation]을 수행하는 결함 허용 기능 분석을 위한 시나리오를 다룬다. 그림 7.2와 같이 3상 장치와 직렬로 연결된 2개의 3 leg 인버터에 대한 Simscape 모델을 개발할 것이다.

7.2 모터 구동 인버터 시스템의 블록 다이어그램

그림 7.3은 모터 구동 인버터 시스템의 블록 다이어그램을 보여 준다. 시스템에 대한 입력은 입력 DC 전압과 인버터의 IGBT 스위치를 켜기 위한 게이트 펄스 신호다.

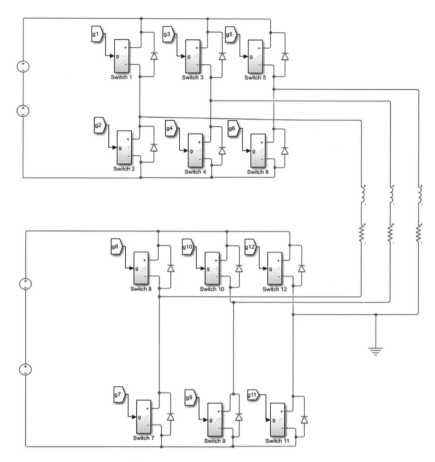

그림 7.2 모터 구동 시스템[1]

그림 7.3 모터 구동 인버터 시스템의 블록 다이어그램

7.3 장애 모드 및 모터 구동 인버터 시스템의 진단 개념

그림 7.4는 모터 구동 시스템의 오프보드 진단 프로세스에 대한 블록 다이어그램 개념을 보여 준다. 실제 인버터 시스템에 공급되는 것과 동일한 DC 입력 전압과 게이트 펄스 신호를 디지털 트윈에도 제공할 수 있다. 디지털 트윈은 개방 회로 또는 단락 회로 장애와 같은 실제 시스템에서 발생된 장애를 인식하지 못한다. 따라서 실제 시스템과 디지털 트윈 모두에 동일한 입력이 제공되는 실제 시스템에 장애가 있는 경우 출력 전압 및 전류와 IGBT를 통한 전류 및 전압도 달라지게 된다. 진단 알고리듬은 실제 트윈과 디지털 트윈의 신호 차이를 비교하고 비교 결과에 따라 실제 시스템에 대한 진단 결정을 내린다.

7.4 모터 구동 인버터 시스템의 Simscape 모델

아래 내용은 Simscape 모델을 구축하는 세부 단계다.

1. 신규 **Siimulink model** 생성.

2. 그림 7.5와 같이 **Simulink Library Browser** 클릭.

3. **Simscape › Electronics › Semiconductor Devices**로 이동한 후 그림 7.6과 같이 N-channel IGBT 블록을 모델에 추가한다. 그림 7.7과 같이 **N-channel IGBT**에 대한 블록 매개 변수를 업데이트한다.

4. **Simscape › Electronics › Actuators and Drivers › Drivers**로 이동한 후 **Gate Driver** 블록을 추가한다(그림 7.8).

5. **Simscape › Utilities and add Simulink-PS Converter** 블록으로 이동한 후 Port 블록을 연결한다(그림 7.9).

6. **Simulink › Signal Attributes**로 이동한 후 모델링을 수행하고자 **Data Type Conversion** 블록을 생성한다(그림 7.10).

7. **Simulink › Sources**로 이동한 후 **In1**(입력 포트)을 모델에 추가한다(그림 7.11).

8. 그림 7.12와 같이 **Simscape › Utilities**에서 2개의 물리적인 모델링 연결 포트를 모델에 추가한다(그림 7.12).

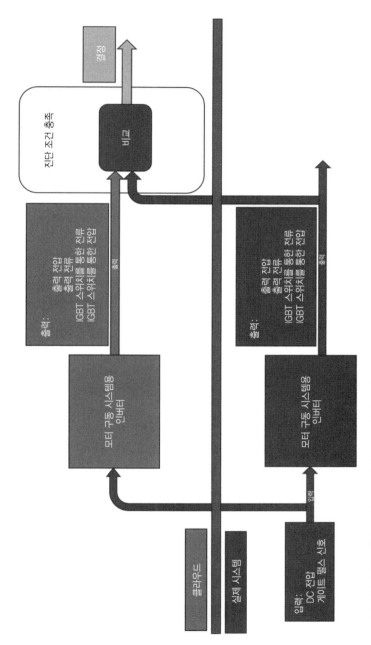

그림 7.4 모터 구동 인버터 시스템의 오프보드 진단 프로세스

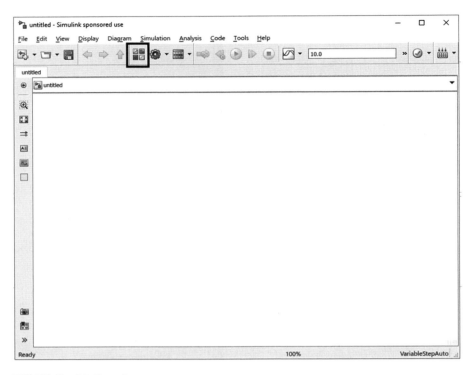

그림 7.5 Simulink library browser

9. 그림 7.13과 같이 추가된 모든 블록을 연결한다.

10. 그림 7.14와 같이 모든 블록을 선택하고 마우스 우클릭 후 'Create Subsystem from Selection'을 선택한다. 그림 7.15와 같이 모든 블록과 함께 입력 포트 1개와 출력 포트 2개가 있는 서브시스템이 생성된다. 서브시스템의 이름을 'Switch 1'로 지정한다.

11. 서브시스템 'Switch 1'의 복사본 11개를 생성해서 나머지 3상 인버터 11개의 스위치를 확보한다. 그다음 스위치 서브시스템에 연결된 입력 포트를 그림 7.16과 같이 'From' 블록으로 교체한다.

12. **Simscape › Foundation Library › Electrical › Electrical Sources**로 이동해 각 레그에 2개씩 4개의 DC 전압 소스 블록을 추가한다(그림 7.17).

13. 각 DC 전압 소스를 더블클릭해 각 전압 소스 블록에 대해 정전압 매개 변수를

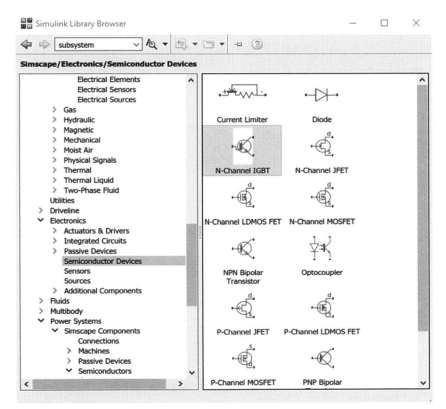

그림 7.6 IGBT 블록

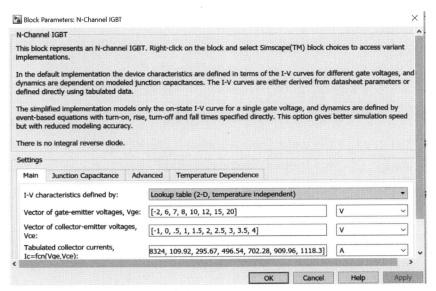

그림 7.7 N-channel IGBT의 블록 매개 변수

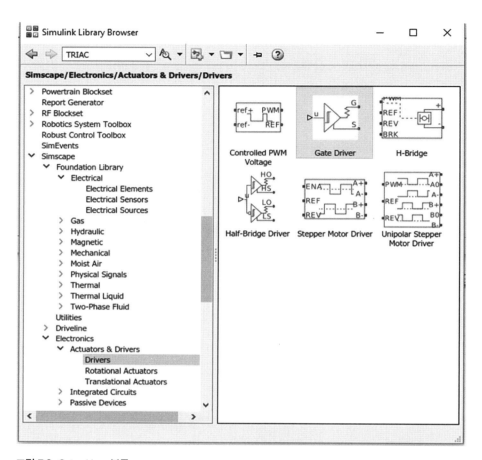

그림 7.8 Gate driver 블록

50V로 설정한다(그림 7.18).

14. 그림 7.19와 같이 전압 소스를 스위치에 연결한다.

15. **Simscape › Electronics › Semiconductor Devices**로 이동해 12개의 **Diode blocks**(그림 7.20)를 추가하고 그림 7.21과 같이 연결한다. 그림 7.22 및 7.23과 같이 블록 매개 변수를 업데이트한다.

16. **Simscape › Foundation Library › Electrical Elements**(그림 7.24 및 7.25)에서 저항기와 인덕터를 선택해 모델에 추가하고 연결한다. 해당 RL 회로는 기본적으로 인버터 회로의 부하로 간주된다.

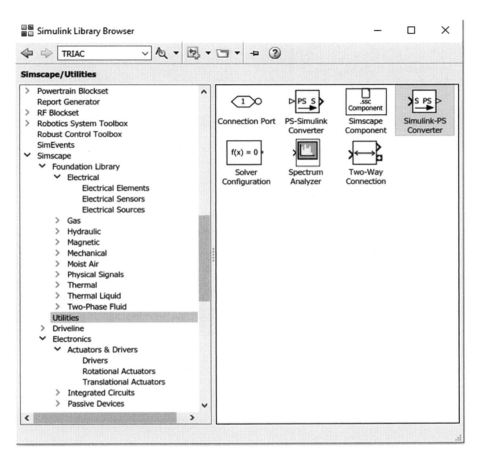

그림 7.9 Simulink-PS converter

17. 각 저항기에 저항과 인덕턴스를 원하는 값으로 설정한다. 해당 모델의 경우 저항은 각 저항에 대해 5Ω로 설정되고 인덕턴스는 1e-6H로 설정된다.

18. **Simscape › Foundation Library › Electrical › Electrical Sensors**로 이동하고 출력 전류 및 출력 전압을 읽고자 모델에 전류 센서 및 전압 센서를 추가한다 (그림 7.26~7.28). 해당 센서들을 Simulink® scopes에 연결한다. 또한 센서의 출력을 **Simscape › Utilities**에 있는 PS-Simulink 컨버터 블록에 연결해 센서를 Simulink® scopes에 연결한다(그림 7.27).

19. **Simscape › Utilities** 및 **Simscape › Foundation Library › Electrical Elements**

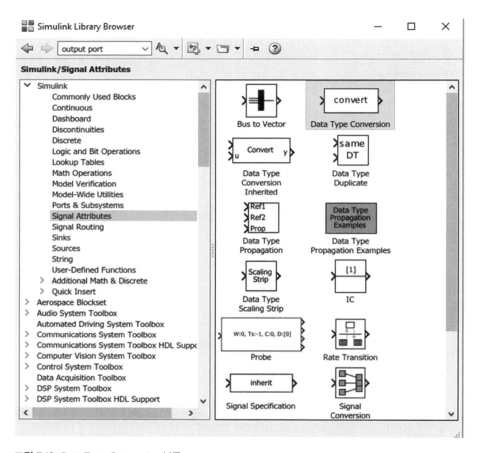

그림 7.10 Data Type Conversion 블록

에서 모델에 Solver 및 Electric Reference 블록을 추가한다(그림 7.29 및 그림 7.30).

20. Solver 블록의 샘플 시간을 2e-6으로 설정한다(그림 7.31).

21. 그림 7.32와 같이 Solver와 Electrical terminator 블록을 연결한다(그림 7.32).

22. 이제 인버터의 IGBT 스위치를 작동시키기 위한 gate pulse 신호를 생성해야 한다. PWM 생성기 서브시스템은 인버터 모델의 각 IGBT 스위치에 대한 gate 신호를 발생하고자 생성된다. 신규 서브시스템을 생성하고 **Simulink › Sources**에 있는 디지털 클록^{clock}을 모델에 추가한다(그림 7.33).

23. 모델에 상수^{constant}, 게인^{gain}, 삼각 함수^{trigonometric function}, 즉 사인^{sine} 및 합계 블록^{sum}

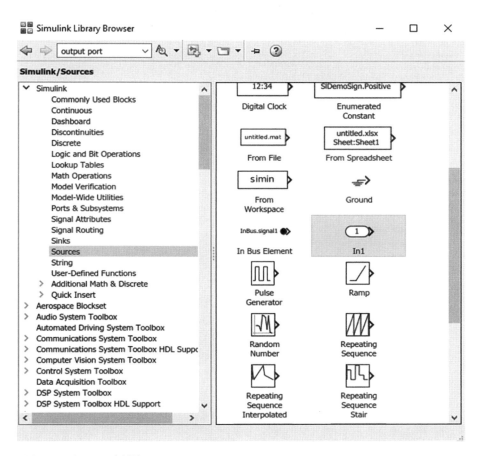

그림 7.11 In1(input port) 블록

^{blocks}을 추가하고 그림 7.34와 같이 값을 입력한다.

24. 인버터의 각 스위치에 대한 gate 신호는 2개의 고주파 삼각파를 사인파 파형 ^{sinusoidal waveform}과 비교하는 PWM 전략을 사용해 생성된다. 해당 전략은 8단계의 출력 전압을 생성한다. 'PWM Generator' 서브시스템은 그림 7.35와 같이 서브 시스템 'Sin wt'에서 출력 포트를 제거하고 모델에 게인, 논리 연산자, 삼각형 블록을 추가해 생성된다.

25. 그림 7.36 및 7.37과 같이 블록 매개 변수 값을 Triangle1 및 Triangle2 블록에 할당한다.

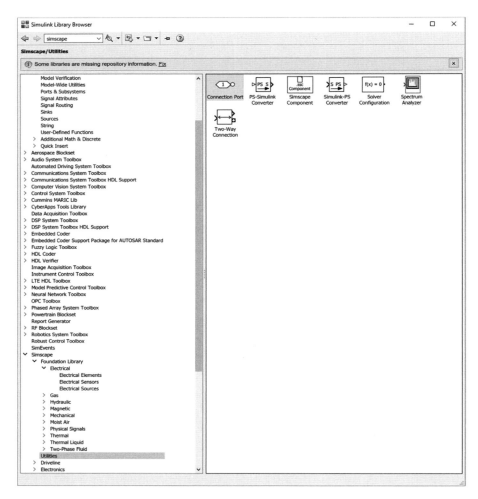

그림 7.12 물리적 모델링 connection port

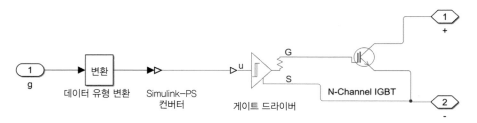

그림 7.13 전체 블록 연결

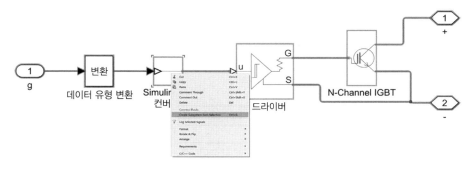

그림 7.14 선택된 블록의 서브시스템 생성

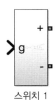

스위치 1

그림 7.15 스위치1의 서브시스템

26. 서브시스템을 생성해 PWM Generator로 명명하고 그림 7.38과 같이 inverter 1 과 2에 대한 gate pulse를 출력한다.

27. Simscape™ 모델 디자인은 준비됐다. 모델을 저장하고 모델 설정 매개 변수 윈도 우model configuration parameters window에서 시뮬레이션 종료 시간을 0.2초로, Solver Type 을 Fixed로, Fixed Step Size를 그림 7.39와 같이 2e-6으로 설정한다. 참고로 **Motor_Drive_System_Inverter_Model** 폴더 아래의 첨부 섹션에서 완전히 시 뮬레이션 가능한 작업 모델을 사용할 수 있다.

28. 시뮬레이션을 실행하고 18단계에서 추가된 출력 전류 및 출력 전압 스코프scope 블록을 확인한다. 3상 전체에 대해 시뮬레이션된 출력 전류와 전압은 각각 그림 7.40과 7.41에서 확인할 수 있다.

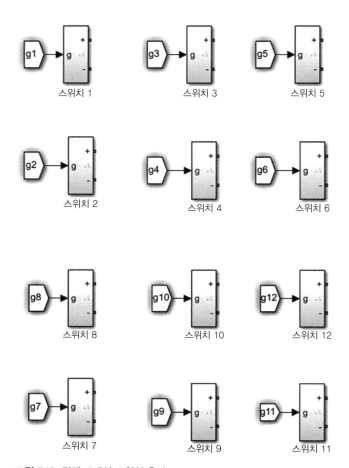

스위치 1   스위치 3   스위치 5

스위치 2   스위치 4   스위치 6

스위치 8   스위치 10   스위치 12

스위치 7   스위치 9   스위치 11

그림 7.16 전체 12개의 스위치 추가

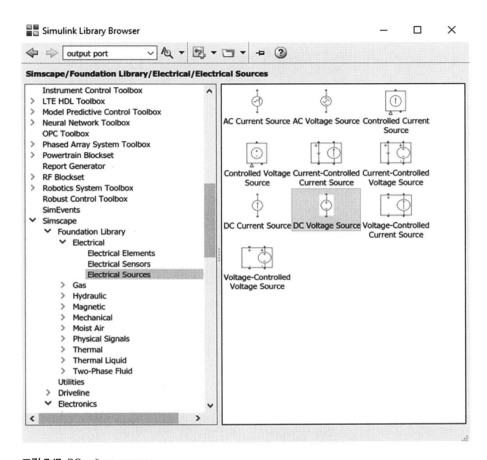

그림 7.17 DC voltage source

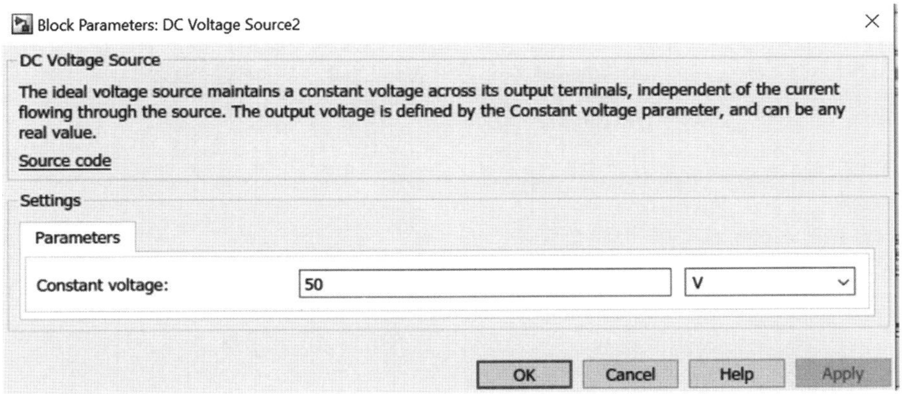

그림 7.18 DC voltage source의 매개 변수 설정

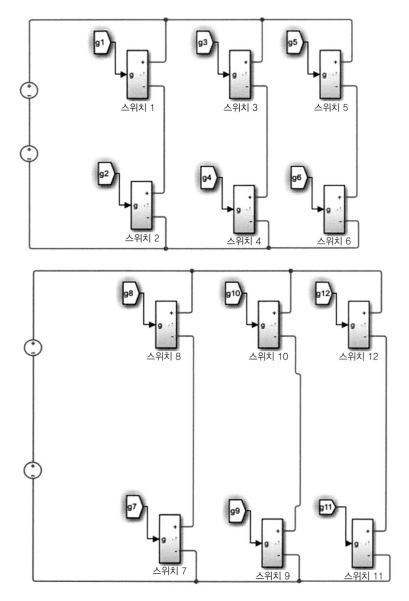

그림 7.19 voltage source 스위치에 연결

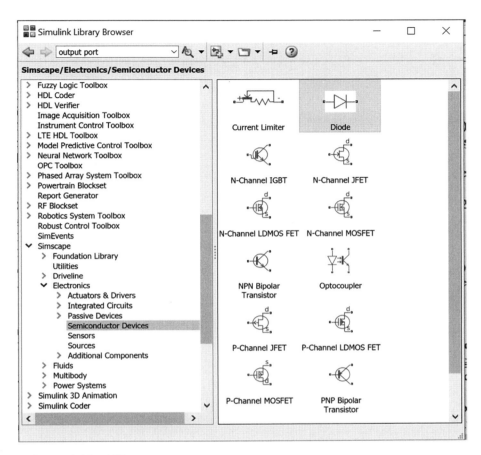

그림 7.20 다이오드 블록

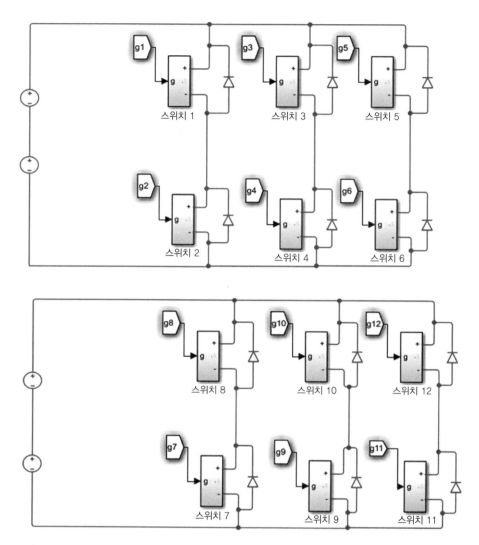

그림 7.21 스위치에 역병렬 다이오드 연결

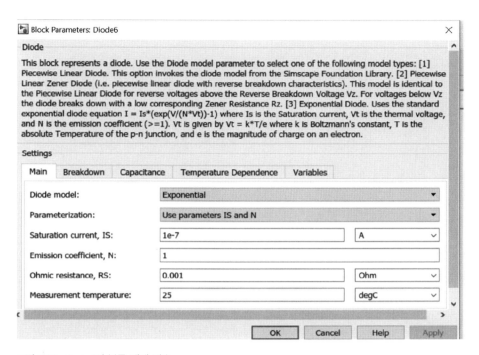

그림 7.22 diode 1의 블록 매개 변수

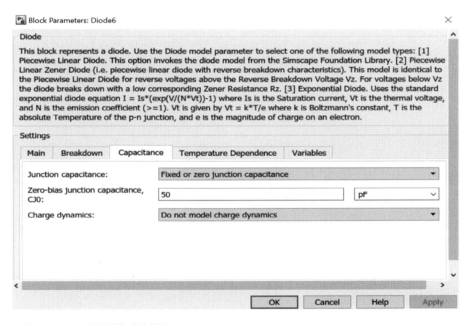

그림 7.23 diode 2의 블록 매개 변수

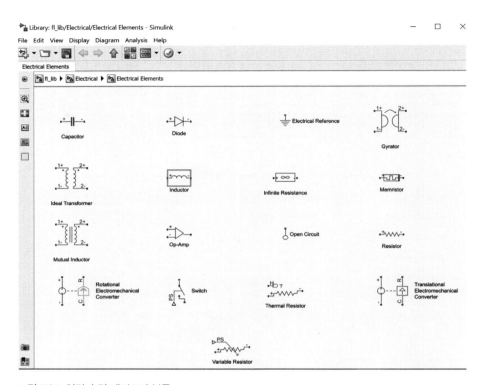

그림 7.24 인덕터 및 레지스터 블록

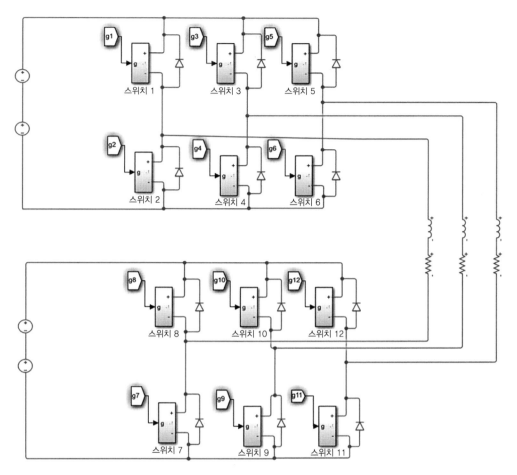

그림 7.25 인버터 모델에 레지스터 및 인덕터 블록 연결

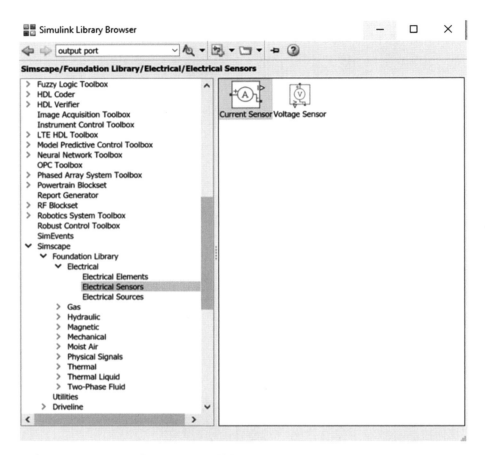

그림 7.26 Current sensor 및 Voltage sensor 블록

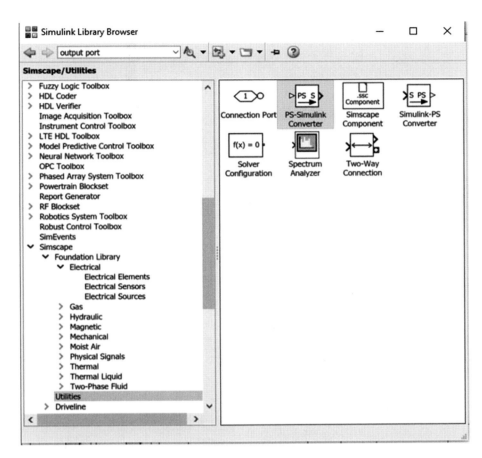

그림 7.27 PS–simulink converter

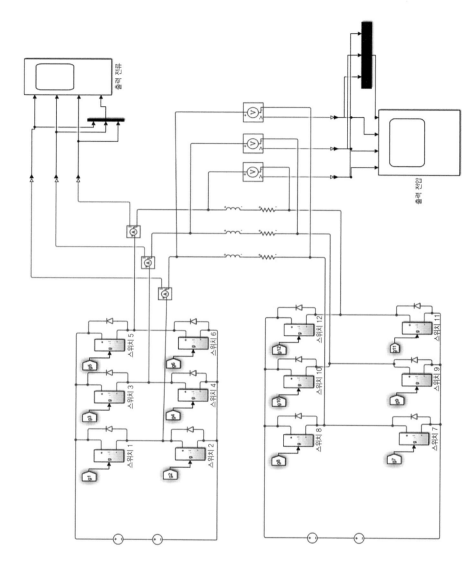

그림 7.28 모델에 전압 및 전류 센서 연결

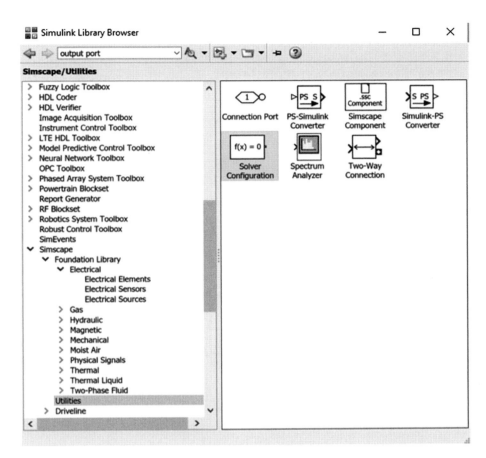

그림 7.29 Solver 블록

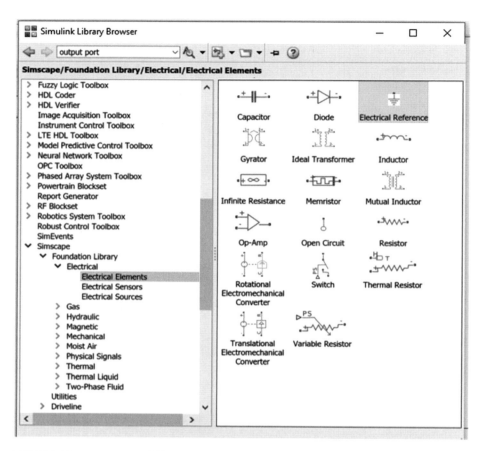

그림 7.30 Electrical reference 블록

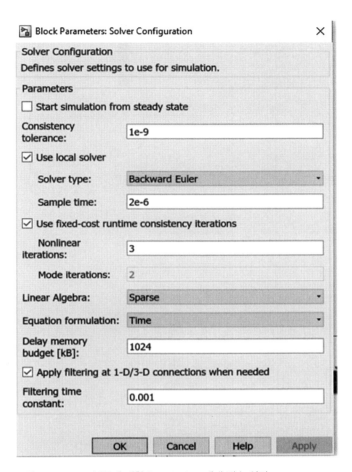

그림 7.31 Solver 블록에 대한 Sample time 매개 변수 설정

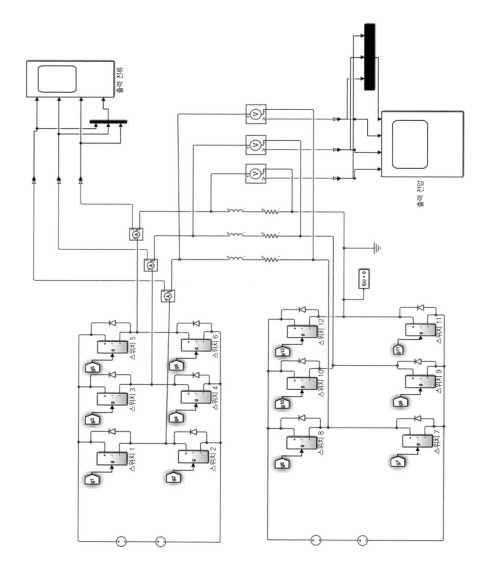

그림 7.32 Solver 및 Electrical terminator 블록 연결

228

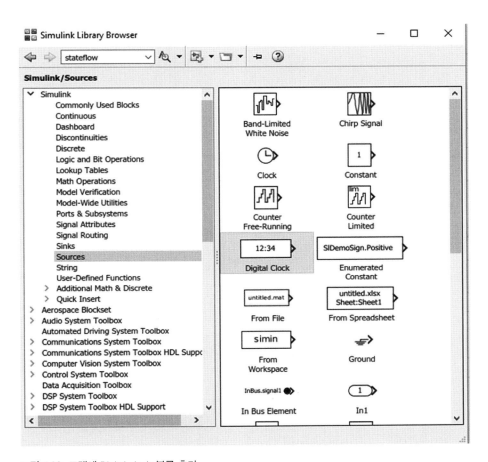

그림 7.33 모델에 Digital clock 블록 추가

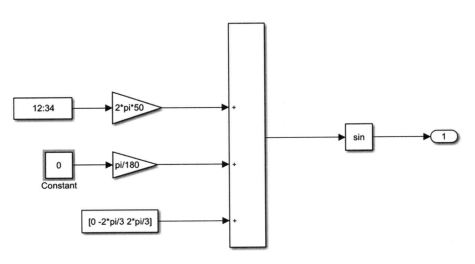

그림 7.34 사인파 신호 생성을 위한 모델

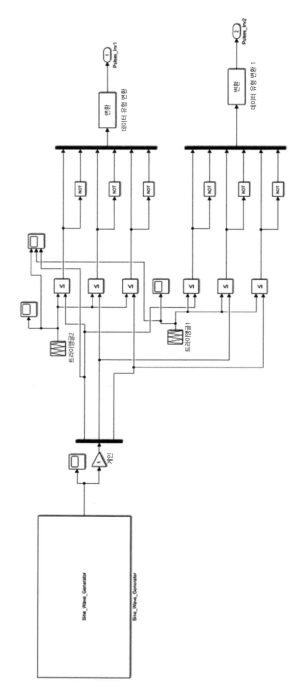

그림 7.35 PWM generator

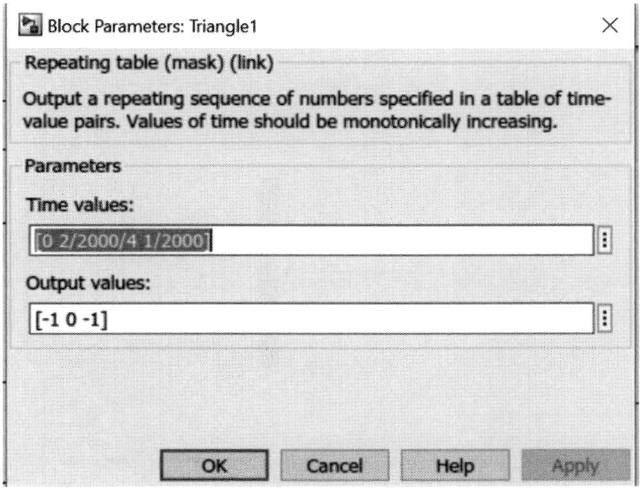

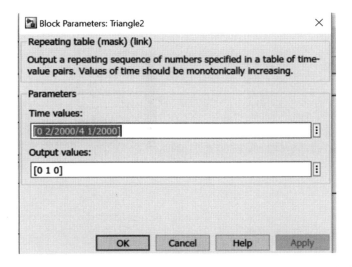

그림 7.36 sequence 블록을 반복하는 Triangle 1 블록의 블록 매개 변수 값 설정

그림 7.37 sequence 블록을 반복하는 Triangle 2 블록의 블록 매개 변수 값 설정

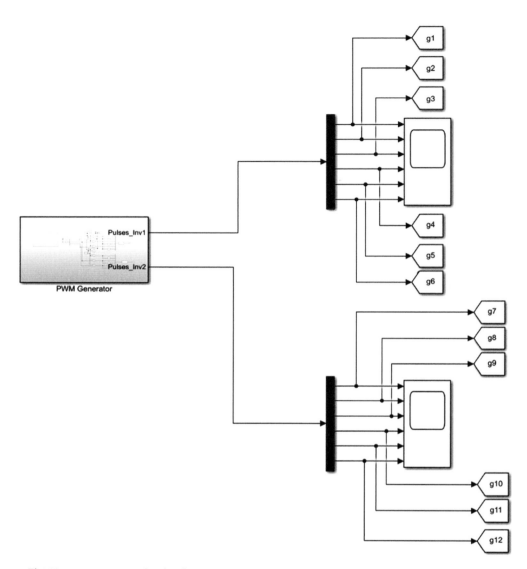

그림 7.38 PWM generator 서브시스템

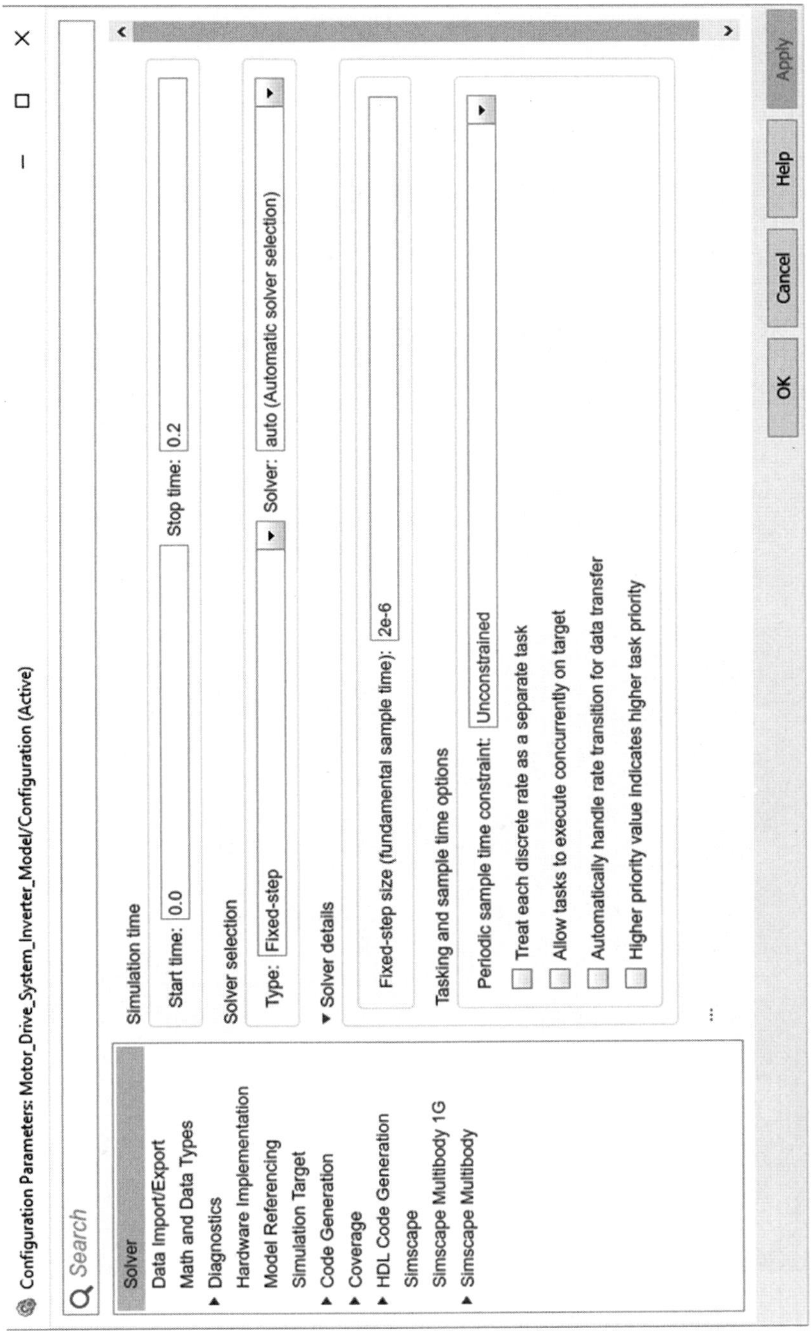

그림 7.39 모델 설정 매개 변수

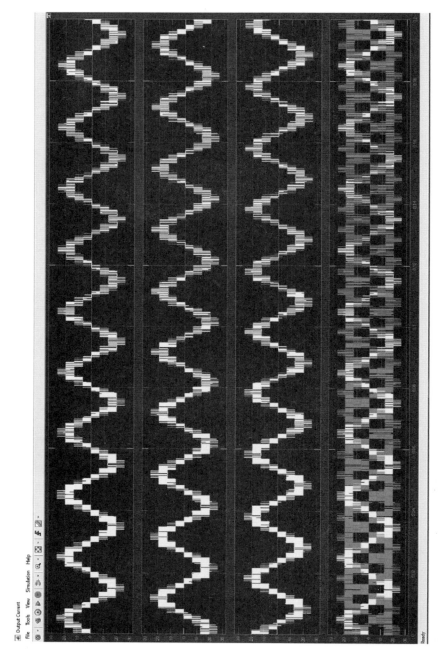

그림 7.40 시뮬레이션을 통한 인버터 출력 전류

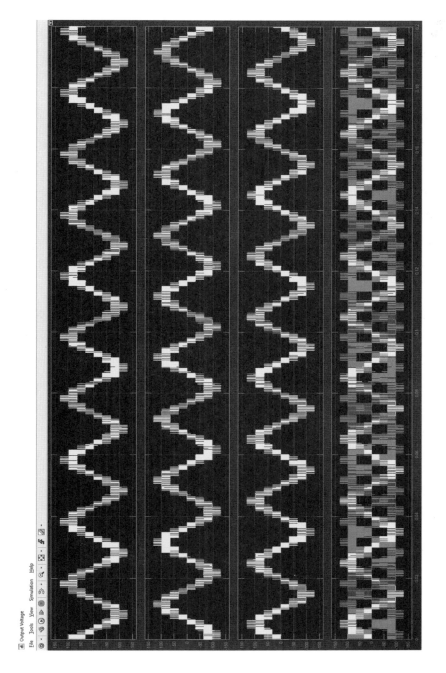

Output Voltage

그림 7.41 시뮬레이션을 통한 인버터 출력 전압

7장 모터 구동 시스템용 인버터 회로의 디지털 트윈 개발 **235**

7.5 결함 주입 및 진단 알고리듬 개발

7.5절에서는 Simulink 모델에서 인버터 회로의 레그^{leg} 중 하나에 개방 회로 고장 상황을 적용하고 먼저 고장이 인버터 기능에 미치는 영향을 분석한다.

1. 이전 테스트에 사용하던 모델을 다른 이름으로 저장한다.

2. 그림 7.42에 하이라이트된 것과 같이 인버터 두 번째 레그의 스위치 10과 스위치 9의 라인을 분리한다. Step 블록, Simulink-PS Converter 블록, Switch 블록을 추가하고 그림 7.42와 같이 연결한다. 그림 7.43과 같이 초기값$^{Initial\ value}$이 1이고 0.06초에 최종값$^{Final\ value}$이 0인 Step 블록을 설정한다. 또한 그림 7.44에 나온 값으로 Switch 블록을 설정한다. 초기에는 Step 블록 출력이 1이기 때문에 스위치가 닫혀 있게 되지만 0.06초에 Step 블록 값이 0이 되면서 스위치가 개방된다. 그리고 IGBT 10 및 IGBT 9의 연결도 개방된다.

3. 해당 장애 조건을 가진 완전히 시뮬레이션 가능한 작업 모델은 첨부된 **Motor_Drive_System_Inverter_Model_with_OC_Fault** 폴더 내부에 포함돼 있다.

4. 시뮬레이션을 실행하고 7.3절의 18단계에서 추가된 출력 전류 및 출력 전압 Scope 블록을 확인한다. 3상 전체에 대해 시뮬레이션된 출력 전류와 전압은 각각 그림 7.45 및 7.46과 같다. t = 0.06초의 개방 회로로 인해 2상$^{second\ phase}$의 전류 및 전압이 크게 영향을 받는다.

7.6 애플리케이션 문제

1. 7장의 앞부분에서 설명한 동일한 Step 블록 및 스위치 블록 전략을 사용해 IGBT 스위치 중 하나의 + 및 − 단자 사이의 단락에 대한 장애 조건을 소개하고 인버터의 출력 전압 및 전류를 확인한 후 무결함 조건과 비교한다.

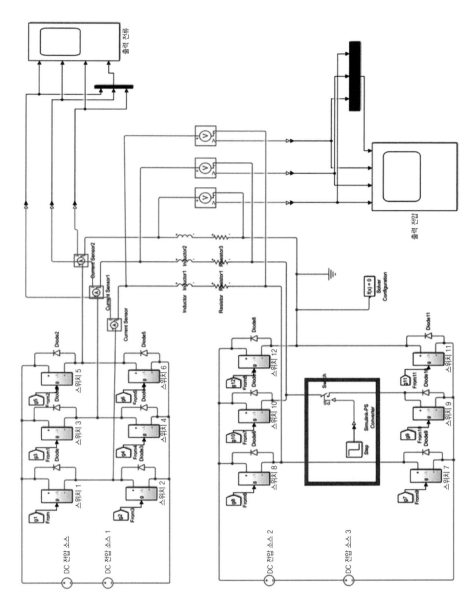

그림 7.42 인버터 개방 회로 장애 적용

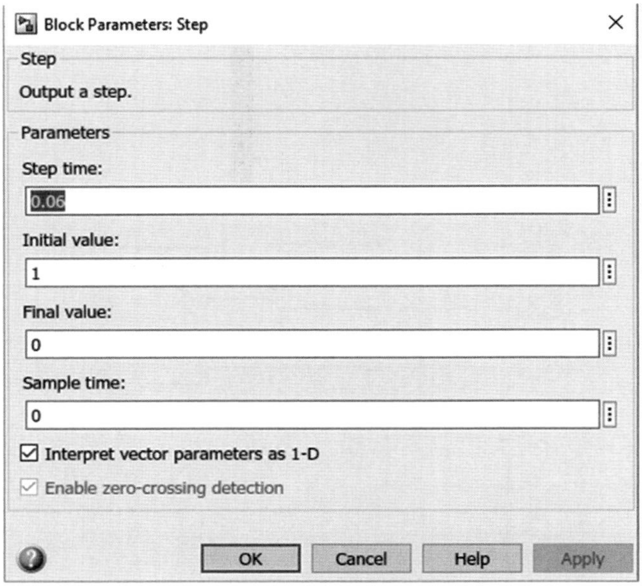

그림 7.43 개방 회로 장애에 대한 step 입력 블록 설정

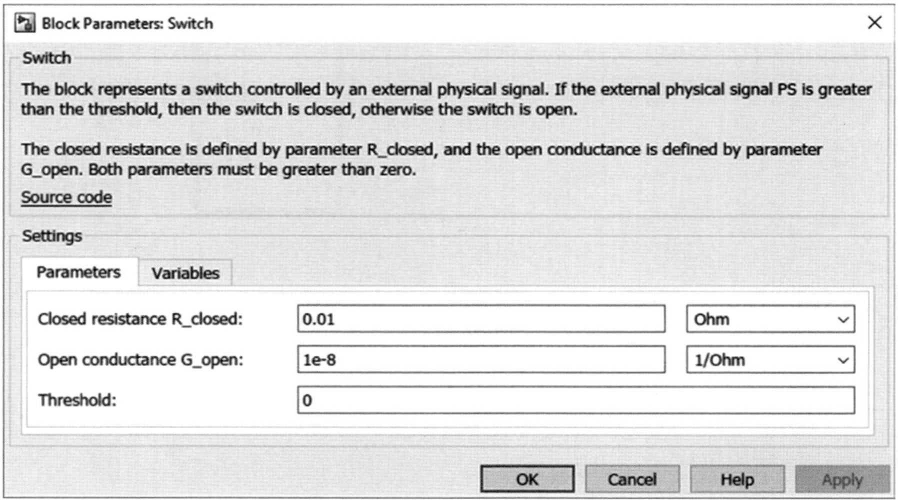

그림 7.44 개방 회로 장애에 대한 스위치 블록 설정

그림 7.45 개방 회로 장애 시뮬레이션을 통한 인버터 출력 전류

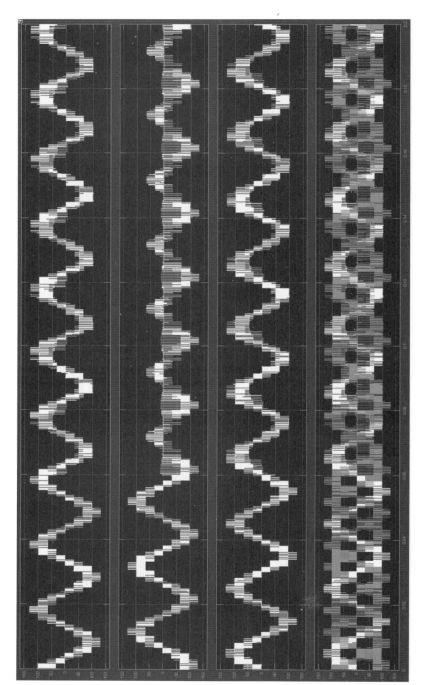

그림 7.46 개방 회로 장애 시뮬레이션을 통한 인버터 출력 전압

참고문헌

[1] E.C. dos Santos, E.R. da Silva, Cascade configuration, in: Advanced Power Electronics Converters: PWM Converters Processing AC Voltage, Wiley, 2014, pp. 125-171, ch. 5, sec.7.

CHAPTER

8

하이브리드 전기차를 위한 디지털 트윈 개발 및 클라우드 개발

8.1 소개

8장에서는 MATLAB®, Simulink®, Simscape™를 사용해 개발된 하이브리드 전기차 HEV, Hybrid Electric Vehicle 모델을 실시간으로 라즈베리 파이Raspberry Pi 하드웨어 보드에 배포하는 과정을 다룬다. 또한 동일한 HEV 모델의 디지털 트윈을 개발해 AWSAmazon Cloud Services에 배포한다. 라즈베리 파이 보드는 HEV 시스템 입력, 출력, 상태를 Amazon Cloud Services로 전송하고 디지털 트윈 모델은 클라우드에서 동시에 실행돼 라즈베리 파이에서 실행되는 모델에 적용된 장애를 탐지하고자 오프보드 진단을 수행한다. 그림 8.1은 8장에서 살펴볼 오프보드 단계를 보여 준다. 먼저 오프보드에서 탐지할 장애 모드 및 장애 조건을 확인한 다음 하이브리드 전기차 시스템의 블록 다이어그램이 표시된다. 그다음 HEV의 MATLAB®-, Simulink®, Simscape™ 기반 모델이 라즈베리 파이 하드웨어에 구축돼 실제 물리적 자산으로 작동한다. 라즈베리 파이의 내장 Wi-Fi 기능을 통해 해당 기기는 라즈베리 파이에서 동작하는 모델의 물리적 자산 상태를 클라우드에 전송하고자 클라우드와 통신하는 에지 기기로서 설정할 수 있다. 동일한 HEV 시스템의 디지털 트윈 모델이 컴파일되고 RMSERoot Mean Square Error 비교 기반 진단 알고리듬 또한 개발해 AWS

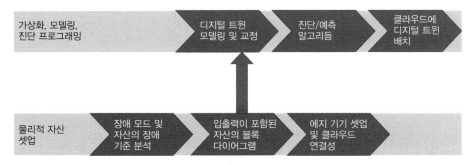

그림 8.1 8장에서 다룰 오프보드 단계

에 배포된다. 따라서 HEV의 Simscape™ 모델이 라즈베리 파이에서 실행됨에 따라 HEV 의 디지털 트윈 또한 라즈베리 파이에서 수집된 동일한 입력을 사용해 AWS에서 실행되 며 디지털 트윈을 통해 실시간 진단 장애 탐지 기능을 보여 준다.

8장에서 사용된 모든 코드는 MATLAB File Exchange에서 무료로 다운로드할 수 있 다. 아래 링크에서 ISBN 또는 이 책의 제목을 검색하면 된다.

https://www.mathworks.com/matlabcentral/fileexchange/.

또한 독자는 전용 웹 사이트에서 자료 및 기타 리소스를 다운로드하거나 저자에게 추 가 문의를 할 수 있다.

https://www.practicalmpc.com/.

8.2 하이브리드 전기차 물리적 자산/하드웨어 셋업

라즈베리 파이 컴퓨터 보드는 하이브리드 전기차의 MATLAB®, Simulink®, Simscape™ 모델을 루프 유형의 가상 하드웨어에서 실시간으로 실행하고자 사용된다.

저자는 HEV 모델이 라즈베리 파이 실시간 하드웨어에서 실행되기 때문에 가상 하드 웨어Virtual Hardware라고 부른다(안전상의 제한으로 인해 가상 하드웨어는 차량의 온보드 컴퓨터와 같은 실제 물리적인 하드웨어/자산이라고 할 수는 없지만 시간과 자원이 허락하면 충분히 가능하다). 대상 하드웨어를 라즈베리 파이로 선택하고 외부 모드External Mode의 호스트 컴퓨터에서 HEV의 Simulink 모델을 실행할 것이다. 호스트 컴퓨터와 라즈베리 파이는 그림 8.2와

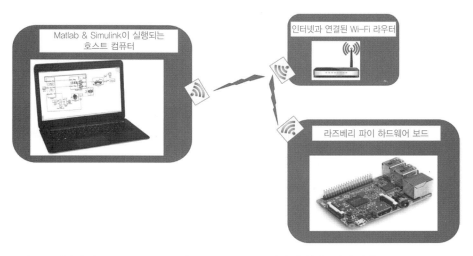

그림 8.2 실시간 외부 모드로 HEV 모델을 작동하기 위한 물리적 자산/하드웨어 셋업

같이 동일한 Wi-Fi 네트워크를 사용해야 한다.

독자들이 이미 MATLAB®이 설치된 호스트 컴퓨터를 보유하고 있는 걸 감안하면 Simulink® 및 Simscape™가 이미 설정돼 있고 Wi-Fi 라우터가 설정돼 연결할 수 있는 상태일 것이다. 8.2절에서는 주로 8장에서 사용되는 라즈베리 파이 하드웨어의 설정 및 설치에 초점을 맞춘다. 저자가 사용한 라즈베리 파이는 라즈베리 파이 3 B+이며 다양한 곳에서 손쉽게 구할 수 있다. 8장의 작업 단계는 Wi-Fi 기능을 지원하는 다른 버전의 라즈베리 파이 보드에도 적용될 수 있다. 책을 저술하는 시점에서 활용할 수 있는 소스 링크는 Ref. [1]에서 확인할 수 있다. 라즈베리 파이 보드를 확보한 후에 라즈베리 파이 하드웨어의 운영체제를 설치 및 셋업하고자 Ref. [2]의 최신 지침을 따른다. 운영체제는 8장에서 테스트되고 검증된 Raspbian OS 설치를 권장한다.

실시간 데이터 수집 및 AWS 클라우드와의 통신을 위해 라즈베리 파이에서 실행될 HEV 모델에는 파이썬을 사용할 것이다. 운영체제 설치 과정에서 라즈베리 파이에 파이썬 설치 여부를 먼저 확인한다. 기본적으로 파이썬 2.7버전이 설치된다. 호스트 컴퓨터에서 Putty 데스크톱 앱(link[3]을 통해 설치할 수 있다)을 사용해 원격 연결을 수립할 수 있다. Putty를 설치한 후에 해당 앱을 실행하고 라즈베리 파이의 IP 주소를 그림 8.3과 같이 입력한다. 라즈베리 파이의 IP주소는 라즈베리 파이 하드웨어에 직접 연결된 키보드와 모

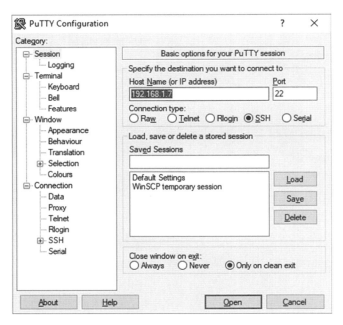

그림 8.3 Putty를 사용해서 라즈베리 파이에 원격으로 연결

니터를 통해 **ifconfig** 명령어를 사용해서 확인할 수 있다. 그림 8.4와 같이 라즈베리 파이의 로그인 정보를 입력하고자 신규 윈도우가 팝업된다. 라즈베리 파이의 운영체제를 설치할 때 사용했던 로그인 정보를 입력한다.

라즈베리 파이에 원격으로 연결한 후에 Putty 커맨드 라인에서 파이썬 소프트웨어와 파이썬 패키지 인스톨러의 설치 여부를 확인하고자 *python --version* 또는 *pip --version* 명령어를 입력한다. 파이썬이 설치된 경우 그림 8.5와 같이 버전을 확인할 수 있다.

그다음 Mosquitto MQTT 통신 프로토콜 브로커와 클라이언트를 라즈베리 파이에 설치한다. MQTT는 저비용 및 저전력 임베디드 시스템을 위해 설계된 경량 메시징 프로토콜lightweight messaging protocol이다. 프로토콜과 브로커는 기본적으로 모든 메시지를 수신하고 필터링하고 관심 있는 사람을 결정하고 등록된 모든 클라이언트에게 메시지를 표시한다. 예시에서는 라즈베리 파이에서 실행되는 Simscape™가 실시간 입력, 상태, HEV 시스템의 출력을 포함하는 MQTT 메시지를 MQTT 브로커에게 전달한다. 그다음 브로커는 해당 브로커를 구독한 파이썬 프로그램에 메시지를 전달한다. 파이썬 프로그램은 메시지를

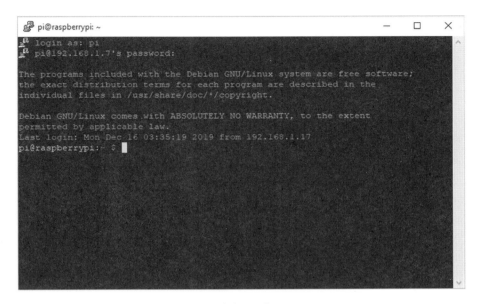

그림 8.4 로그인 정보를 사용해서 라즈베리 파이에 로그인

그림 8.5 파이썬 및 PIP 버전 확인

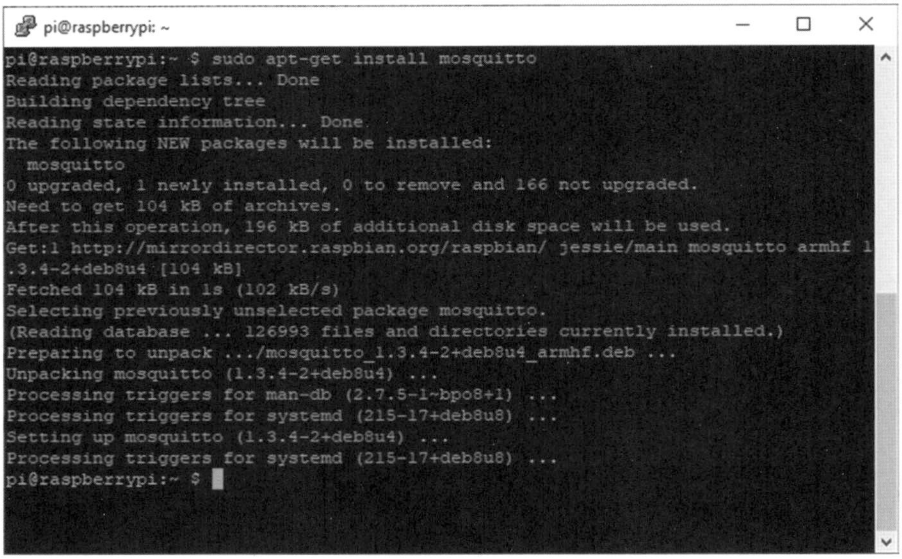

그림 8.6 Mosquitto MQTT 브로커 설치

버퍼링하고 데이터를 다시 포맷한 후 AWS 클라우드에 전송한다. MQTT 브로커를 설치하고자 그림 8.6과 같이 Putty 커맨드 라인에 ***sudo apt-get install mosquitto*** 명령어를 입력한다. 그다음 ***sudo apt-get install mosquito-clients*** 명령어를 입력해 Mosquitto 클라이언트를 설치한다(그림 8.7 참고). 또한 Paho-MQTT라고 하는 파이썬 MQTT 라이브러리를 설치해야 한다. 해당 라이브러리는 파이썬 프로그램이 MQTT 브로커에 연결하고 메시지를 수신 및 발신할 수 있다. 그림 8.8과 같이 ***sudo pip install paho-mqtt*** 명령을 사용해 Paho-MQTT를 설치한다. Paho-MQTT는 파이썬 라이브러리이기 때문에 pip 명령어를 사용한다.

8.3 하이브리드 전기차 시스템의 블록 다이어그램

그림 8.9는 하이브리드 전기차 시스템의 입력/출력 및 상태에 대한 블록 다이어그램을 보여 준다. 시스템에 대한 입력은 차량의 목표 속도이며, 차량 컨트롤러는 목표 속도에 따라 작동하며 HEV 시스템의 전기 모터, 제너레이터, 엔진을 목표 차량 속도에 맞게 수

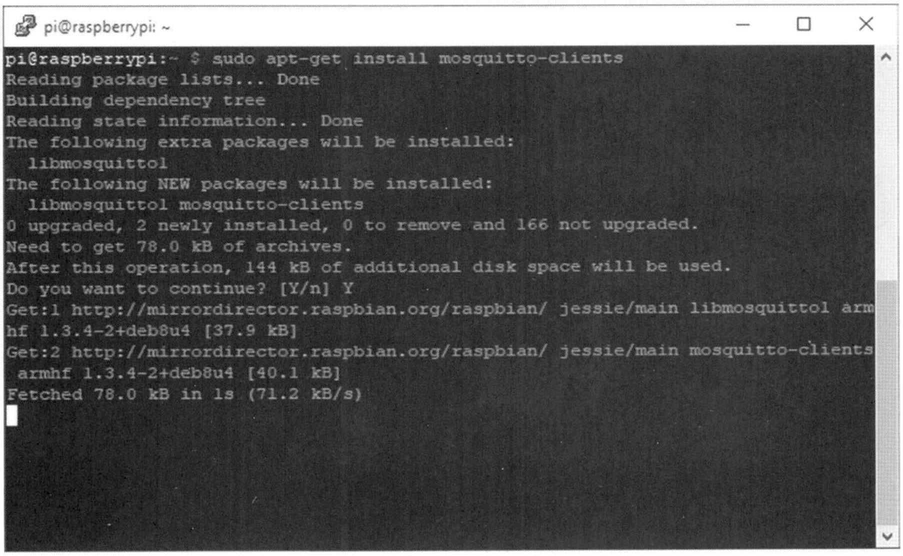

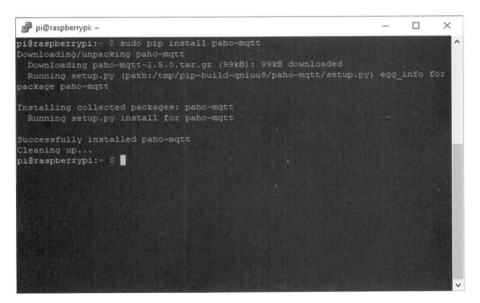

그림 8.7 Mosquitto MQTT 클라이언트 설치

그림 8.8 Pah0-MQTT 파이썬 클라이언트 설치

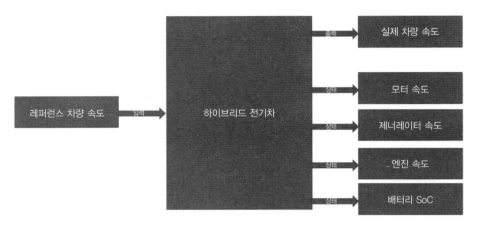

그림 8.9 하이브리드 전기차 시스템의 블록 다이어그램

행한다. 따라서 시스템의 출력은 실제 차량의 속도다. 또한 오프보드 모니터링을 위해 모터 속도, 제너레이터 속도, 엔진 속도, 배터리 SoC 등과 같은 시스템 상태를 출력한다.

8.4 장애 모드 및 하이브리드 전기차 시스템의 진단 개념

그림 8.10은 8장에서 설명하는 오프보드 디지털 트윈 진단 프로세스의 블록 다이어그램을 보여 준다. 입력된 차량 속도 레퍼런스는 라즈베리 파이에서 실행되는 HEV 모델에 제공되며 하드웨어의 실제 상태 및 시스템 출력과 함께 클라우드로 전송된다. AWS 클라우드에서는 동일한 HEV 시스템의 디지털 트윈 모델이 동일한 입력으로 실행되며 디지털 트윈 모델의 상태와 출력을 하드웨어에서 수집한 실제 데이터와 비교한다. 실제 상태와 디지털 트윈 출력 및 상태를 비교하고자 RMSE 기반 진단 탐지 및 의사 결정 방법이 개발됐다. 8장에서는 HEV 시스템의 내연기관 스로틀Throttle 장애를 탐지하는 예시를 포함한다. 시스템의 다른 구성 요소의 장애도 탐지하고자 유사한 접근 방식을 사용할 수 있다. 스로틀 장애는 주어진 차량 속도 레퍼런스를 0으로 지정하고자 HEV 컨트롤러가 내부적으로 제어하는 스로틀을 재정의해 라즈베리 파이에서 실행 중인 모델에 적용된다. 라즈베리 파이에서 실행되는 모델의 스로틀이 0이기 때문에 HEV 시스템은 다르게 작동하며 차량 속도 레퍼런스만 입력되고 다른 장애 조건이 없는 디지털 트윈 모델의 상태 및 출력과 비교할 때 해당 시스템의 상태 및 출력도 달라진다. 실제 데이터와 디지털

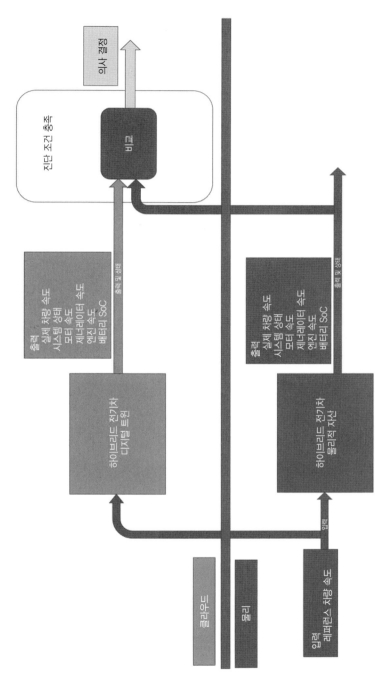

그림 8.10 하이브리드 전기차 시스템의 온보드 진단 프로세스

트윈 데이터 간의 출력 및 상태 차이가 식별되고 RMSE가 임계값보다 크면 장애 조건이 표시되고 사용자는 텍스트 또는 이메일 알림을 통해 클라우드로부터 직접 알림을 수신한다. 라즈베리 파이에서 실행되는 모델의 스로틀이 0이기 때문에 HEV 시스템은 다르게 작동하며 차량 속도 레퍼런스만 입력되고 다른 장애 조건이 없는 디지털 트윈 모델의 상태 및 출력과 비교할 때 해당 시스템의 상태 및 출력도 달라진다. 실제 데이터와 디지털 트윈 데이터 간의 출력 및 상태 차이가 식별되고 RMSE가 임계값보다 크면 장애 조건이 표시되고 사용자는 텍스트 또는 이메일 알림을 통해 클라우드로부터 직접 알림을 수신한다.

8.5 하이브리드 전기차 시스템의 Simscape™ 모델

하이브리드 전기차 시스템은 엔진, 변속기, 파워트레인 등의 기계식 시스템, 엔진 내연 레시피의 화학적 역학, 배터리 시스템 및 제너레이터, 모터 등의 전기 시스템을 포함하는 종합적인 다중물리학 시스템$^{multi\ physics\ system}$이다. 저자의 자동차 산업 경험을 바탕으로 모델이 사용되고 있는 특정 용도에 따라 다양한 수준의 충실도 모델$^{fidelity\ model}$이 업계에서 활용된다. 해당 모델은 각 구성 요소에 대한 간단한 맵 기반 모델, 모든 구성 요소에 대한 완전한 물리 기반 모델 또는 일부 구성 요소가 맵과 더 높은 충실도의 물리 기반 모델링을 사용해 모델링될 수 있다. 그러나 문제는 항상 실제 물리적 시스템/자산 데이터로 모델 성능을 검증하고 고려 중인 애플리케이션에 대한 모델의 유용성을 입증하는 것이다. HEV 시스템의 복잡성과 기타 다양한 HEV 시스템 조합 및 변형을 고려할 때 8장의 핵심은 실제로 모델을 개발하고 검증하는 단계별 프로세스를 수행하는 대신 저자는 MATLAB Central File Exchange 포털에서 쉽게 사용할 수 있는 검증된 HEV 모델을 사용하고 모델을 라즈베리 파이 하드웨어에 배포하며, 동일한 모델에서 디지털 트윈을 AWS 클라우드에 개발 및 배포하고, 실시간 오프보드를 수행하는 것에 보다 더 초점을 맞춘다.

8장에서는 MATLAB Central 링크[4]에 업로드된 HEV 모델을 사용한다. 해당 모델은 직병렬$^{Series-Parallel}$ 하이브리드 전기차 시스템 모델로, 차량 구동계는 단독으로 작동하는 내연 기관, 단독으로 작동하는 전기 모델 또는 함께 작동하는 내연 기관과 모터 시스

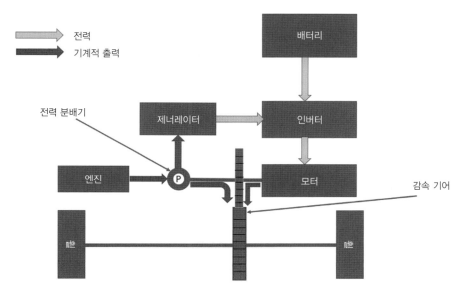

전력

기계적 출력

전력 분배기

배터리

제너레이터

인버터

엔진

P

모터

감속 기어

그림 8.11 직병렬 하이브리드 전기차 구성[5]

템에 의해 구동될 수 있다. 최적의 작동 영역에서 엔진을 작동해 전력 분배power split를 최적화하는 감독 전력 분할 컨트롤러supervisory power split controller가 있다. 다양한 하이브리드 전기 구성에 대한 자세한 내용은 Ref. [5]에서 확인할 수 있다. 그림 8.11은 직병렬 하이브리드 전기차의 상위 레벨 블록 다이어그램과 전원 및 연결 흐름을 보여 준다.

기본적으로 MATLAB Central HEV 모델은 연속 시간 단계 솔버continuous time-step solver로 실행되도록 구성돼 있지만 라즈베리 파이 하드웨어에서 실행하려면 고정 단계 이산 시간 솔버fixed-step discrete time solver로 실행해야 한다. 따라서 저자는 고정 단계 크기가 0.1초인 이산 시간 솔버를 사용하고자 MATLAB Central에서 다운로드한 모델을 필요에 따라 수정했다. 그림 8.12는 HEV Simscape™ 모델의 최상위 Simulink 다이어그램을 보여 준다. 해당 모델의 다양한 시스템 및 구성 요소에 대한 설명이 추가로 제공되며 앞에서 언급했듯이 저자가 모델을 실제로 개발하지 않았기 때문에 주로 MATLAB Central에서 다운로드한 모델을 설명하고 해당 목적에 대해 알아본다.

HEV 모델은 주로 다음과 같은 요소로 구성된다.

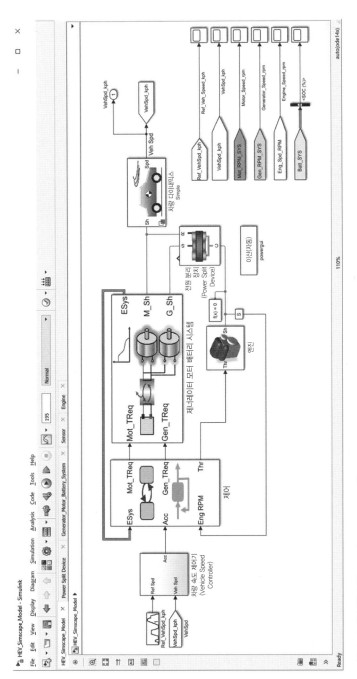

그림 8.12 최상위 수준 HEV Simscape™ 모델

1. 차량 속도 컨트롤러 모듈

HEV 시스템에 대한 시간 기반 목표 차량 속도^{time-based target vehicle speed}는 그림 8.13에 표시된 것처럼 몇 가지 차량 속도 프로파일 집합에서 선택하고 From Workspace 블록을 사용해 제공된다. 또한 목표 차량 속도 및 실제 차량 속도는 차량을 감속하기 위한 가속 명령 또는 브레이크 요청을 도출하고자 고수준^{High-Level} PI^{Proportional Integral} 컨트롤러에 제공된다. 실제 차량 속도가 기준 속도보다 작을 경우 고수준의 컨트롤러는 더 많은 가속을 요청하며, 해당 가속 요청은 모터, 엔진 또는 두 곳 모두 필요한 토크를 생성하는 저수준의 감독 컨트롤러^{low-level supervisory controller}가 될 것이다. 그러나 실제 차량 속도가 기준 속도보다 높을 경우 컨트롤러는 브레이크 페달 신호를 통해 감속을 요청하며 해당 신호는 차량 동력학 시스템^{vehicle dynamics system}에 직접 적용돼 차량을 감속하는 브레이크 토크로 변환된다.

2. 감독 전력 분할 컨트롤러 모듈

해당 모듈 또는 서브시스템은 고수준 차량 속도 컨트롤러의 가속 요청을 관련된 모터 명령어, 제너레이터 명령어, 엔진 스로틀 명령어 요청으로 변환하며, 해당 구성 요소를 최적의 영역에서 구동하고 필요한 가속도를 충족하고자 해당 구성 요소에서 토크를 생성한다. 그림 8.15 및 8.16과 같이 해당 서브시스템에는 현재 작동 조건, 시스템 상태, 가속 요구 사항을 기반으로 모터/제너레이터/엔진에서 작동할 장치와 각 장치에서 필요한 전력을 결정하는 모든 선택 로직이 포함돼 있다. 또한 선택한 모드에 따라 4개의 저수준 컨트롤러가 모터, 제너레이터, 엔진의 토크 요구 사항을 제어하고 배터리의 충전 수준을 유지하는 데 사용된다.

3. 제너레이터, 모터, DC-DC 컨버터, 배터리 시스템

해당 서브시스템에는 모터, 제너레이터, DC-DC 변환기, 배터리 시스템 모델 또는 이른바 플랜트 모델^{plant model}이 포함된다. 해당 전체 서브시스템은 Simscape^{TM} 도구 상자의 다양한 블록 집합을 사용해 모델링된다. 모터 및 제너레이터 서브시스템은 각 컨트롤러의 토크 요청을 받아 필요한 토크를 생성하는 회전 운동으로 응답한다. DC-DC 컨버터는 전기 에너지를 저장하고자 배터리를 충전한다.

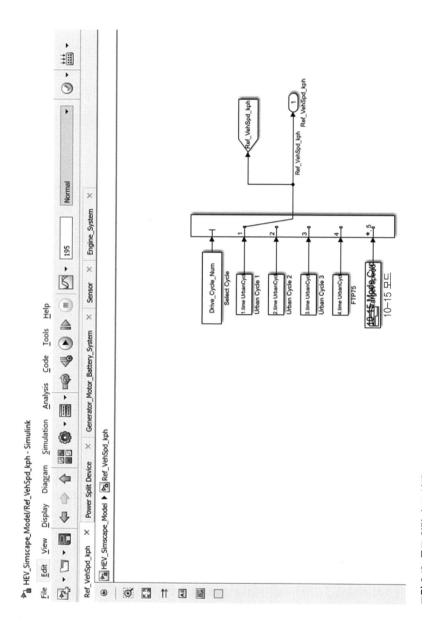

그림 8.13 목표 차량 속도 선택

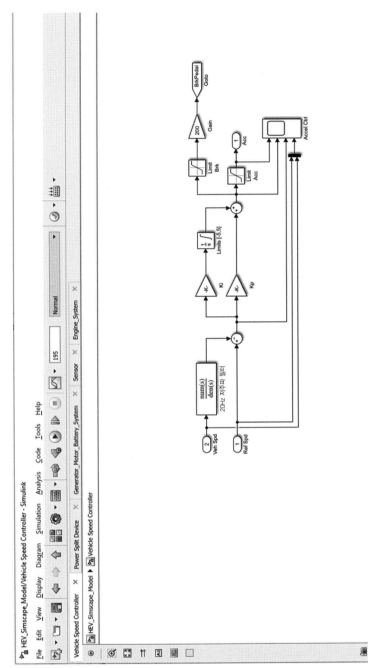

그림 8.14 HEV의 가속 및 브레이크를 제어하는 PI(Proportional integral) 컨트롤러

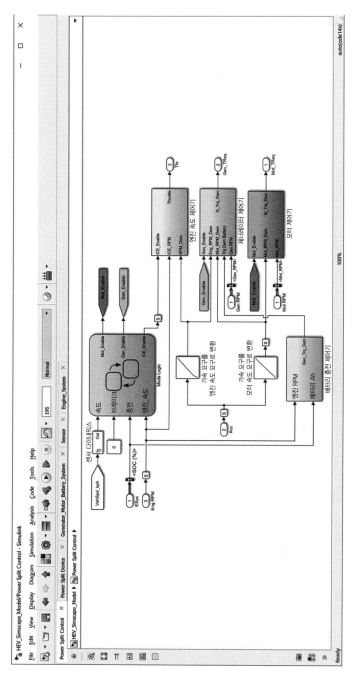

그림 8.15 감독 전략 분할 컨트롤러 모듈

258

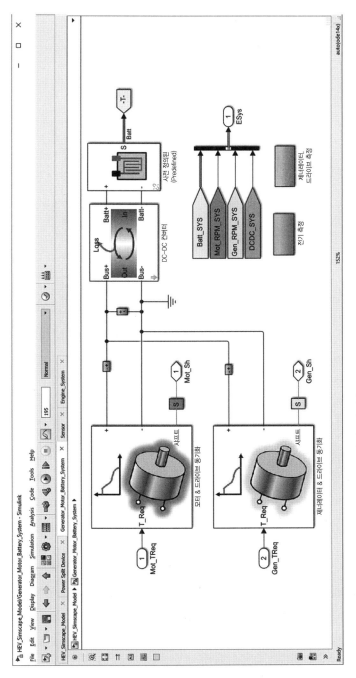

그림 8.16 제너레이터, 모터, DC-DC 컨버터, 배터리 시스템 설비

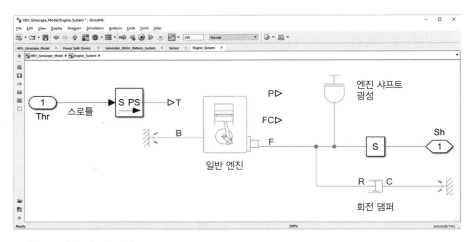

그림 8.17 엔진 시스템 설비

4. 엔진 시스템

엔진 시스템 또는 엔진 플랜트 모델은 엔진 컨트롤러에서 스로틀 명령을 받아 이를 회전 운동으로 변환해 필요한 토크를 생성한다. Simscape™ 블록을 사용해 구현된 엔진 시스템 플랜트 모델은 그림 8.17과 같다.

5. 전력 분할 시스템

전력 분할 장치는 연소 엔진, 제너레이터, 전기 모터를 차량 드라이브 라인 시스템과 함께 연결한다. 전원 분할 장치 HEV 시스템의 필수적인 부분이며 유성 기어 시스템planetary gear system을 통해 다양한 동력원에서 동력을 라우팅할 수 있다. 그림 8.18은 Simscape™ 블록을 사용해 구현된 HEV 모델의 유성 기어 시스템 로직을 보여 준다.

6. 차량 동력학 시스템

차량 동력학 서브시스템은 아래와 같은 종방향 차량 동력학 방정식longitudinal vehicle dynamics equation을 구현한다. F_{wheel}은 차량을 추진시키는 견인력tractive force이고, F_{brake}는 브레이크 페달을 밟을 때 발생하는 제동력이다. BrkPedal 신호는 고수준의 차량 속도 컨트롤러 하위 시스템에서 발생하며 차량 속도 컨트롤러가 차량을 감속하는 경우 0보다 큰 값이다. F_{drag}, $F_{gravity}$, $F_{rolling}$은 각각 차량에 작용하는 공기 저항aerodynamic drag, 중력gravity, 주행

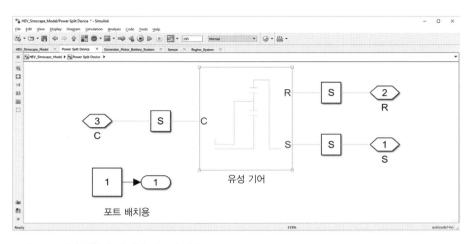

그림 8.18 전력 분할 유성 기어 시스템 설비

저항rolling resistance으로 인한 힘이다.

브레이크, 공기 저항, 중력, 주행 저항은 견인력과 반대되는 개념이며 따라서 힘 균형 방정식force balance equation에서 제외된다. m_{eqv}는 차량의 등가 중량으로, 고정 중량이 아니며 주로 기어비gear ratio에 따라 변한다. $\dot{v}$는 차량 가속도다. 그림 8.19는 Simscape™ 및 Simulink 블록을 사용한 차량 동역학 서브시스템 구현을 보여 준다.

$$m_{eqv} * \dot{v} = F_{wheel} - F_{brake} - F_{drag} - F_{gravity} - F_{rolling}$$

7. 데이터 모니터링 및 로깅

시스템의 모든 입력, 출력, 관심 상태는 그림 8.20과 같이 Simulink의 스코프 블록을 사용해 로깅 및 모니터링된다.

HEV_Simscape_Model.slx 파일을 열고 8장의 첨부된 폴더 **Code_Files\Discrete_Time_HEV_Model**에서 시뮬레이션을 실행한다. 모델을 열면 필요한 모든 경로가 MATLAB 경로에 추가되고 시뮬레이션이 완료된 후 그림 8.21과 같이 기준 및 실제 차량 속도, 모터, 제너레이터, 엔진 속도, 배터리 SoC 등 모든 주요 신호가 HEV 시스템에 표시된다. 그림에서 엔진, 모터, 제너레이터가 함께 작동해 차량 속도 참고에 필요한 동력을 충족하는 것을 알 수 있다. 차량 속도 추적 기능이 상당히 우수하며 가속 이벤트 중

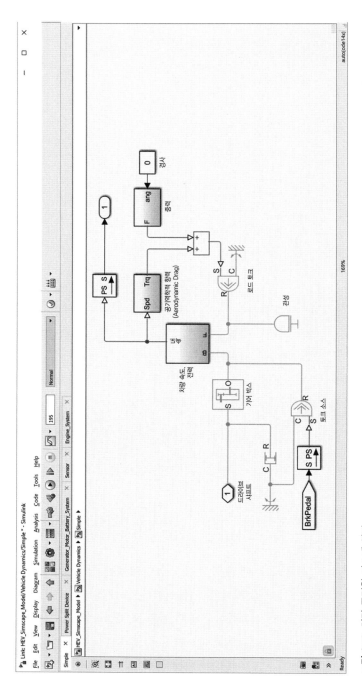

그림 8.19 차량 동력학 시스템 설비

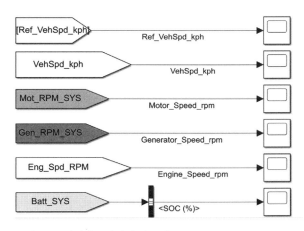

그림 8.20 데이터 모니터링 및 로깅

에는 배터리 충전량이 약간 감소하지만 정상 상태 및 감속 이벤트 중에는 컨트롤러가 배터리를 다시 충전한다.

이어서 라즈베리 파이 하드웨어에서 HEV Simscape™를 실행할 준비를 한다. MATLAB® 및 7장에 이미 설치돼 사용된 도구 상자 외에도 Simulink 제어 논리를 개발 및 배포하기 위한 라즈베리 파이용 하드웨어 지원 패키지를 설치해야 한다. Mathworks®는 라즈베리 파이 하드웨어용 Simulink® 지원 패키지와 함께 Simulink 블록을 사용해 알고리듬을 개발, 시뮬레이션, 프로그래밍하고 센서와 구동 장치를 구성하고 액세스하기 위한 하드웨어 지원 패키지를 제공한다. 알고리듬이 하드웨어 보드에서 실시간으로 실행되기 때문에 MATLAB® 및 Simulink® 외부 모드 대화형 시뮬레이션을 사용해 매개 변수 튜닝, 신호 모니터링, 로깅을 수행할 수 있다.

다음 단계에 따라 라즈베리 파이 하드웨어용 Simulink 지원 패키지를 설치한다.

1. MATLAB® 윈도우에서 **Home › Add-Ons › Get Hardware Support Packages**로 이동한다. 그림 8.22는 Add-On ExplorerGUI를 보여 준다.

2. 그림 8.23에 하이라이트된 라즈베리 파이 하드웨어용 Simulink® 지원 패키지 옵션을 클릭하면 그림 8.24와 같이 설치 버튼이 포함된 윈도우가 있다. 해당 버튼을 클릭한다. 지원 패키지를 설치하는 경우 사용자는 그림 8.25에 표시된 옵션을 사용해 MathWorks 계정에 로그온해야 한다. 계정을 사용해 로그온하거나 계정이

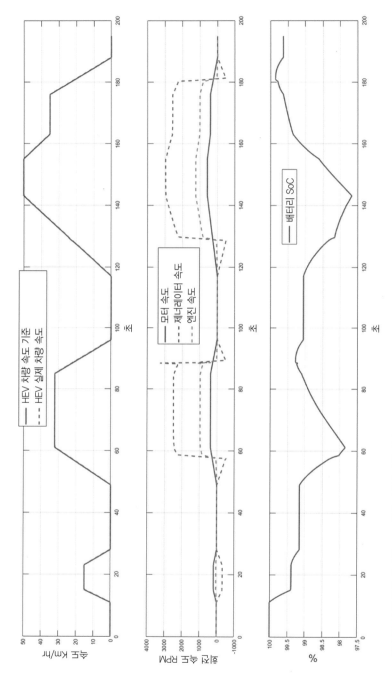

그림 8.21 도시 주행에 대한 HEV 차량 시뮬레이션 결과

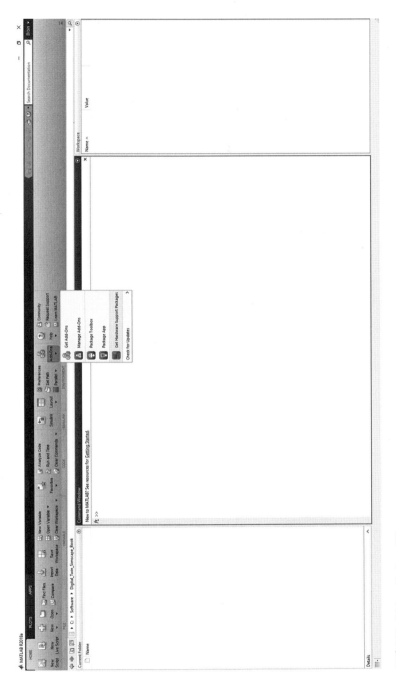

그림 8.22 Add-on Explorer GUI

그림 8.23 라즈베리 파이 하드웨어용 Simulink 지원 패키지

266

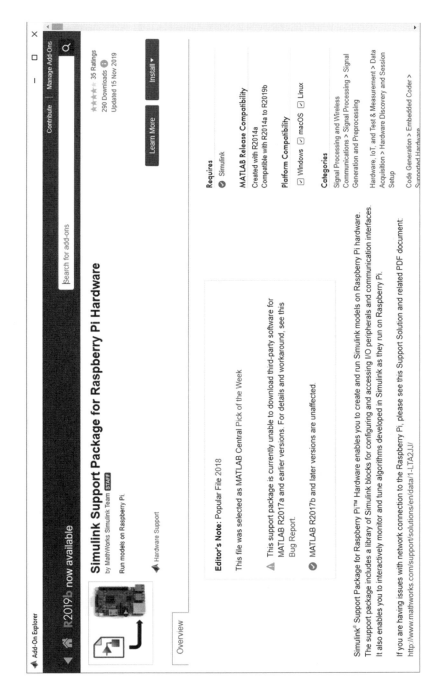

그림 8.24 Add-On Explorer 설치 버튼

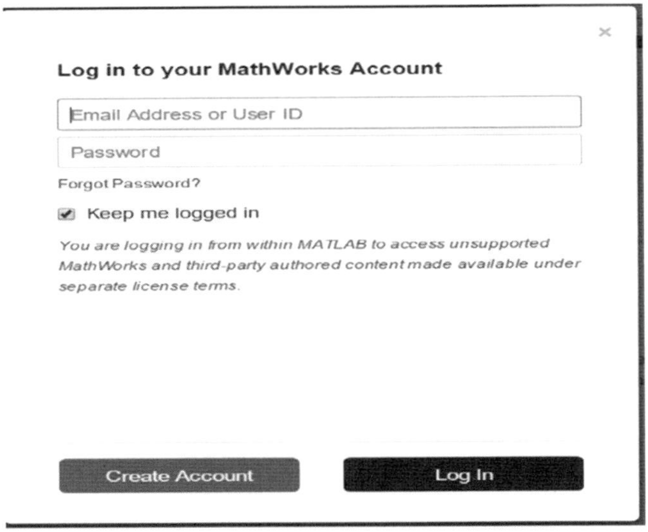

그림 8.25 MathWorks 계정 로그인

없는 경우에는 신규 계정을 생성한다.

3. 설치가 완료될 때까지 기다린다. 설치 진행 윈도우는 그림 8.26에서 확인할 수 있다. 설치가 완료되면 그림 8.27 및 8.28과 같이 Add on Explorer에 라즈베리 파이 하드웨어용 Simulink 지원 패키지가 설치 결과를 표시한다.

다음으로 HEV 모델을 라즈베리 파이 하드웨어에서 HEV 모델을 실행하는 데 필요한 사항을 수정한다. MATLAB 및 Simulink를 실행하는 호스트 컴퓨터는 Wi-Fi 프로토콜을 사용해 라즈베리 파이 하드웨어와 통신한다. Putty 데스크톱 앱을 사용해 라즈베리 파이에 연결하려면 IP 주소가 필요하다. 해당 IP 주소는 Simulink 모델을 파이 하드웨어에 연결하고 다운로드하는 데 사용한다. 8장의 첨부 폴더 **Code_Files\HEV_Model_for_Raspberry_Pi**에서 **HEV_Simscape_Model.slx** 모델을 실행한다. 해당 모델은 호스트 컴퓨터에서 데스크톱 시뮬레이션을 실행하고자 이전에 사용했던 것과 거의 동일한 모델이지만, 라즈베리 파이 보드에 하드웨어 구현 옵션 설정, 하드웨어 등에서 대화형 시뮬레이션을 실행하고자 시뮬레이션 모드를 외부External로 설정되는 것 같이, 라즈베리 파이에서 모델을 실행하고자 몇몇 설정이 변경된다. 또한 해당 모델이 파이 하드웨어가 정상적으로 작동하는지 확인하고자 간단한 LED 블링크 로직blink logic을 모델에 추가한다. 모델

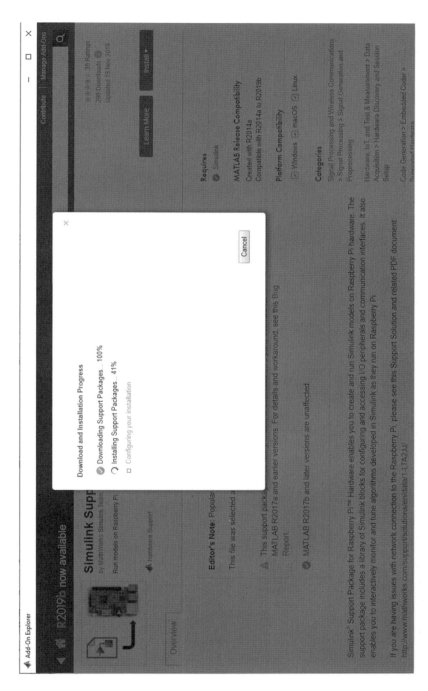

그림 8.26 지원 패키지 설치 진행

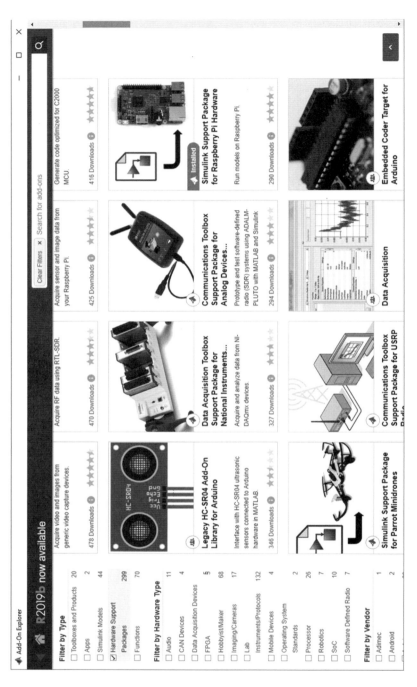

그림 8.27 라즈베리 파이 하드웨어 설치 완료

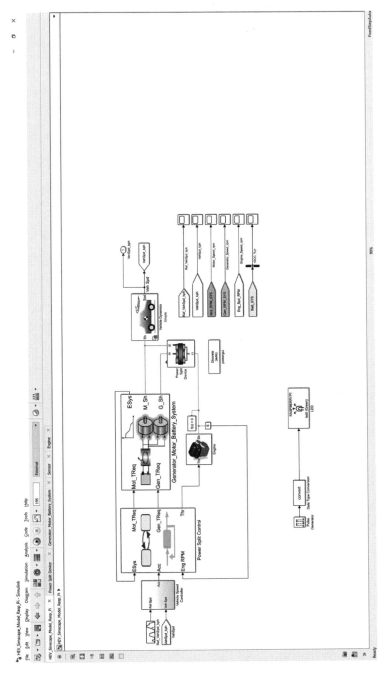

그림 8.28 라즈베리 파이에서 실행되도록 구성된 HEV Simscape™

이 작동하면 파이의 온보드 LED가 깜빡이며 동작할 것이다.

그림 8.29와 같이 *Simulation* › *Model Configuration Parameters* › *Hardware Implementation* › *Target Hardware Resources*로 이동해 업데이트한다. 로그인 자격 증명이 그림 8.29에 표시된 기본 자격 증명과 다른 경우에도 업데이트해야 한다.

IP 주소 및 로그인 자격 증명을 업데이트하면 파이 하드웨어에 모델을 배포할 수 있다. 모델에서 시뮬레이션 버튼을 클릭한다. 모델은 코드를 생성하고, 해당 코드를 라즈베리 파이용 하드웨어에 맞게 컴파일하고, 실행 파일을 생성한 후 파이 하드웨어에서 실행된다. 해당 프로세스는 몇 분 정도 걸릴 수 있으며 그림 8.30과 같이 Simulink Diagnostic 뷰어에서 진행 상황을 모니터링할 수 있다. 모델이 작동되면 파이 보드의 녹색 LED가 깜박이는 것을 볼 수 있으며 데스크톱 시뮬레이션과 같이 Simulink에서 신호를 직접 모니터링할 수도 있다. 시뮬레이션이 하드웨어 보드에서 실행되기 때문에 실시간으로 실행되며 데스크톱 시뮬레이션과 비교해서 195초의 시뮬레이션 수행 시간은 실제 시간과 같다.

8.6 에지 장치 셋업 및 클라우드 연동

이제 HEV 모델이 라즈베리 파이 하드웨어에서 실시간으로 실행되므로 다음 단계는 하드웨어에서 입력, 출력, 상태를 수집해 AWS 클라우드 디지털 트윈으로 전송해 오프보드 처리를 수행하는 것이다. 앞에서 언급했듯이 하드웨어와 AWS 간의 통신은 MQTT 통신 프로토콜을 사용한다. 먼저 MQTT 인터페이스를 Simulink 모델에 추가한다. 안타깝게도 MATLAB 2018a 라즈베리 파이 하드웨어 지원 패키지에는 MQTT 인터페이스가 기본적으로 포함돼 있지 않다. 따라서 파이 하드웨어에서 대화형 시뮬레이션을 실행하려면 MATLAB 2018a를 사용해야 한다. 저자는 라즈베리 파이 하드웨어 패키지 설치 폴더에 몇몇 파일을 복사했다. 하드웨어 설치 폴더는 MATLAB 명령어 윈도우에 *which embdlinuxlib*를 입력하면 쉽게 찾을 수 있다.

1. 8장 첨부 폴더 **Code_Files\HEV_Model_for_Raspberry_Pi_with_MQTT\ MQTT_Support_Files**에서 **MQTTPublish.m** 및 **MQTTSubscribe.m**을 라즈베리 파이 하드웨어 설치 폴더 **toolbox\realtime\targets\linux\+codertarget\+li**

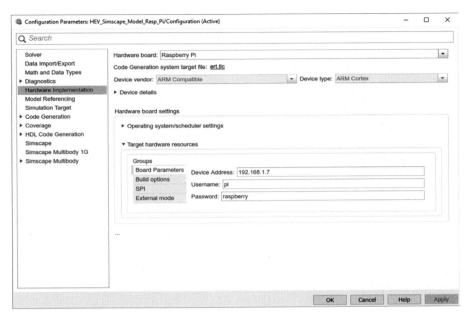

그림 8.29 모델의 라즈베리 파이 IP 주소 및 로그인 자격 증명 업데이트

nux\+blocks로 복사한다.

2. 8장 첨부 폴더 **Code_Files\HEV_Model_for_Raspberry_Pi_with_MQTT\ MQTT_Support_Files**에서 **MW_MQTT.c**를 **toolbox\realtime\targets\linux\ src**로 복사한다.

3. 8장 첨부 폴더 **Code_Files\HEV_Model_for_Raspberry_Pi_with_MQTT\ MQTT_Support_Files**에서 **MW_MQTT.h**를 **toolbox\realtime\targets\linux\ Include**에 복사한다.

8장 첨부 폴더 **Code_Files\HEV_Model_for_Raspberry_Pi_with_MQTT**에서 모델 **HEV_Simscape_Model_Rasp_Pi_with_MQTT.slx**를 실행한다. 해당 모델은 그림 8.31 및 8.32와 같이 MQTT 전송 블록을 모델에 추가한다. 기본적으로 하드웨어에서 AWS 클라우드로 전송하는 모든 필수 신호는 그림 8.32와 같이 프리 러닝 카운터 블록[free running counter block]을 가진 Simulink 모델의 Mux 블록에 연결된 후 MQTT 퍼블리시 블록[publish block]에 연결된다. 퍼블리시 블록에서 메시지를 퍼블리시하기 위한 토픽 이름은 **digital_**

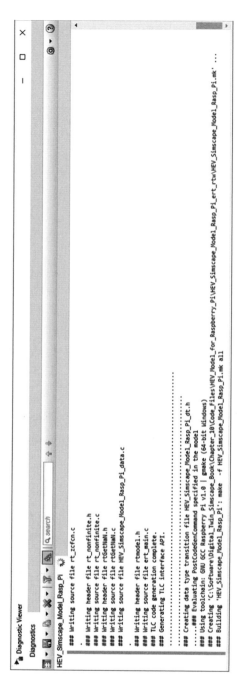

그림 8.30 라즈베리 파이 하드웨어 보드에 HEV Simulink 모델 구축 및 다운로드

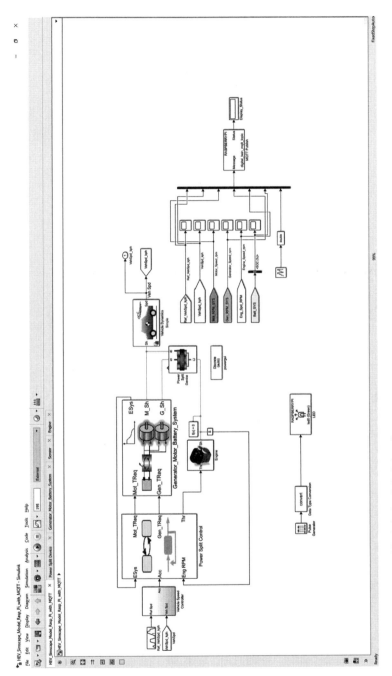

그림 8.31 MQTT 전송 로직을 가진 라즈베리 파이 모델

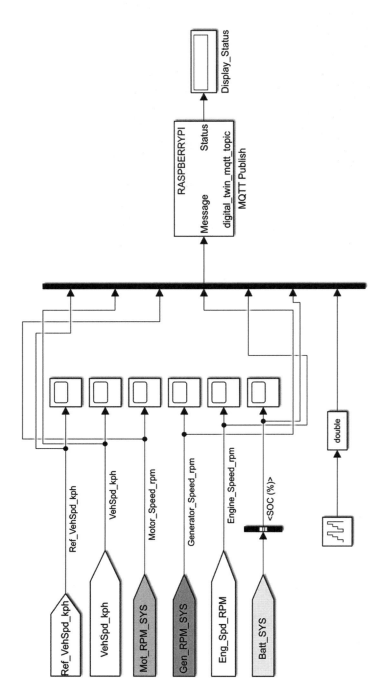

그림 8.32 MQTT 전송 블록 상세 설명

276

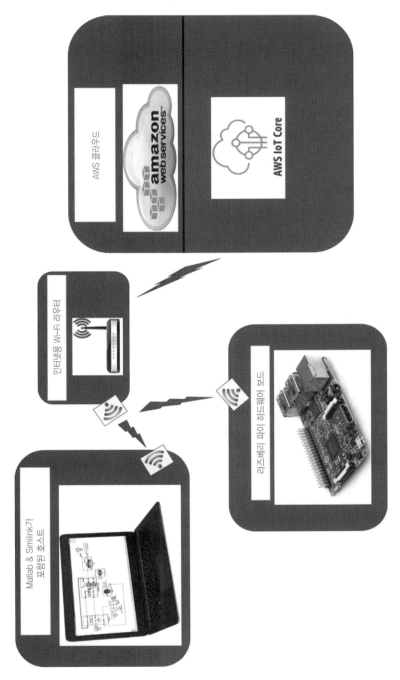

AWS 클라우드

AWS IoT Core

amazon web services™

인터넷용 Wi-Fi 라우터

라즈베리 파이 하드웨어 퍼

Matlab & Simlink가 포함된 호스트

그림 8.33 클라우드 연결 셋업의 고수준 다이어그램

twin_mqtt_topic이다. MQTT 퍼블리시 블록은 라즈베리 Simulink 라이브러리에서 제공되지만 MATLAB 2018a는 MQTT를 지원하지 않았기 때문에 해당 블록은 2018b 버전의 MATLAB 및 파이 하드웨어 지원 라이브러리에서 복사된다. 프리 러닝 카운터 블록 또한 MQTT 블록에 연결되며 5초 동안 하드웨어에서 데이터를 버퍼링한 후 버퍼링된 데이터를 AWS 클라우드로 전송하는 타이머 표시기로서 동작한다. 따라서 하드웨어는 모델의 샘플링 시간인 0.1초마다 데이터와 함께 MQTT 메시지를 전송하며 해당 MQTT 메시지는 동일한 MQTT 토픽 **digital_twin_mqtt_topic**을 구독하는 파이썬 프로그램에 수신되며 5초 동안 데이터를 버퍼링한다. 그다음 JSON 포맷으로 변환하고 AWS 클라우드에 대한 연결을 수립하고 메시지를 전송한다. 그림 8.33은 8장에서 사용된 클라우드 연결 셋업의 고수준 다이어그램을 보여 준다.

먼저 AWS의 단계를 수행한다. AWS를 설정하는 경우에는 특정 파일이 필요하다. 해당 파일은 AWS-IoT 연결을 위한 파이썬 프로그램에서 사용된다. 8.6절에서는 AWS IoT Core라는 AWS 서비스를 사용해 연결된 장치가 클라우드 또는 연결된 다른 장치와 안전하게 상호 작용할 수 있도록 한다. AWS IoT Core 서비스에 대한 자세한 내용은 https://aws.amazon.com/iot-core/에서 확인할 수 있다. 그림 9.115는 ESP32와 AWS IoT Core 간의 연결을 수립하고 ESP32에 연결된 라즈베리 파이 하드웨어의 데이터를 전송하는 설정을 보여 준다.

1. 먼저 AWS 계정이 없는 경우 AWS 관리 콘솔^Management Console 계정을 생성한다. 아마존 계정이 이미 있는 경우 해당 계정 정보를 사용해서 로그인한다. 아마존 계정이 없는 경우 아마존 계정을 생성한다. 웹 브라우저에서 로그인 또는 신규 계정 생성 등을 하고자 https://aws.amazon.com/console/ 링크로 이동한다. 그림 8.34의 메인 페이지에 포함된 *Sign in to the Console* 옵션을 통해 그림 8.35와 같이 자격 증명을 사용해서 로그인한다.

2. 로그인된 콘솔 윈도우에서 **IoT**를 검색하고 그림 8.36과 같이 **IoT Core**를 선택한다. AWS IoT 윈도우가 로드되며 사용자 계정에서 사용할 수 있는 모든 **AWS IoT Things**가 표시된다. **AWS IoT Thing**은 **IoT** 연결 장치를 나타낸다. 여기에서는 Wi-Fi에 연결된 라즈베리 파이를 나타내며 HEV 모델을 실시간으로 실행한다. 저자는 사전에 생성한 몇 개의 **IoT Things**를 갖고 있기 때문에 그림 8.37

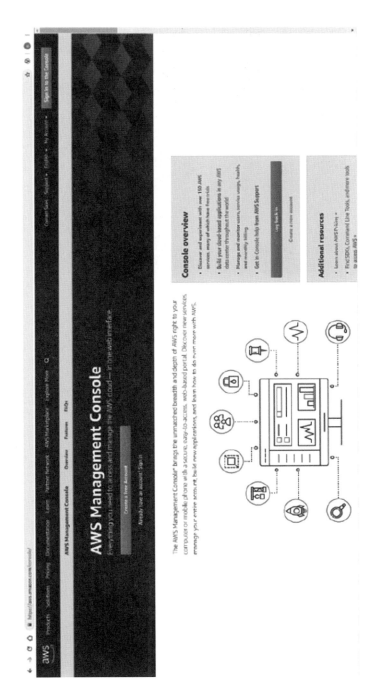

그림 8.34 AWS 콘솔 로그인 페이지

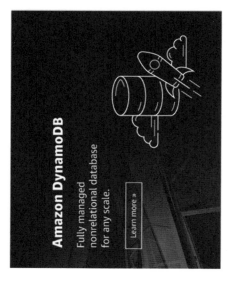

aws
Root user sign in
Email
Password
Sign in
Sign in to a different account
Forgot your password?
Amazon DynamoDB
Fully managed nonrelational database for any scale.
Learn more »
About Amazon.com Sign In
Amazon Web Services uses information from your Amazon.com account to identify you and allow access to Amazon Web Services. Your use of this site is governed by our Terms of Use and Privacy Policy linked below. Your use of Amazon Web Services products and services is governed by the AWS Customer Agreement linked below unless you purchase these products and services from an AWS Value Added Reseller.
Terms of Use Privacy Policy AWS Customer Agreement © 1996-2019, Amazon.com, Inc. or its affiliates
An amazon.com company

그림 8.35 AWS 콘솔 로그인

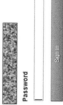

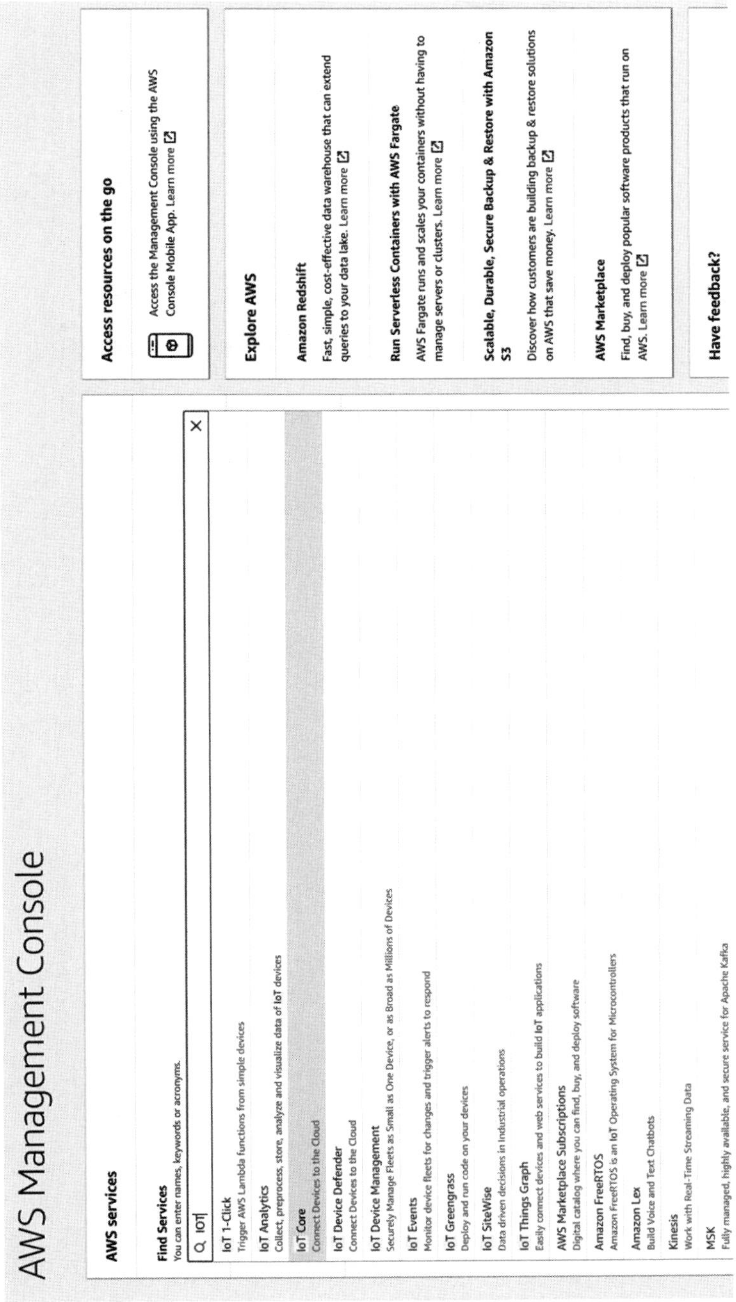

AWS Management Console

AWS services

Find Services
You can enter names, keywords or acronyms.

`🔍 IOT`   ×

IoT 1-Click
Trigger AWS Lambda functions from simple devices

IoT Analytics
Collect, preprocess, store, analyze and visualize data of IoT devices

IoT Core
Connect Devices to the Cloud

IoT Device Defender
Connect Devices to the Cloud

IoT Device Management
Securely Manage Fleets as Small as One Device, or as Broad as Millions of Devices

IoT Events
Monitor device fleets for changes and trigger alerts to respond

IoT Greengrass
Deploy and run code on your devices

IoT SiteWise
Data driven decisions in Industrial operations

IoT Things Graph
Easily connect devices and web services to build IoT applications

AWS Marketplace Subscriptions
Digital catalog where you can find, buy, and deploy software

Amazon FreeRTOS
Amazon FreeRTOS is an IoT Operating System for Microcontrollers

Amazon Lex
Build Voice and Text Chatbots

Kinesis
Work with Real-Time Streaming Data

MSK
Fully managed, highly available, and secure service for Apache Kafka

Access resources on the go

⊕ Access the Management Console using the AWS
     Console Mobile App. Learn more ☑

Explore AWS

Amazon Redshift
Fast, simple, cost-effective data warehouse that can extend
queries to your data lake. Learn more ☑

Run Serverless Containers with AWS Fargate
AWS Fargate runs and scales your containers without having to
manage servers or clusters. Learn more ☑

**Scalable, Durable, Secure Backup & Restore with Amazon
S3**
Discover how customers are building backup & restore solutions
on AWS that save money. Learn more ☑

AWS Marketplace
Find, buy, and deploy popular software products that run on
AWS. Learn more ☑

Have feedback?

그림 8.36 AWS 콘솔에서 IoT Core 서비스 선택

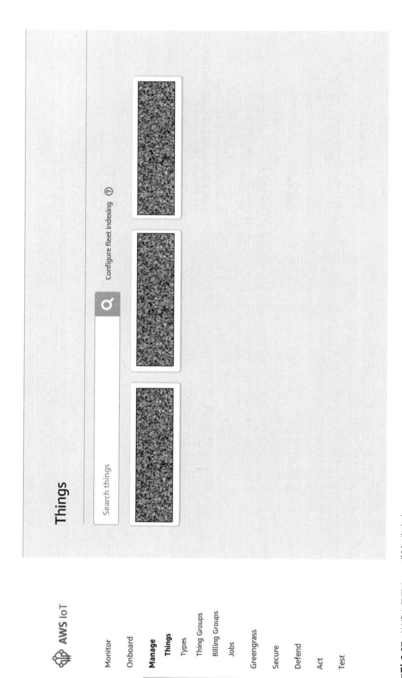

그림 8.37 AWS IoT Things 메인 페이지

에서 **IoT Thgins**가 표시된다. 보안상의 이유로 기존 **IoT Things**의 이미지는 표시되지 않는다. 저자의 정보를 보호하고자 일부 이미지를 표시하지 않지만 신규 추가되는 내용에 대해서는 이미지로 표시할 것이다.

3. 신규 **IoT Thing**을 생성하기 전에 **Poicy**를 생성해야 한다. **Policy**는 연결된 장치의 AWS 서비스 접근을 허용하는 JSON 형식의 문서다. **AWS IoT Thing**과의 연결을 설정하려면 라즈베리 파이에 대한 Policy를 생성하고 **IoT Thing**에 연결해야 한다. **AWS IoT** 아래의 AWS 콘솔 왼쪽 탭에 있는 **Secure › Policies**로 이동하고 그림 8.38과 같이 **Create** 버튼을 클릭한다.

4. 신규 윈도우에서 Policy 이름을 **hev_digital_twin_policy**로 입력한다. 필요한 경우 사용자가 원하는 이름을 사용할 수 있다. **Action** 필드에는 **iot***, **Resource ARN**에는 *****를 입력하고 **Effect**는 **Allow** 옵션을 체크하고 그림 8.39와 같이 Create 버튼을 클릭한다. 신규 생성된 Policy는 그림 8.40과 같이 Policies 섹션 하단에 표시된다.

5. 다음 단계는 **AWS IoT Thing** 생성이다. **Manage › Things** 메뉴로 이동하고 **Create**를 클릭한다. 다음 윈도우에서 그림 8.41 및 8.42와 같이 **Create a Single Thing**을 클릭한다.

6. 그림 8.43과 같이 **AWS IoT Thing**의 신규 이름을 **hev_digital_twin_thing**로 입력한다. 하지만 필요한 경우 다른 이름을 사용할 수 있다. 나머지 필드는 기본값으로 설정한다. 페이지 하단의 **Next**를 클릭한다.

7. **AWS IoT Thing**에 보안 연결을 수립하고자 라즈베리 파이 장치는 인증서 기반certificate-based 인증을 사용한다. 따라서 인증서를 생성 및 다운로드하고 **AWS IoT**와 연결을 수립하는 과정에서 라즈베리 파이용 파이썬 프로그램을 사용한다. 그림 8.44와 같이 **IoT Thing** 생성 윈도우에서 인증서 생성 옵션을 클릭한다. 그림 8.45와 같이 개인키private key, 공용키public key, 인증서 파일이 생성된다. Thing, 공용키, 개인키, **Root CA** 파일 인증서를 컴퓨터의 안전한 곳에 다운로드한다. 해당 파일들은 추후 라즈베리 파이 프로그래밍에서 **AWS IoT**와의 보안 연결을 수립하고자 사용된다. 그다음 **Activate** 버튼을 클릭해 Thing을 **Activate**해야 한다.

8. 3단계 및 4단계에서 생성한 **Policy**를 신규 **IoT Thing**에 설정한다. 그림 8.45와

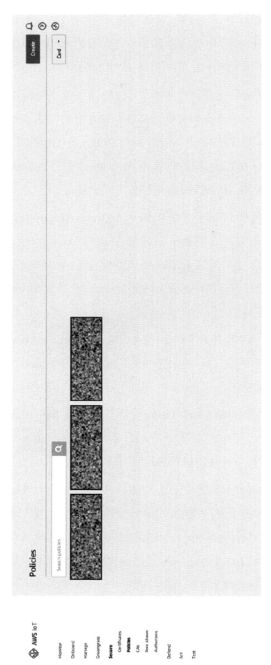

그림 8.38 신규 정책 생성

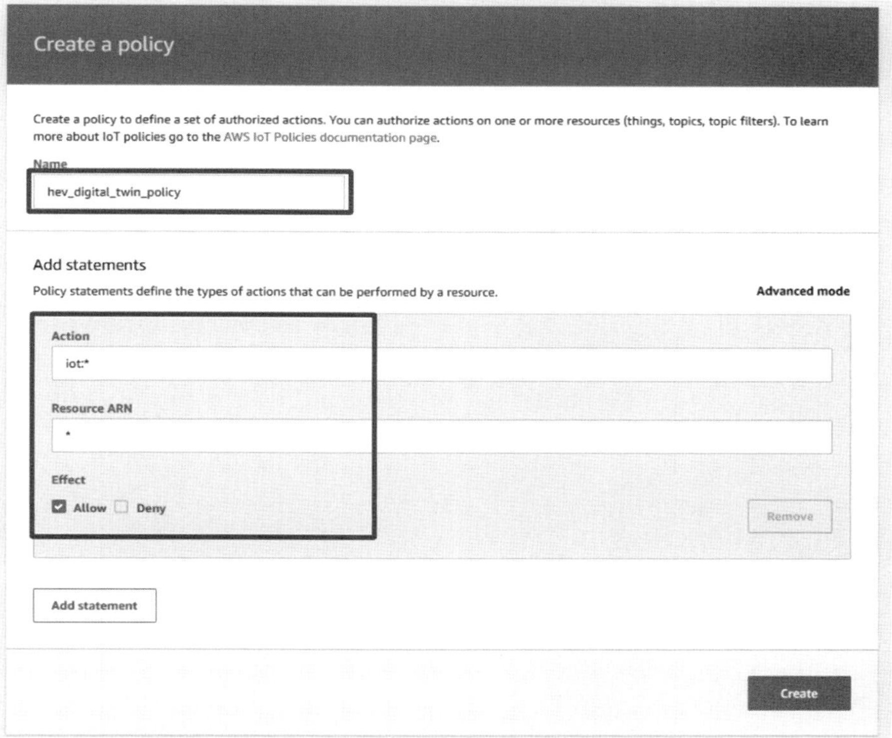

그림 8.39 신규 정책 상세 설정 입력

같이 Attach Policy 옵션을 클릭하고 신규 윈도우에서 **digital_twin_policy**를 선택하고 그림 8.46과 같이 Register Thing을 클릭한다.

9. 그림 8.47과 같이 **Manage › Things** 섹션에 신규 생성된 **IoT Thing**가 표시된다.

10. **hev_digital_twin_thing**을 클릭하고 그림 8.48과 같이 Interact 메뉴로 이동한다. **IoT Thing**에 대한 **REST API**를 확인한다. 또한 MQTT 섹션 하단의 **IoT Thing** 토픽 이름을 확인한다. MQTT는 라즈베리 파이와 **IoT Thing** 간에 데이터 통신에 사용하는 빠르고 안전하며 효율적인 프로토콜이다. MQTT 노드와 엔드포인트는 토픽을 게시 및 구독하고 항목을 사용해 해당 노드 간에 정보를 교환한다.

11. 다음으로 라즈베리 파이에 파이썬용 AWS IoT SDK를 설치한다. AWS IoT 서

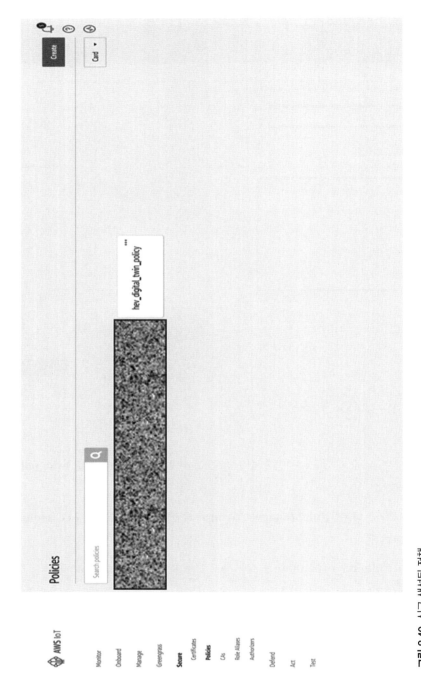

그림 8.40 신규 생성된 정책

286

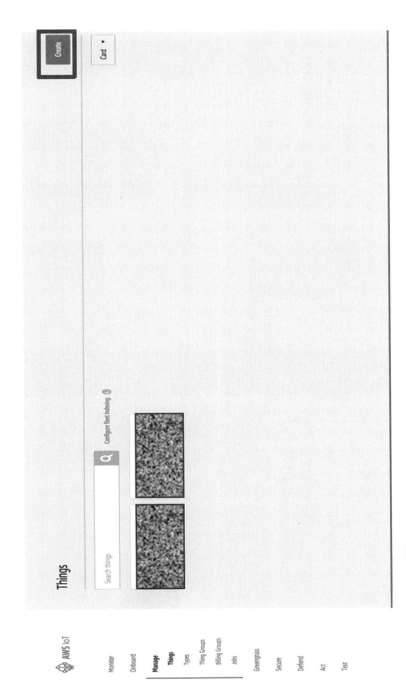

그림 8.41 AWS IoT Thing 생성

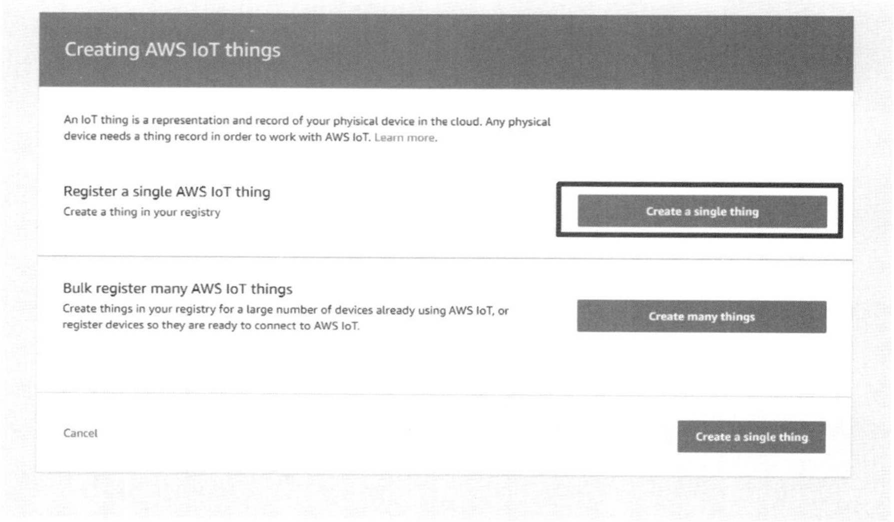

그림 8.42 single thing 생성

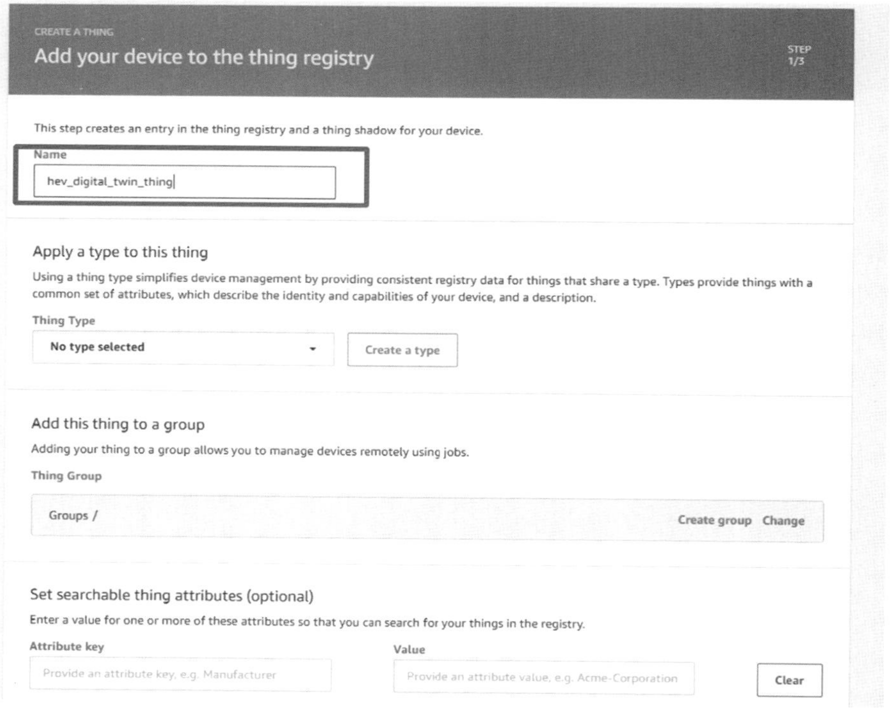

그림 8.43 신규 생성된 AWS IoT thing 이름 설정

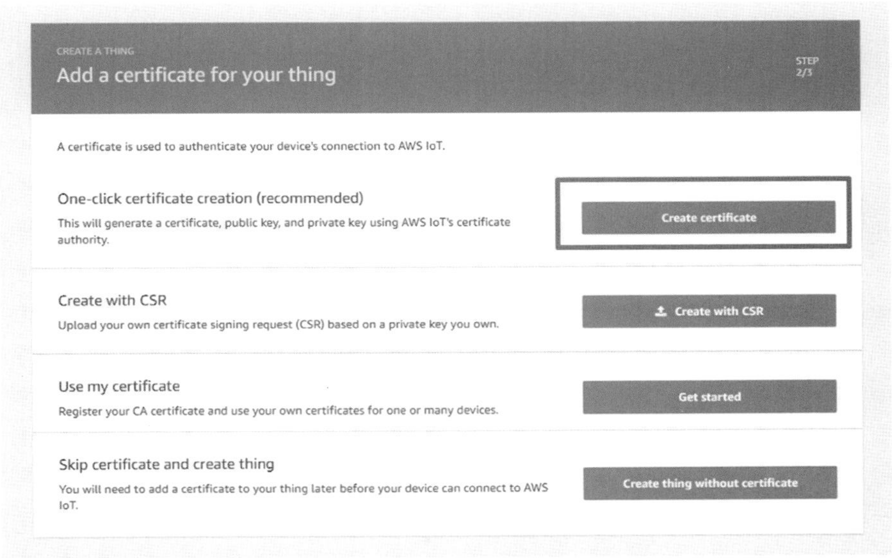

그림 8.44 IoT Thing 인증서 생성 윈도우

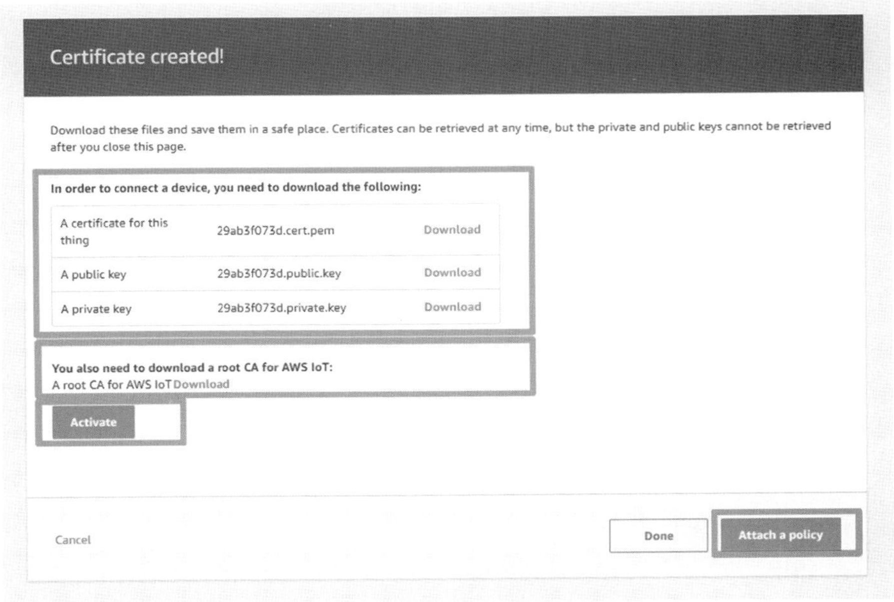

그림 8.45 IoT Thing용 인증서 생성

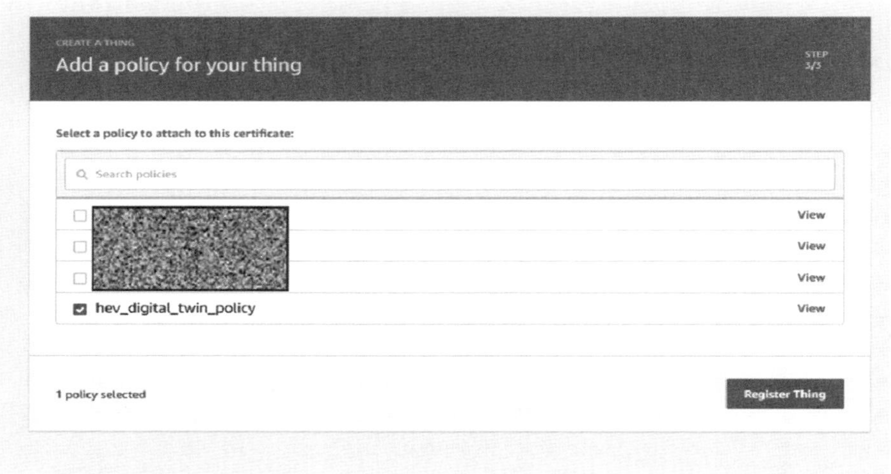

그림 8.46 policy 설정 및 IoT Thing 등록

비스에 연결하고자 AWS IoT Pythong SDK를 사용할 것이다. 해당 SDK는 기존 라즈베리 파이에 설치한 Paho MQTT 클라이언트 라이브러리와 연동된다. Python SDK를 설치하려면 아래 링크에서 SDK 패키지를 다운로드한다. https://s3.amazonaws.com/aws-iot-device-sdk-python/aws-iot-device-sdk-python-latest.zip. 해당 SDK는 Putty 데스크톱 앱에 로그인 하고 라즈베리 파이의 특정 폴더로 이동 한 후 그림 8.49와 같이 *wget* https://s3.amazonaws.com/aws-iot-device-sdk-python/aws-iot-devicesdk-python-latest.zip 명령어를 입력한다.

12. 그림 8.50과 같이 *unzip* 명령어와 **zip** 파일 이름을 사용해 패키지의 압축을 해제한다.

13. 압축 해제 후 그림 8.51과 같이 *sudo python setup.py install* 명령어를 사용해 SDK를 설치한다.

14. SDK 설치가 완료되면 데이터를 AWS IoT에 전송하고자 하이라이트 표시된 AWSIoTythonSDK 폴더를 파이썬 코드를 생성하고 실행하는 폴더에 복사한다. 이번 예시에서는 */home/pi/Digital_Twin_Simscape_Book/Chapter_8/Python_Code_Raspberry_PI_for_AWS_Connection* 폴더에서 파이썬 코드를 실행한다. 그림 8.52와 같이 *cp -r AWSIoTPythonSDK//home/pi/Digital_Twin_Simscape_*

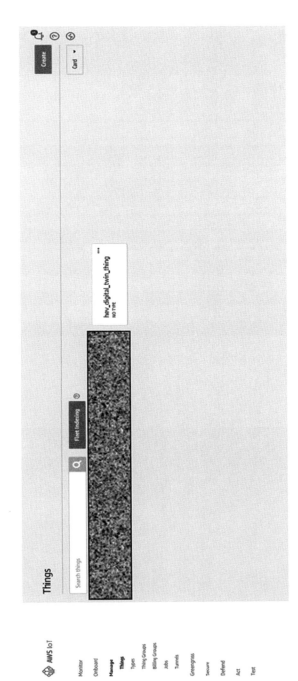

그림 8.47 신규 생성된 thing

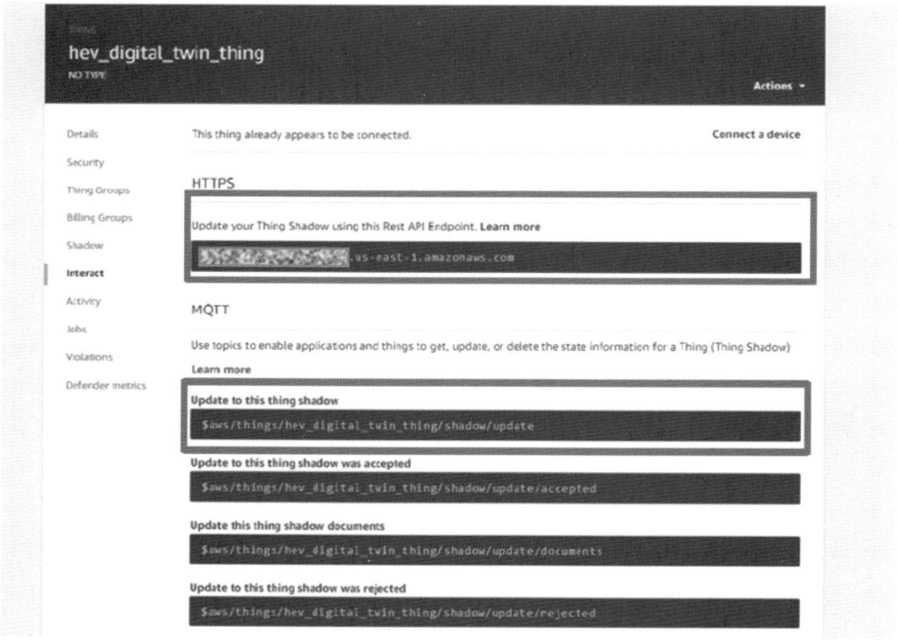

그림 8.48 IoT Thing 접근 옵션

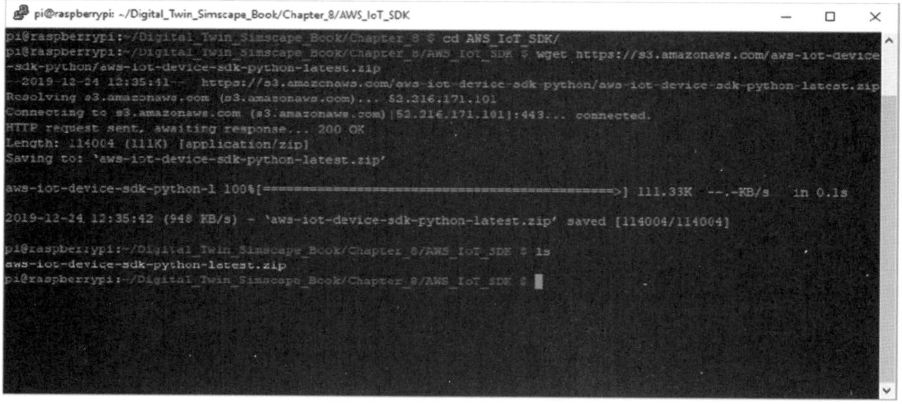

그림 8.49 AWS IoT SDK 다운로드

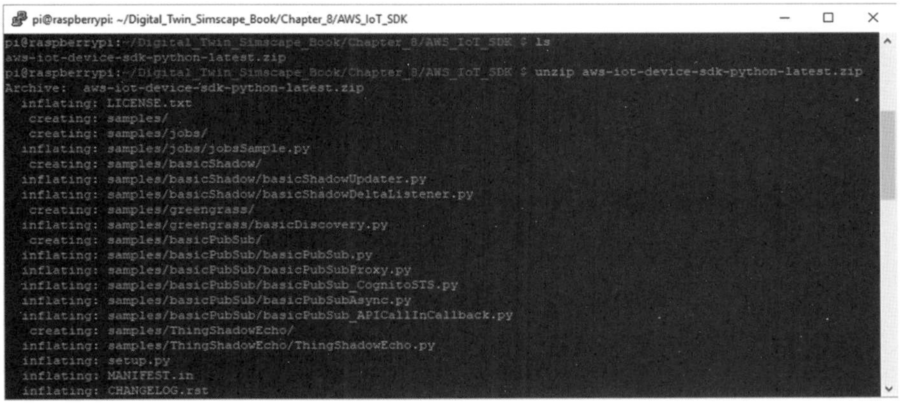

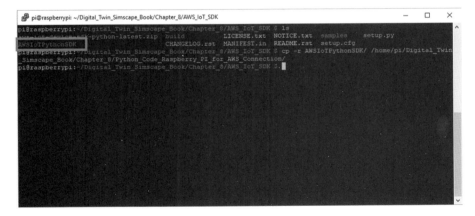

그림 8.50 AWS IoT SDK 압출 해제

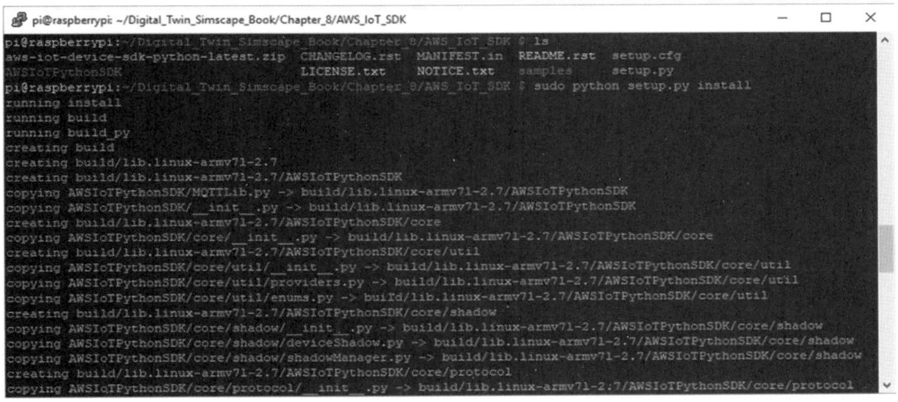

그림 8.51 AWS IoT 파이썬 SDK 설치

그림 8.52 AWSIoTPythonSDK 폴더를 파이썬 코드 폴더에 복사

Book/Chapter_8/Python_Code_Raspberry_P_for_AWS_Connection 명령어를 사용해서 AWSIoTPythonSDK를 해당 폴더에 복사한다.

15. 호스트 컴퓨터에서 aws_certificates 폴더를 만들고 그림 8.45와 같이 IoT Thing 을 생성하는 경우 다운로드한 인증서 파일을 복사한다. 그림 8.53과 같이 파일 이름을 변경한다. AWS에서 다운로드한 파일 이름을 유지할 수도 있으며 파이썬 코드에 파일 이름을 정확하게 입력해야 한다.

16. 호스트 컴퓨터에서 프로그래밍 에디터(저자는 Notepad++ 사용)를 사용해서 *Raspberry_Pi_AWS_IOT_Cloud_Connection.py* 신규 파이썬 파일을 생성한다. 파일 이름은 사용자가 원하는 대로 설정해도 상관없다. 신규 파이썬 파일에서 먼저 그림 8.54와 같이 필요한 라이브러리를 가져온다.

17. 파이썬 코드의 다음 섹션에서 AWS IoT Thing 설정을 셋업한다. *host* 변수에는 10단계에서 설정한 IoT Thing의 REST API 문자열이 포함돼야 한다. *certPath* 변수는 AWS 인증서 파일을 복사할 라즈베리 파이 하드웨어의 경로를 포함한다. *clientId* 변수에는 생성한 Thing 이름이 있고 *topic* 변수에는 10단계에서 설정한 IoT Thing 토픽 이름이 포함된다. AWS Thing 정보가 포함된 AWSIoTMQTTClient 객체를 초기화하고 보안 연결을 하고자 자격 증명에 대한 인증서 파일을 설정한다. 더 자세한 내용은 그림 8.55 및 8.56을 참고한다.

18. 파이썬 코드의 다음 섹션에는 main() 함수가 있으며 192.168.1.7 IP 주소가 설정된 라즈베리 파이에서 실행되는 로컬 MQTT 브로커에 연결하고 *digital_twin_mqtt_topic MQTT* 토픽을 구독한다. 해당 토픽은 파이에서 실행되는 Simulink HEV 모델이 HEV 현재 상태 정보와 함께 메시지를 게시하는 것과 동일한 토픽이다. 따라서 Simulink 모델이 실행돼 브로커에 메시지를 게시할 때마다 동일한 브로커에 연결된 파이썬 코드가 메시지를 수신한다. 또한 코드의 이 섹션은 코드가 브로커로부터 MQTT 메시지를 수신할 때마다 *on_message*가 호출되도록 함수를 구성한다. 그리고 main 코드는 메시지가 수신될 때까지 while 루프에서 대기한다.

19. 파이썬 코드의 다음 섹션에는 파이썬 코드가 *digital_twin_mqtt_topic* 토픽과 함께 MQTT 브로커로부터 MQTT 메시지를 수신할 때마다 콜백 함수 on_message

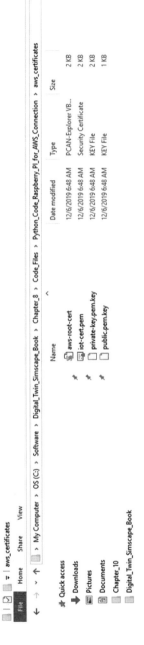

그림 8.53 AWS 인증서

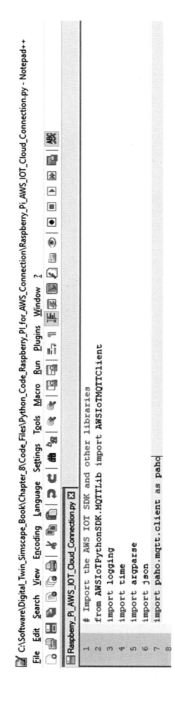

그림 8.54 라이브러리 가져오기

C:\Software\Digital_Twin_Simscape_Book\Chapter_8\Code_Files\Python_Code_Raspberry_Pi_for_AWS_Connection\Raspberry_Pi_AWS_IOT_Cloud_Connection.py - Notepad++

File Edit Search View Encoding Language Settings Tools Macro Run Plugins Window ?

Raspberry_Pi_AWS_IOT_Cloud_Connection.py

```
 8
 9    # Setup the AWS IoT Host and the Certificate File Paths
10    host = "                         -ats-i.amazonaws.com"
11    certPath = "/home/pi/Digital Twin Simscape Book/Chapter 8/AWS_IOT_Cloud_Connection/aws_certificates/"
12    # Setup the IoT Thing Name and Thing Topic Name for publishing data
13    clientId = "hev_digital_twin_thing"
14    topic = "$aws/things/hev_digital_twin_thing/shadow/update"
15
16    # Initialize Variables
17    jason_string_for_aws = {}
18    message_count = 0
19    prev_msg_data = ''
20    jason_string_for_aws_custom = '{"state": { "desired" : {'
21
22    # Initialize the AWS IoT MQTT Client, by pointing to the Root CA, Private Key and Certificate Files
23    myAWSIoTMQTTClient = None
24    myAWSIoTMQTTClient = AWSIoTMQTTClient(clientId)
25    myAWSIoTMQTTClient.configureEndpoint(host, 8883)
26    myAWSIoTMQTTClient.configureCredentials("{}aws-root-cert.pem".format(certPath), "{}private-key.pem.key".format(certPath), "{}aws-cert.pem.crt".format(certPath))
27
28    # Configure the AWS IoT MQTT Client Connection
29    myAWSIoTMQTTClient.configureAutoReconnectBackoffTime(1, 32, 20)
30    myAWSIoTMQTTClient.configureOfflinePublishQueueing(-1)  # Infinite offline Publish queueing
31    myAWSIoTMQTTClient.configureDrainingFrequency(2)  # Draining: 2 Hz
32    myAWSIoTMQTTClient.configureConnectDisconnectTimeout(10)  # 10 sec
33    myAWSIoTMQTTClient.configureMQTTOperationTimeout(5)  # 5 sec
34    myAWSIoTMQTTClient.connect()
```

그림 8.55 보안 연결을 위한 AWS IoT 전용 구성

C:\Software\Digital_Twin_Simscape_Book\Chapter_8\Code_Files\Python_Code_Raspberry_PI_for_AWS_Connection\Raspberry_Pi_AWS_IOT_Cloud_Connection.py - Notepad++

File Edit Search View Encoding Language Settings Tools Macro Run Plugins Window ?

Raspberry_Pi_AWS_IOT_Cloud_Connection.py

```python
35
36   # Main Function
37   if __name__ == '__main__':
38   # Initialize the Local Paho Client for MQTT Messages
39       client = paho.Client()
40   # Configure the Subscribe and Publish Callback Messages . When an MQTT message is received it will trigger the function on_message
41       client.on_message = on_message
42       client.on_publish = on_publish
43
44   # Connect to the local client which is the IP address of Raspberry PI itself. We have already setup the MQTT Broker in Raspberry PI
45       client.connect("192.168.1.7", 1883, 60)
46   # Subscribe to the topic "digital_twin_mqtt_topic" . This is topic to which the Simulink model running in Raspberry PI is publishing the data to
47       client.subscribe("digital_twin_mqtt_topic", 2)
48   # Run a while loop to wait for the published messages from Raspberry PI
49       while client.loop() == 0:
50           pass
51
```

그림 8.56 로컬 MQTT 브로커에 연결하는 Main 함수

를 수행한다. 간단히 말해 해당 함수는 타깃 및 실제 차량 속도, 모터, 제너레이터 및 엔진 속도, 배터리 SoC 등과 같은 HEV 모델 상태 정보와 함께 메시지를 수신해 데이터를 5초간 버퍼링한 후 버퍼링된 데이터를 JSON 형태로 생성하고 AWS IoT Thing으로 전송한다. 그다음 버퍼를 초기화하고 다시 5초간 버퍼링을 한 후 전송을 계속한다. 자세한 내용은 코드에서 확인할 수 있다. 그림 8.57을 확인한다. 전체 코드는 8장 *Code_Files\Python_Code_Raspberry_PI_for_AWS_Connection*에 포함돼 있다.

20. 이번에는 파이썬 코드와 AWS 인증서 파일을 라즈베리 파이 하드웨어로 전송한다. 사용자는 FTP 클라이언트 소프트웨어를 사용해서 파일을 전송할 수 있다. 저자는 WinSCP를 사용한다. 그림 8.58과 같이 파이 로그인 자격 증명과 WinSCP를 사용해서 라즈베리 파이에 로그인한다.

21. FTP 연결을 수립한 후 생성된 파이썬 파일과 AWS 인증서를 AWSIoTPython-SDK를 복사한 라즈베리 파이 폴더에 복사한다. 따라서 이번 예시에서는 *C:\Software\Digital_Twin_Simscape_Book\Chapter_8\Code_Files\Python_Code_Raspberry_PI_for_AWS_Connection* 폴더에서 */home/pi/Digital_Twin_Simscape_Book/Chapter_8/Python_Code_Raspberry_PI_for_AWS_Connection* 폴더로 파일을 복사한다. 복사 프로세스의 자세한 내용은 그림 8.59를 참고한다.

22. 이제 라즈베리 파이의 파이썬 코드와 HEV Simulink 모델을 함께 실행한 후 해당 프로그램이 AWS 연결을 수립하고 HEV 상태 정보를 클라우드로 전송하는지 확인한다. Putty 데스크톱 앱을 사용해서 */home/pi/Digital_Twin_Simscape_Book/Chapter_8/Python_Code_Raspberry_PI_for_AWS_Connection* 폴더로 이동한 후 *ipython Raspberry_Pi_AWS_IOT_Cloud_Connection.py* 명령어를 사용해서 그림 8.60과 같이 파이썬 프로그램을 실행한다.

23. 다음 단계는 라즈베리 파이에서 HEV 모델을 다시 실행하고자 *Code_Files\HEV_Model_for_Raspberry_Pi_with_MQTT*에서 *HEV_Simscape_Model_Rasp_Pi_with_MQTT.slx Simulink* 모델을 실행한다. HEV 모델이 파이에서 실행되면 파이썬 코드가 실행되는 Putty 윈도우에서 그림 8.61 및 8.62와 같이

C:\Software\Digital_Twin_Siniscape_Book\Chapter_8\Code_Files\Python_Code_Raspberry_PI_for_AWS_Connection\Raspberry_PI_AWS_IOT_Cloud_Connection.py - Notepad++

File   Edit   Search   View   Encoding   Language   Settings   Tools   Macro   Run   Plugins   Window   ?

Raspberry_PI_AWS_IOT_Cloud_Connection.py

```
51    # MQTT Message from Raspberry PI Received Callback Function
52    def on_message(mosq, obj, msg):
53        global jason_string_for_aws
54        global message_count
55        global prev_msg_data
56        global jason_string_for_aws_custom
57    # Split the received message, it normally is a comma separated string . Split and make it into a JSON array
58    # The Data format will be like
59    # data[0] => Reference Vehicle Speed    [kph]
60    # data[1] => Actual Vehicle Speed       [kph]
61    # data[2] => Motor Speed                [RPM]
62    # data[3] => Generator Speed            [RPM]
63    # data[4] => Engine Speed               [RPM]
64    # data[5] => Battery SoC                [%]
65    # data[6] => Message Count              [Number]
66
67        data = msg.payload.split() #split string into a list
68        json_array = json.dumps(data)
69    # There is a chance that the MQTT Broker will send the same message again and again. Try to only handle the new messages by looking at the data[6]
70    # which indicates the count generated from the Free Running Counter block in the simulink model. The If condition is satisfied only if the count is
71    # different when compared to the previous message.
72        if data[6] != prev_msg_data:
73    # Increment the count every time a new message with a new count value is received
74            message_count = message_count+1;
75            print("Data is Different")
76            print(message_count)
77
78            prev_msg_data = data[6]
79    # When the message count reaches 50, that means we received 5 seconds data from the Simulink model running in Raspberry PI
80            if (message_count % 50) ==0:
81    # If the message_count has reached 50 finalize the JSON string to be sent to AWS
82                jason_string_for_aws["Data " + str(message_count)] = json_array;
83                jason_string_for_aws_custom = jason_string_for_aws_custom + '"' + 'Data_' + str(message_count) + '":' + json_array + '}}}';
84    # Send the JSON String to the AWS using the myAWSIOTMQTTClient.publish function
85                print(jason_string_for_aws_custom)
86                myAWSIOTMQTTClient.publish(topic, jason_string_for_aws_custom, 1)
87                print('Published topic %s: %s\n' % (topic, jason_string_for_aws_custom))
88    # Initialize the new JSON string header for the next 5 seconds data
89                jason_string_for_aws = {}
90                jason_string_for_aws_custom = '{"state": { "desired" : {'
91                message_count=0
92    # If the message_count has not reached 50 keep adding the message data to the JSON string to be sent to AWS
93            else:
94                # print("Not Reached 50")
95                print(json_array)
96                # jason_string_for_aws["Data " + str(message_count)] = json_array;
97                jason_string_for_aws_custom = jason_string_for_aws_custom + '"' + 'Data_' + str(message_count) + '":' + json_array + ',';
98
99    def on_publish(mosq, obj, mid):
100       pass
101
102
103
```

그림 8.57 MQTT 메시지 수신 이벤트에 대한 콜백 함수

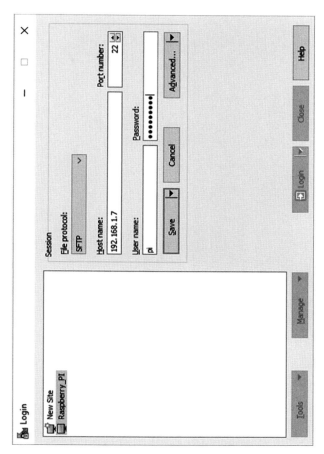

그림 8.58 라즈베리 파이에 연결하기 위한 WinSCP FTP 클라이언트

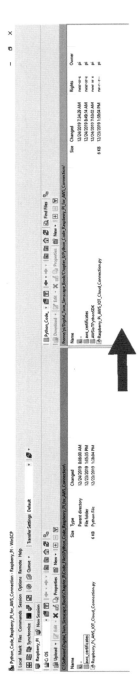

그림 8.59 호스트 컴퓨터의 파이썬 코드와 AWS 인증서를 라즈베리 파이로 복사

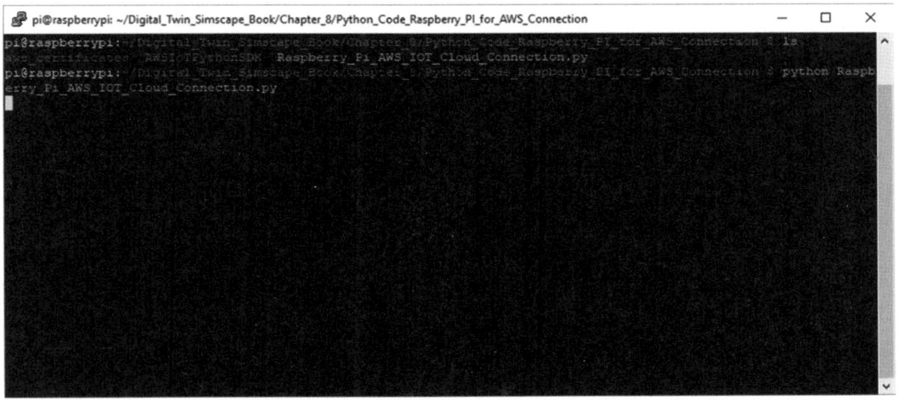

그림 8.60 파이썬 코드 실행

HEV 상태 데이터를 수신하는 것을 볼 수 있다. HEV 모델이 파이에서 실행되되면, 파이썬 코드가 실행되는 Putty 윈도우에서, 그림 8.61 및 8.62와 같이 HEV 상태 데이터를 수신하는 것을 볼 수 있다.

24. 라즈베리 파이로부터 게시된 메시지가 AWS IoT에 수신되는지 확인하고자 AWS 콘솔에 접속한 후 *IoT Core* › *Things* › *hev_digital_twin_thing* › *Activity*로 이동하면 파이썬 코드가 실시간으로 게시하는 것과 동일한 JSON 구조체가 표시된다. 그림 8.63을 확인한다. 5초마다 과거 5초 동안 버퍼링된 데이터가 포함된 신규 JSON 구조체를 수신한다.

8.7 디지털 트윈 모델링 및 보정

지금까지 AWS 클라우드에 실시간 데이터를 전송하고자 라즈베리 파이 및 클라우드 연결로 하드웨어 자산 설정을 완료했다. 또한 디지털 트윈 모델을 구축하고 오프보드를 수행하기 위한 클라우드 사이드 작업을 진행할 것이다. HEV 예제의 경우 AWS 클라우드에서 사용되는 라즈베리 파이 하드웨어와 동일한 Simulink 모델을 사용할 것이다. 따라서 해당 모델 외에 추가적인 모델링 및 보정은 필요하지 않다.

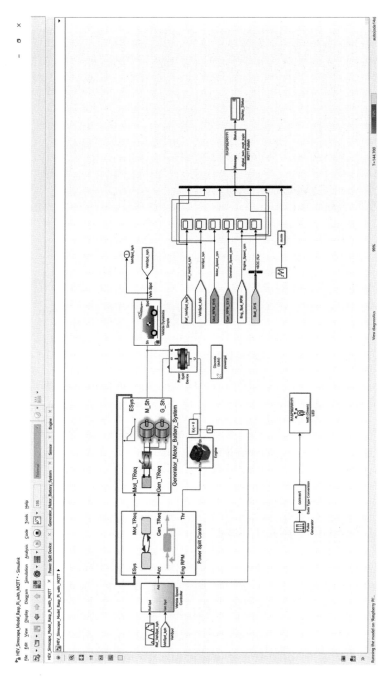

그림 8.61 라즈베리 파이 외부 모드에서 실시간으로 실행되는 HEV Simulink 모델

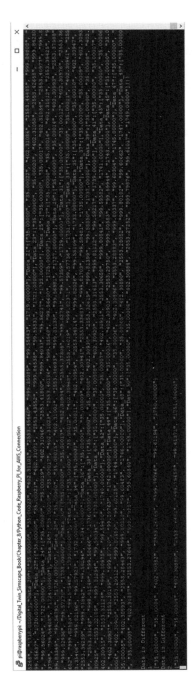

그림 8.62 HEV 모델의 MQTT 메시지를 파이썬 코드로 수신되며 AWS IoT Thing에 게시됨

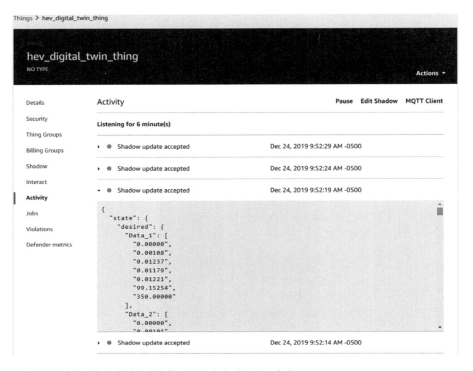

그림 8.63 라즈베리 파이 하드웨어에서 HEV 상태 정보를 수신하는 AWS IoT Thing

8.8 하이브리드 전기차 시스템에 대한 오프보드 진단 알고리듬 개발

8.8절에서는 하이브리드 전기차 시스템의 스로틀^{Throttle} 장애를 진단 및 탐지하는 알고리듬을 개발하고 디지털 트윈 모델로 진단 알고리듬을 테스트한다. 해당 모델을 클라우드에 배포하기 전에 로컬 컴퓨터에서 진단 알고리듬을 먼저 테스트한다.

그림 8.64에 표시된 흐름도$^{flow\ chart}$는 라즈베리 파이 하드웨어에서 실행되는 HEV 모델에서 입력, 출력 및 상태 데이터 수집, 동일한 입력 데이터로 클라우드에서 HEV 디지털 모델을 실행해 예상 출력 및 상태 확인, 실제 신호와 예측 신호 사이의 RMSE 계산, RMSE 값을 임계값과 비교해 장애 여부를 확인하는 스로틀 장애 조건을 진단하려고 사용된다. 8.8절에서는 이메일/텍스트 알람을 테스트하지 않지만 추후 오프보드 및 디지털 트윈을 AWS 클라우드에 배포한 후에 다루도록 한다.

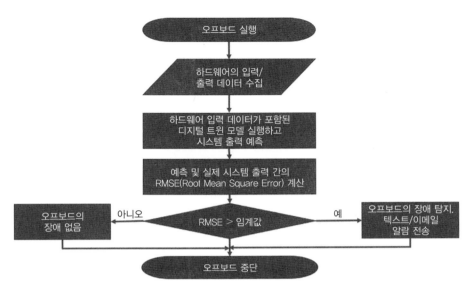

그림 8.64 오프보드 알고리듬 흐름도

파이썬 프로그래밍 언어를 사용해서 오프보드 알고리듬을 실행할 것이다. 파이썬을 사용하는 주요 이유 중 하나는 결국 오프보드 알고리듬을 AWS 클라우드에 배포해야 하기 때문이다. 클라우드에서 오프보드 알고리듬을 실행하고자 **AWS 람다** 서비스를 사용할 것이며 파이썬을 지원한다. 디지털 트윈 모델은 MATLAB®, Simulink™, Simscape™를 사용해 개발됐으므로 파이썬에서 디지털 트윈 모델을 호출하려면 Simscape™ 모델에서 'C' 코드를 생성해 실행 파일로 컴파일하고 파이썬 프로그램에서 실행 파일을 호출해야 한다. 리눅스 운영체제 기반의 AWS가 백엔드에서 실행된다. 디지털 트윈용으로 컴파일된 실행 파일 또한 리눅스 내부에 있어야 하며 실행 파일은 AWS 리눅스 머신에 배포되고 실행해야 한다. 따라서 디지털 트윈용 코드를 생성하고 실행 파일을 컴파일하고자 리눅스 운영체제를 사용할 것이다.

아래 단계에 따라 오프보드 알고리듬을 개발하고 로컬 컴퓨터에서 테스트한다.

1. 첫 번째 단계는 머신에 리눅스를 설치하는 것이다. 저자는 우분투^{Ubuntu} 리눅스를 사용한다. 리눅스 설치에 관한 온라인 자료가 많기 때문에 우분투 리눅스 설치 과정은 8장에서 다루지 않는다. 사용자가 이미 윈도우를 사용하는 경우 우분투

를 듀얼-부팅^{Dual-Boot} 설정으로 설치할 것을 권장한다. 듀얼 부팅 설치를 통해 사용자는 필요한 경우 사용 중인 운영체제를 재시작하고 부팅 메뉴에서 다른 운영체제를 선택해 윈도우와 리눅스를 번갈아가며 사용할 수 있다. 우분투 설치와 관련돼 해당 링크를 참고한다(https://itsfoss.com/install-ubuntu-1404-dual-boot-mode-windows-8-81-uefi/).

2. 나머지 단계에서는 리눅스를 사용하기 때문에 리눅스를 설치 및 설정해야 한다. 또한 코드를 생성하고 Simscape™ 디지털 트윈 모델을 컴파일하고자 MATLAB®을 리눅스에 설치한다. MATLAB®의 리눅스 설치 과정은 이 책의 범위를 벗어나기 때문에 다루지 않는다. MATLAB®의 리눅스 설치와 관련돼 해당 링크를 참고한다(https://www.cmu.edu/computing/software/all/matlab/).

3. 리눅스에서 MATLAB®을 실행하고 신규 폴더를 생성 후 그림 8.65와 같이 이전에 사용한 HEV 모델 Simscape™ 모델과 MAT 초기화 파일을 복사한다. 신규 폴더 **Digital_Twin_HEV_Model**은 8장 폴더 내에 생성된다.

4. Simscape™ HEV 모델을 실행하고 **Model › Configuration Parameters › Code Generation › System Target File** 내의 System Target File이 '*ert.tlc.*'로 설정돼 있는지 확인한다. 그림 8.66과 같이 모델에는 실제 차량 속도, 모터, 제너레이터 및 엔진 속도, 배터리 SoC 등에 대한 기준 차량 속도 입력 포트와 출력 포트를 추가한다. 그다음 그림 8.66에 하이라이트된 Simulink 모델 메뉴에서 '*Build*' 버튼을 클릭한다. 이제 모델이 업데이트되고 모델에서 '*C*' 소스코드를 생성하고 생성된 코드를 컴파일할 Makefile을 생성하고 코드를 컴파일하고 모델 로직에서 실행할 수 있는 애플리케이션을 생성한다. MATLAB®은 그림 8.67과 같이 해당 프로세스의 진행 상황을 보여 준다. 해당 작업이 리눅스 머신에서 실행되기 때문에 리눅스에서 실행할 수 있는 애플리케이션이 생성된다. C 코드는 작업 폴더 아래의 **Model_Name_ert_rtw**라는 폴더에 생성되며 실행 파일의 이름은 모델 이름과 동일하다. 모델 이름은 **HEV_Simscape_Digital_Twin.slx**이므로 생성된 코드는 **HEV_Simscape_Digital_Twin_ert_rtw**이며 생성된 애플리케이션 실행 파일은 **HEV_Simscape_Digital_Twin**이다. 그림 8.68은 코드 생성 폴더와 MATLAB® 작업 폴더의 실행 가능한 애플리케이션을 보여 준다.

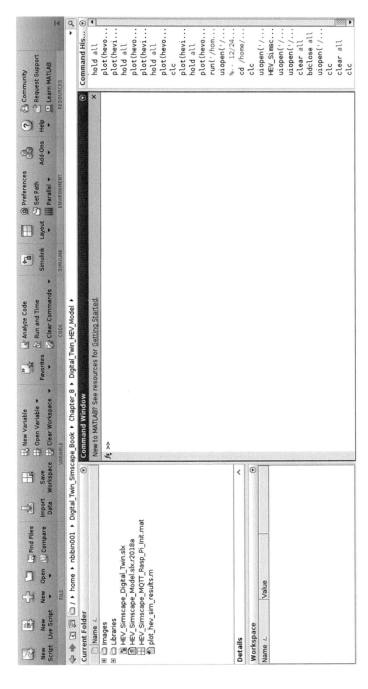

그림 8.65 Simscape™ HEV 모델 및 초기화 M 파일을 리눅스 MATLAB 폴더에 복사

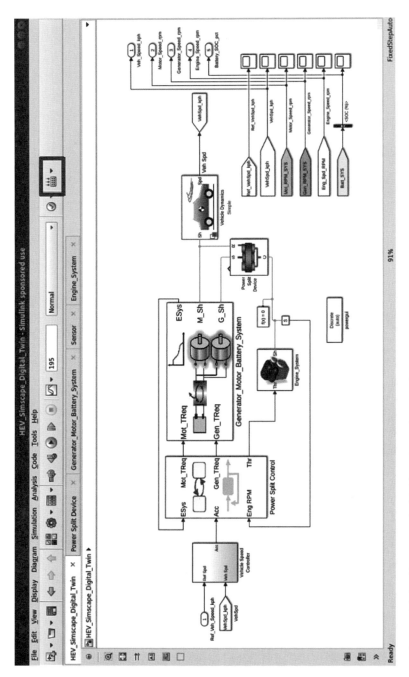

그림 8.66 디지털 트윈 codegen 및 컴파일을 위해 구성된 HEV 모델

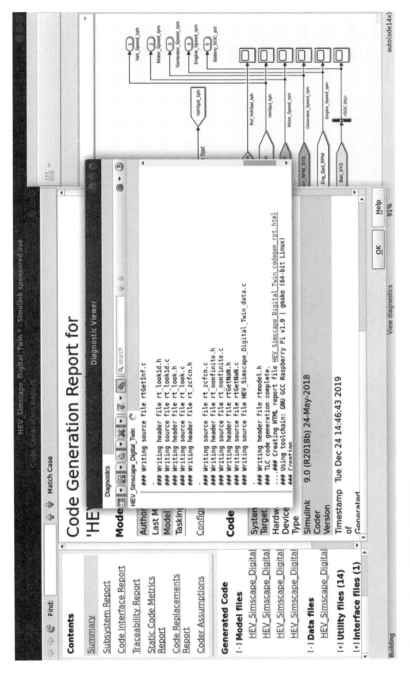

그림 8.67 모델 코드 생성 및 생성 프로세스

그림 8.68 생성된 코드 폴더 및 실행 가능한 애플리케이션

5. **HEV_Simscape_Digital_Twin_ert_rtw codegen** 폴더로 이동한 후 그림 8.69 와 같이 ert_main.c 파일을 더블클릭해 MATLAB®의 자체 편집기로 파일을 연다. 이미 알고 있듯이 '*C*' 코드 애플리케이션은 진입 함수인 **main()** 함수가 필요하며 해당 함수는 애플리케이션이 실행될 때 진입점^{entry point} 역할을 한다. MATLAB® Code Generator에서 생성된 **main()** 함수는 **ert_main.c** 파일에 포함된다.

6. ert_main.c 파일에는 두 가지 주요 함수가 포함된다. 그림 8.70 및 8.71과 같이 하나는 **main()**이고 다른 하나는 **rt_OneStep()** 함수다. 위에서 언급한 것과 같이 **main()**은 진입점 함수이며 해당 함수는 **Model_Name_initialize** 함수를 사용해 모델 상태를 초기화하고 **while loop** 상태를 유지한다. 따라서 애플리케이션이 실행되더라도 프레임워크에서는 아직 모델 로직을 실행하지 않고 있음을 알수 있다. 따라서 아래와 같이 다음 단계에서 **main()** 함수를 목적에 맞게 수정할 것이다. **rt_OneStep()** 함수는 **Model_Name_step (HEV_Simscape_Digital_Twin_step()** 함수를 호출한다. 해당 함수는 Simulink® 모델에서 구현된 실제 로직이 포함된다. **Model_step()** 함수가 입력을 수신하고 출력을 반환하고자 전역 데이터 구조를 사용한다는 것을 알 수 있다. MATLAB®에서 코드가 생성되면 사용자가 자신의 운영체제, 임베디드 대상 소프트웨어 또는 스케줄러 등과 함께 **Model_step()** 함수를 통합하고 애플리케이션 소프트웨어에서 **ert_main.c**를 사용하지 않기 때문에 **rt_OneStep()** 함수를 **main()** 함수에서 주석 처리한다. 해당 애플리케이션을 실행하고자 입력 데이터를 획득하고 애플리케이션을 실행한다. 해당 애플리케이션은 입력 데이터의 샘플을 포함하는 **Model_step()** 함수를 실행하고 출력을 얻은 다음 다른 샘플 데이터를 포함하는 애플리케이션을 다시 실행한다.

7. 이제 애플리케이션의 목적에 맞게 ert_main.c를 수정할 것이다. 리눅스 사용자 임시 폴더(/tmp)에서 '**hev_input.csv**' 입력 파일을 읽도록 main() 함수를 변경한다. /**tmp** 폴더는 AWS에서 접근할 수 있는 유일한 폴더이기 때문에 입력 및 출력 파일에 대해 /**tmp** 폴더가 사용된다. **hev_input.csv** 파일은 하드웨어 시스템에서 데이터를 수신하면 /**tmp** 폴더에 자동으로 생성되며, 추후 디지털 트윈 모델 및 오프보드 알고리듬을 AWS 클라우드에 배포할 때 해당 파일을 논의할 것

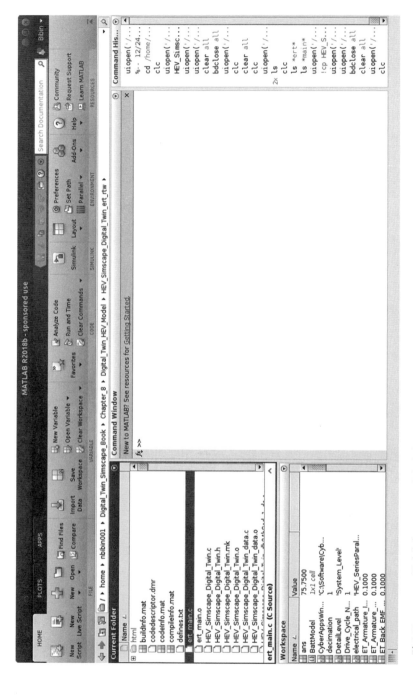

그림 8.69 codegen 폴더에서 ert_main.c 파일 선택

```
74    */
75   int_T main(int_T argc, const char *argv[])
76   {
77     /* Unused arguments */
78     (void)(argc);
79     (void)(argv);
80
81     /* Initialize model */
82     HEV_Simscape_Digital_Twin_initialize();
83
84     /* Simulating the model step behavior (in non real-time) to
85      *  simulate model behavior at stop time.
86      */
87     while ((rtmGetErrorStatus(HEV_Simscape_Digital_Twin_M) == (NULL)) &&
88            !rtmGetStopRequested(HEV_Simscape_Digital_Twin_M)) {
89       rt_OneStep();
90     }
91
92     /* Disable rt_OneStep() here */
93
94     /* Terminate model */
95     HEV_Simscape_Digital_Twin_terminate();
96     return 0;
97   }
98
99   /*
100   * File trailer for generated code.
101   *
102   * [EOF]
```

그림 8.70 ert_main.c의 main() 함수

```
38   void rt_OneStep(void)
39   {
40     static boolean_T OverrunFlag = false;
41
42     /* Disable interrupts here */
43
44     /* Check for overrun */
45     if (OverrunFlag) {
46       rtmSetErrorStatus(HEV_Simscape_Digital_Twin_M, "Overrun");
47       return;
48     }
49
50     OverrunFlag = true;
51
52     /* Save FPU context here (if necessary) */
53     /* Re-enable timer or interrupt here */
54     /* Set model inputs here */
55
56     /* Step the model for base rate */
57     HEV_Simscape_Digital_Twin_step();
58
59     /* Get model outputs here */
60
61     /* Indicate task complete */
62     OverrunFlag = false;
63
64     /* Disable interrupts here */
65     /* Restore FPU context here (if necessary) */
66     /* Enable interrupts here */
67   }
```

그림 8.71 ert_main.c의 rt_OneStep() 함수

이다. 해당 입력 파일은 HEV 모델을 실행하는 경우 0.1초마다 데이터 샘플당 한 줄씩 5초 동안 라즈베리 파이 하드웨어에서 수집된 실제 데이터를 포함한다. 첫 번째 5초가 지난 후에 파일에는 총 50개의 항목이 포함된다. 다음 5초 동안의 데이터가 **hev_input.csv** 파일에 추가되므로 10초 후에는 100개의 항목 파일에 포함된다. HEV 디지털 트윈 모델을 테스트하고자 HEV 데스크톱 시뮬레이션 모델을 실행하고 출력 작업 공간을 Mat 파일에 저장한 후 시뮬레이션 출력 데이터가 포함된 **hev_input.csv** 입력 파일을 생성한다.

8. 먼저 **ert_main.c**에 그림 8.72와 같이 신규 작성한 **Parse_CSV_Line() C** 함수가 추가돼 **hev_input.csv** 파일의 행을 읽고 각 행의 콤마 구분자^{delimiter comma}를 기준으로 값을 분할한다. 해당 함수를 **main()** 함수 위에 추가한다. 기본적으로 해당 함수는 기준 차량 속도, 실제 차량 속도, 모터, 제너레이터 엔진 속도, 배터리 SoC, 카운트 변수에 대한 개별 신호를 분할해 반환한다.

9. 코드의 일부를 추가해 **path/tmp/hev_input.csv**에서 **hev_input.csv** 파일을 열고 실제 기준 차량 속도를 Ref_Veh_Speed_kph[] 배열로 읽는다. 해당 코드는 그림 8.73과 같이 main() 함수 내부에 포함돼야 한다.

10. **ert_main.c**의 **main()** 함수에서 **while()** 무한 루프 함수를 제거한다. **Model_step()** 함수는 명시적으로 호출되기 때문에 **while()** 루프는 필요하지 않다. 또한 **HEV_Simscape_Digital_Twin_step()** 단계 함수를 호출하고자 입력 파일의 라인 수에 대한 루프를 실행한다. 입력 배열 값은 전역 입력 데이터 구조 **HEV_Simscape_Digital_Twin_U.Ref_Veh_Speed_kph**에 할당된다. 출력은 전역 데이터 구조 **HEV_Simscape_Digital_Twin_Y**에 저장된다. 해당 구조 정의는 **HEV_Simscape_Digital_Twin.c** 파일에서 찾을 수 있다. 그림 8.74와 같이 hev_output.csv 출력 파일은 디지털 트윈 모델이 실행될 때 수집된 입력 및 출력과 함께 /tmp 폴더에 생성된다.

11. ert_main.c 파일에 대한 수정이 완료됐다. 파일을 저장하고 닫는다. **HEV_Simscape_Digital_Twin_ert_rtw** 폴더에서 `HEV_Simscape_Digital_Twin.mk.` Makefile 확장자를 찾는다. MATLAB 명령 프롬프트에서 *!cp HEV_Simscape_Digital_Twin.mk Makefile* 리눅스 명령어를 사용해 해당 파일을

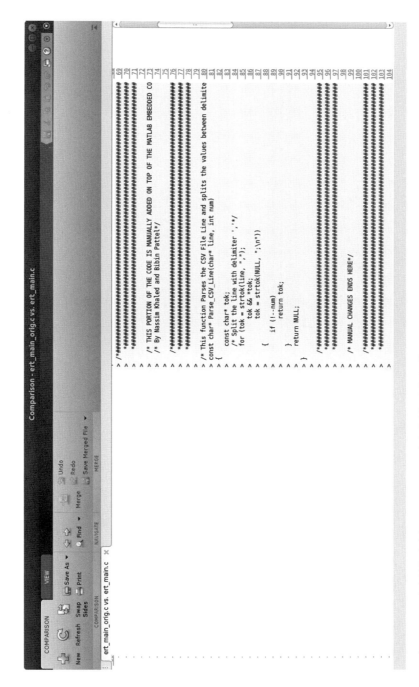

그림 8.72 CSV 파일 행을 파싱하고 hev_input.csv 입력 파일을 가져오는 함수

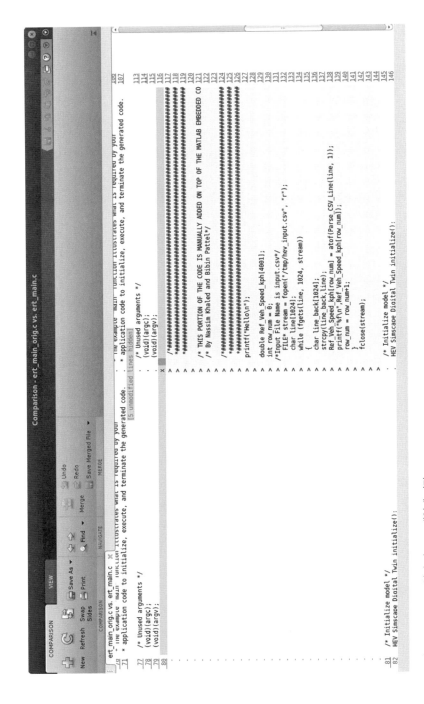

그림 8.73 input.csv 읽기 및 input 배열에 저장

318

```
87   while ((rtmGetErrorStatus(HEV_Simscape_Digital_Twin_M) == (NULL)) &&
88          !rtmGetStopRequested(HEV_Simscape_Digital_Twin_M)) {
89     rt_OneStep();
.
.
.
90   }
91
92   /* Disable rt_OneStep() here */
93
```

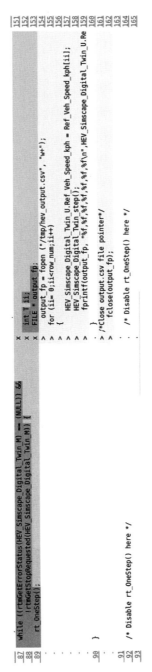

```
151    int T ii;
152    FILE * output_fp;
153
154    output_fp = fopen ("/tmp/hev_output.csv", "w+");
155    for (ii= 0;ii<row_num;ii++)
156    {
157      HEV_Simscape_Digital_Twin_U.Ref_Veh_Speed_kph = Ref_Veh_Speed_kph[ii];
158      HEV_Simscape_Digital_Twin_step();
159      fprintf(output_fp, "%f,%f,%f,%f,%f\n",HEV_Simscape_Digital_Twin_U.Re
160
161    }
162    /*Close output.csv file pointer*/
163    fclose(output_fp);
164
165    /* Disable rt_OneStep() here */
```

그림 8.74 ert_main.c에서 while() loop 제거 및 모델 단계 함수 호출

Makefile이라는 신규 파일에 복사한다. 리눅스 명령어 윈도우에서도 '!' 없이 동일한 작업을 수행할 수 있다. '!'는 MATLAB 명령어 윈도우에서 해당 명령어가 운영체제 명령어라는 것을 알려 준다. ert_main.c 파일을 수정했기 때문에 *!rm ert_main.o* 명령어를 사용해 이전에 생성된 object file ert_mian.o를 삭제한다. **!make -f Makefile** 명령어를 사용해 실행할 수 있는 애플리케이션을 다시 생성한다. **ert_main.c** 파일만 수정되고 다른 모든 파일은 동일하기 때문에 **make** 명령어는 **ert_mian.c**만 재컴파일한다. 이번 단계에서 수행한 모든 명령어와 출력은 그림 8.75에서 확인할 수 있다. 재컴파일된 실행할 수 있는 애플리케이션 **HEV_Simscape_Digital_Twin**은 그림 8.76에서 확인할 수 있다.

12. 실행할 수 있는 애플리케이션을 테스트하기 위한 간단한 MATLAB® 기반 프로그램을 생성한다. MATLAB® 프로그램은 호스트 컴퓨터에서 시뮬레이션을 실행해 수집한 HEV 데스크톱 시뮬레이션 데이터를 사용하며, 마치 실제 하드웨어에서 실시간으로 생성되는 것처럼 '**hev_input.csv**' 파일을 /tmp 폴더에 복사하고, **hve_input.csv**의 기준 차량 속도 데이터를 포함하는 실행할 수 있는 애플리케이션을 호출하고, /tmp 폴더 아래에 '**hev_output.csv**' 파일을 생성한다. 그다음 MATLAB® 프로그램은 '**https_output.csv**' 파일을 확인해 예측된 신호 값을 가져오고, 실제 데이터와 예측 데이터 사이에 RMSE를 계산하고, 각 신호에 대한 플롯plot을 생성하고, 플롯 간의 오류를 표시하며, 실제값과 예측값 사이의 RMSE를 계산해 보고한다. 아래의 MATLAB® 프로그램을 확인한다. HEV_Simscape_Model_Sim_Results.mat Mat 파일은 호스트 컴퓨터에서 모델 시뮬레이션을 실행한 후 MATLAB 작업 공간을 저장하면 생성된다. 해당 데이터는 '**hev_input. csv**' 파일을 만드는 데 사용된다.

```
% Book Title: Digital Twin Developent and Deployment On Cloud Using Matlab
% Simscape
% Chapter 8
% Authors: Nassim Khaled and Bibin Pattel
% Last Modified 12/14/2019
%%
% Create input file from the simulation data
% Load the Simulation Data
```

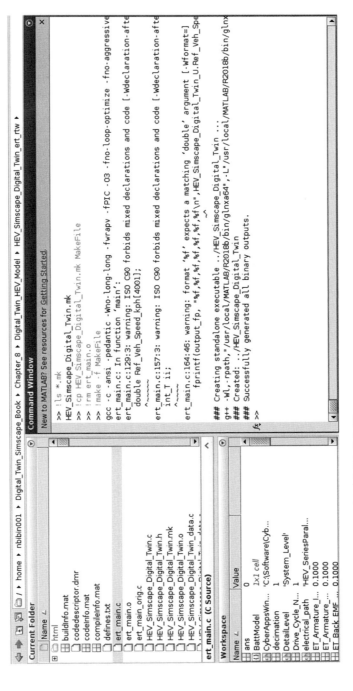

그림 8.75 업데이트된 ert_mian.c로 애플리케이션 재컴파일

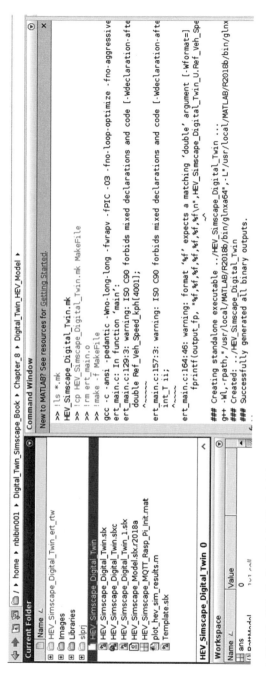

그림 8.76 실행 가능한 애플리케이션 재컴파일

```
clc
clear all
load HEV_Simscape_Model_Sim_Results.mat
fid = fopen('hev_input.csv','wþ');
for i =1:1951
fprintf(fid,'%s,%s,%s,%s,%s,%s,%s\n',
num2str(Ref_VehSpd_kph(i,2)),num2str(VehSpd_kph(i,2)),
       num2str(Motor_Speed_rpm(i,2)),
num2str(Generator_Speed_rpm(i,2)),num2str(Engine_Speed_rpm(i,2)),
       num2str(Battery_SOC_pct(i,2)),num2str(i-1));
end
fclose(fid);
% Copy the hev_input.csv file to the /tmp folder
!cp hev_input.csv /tmp
pause(1)
% Run the Digital Twin HEV Compiled Model
!./HEV_Simscape_Digital_Twin
pause(1)
% Digital Twin Model creates the output file hev_output.csv.Copy that
file
% to the current folder
!cp /tmp/hev_output.csv .
pause(1);
%%
actual_data = csvread('hev_input.csv');
model_predicted_data = csvread('hev_output.csv');
% Loop through to plot and calculate the RMSE
% i = 1 for Reference Vehicle Speed
% i = 2 for Actual Vehicle Speed
% i = 3 for Motorator Speed
% i = 5 for Engir Speed
% i = 4 for Genene Speed
% i = 6 for Battery SoC
title1 = {'Reference Vehicle Speed','Actual Vehicle Speed','Motor
Speed','Generator Speed','Engine Speed','Battery SoC'};
title2 = {'Reference Vehicle Speed Error','Actual Vehicle Speed
Error','Motor Speed Error','Generator Speed Error','Engine Speed
Error','Battery SoC Error'};
for i =1:6
  % Plot the individual signals Actual Vs Predicted
    figure(1);
    subplot(320 þi)
    plot(actual_data(:,i),'linewidth',2);
    hold all
    plot(model_predicted_data(:,i),'--','linewidth',2);
```

```
   title(title1{i},'Fontsize',18);
% Plot the Corresponding Signal Errors Actual - Predicted
   figure(2);
   Error = actual_data(:,i) - model_predicted_data(:,i);
   subplot(320þi)
   plot(Error,'linewidth',2);
   title(title2{i},'Fontsize',18);
% Calculate the Root Mean Squared for Error for Each Signal
   Squared_Error = Error. ~ 2;
   Mean_Squared_Error = mean(Squared_Error);
   Root_Mean_Squared_Error(i) = sqrt(Mean_Squared_Error);
end
figure(1)
legend('Actual Data','Predicted Data');
figure(2)
legend('Error Between Actual Data and Predicted Data');
Root_Mean_Squared_Error
```

13. 그림 8.77 MATLAB® 테스트 스크립트에서 생성된 'hev_input.csv' 파일을 보여 준다. 첫 번째 열은 기준 차량 속도, 두 번째 열은 실제 차량 속도, 세 번째, 네 번째, 다섯 번째 열은 각각 모터, 제너레이터, 엔진 속도이며, 여섯 번째 열은 배터리 SoC, 마지막 열은 카운트 변수다.

14. 그림 8.78 및 8.79는 실제 HEV 신호와 디지털 트윈에서 예측한 HEV 신호를 비교하는 MATLAB® 테스트 스크립트에서 생성된 플롯을 보여 주며 에러를 계산한다. 그림 8.80은 실제 및 디지털 트윈 예측값 사이의 RMSE 값을 보여 준다. 실제와 디지털 트윈에서 예측한 신호는 대부분 일치하지만, 제너레이터 속도와 엔진 속도의 경우 일부 편차로 인해 RMSE 신호가 예상보다 높을 수 있다. 이상적으로는, 동일한 데이터로 동일한 모델을 실행하고 있기 때문에 RMSE 값이 0에 가까울 것으로 예상한다. 몇몇 포인트에서 발생되는 불일치의 원인을 실제로 밝혀내기는 어렵다.

15. 이제 엔진 서브시스템으로 통하는 스로틀이 값 0의 게인Gain 블록을 통해 연결되는 데스크톱 시뮬레이션 모델을 사용해 12단계를 반복한다. 해당 모델은 기본적으로 엔진 시스템이 항상 0의 스로틀 값을 갖게 한다. 스로틀 장애를 생성하는 여러 가지 방법이 있지만 이번 예시에서는 해당 방법을 통해 스로틀 장애 조건을 충족한다. 스로틀 장애에 대한 자세한 내용은 그림 8.81을 참고한다. 데스크

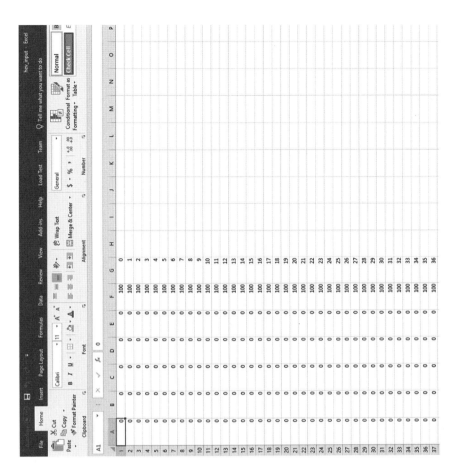

그림 8.77 MATLAB 테스트 스크립트에서 생성된 hev_input.csv 파일

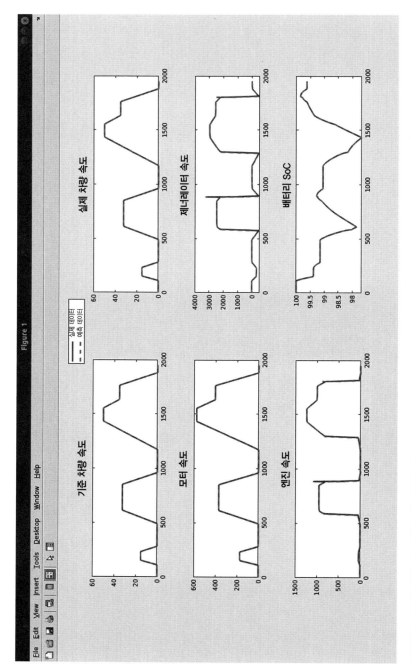

그림 8.78 HEV의 실제 및 디지털 트윈 예측값 비교

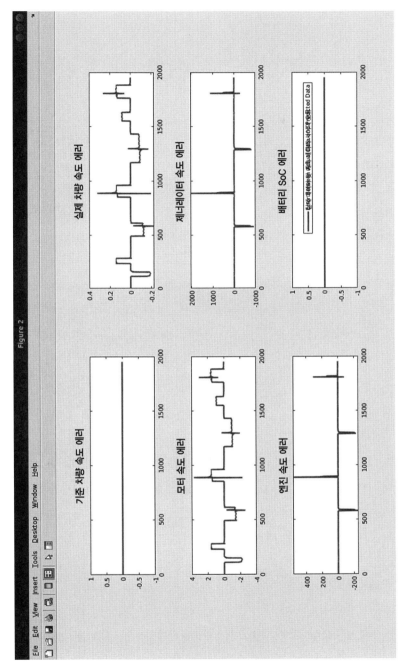

그림 8.79 HEV의 실제 및 디지털 트윈 예측값 사이의 에러

```
>> Root_Mean_Squared_Error

Root_Mean_Squared_Error =

        0    0.0749    0.8612    110.0032    30.6989    0.9114
```

그림 8.80 6개 신호의 RMSE 값

톱 호스트 시스템 시뮬레이션을 실행한 후 Mat 파일을 저장하고 위에서 사용한 MATLAB 프로그램에 로드한 후 실행한다.

16. MATLAB 코드가 실행될 때 입력 기준 속도는 데스크톱 시뮬레이션 모델과 디지털 트윈 모델 모두에서 동일하지만 데스크톱 시뮬레이션 모델의 경우 엔진 시스템의 스로틀이 0이 된다. 하지만 디지털 트윈 모델은 스로틀을 인식하지 못한다. 따라서 스로틀 장애가 없는 것처럼 예측하고 실제 신호와 예측된 신호를 비교하고 신호의 RMSE를 계산한다. 계산 결과는 그림 8.82~8.84에서 확인할 수 있다. 스로틀 장애가 발생하더라도 차량 속도 기준은 여전히 배터리 및 모터의 전력으로 충족된다. 엔진, 발전기, 배터리 SoC 신호는 예상값과 매우 달라지며 해당 값은 RMSE 계산에 반영된다. 따라서 RMSE 값을 특정 임계값과 비교해 스로틀 장애 조건을 탐지할 수 있다.

8.9 디지털 트윈 하이브리드 전기차 시스템 모델 클라우드에 배포

8.9절에서는 HEV 디지털 트윈 모델의 컴파일된 실행 파일과 진단 알고리듬을 AWS 클라우드에 배포한다. 또한 SNS^Simple Notification Service, AWS 람다 함수, Amazon S3 버킷^Bucket의 세 가지 AWS를 구성하고 사용한다. SNS는 가입자에게 텍스트/이메일 메시지를 보내고자 사용되며 가입자의 세부 정보를 설정할 수 있다. SNS의 토픽을 생성하고 휴대폰 번호, 이메일 ID 등과 같은 가입자 정보를 추가한 후 토픽 이벤트가 트리거되면 가입자에게 알람이 전송된다. AWS 람다는 개발 및 배포 가능한 특정 코드를 실행하는 이벤트 기반 서버리스 컴퓨팅 플랫폼이다. 코드는 특정 이벤트에 대한 응답으로 실행되며, 이번 예시에서는 라즈베리 파이에서 데이터를 수신할 때 AWS IoT Core에 의해 이벤트가 트리거된다. Amazon S3 버킷은 라즈베리 파이 하드웨어에서 수신된 데이터를 저장하는

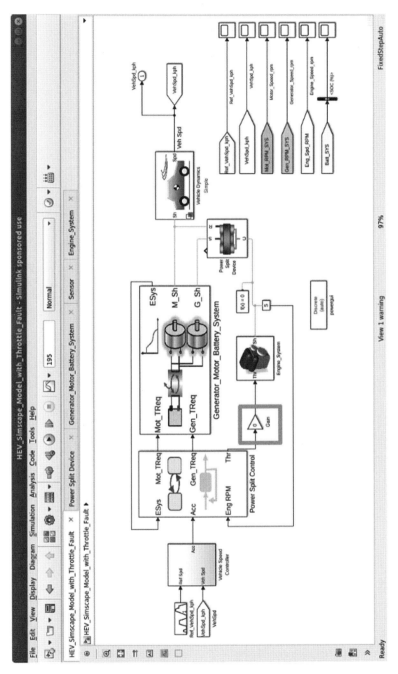

그림 8.81 스로틀 장애가 포함된 호스트 컴퓨터 시뮬레이션 모델

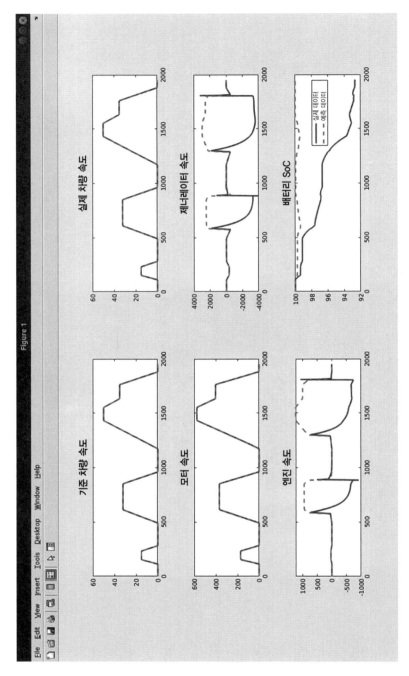

그림 8.82 스로틀 장애가 있는 HEV의 실제 및 디지털 트윈 예측값 비교

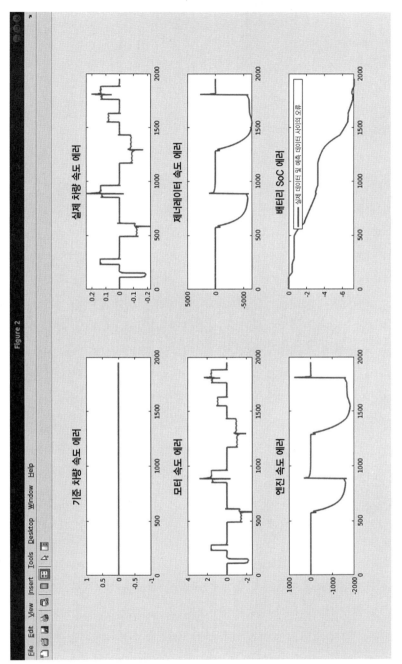

그림 8.83 스로틀 장애가 있는 HEV의 실제 및 디지털 트윈 예측값 사이의 오류

```
>> Root_Mean_Squared_Error

Root_Mean_Squared_Error =

   1.0e+03 *

        0    0.0001    0.0009    3.4804    0.9667    0.0041
```

그림 8.84 스로틀 장애가 있는 6개 통신 신호의 RMSE 값

수단으로 사용된다. HEV 시스템 시뮬레이션/실행은 초기 조건 및 상태에 따라 좌우되기 때문에 하드웨어에서 데이터를 수신할 때마다 정확히 동일한 상태로 모델을 5초마다 초기화해야 한다. 이렇게 해도 되지만 복잡도가 증가한다. 따라서 하드웨어에서 수신한 모든 데이터 기록을 보관하고 디지털 트윈 모델을 사용할 때마다 처음부터 전체 입력 데이터를 포함한다. 해당 작업을 통해 상태 초기화 문제를 해결할 수 있다. 초기 조건은 하드웨어와 디지털 트윈 모델이 동일하므로 동일한 입력에 대해 하드웨어와 디지털 트윈 모델은 결함 조건이 없는 경우 동일하게 작동해야 한다. 람다 함수에는 메모리 또는 데이터를 저장할 수 없기 때문에 아마존 S3 버킷을 사용해 이전 데이터를 저장한다. 해당 서비스에 대한 자세한 내용은 AWS 문서를 참고한다. 그림 8.85는 AWS IoT 코어가 파이썬으로 작성된 람다 함수를 트리거해 디지털 트윈 모델을 실행한 후 오프보드 알고리듬을 실행해 진단 결정을 내리고 SNS 서비스를 트리거해 오프보드 알고리듬 결과를 사용자에게 알리는 전반적인 다이어그램이다. 람다 함수는 실행될 때마다 데이터를 저장 및 검색하고자 아마존 S3 버킷과 연동된다. 먼저 SNS 설정을 아래와 같이 진행한다.

1. AWS 관리 콘솔^{Management Console}에서 SNS을 검색한 후 그림 8.86과 같이 선택한다.

2. 그림 8.87과 같이 **_Create Topic_** 버튼을 클릭한다.

3. 토픽 생성 폼에서 이름을 설정한다. 예시에서는 **digital_twin_topic**으로 설정한다. 또한 SMS 및 이메일에 표시될 Display name을 설정한다. **Create topic** 버튼을 클릭하면 그림 8.88과 같이 신규 SNS 토픽 생성을 완료한다.

4. 신규 생성된 토픽은 그림 8.89와 같다. 해당 토픽에 대한 텍스트 및 이메일 구독을 생성해야 한다. 그림 8.89와 같이 Create subscription 버튼을 클릭한다. 토픽 ARN을 기록해 둔다. 추후 람다 함수에서 SNS와 연동할 때 사용된다.

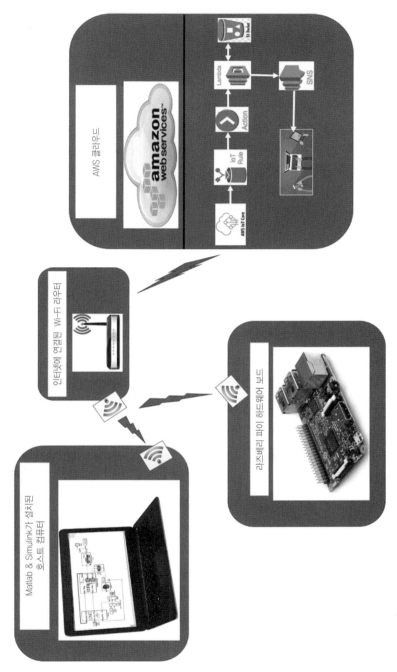

그림 8.85 디지털 트윈 배포 개요 다이어그램

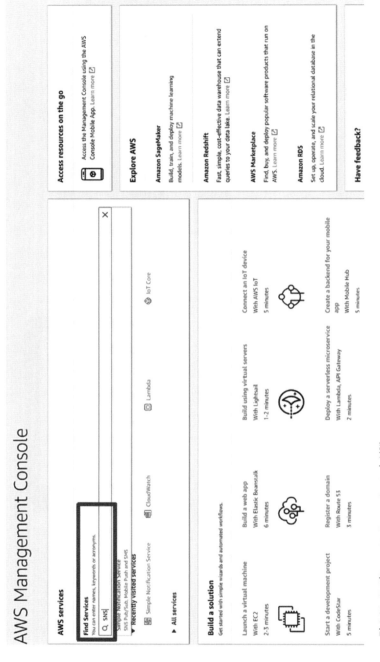

그림 8.86 SNS(Simple Notification Service) 실행

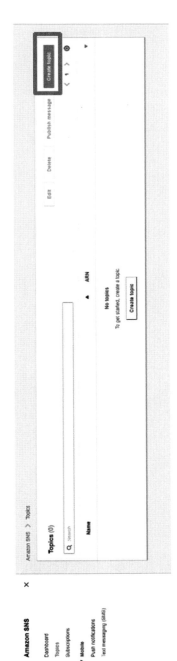

그림 8.87 SNS 토픽 생성

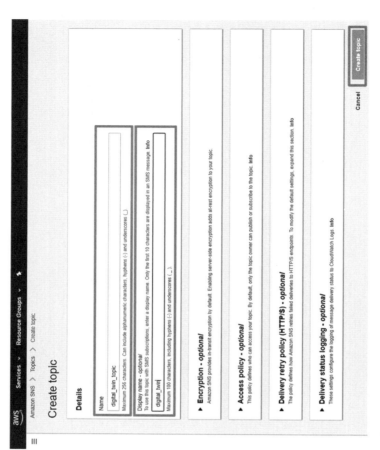

그림 8.88 신규 SNS 토픽 상세 설정

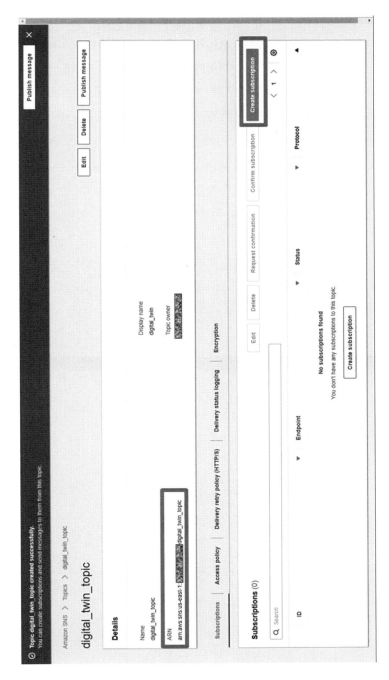

그림 8.89 신규 생성된 SNS 토픽

5. 신규 *Create subscription* 폼에서 먼저 텍스트 구독을 위한 SMS 프로토콜을 입력하고 +로 시작하는 휴대폰 번호와 국가 코드를 입력한 후 *Create subscription* 버튼을 클릭한다. 예를 들어 미국의 경우 **+1<10자리 휴대폰 번호>**다. SMS 구독이 생성되면 드롭 다운Drop down 메뉴에서 이메일 구독을 생성하고자 동일한 Create subscription 버튼을 사용해서 알림을 받을 이메일 ID를 입력한다. 텍스트 및 이메일 구독에 대한 자세한 내용은 그림 8.90~8.92를 확인한다.

6. 생성된 구독 설정은 그림 8.93과 같이 **Subscriptions** 메뉴 하단에 Pending confirmation 상태로 보인다. 구독을 생성하면 AWS는 자동으로 구독 확인 링크와 함께 설정된 이메일 주소로 이메일을 전송한다. 해당 이메일을 확인하고 구독 확인 링크를 클릭한다.

7. 이메일의 링크를 클릭하면 Subscription Confirmation 메시지 윈도우가 표시되며 AWS SNS의 Subscriptions 메뉴에서 SMS 및 이메일 구독이 모두 Confirmed 상태로 표시된다. 그림 8.94 및 8.95를 확인한다. Topic ID의 체크박스를 선택하

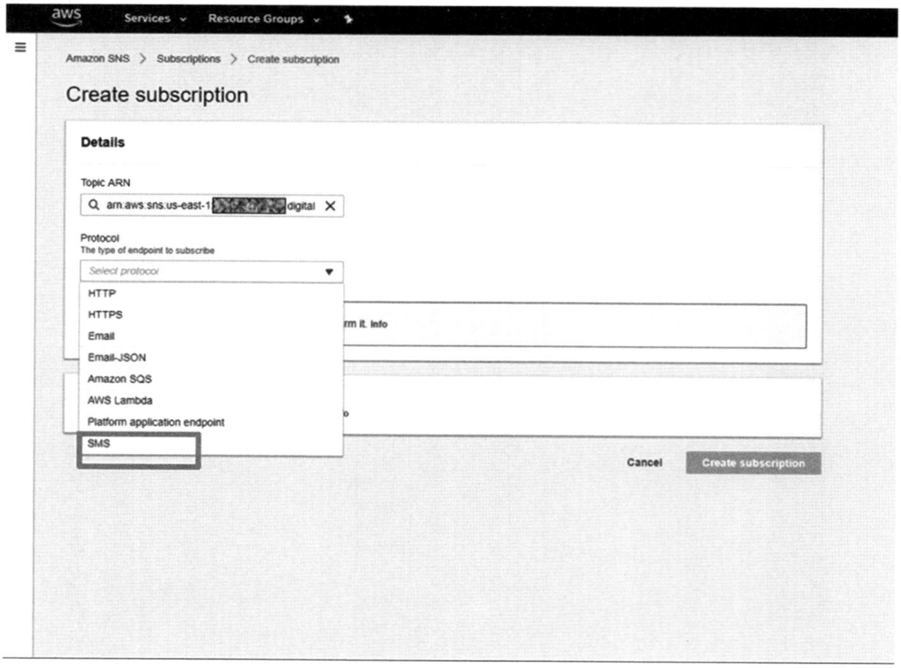

그림 8.90 SNS 토픽의 구독 생성

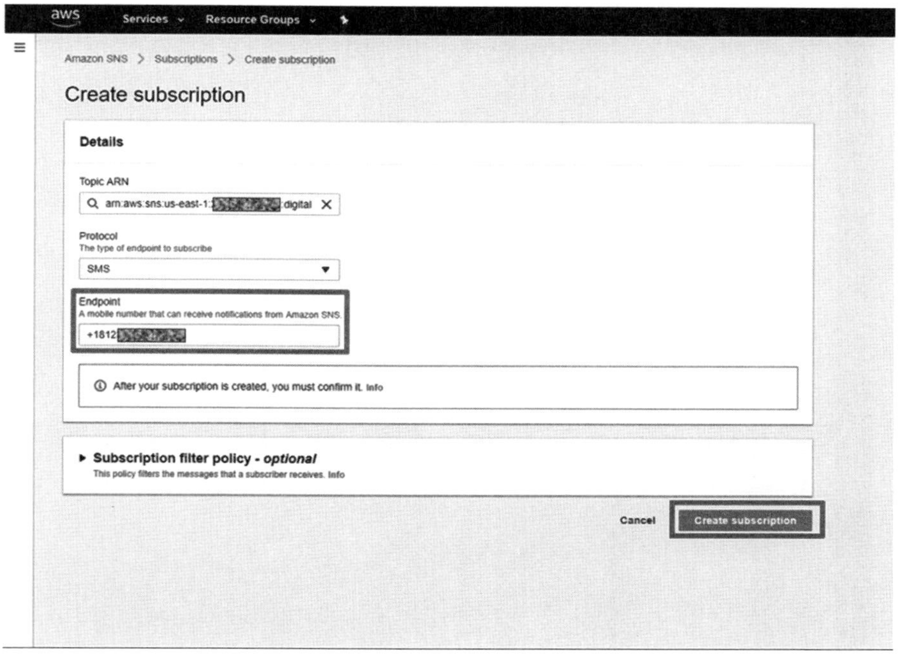

그림 8.91 텍스트/SMS 구독 생성

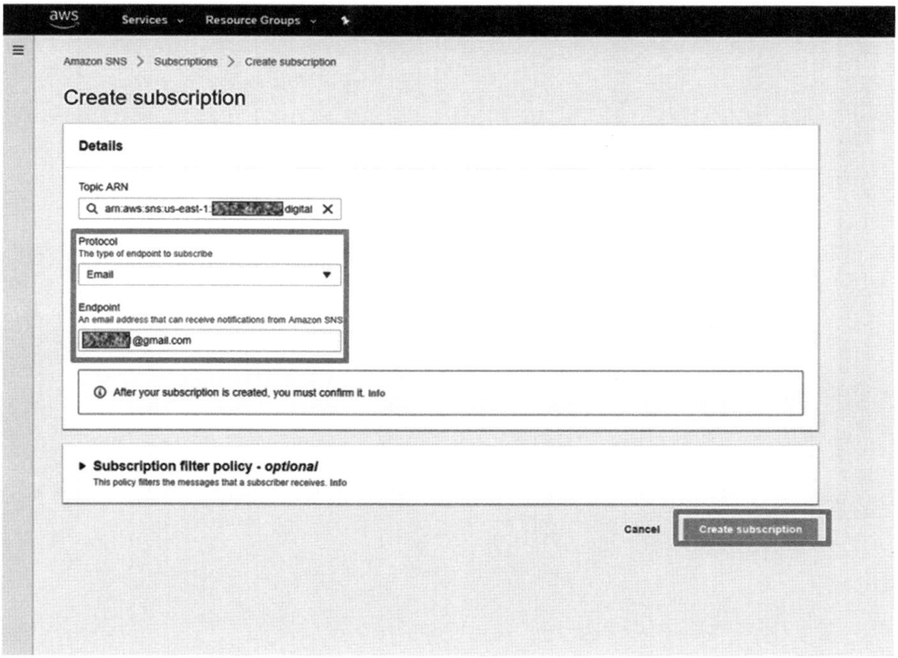

그림 8.92 이메일 구독 생성

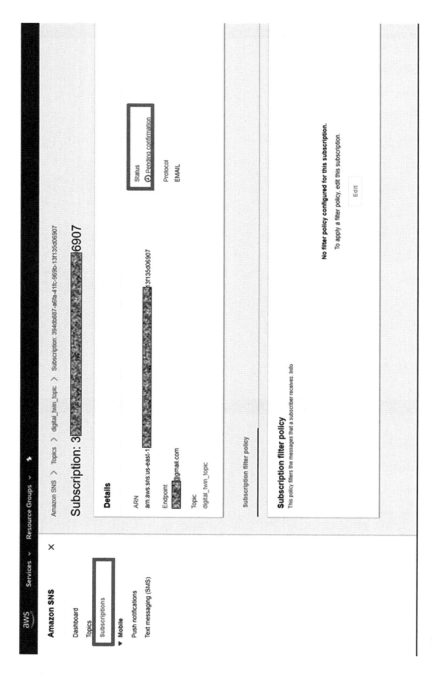

그림 8.93 Pending subscription

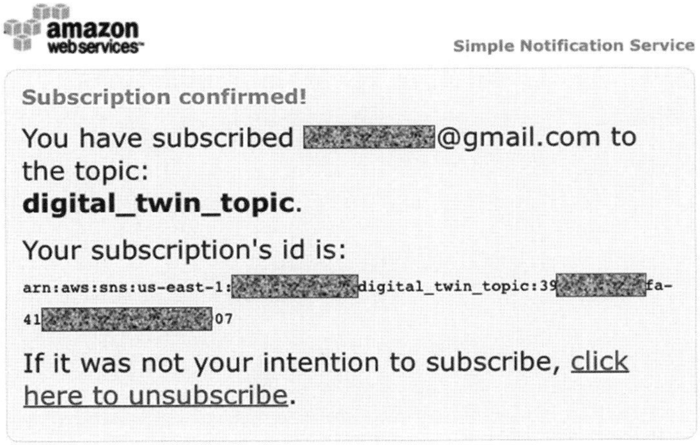

Simple Notification Service

Subscription confirmed!

You have subscribed ███████@gmail.com to
the topic:
digital_twin_topic.

Your subscription's id is:

arn:aws:sns:us-east-1:███████████digital_twin_topic:39██████fa-
41███████████07

If it was not your intention to subscribe, <u>click
here to unsubscribe</u>.

그림 8.94 구독 승인

고 그림 8.95에서 하이라이트된 ***Publish message*** 버튼을 클릭해 신규 생성된 토픽을 테스트할 수 있다. 신규 폼에서 메시지 본문을 작성하고 발행한다. 선택한 Topic ID에 따라 텍스트 또는 이메일이 발송된다.

8. 디지털 트윈 모델, 오프보드 알고리듬을 실행하기 위한 AWS 람다 함수를 설정하고 위에서 설정한 SNS 서비스를 사용해서 사용자에게 알람을 전송한다. AWS 관리 콘솔에서 그림 8.96과 같이 람다를 검색하고 람다 서비스를 선택한다.

9. AWS 람다 콘솔에서 그림 8.97과 같이 ***Create function*** 버튼을 클릭한다.

10. 파이썬 프로그래밍 언어를 사용해서 람다 함수를 개발하고 배포한다. Node js 등과 같은 다른 프로그래밍 언어도 사용할 수 있으며 사용자의 전문 지식에 따라 ***Create function*** 폼에서 다른 언어 옵션을 선택할 수 있다. 신규 람다 함수의 이름을 hev_digital_twin으로 설정하고 **Python 3.7**을 ***RunTime***으로 설정한 후 그림 8.98 및 8.99와 같이 ***Create function*** 버튼을 클릭한다.

11. AWS는 그림 9.174와 같이 신규 디폴트 템플릿 함수를 생성한다.

12. 신규 람다 함수 윈도우 하단에, 람다 함수에 대한 권한permissions을 설정할 수 있는 옵션이 존재한다. 그림 8.100과 같이 메뉴를 드롭다운해 '**Create a new role from AWS policy templates**'를 선택한다. 람다 함수가 이전 단계에서 생성하

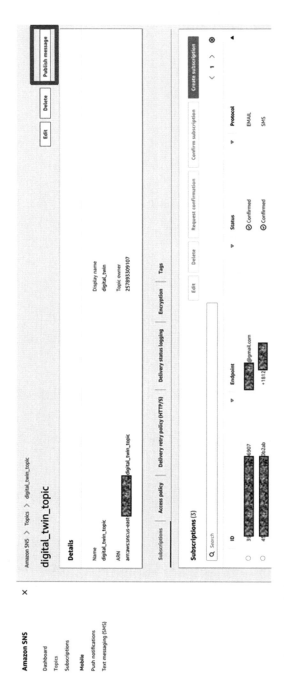

그림 8.95 구독 승인

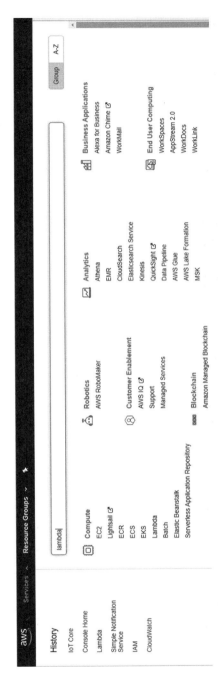

그림 8.96 AWS 람다 함수 실행

그림 8.97 람다 함수 생성

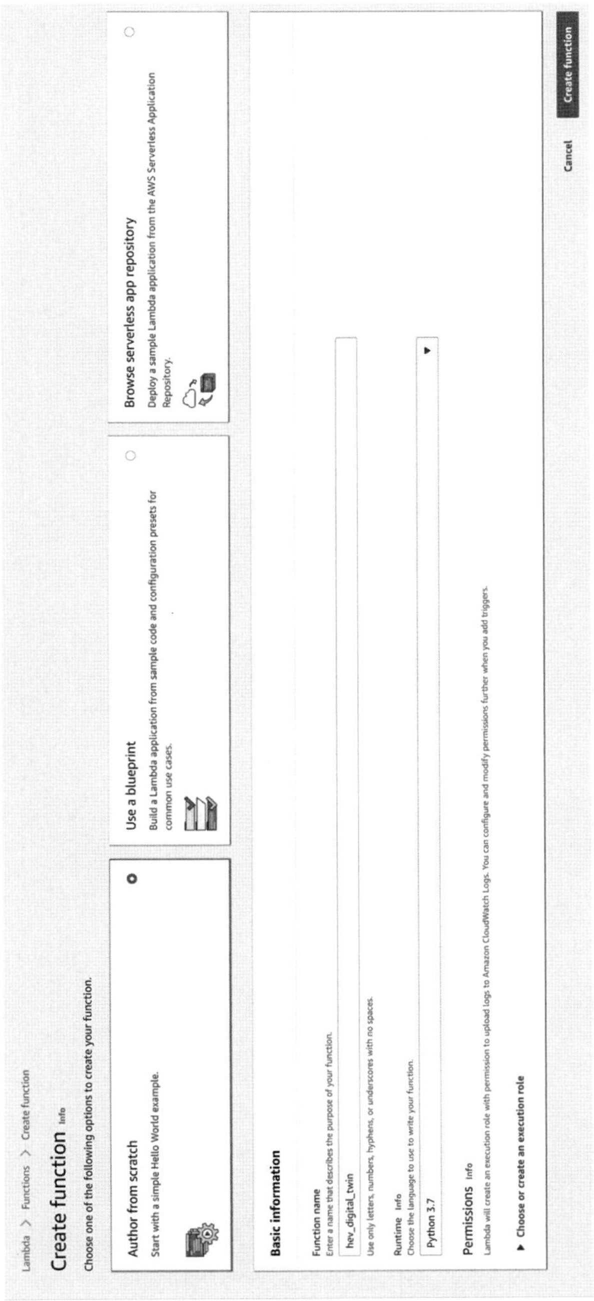

Lambda > Functions > Create function

Create function Info

Choose one of the following options to create your function.

Author from scratch

Start with a simple Hello World example.

Use a blueprint

Build a Lambda application from sample code and configuration presets for common use cases.

Browse serverless app repository

Deploy a sample Lambda application from the AWS Serverless Application Repository.

Basic information

Function name

Enter a name that describes the purpose of your function.

hev_digital_twin

Use only letters, numbers, hyphens, or underscores with no spaces.

Runtime Info

Choose the language to use to write your function.

Python 3.7

Permissions Info

Lambda will create an execution role with permission to upload logs to Amazon CloudWatch Logs. You can configure and modify permissions further when you add triggers.

▶ **Choose or create an execution role**

Cancel   Create function

그림 8.98 신규 람다 함수 상세 설정

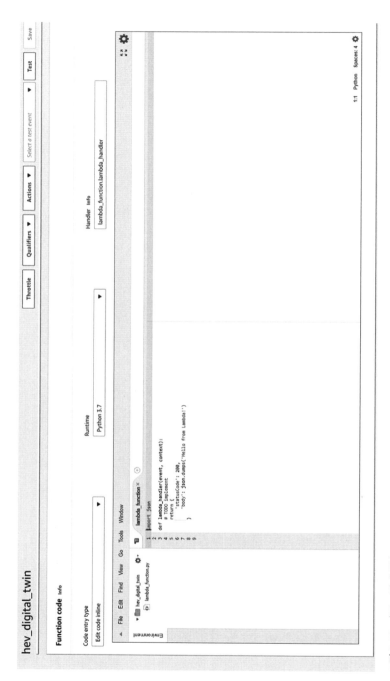

그림 8.99 디폴트 람다 함수 코드

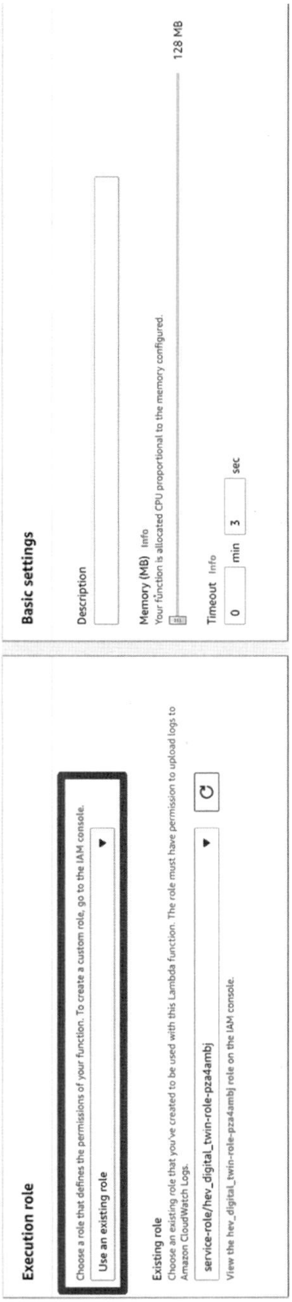

Execution role

Choose a role that defines the permissions of your function. To create a custom role, go to the IAM console.

Use an existing role ▶

Existing role
Choose an existing role that you've created to be used with this Lambda function. The role must have permission to upload logs to Amazon CloudWatch Logs.

service-role/hev_digital_twin-role-pza4ambj ▶

↻

View the hev_digital_twin-role-pza4ambj role on the IAM console.

Basic settings

Description

Memory (MB) Info
Your function is allocated CPU proportional to the memory configured.
⌨   128 MB

Timeout Info
0   min   3   sec

그림 8.100 Execution role 생성

고 설정한 SNS 토픽에 메시지를 발송하도록 설정할 것이다. 람다 함수는 명시적으로 권한을 갖고 있어야 하며 그렇지 않은 경우 SNS 서비스와 연동되지 않는다.

13. 4단계의 프로세스를 가진 신규 **Create role** 폼이 표시된다. 먼저 그림 8.101과 같이 *AWS service* 옵션을 선택하고 *Next: permissions* 버튼을 클릭한다.

14. 두 번째 단계에서는 그림 8.102 및 8.103과 같이 *Filter policies* 검색 윈도우에서 SNS와 S3를 검색하고 *AmazonSNSFullAccess* 및 *AmazonS3FullAccess* 정책을 선택한 후 *Next: Tags* 버튼을 클릭한다.

15. Tags 단계에서 태그를 추가하거나 건너뛸 수 있다.

16. 마지막 단계는 Review이며 그림 8.104와 같다. Review 윈도우에서 Role 이름을 *hev_digital_twin_role*로 설정한다. 다른 이름을 사용할 수도 있다. 이전 단계에서 선택한 *AmazonSNSFullAccess* 및 *AmazonS3FullAccess* 정책이 해당 Role과 연동돼 있음을 알 수 있다. 해당 Role을 람다 함수에 할당해 SNS 및 S3 Bucket 서비스에 대한 람다 함수 접근 권한을 제공하고 토픽에 대한 텍스트/이메일을 발송과 필요한 경우 저장 및 데이터 검색을 제공한다. *Create role* 버튼을 클릭해 Role 생성을 완료한다.

17. 신규 Role이 생성되고 AWS IAM^Identity and Access Management 서비스 하단에 표시된다. 해당 신규 Role은 그림 8.105 및 8.106과 같이 IAM 콘솔 하단에 표시된다.

18. 신규 Execution Role이 생성되면 AWS 람다 함수 콘솔로 돌아가서 람다 함수 하단에 이전에 생성한 람다 함수에서 '*Use an existing role*' 옵션을 선택하고 *hev_digital_twin_role*을 선택한다. 사용자가 다른 이름을 설정한 경우 해당 이름을 선택해야 한다. 자세한 내용은 그림 8.107을 참고한다.

19. 상단의 *Save* 버튼을 클릭해 그림 8.108과 같이 람다 함수를 저장한다.

20. 다음 단계는 람다 함수에 트리거를 추가해 언제 람다 함수를 수행할지 결정하는 것이다. 그림 8.109와 같이 Add trigger 버튼을 클릭한다. 우리는 IoT Thing이 라즈베리 파이 하드웨어로부터 데이터를 수신할 경우 람다 기능을 트리거할 것이다.

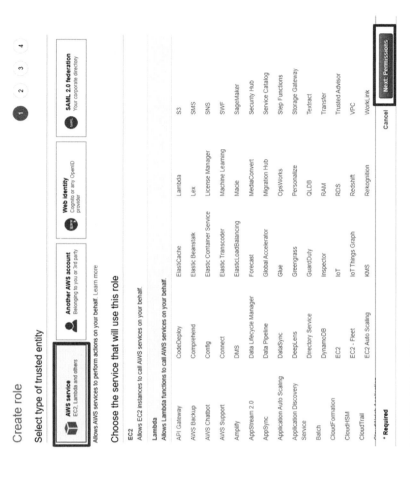

그림 8.101 신규 role 생성

그림 8.102 SNS 접근 권한 정책을 신규 role에 할당

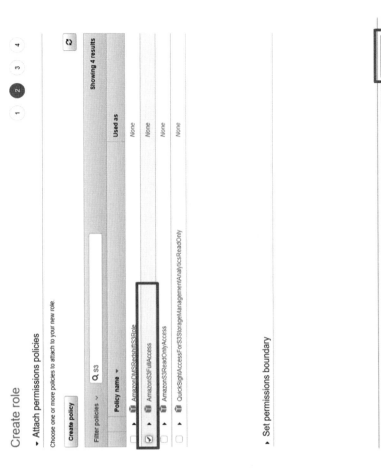

그림 8.103 S3 버킷 접근 권한 정책을 신규 role에 할당

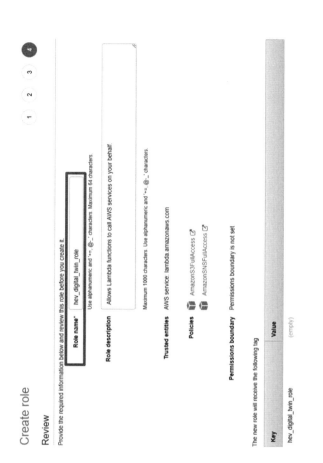

그림 8.104 신규 role 이름 설정

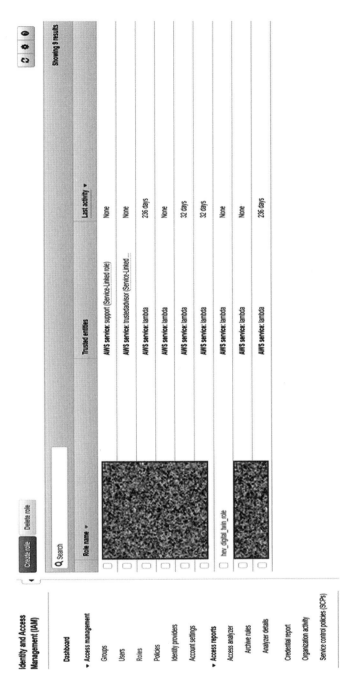

그림 8.105 신규 role 생성

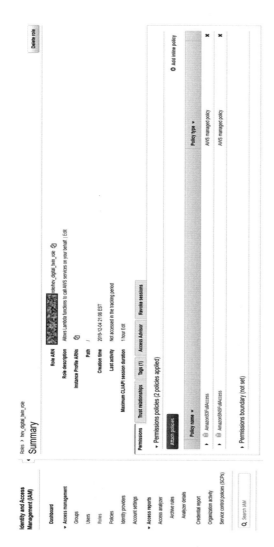

그림 8.106 SNS 및 S3 정책이 할당된 신규 role 생성

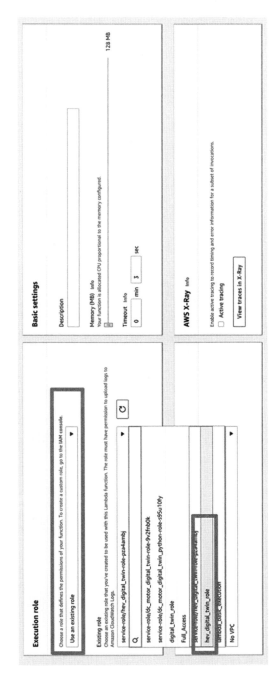

그림 8.107 람다 함수에서 신규 Execution role 선택

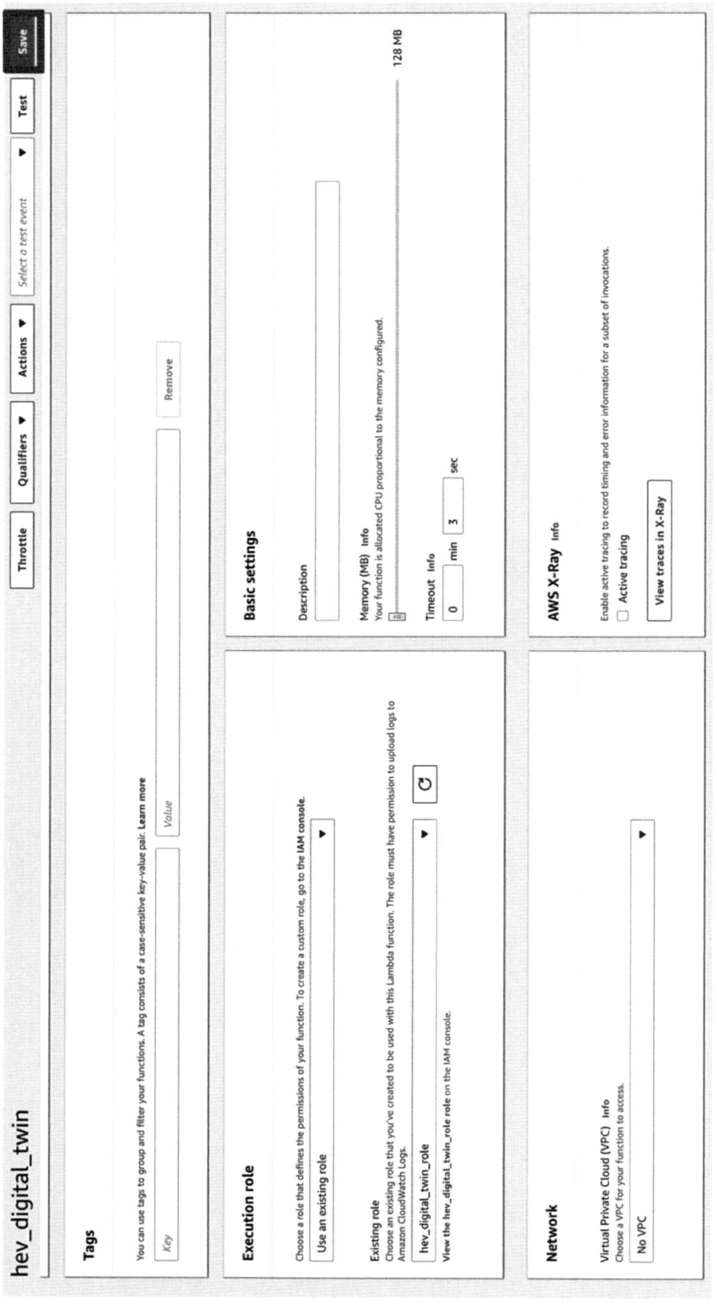

hev_digital_twin

Throttle   Qualifiers ▼   Actions ▼   Select a test event ▼   Test   Save

Tags

You can use tags to group and filter your functions. A tag consists of a case-sensitive key-value pair. **Learn more**

Key	Value	Remove

Execution role

Choose a role that defines the permissions of your function. To create a custom role, go to the **IAM console**.

Use an existing role ▼

Existing role

Choose an existing role that you've created to be used with this Lambda function. The role must have permission to upload logs to Amazon CloudWatch Logs.

hev_digital_twin_role ▼   ↻

View the hev_digital_twin_role role on the IAM console.

Basic settings

Description

Memory (MB) Info

Your function is allocated CPU proportional to the memory configured.

128 MB

Timeout Info

0 min   3 sec

Network

Virtual Private Cloud (VPC) Info

Choose a VPC for your function to access.

No VPC ▼

AWS X-Ray Info

Enable active tracing to record timing and error information for a subset of invocations.

☐ Active tracing

View traces in X-Ray

그림 8.108 업데이트된 Execution role을 포함하는 람다 함수 저장

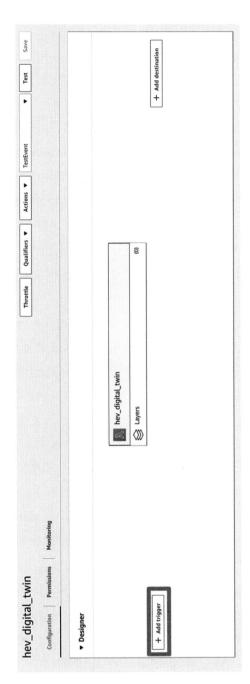

그림 8.109 람다 함수에 트리거 추가

21. 트리거 설정 윈도우가 그림 8.110 및 8.111과 같이 표시된다. 드롭다운 메뉴에서 AWS IoT를 트리거 소스로 선택한다. 사용자 지정 IoT 규칙을 생성하고 해당 규칙을 트리거로 사용한다. IoT는 IoT Thing 업데이트를 특정 AWS 서비스로 라우팅한다. 이 경우 AWS 람다 서비스를 트리거하는 규칙을 생성한다. '*Custom IoT rule*'의 박스를 체크하고 '*Create a new rule.*' 옵션을 선택한다. 해당 rule의 이름을 *hev_digital_twin_rule*로 지정한다. *Rule description*은 옵션이다. *Rule query statement*에 **SELECT * FROM '$aws/things/hev_digital_twin_thing/shadow/update/accepted'**을 입력한다. 해당 쿼리문은 IoT Thing update에서 모든 값을 가져온 후 AWS 람다에 전달한다. 또한 '*Enable trigger*' 옵션을 체크하고 *Add* 버튼을 클릭한다.

22. 이제 그림 8.110과 같이 람다 함수에서 AWS IoT를 트리거 소스로 보여 준다.

23. 다음 단계는 람다 함수를 개발하는 것이다. 지금은 스켈레톤^skeleton 템플릿 람다 함수만 있기 때문에 해당 템플릿을 확장해야 한다. 디지털 트윈의 컴파일된 실행 파일를 포함하는 람다 함수를 테스트하고 AWS에 배포할 람다 함수 및 디지털 트윈 실행 파일을 패키징하고자 사용한다. 리눅스에서 람다 함수를 개발한다. 우분투 리눅스(이전에 디지털 트윈 모델을 컴파일하고자 사용함)에서 편집기를 열고 파일 이름을 **lambda_function.py**로 지정한다. 파이썬 스크립트 첫 부분에 사용할 모든 패키지를 추가한다. json 패키지는 AWS IoT로부터 수신되는 **json** 문자열을 처리하는 데 사용되고 **os**는 컴파일된 디지털 트윈 실행 파일을 호출하는 데 사용되며, **boto3**는 AWS SNS, AWS S3 bucket과 연동하고자 사용되며, **csv**는 수신 데이터를 사용해 csv 파일을 생성하는 데 사용되며, **math**는 오프보드 알고리듬에 대한 일부 수학 연산을 위해 사용된다. 그림 8.112를 참고한다.

24. 그다음 람다 핸들러^handler 함수를 확장한다. 그림 8.99에서 AWS 람다 함수를 생성할 때 **lambda_handler**라는 디폴트 핸들러 함수가 생성되는 것을 알 수 있다. **Event** 인수^argument에는 모델이 실행되는 동안 라즈베리 파이 하드웨어 모듈에서 HEV 상태 데이터와 함께 전송된 JSON 문자열이 전달된다. 그림 8.113과 같이 JSON 문자열을 파싱한 후 input.csv 파일로 저장한다.

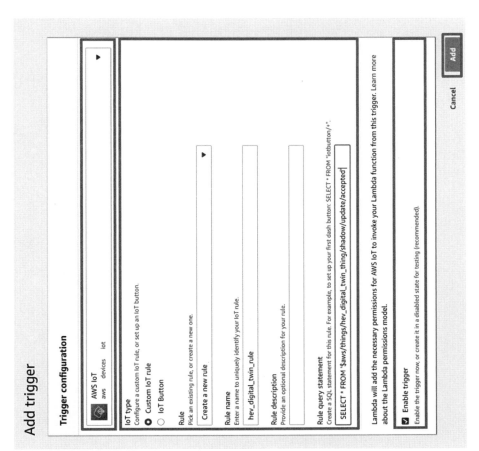

Add trigger

Trigger configuration

AWS IoT
aws   devices   iot   ▶

IoT type
Configure a custom IoT rule, or set up an IoT button.

● Custom IoT rule
○ IoT Button

Rule
Pick an existing rule, or create a new one.

Create a new rule   ▶

Rule name
Enter a name to uniquely identify your IoT rule.

hev_digital_twin_rule

Rule description
Provide an optional description for your rule.

Rule query statement
Create a SQL statement for this rule. For example, to set up your first dash button: SELECT * FROM "iotbutton/+".

SELECT * FROM '$aws/things/hev_digital_twin_thing/shadow/update/accepted'

Lambda will add the necessary permissions for AWS IoT to invoke your Lambda function from this trigger. Learn more about the Lambda permissions model.

☑ **Enable trigger**
Enable the trigger now, or create it in a disabled state for testing (recommended).

Cancel   Add

그림 8.110 AWS IoT에서 람다 함수 트리거 추가

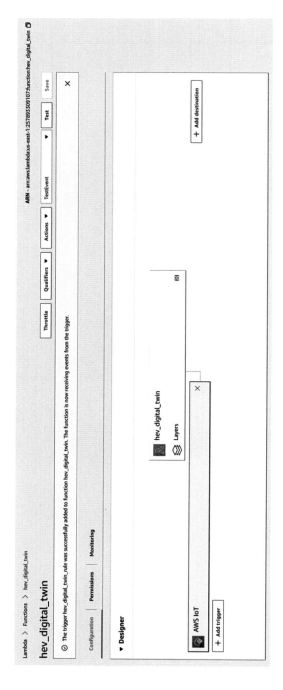

그림 8.111 AWS IoT 트리거가 추가된 람다 함수

```
                                     lambda_function.py                          ×
#############################################################
# Import the packages
import json
import boto3
import csv
import os
import math
```

그림 8.112 람다 함수 임포팅 패키지 업데이트

25. 하드웨어에서 특정 HEV 사이클을 실행하는 동안 람다 함수의 트리거 여부를 초기에 식별하는 로직을 추가한다. 첫 번째 트리거의 경우 람다 함수에서 수신한 데이터는 하드웨어에서 5초 동안 초기 데이터로 처리되고 첫 트리거가 아닌 경우 HEV의 주기적인 실행에서 람다 함수가 트리거된 다음 HEV 디지털 트윈을 실행하고자 마지막 5초 데이터를 이전에 수신된 모든 데이터와 결합한다. 초기에는 최초 5초 동안의 데이터로 디지털 트윈을 실행하고 하드웨어의 모든 데이터를 아마존 S3 스토리지 버킷에 저장한다. 다음 5초 동안의 데이터가 하드웨어에서 수신되면 먼저 이전에 저장된 입력에 신규 수신된 입력을 추가한 다음 디지털 트윈 모델을 실행한다. 따라서 디지털 트윈 모델은 항상 동일한 초기 조건을 사용하며 하드웨어의 실행 시기를 명시한다. 해당 방법을 통해 신규 데이터가 도착하기 5초 전의 상태로 디지털 트윈 HEV의 상태를 재초기화하는 번거로움을 해결할 수 있다. 그렇지만 이런 방법은 다른 문제가 발생할 수 있다. 그림 8.114에서 볼 수 있듯이 수신된 데이터의 input_data[6]에는 라즈베리 파이에서 실행 중인 HEV Simulink 모델의 프리 러닝 카운터free running counter 정보가 포함되므로 해당 값이 0인 경우 데이터는 초기 5초 동안의 데이터를 의미한다. 따라서 카운터 값에 0이 있으면 S3 버킷에서 이전 데이터를 0으로 가져오는 플래그flag를 생성하고 카운터 값이 0이 아니면 S3 버킷에서 이전 데이터를 1로 가져오는 플래그를 생성한다.

26. 그다음 AWS S3 및 SNS 클라이언트의 객체를 초기화하고 실제 하드웨어와 디지털 트윈의 HEV 시그널을 저장할 배열을 초기화한다. 그림 8.115를 참고한다.

27. 25단계의 플래그 세트를 사용한다. 플래그가 S3 버킷에서 이전 히스토리 정보를 복사하도록 설정된 경우 **digital twinbucket**이라는 HEV 버킷에서 **hev_history.**

```python
##################################################################
# Lambda Handler function which runs when IoT Trigger Happens
def lambda_handler(event, context):
    # TODO implement

##################################################################
# Create a file "input.csv" under /tmp folder and write the input and output values
# separated by commas in each row with the newly recieved data from the AWS IoT.
# There will be 50 data samples for coming in for the past 5 seconds
    with open('/tmp/input.csv', 'w') as writeFile:
        writer = csv.writer(writeFile)
        for loop_index in range(1,51):
            temp_str = "Data_" + str(loop_index)
            input_list = event['state']['desired'][temp_str]
            writer.writerows([[(input_list[0]),(input_list[1]),(input_list[2]),(input_list[3]),(input_list[4]),(input_list[5]),
(input_list[6])]])
```

그림 8.113 트리거 입력 데이터를 읽는 람다 함수 업데이트

```
# If the index number in the data entry if it is 0, that means it is the start of the
# HEV simulation in the Raspberry PI, if so we dont have to get the previous stored data
# file from AWS S3 Bucket. If the count is not zero that means this is not the first time
# the Lambda function is triggered for this HEV simulation in the Raspberry PI. So we have
# to set a flag to retrieve the previously stored data from S3 Bucket.
            if loop_index ==1:
                temp_first_val = float(input_list[6])
                if int(temp_first_val) ==0:
                    get_file_from_s3_bucket = 0;
                else :
                    get_file_from_s3_bucket =1;
            #print(input_list)
    writeFile.close()
```

그림 8.114 실행 여부를 확인하고자 람다 함수 결정 로직을 업데이트

```
# Setup the AWS S3 Bucket and SNS Clients and also SNS Topic ARN for sending messages
    s3 = boto3.resource('s3')
    sns = boto3.client(service_name="sns")
    topicArn = '███████████████████████:digital_twin_topic'
# Initialize the arrays for storing actual signals from hardware and digital twin predicted signals
    data_count =0;
    Actual_Veh_Speed = [];Actual_Motor_Speed = [];Actual_Generator_Speed = [];Actual_Engine_Speed = [];Actual_Battery_SOC = [];
    Digital_Twin_Veh_Speed = [];Digital_Twin_Motor_Speed = [];Digital_Twin_Generator_Speed = [];Digital_Twin_Engine_Speed =
[];Digital_Twin_Battery_SOC = [];
```

그림 8.115 SNS 및 S3 클라이언트 그리고 실제 및 디지털 트윈 데이터를 저장하는 배열을 초기화하는 람다 함수 업데이트

csv 파일을 복사한다. S3 버킷 생성 및 설정 프로세스는 추후 설명한다. 이전 히스토리 파일의 입력 데이터를 최근 5초 데이터와 함께 **hev_history_updated.csv** 파일로 통합한다. 그림 8.116을 참고한다.

28. 신규 생성된 **hev_history_updated.csv** 파일을 AWS S3 버킷에 추후 람다 트리거의 히스토리 정보로서 다시 복사한다. 또한 해당 파일의 복사본을 만들고 파일 이름을 **hen_input.csv**로 지정한 후 디지털 트윈 모델에 입력으로 사용한다. **hev_input.csv** 파일이 생성되면 컴파일된 디지털 트윈 모델 실행 파일을 트리거한다. 컴파일된 실행 파일 **HEV_Simscape_Digital_Twin**을 호출하는 것에 유의한다. 그림 8.117을 참고한다. 해당 실행 파일이 수행되면 이전 테스트에서 확인한 것과 같이 **/tmp** 폴더에 **hev_output.csv** 파일을 생성한다. 또한 디지털 트윈 모델의 오프라인 분석 또는 디버깅해야 하는 경우를 위해 AWS S3 버킷에 해당 파일의 복사본을 생성한다.

29. HEV 시스템에 대한 데이터를 예측하는 실제 및 디지털 트윈 모델을 구축했고 오프보드 알고리듬을 사용할 수 있다. 먼저 **/tmp** 폴더의 **hev_input.csv** 및 **hev_**

```python
# if the Lambda function is not triggered for the first time in this HEV Raspberry PI run cycle that is
# if time is greater than first 5 seconds, copy the previously stored CSV file hev_history.csv from the Amazon S3 Bucket
# named digitaltwinhevbucket. Download the hev_history.csv to the /tmp folder

    # Get File from S3 Bucket
    if get_file_from_s3_bucket:
        s3.meta.client.download_file('digitaltwinhevbucket', 'hev_history.csv', '/tmp/hev_history.csv')
    # Open a new file hev_history_updated.csv for writing in the /tmp folder
    with open('/tmp/hev_history_updated.csv', 'w') as writeFile:
        writer = csv.writer(writeFile)
    # Open the recently downloaded history file from S3 bucket hev_history.csv for reading
    with open('/tmp/hev_history.csv','r') as csvfile:
        plots = csv.reader(csvfile, delimiter=',')
    # Copy all entries from hev_history.csv to hev_history_updated.csv
        for row in plots:
            writer.writerows([[(row[0]),(row[1]),(row[2]),(row[3]),(row[4]),(row[5]),(row[6])]])
            Actual_Veh_Speed.append(float(row[1]))
            Actual_Motor_Speed.append(float(row[2]))
            Actual_Generator_Speed.append(float(row[3]))
            Actual_Engine_Speed.append(float(row[4]))
            Actual_Battery_SOC.append(float(row[5]))
            data_count = data_count +1;
        csvfile.close()

# Now open the input.csv file which is created with fresh sample of 50 data points from the past
# 5 seconds and append that dat points to hev_history_updated.csv file
    with open('/tmp/input.csv','r') as csvfile:
        plots = csv.reader(csvfile, delimiter=',')
        for row in plots:
            writer.writerows([[(row[0]),(row[1]),(row[2]),(row[3]),(row[4]),(row[5]),(row[6])]])
            Actual_Veh_Speed.append(float(row[1]))
            Actual_Motor_Speed.append(float(row[2]))
            Actual_Generator_Speed.append(float(row[3]))
            Actual_Engine_Speed.append(float(row[4]))
            Actual_Battery_SOC.append(float(row[5]))
            data_count = data_count +1;
        csvfile.close()
```

그림 8.116 이전 히스토리 입력 데이터와 신규 수신된 데이터를 결합하는 람다 함수 업데이트

```
# Copy the hev_history_updated.csv back to the AWS S3 Bucket
    s3.meta.client.upload_file('/tmp/hev_history_updated.csv', 'digitaltwinhevbucket', 'hev_history.csv')
# Copy the file hev_history_updated.csv from /tmp to /tmp/hev_input.csv. The hev_input.csv will be the input file
# for running the Digital Twin Model. And it contains all the previous data along with the past 5 seconds data
    cmd = 'cp /tmp/hev_history_updated.csv /tmp/hev_input.csv'
    so = os.popen(cmd).read()

# Run the Digital Twin Model HEV Simscape Digital_Twin
    cmd = './HEV_Simscape_Digital_Twin'
    so = os.popen(cmd).read()

# Collect the /tmp/hev_output.csv file and copy to the AWS S3 Bucket
    s3.meta.client.upload_file('/tmp/hev_output.csv', 'digitaltwinhevbucket', 'hev_output.csv')
```

그림 8.117 디지털 트윈 모델을 실행하는 람다 함수 업데이트

```
# Open the /tmp/input.csv and /tmp/hev_output.csv files for signals comparison between Actual data
# from Raspberry PI hardware and Digital Twin predicted values
        with open('/tmp/input.csv','r') as csvfile:
            plots = csv.reader(csvfile, delimiter=',')
            for row in plots:
                Actual_Veh_Speed.append(float(row[1]))
                Actual_Motor_Speed.append(float(row[2]))
                Actual_Generator_Speed.append(float(row[3]))
                Actual_Engine_Speed.append(float(row[4]))
                Actual_Battery_SOC.append(float(row[5]))
                data_count = data_count +1;


    with open('/tmp/hev_output.csv','r') as csvfile:
        plots = csv.reader(csvfile)
        for row in plots:
            Digital_Twin_Veh_Speed.append(float(row[1]))
            Digital_Twin_Motor_Speed.append(float(row[2]))
            Digital_Twin_Generator_Speed.append(float(row[3]))
            Digital_Twin_Engine_Speed.append(float(row[4]))
            Digital_Twin_Battery_SOC.append(float(row[5]))
```

그림 8.118 실제 및 예측된 데이터의 입력 및 출력 파일을 읽는 람다 함수 업데이트

output.csv 파일을 읽고 그림 8.118과 같이 배열에 저장한다.

30. 그림 8.119 및 8.120과 같이 실제 및 예측된 HEV 상태 그리고 출력 시그널 사이의 RMSE을 계산한다.

31. 오프보드 알고리듬은 RMSE 값을 계산하고 RMSE 값을 특정 임계값과 비교한 후 의사 결정을 내린다. 그림 8.121과 같이 서로 다른 시그널에 대해 서로 다른 임계값을 사용한다. 해당 RMSE 값이 오프보드 임계값보다 작으면 알고리듬은 장애가 없다고 판단하며 RMSE가 임계값을 초과하면 장애가 발생한 것으로 간주한다. 적절한 임계값을 찾는 것은 일반적으로 약간의 튜닝 작업이 필요할 수 있다. 오프보드 결과를 SNS에 제공하고자 boto3 패키지를 사용하는 SNS 객체를 사용한다. 4단계에서 기록한 ARN 토픽을 사용해 메시지를 발송한다. 오프보드 진단 결과에 따라 ARN 토픽 및 사용자 지정 메시지와 함께 **sns.publish** 함수를 호출한다. 사용자는 필요한 경우 메시지 문자열을 편집할 수 있다. 해당 메시지는 람다 함수가 실행될 때 텍스트 및 이메일 메시지에 표시된다. 이제 람다 함수 개발이 완료됐다.

32. 개발 완료한 람다 함수를 **Digtal_Twin_Simscape_book/Chapter_8** 폴더 내에 **Digital_Twin_Lambda_Function** 신규 폴더에 저장한다. **HEV_Simscape_ Digital_Twin** 이전 절에서 컴파일된 디지털 트윈 실행 파일을 해당 신규 폴더에 복사한다. 그림 8.122는 람다 함수와 디지털 트윈 실행 파일에 필요한 권한 및 패키징을 제공하는 다양한 리눅스 명령어를 보여 준다. 해당 명령어에 대한 설명은

```
# Calculate the Error Between Actual and Predicted Speeds
    Veh_Speed_Error = [None]*data_count
    Veh_Speed_Squared_Error = [None]*data_count
    Veh_Speed_Mean_Squared_Error = 0
    Veh_Speed_Root_Mean_Squared_Error = 0

    Motor_Speed_Error = [None]*data_count
    Motor_Speed_Squared_Error = [None]*data_count
    Motor_Speed_Mean_Squared_Error = 0
    Motor_Speed_Root_Mean_Squared_Error = 0

    Generator_Speed_Error = [None]*data_count
    Generator_Speed_Squared_Error = [None]*data_count
    Generator_Speed_Mean_Squared_Error = 0
    Generator_Speed_Root_Mean_Squared_Error = 0

    Engine_Speed_Error = [None]*data_count
    Engine_Speed_Squared_Error = [None]*data_count
    Engine_Speed_Mean_Squared_Error = 0
    Engine_Speed_Root_Mean_Squared_Error = 0

    Battery_SOC_Error = [None]*data_count
    Battery_SOC_Squared_Error = [None]*data_count
    Battery_SOC_Mean_Squared_Error = 0
    Battery_SOC_Root_Mean_Squared_Error = 0
```

그림 8.119 RMSE 계산용 배열을 초기화하는 람다 함수 업데이트

아래와 같다. 리눅스 터미널을 실행하고 아래 명령어를 차례로 실행한다.

a. *ls* 명령어는 폴더에 컴파일된 실행 파일 **HEV_Simscape_Digital_Twin**과 람다 함수 **lambda_function.py**를 보여 준다.

b. AWS에서 해당 파일들을 실행하고자 해당 폴더에 있는 모든 파일에 읽기/쓰기/실행 접근 권한을 설정해야 한다. *Sudo chmod –R 777 〈folder_name〉* 명령어를 사용한다.

c. *ls -l* 명령어를 실행한다. 현재 폴더의 모든 파일과 폴더 그리고 해당 파일 및 폴더의 접근 권한을 표시한다. 해당 파일과 폴더는 *rwxrwxrwx* 접근 권한을 가져야 한다.

d. *zip bundle.zip lambda_function.py HEV_Simscape_Digital_Twin* 명령어를 사용해 람다 함수와 컴파일된 실행 파일을 패키징한다. *lambda_function.py* 및 *HEV_Simscape_Digital_Twin* 파일이 *bundle.zip*이라는 파일로 압축된다.

e. bundle.zip이 생성되면 c단계를 다시 수행해 *bundle.zip* 파일에 대한 읽기/쓰기/실행 접근 권한을 설정한다.

```
# Calculate the Root Mean Squared Error Between Actual and Predicted Data
    for index in range(data_count-1):
        Veh_Speed_Error[index] = Actual_Veh_Speed[index] - Digital_Twin_Veh_Speed[index];
        Veh_Speed_Squared_Error[index] = Veh_Speed_Error[index]*Veh_Speed_Error[index];
        Veh_Speed_Mean_Squared_Error = Veh_Speed_Mean_Squared_Error + Veh_Speed_Squared_Error[index];
        Motor_Speed_Error[index] = Actual_Motor_Speed[index] - Digital_Twin_Motor_Speed[index];
        Motor_Speed_Squared_Error[index] = Motor_Speed_Error[index]*Motor_Speed_Error[index];
        Motor_Speed_Mean_Squared_Error = Motor_Speed_Mean_Squared_Error + Motor_Speed_Squared_Error[index];
        Generator_Speed_Error[index] = Actual_Generator_Speed[index] - Digital_Twin_Generator_Speed[index];
        Generator_Speed_Squared_Error[index] = Generator_Speed_Error[index]*Generator_Speed_Error[index];
        Generator_Speed_Mean_Squared_Error = Generator_Speed_Mean_Squared_Error + Generator_Speed_Squared_Error[index]
        Engine_Speed_Error[index] = Actual_Engine_Speed[index] - Digital_Twin_Engine_Speed[index];
        Engine_Speed_Squared_Error[index] = Engine_Speed_Error[index]*Engine_Speed_Error[index];
        Engine_Speed_Mean_Squared_Error = Engine_Speed_Mean_Squared_Error + Engine_Speed_Squared_Error[index]
        Battery_SOC_Error[index] = Actual_Battery_SOC[index] - Digital_Twin_Battery_SOC[index];
        Battery_SOC_Squared_Error[index] = Battery_SOC_Error[index]*Battery_SOC_Error[index];
        Battery_SOC_Mean_Squared_Error = Battery_SOC_Mean_Squared_Error + Battery_SOC_Squared_Error[index]

    Veh_Speed_Mean_Squared_Error = Veh_Speed_Mean_Squared_Error/data_count;
    Veh_Speed_Root_Mean_Squared_Error = math.sqrt(Veh_Speed_Mean_Squared_Error)

    Motor_Speed_Mean_Squared_Error = Motor_Speed_Mean_Squared_Error/data_count;
    Motor_Speed_Root_Mean_Squared_Error = math.sqrt(Motor_Speed_Mean_Squared_Error)

    Generator_Speed_Mean_Squared_Error = Generator_Speed_Mean_Squared_Error/data_count;
    Generator_Speed_Root_Mean_Squared_Error = math.sqrt(Generator_Speed_Mean_Squared_Error)

    Engine_Speed_Mean_Squared_Error = Engine_Speed_Mean_Squared_Error/data_count;
    Engine_Speed_Root_Mean_Squared_Error = math.sqrt(Engine_Speed_Mean_Squared_Error)

    Battery_SOC_Mean_Squared_Error = Battery_SOC_Mean_Squared_Error/data_count;
    Battery_SOC_Root_Mean_Squared_Error = math.sqrt(Battery_SOC_Mean_Squared_Error)
```

그림 8.120 실제 및 예측된 HEV 상태 그리고 출력의 RMSE를 계산하는 람다 함수 업데이트

```python
# Create a Message String for Email and Text
    msg_str1 = 'HEV Digital Twin Off-BD Detected a Problem... Root Mean Square Error for Vehicle Speed = ' +
    str(Veh_Speed_Root_Mean_Squared_Error) + ' for Motor Speed = ' + str(Motor_Speed_Root_Mean_Squared_Error) + ' for Generator Speed = ' +
    str(Generator_Speed_Root_Mean_Squared_Error) + ' for Engine Speed = ' + str(Engine_Speed_Root_Mean_Squared_Error) + ' for Battery SOC = ' +
    str(Battery_SOC_Root_Mean_Squared_Error)

    msg_str2 = 'No Problem Detected by HEV Digital Twin Off-BD... Root Mean Square Error for Vehicle Speed = ' +
    str(Veh_Speed_Root_Mean_Squared_Error) + ' for Motor Speed = ' + str(Motor_Speed_Root_Mean_Squared_Error) + ' for Generator Speed = ' +
    str(Generator_Speed_Root_Mean_Squared_Error) + ' for Engine Speed = ' + str(Engine_Speed_Root_Mean_Squared_Error) + ' for Battery SOC = ' +
    str(Battery_SOC_Root_Mean_Squared_Error)

# Compare the RMSE Values against some threshold to determine if there is Diagnostics Failure conditions
# detected . If Failure Detected send SNS notification to send Email and Text Alerts
    if (Veh_Speed_Root_Mean_Squared_Error > 1 or Motor_Speed_Root_Mean_Squared_Error > 10 or Generator_Speed_Root_Mean_Squared_Error > 150 or
Engine_Speed_Root_Mean_Squared_Error > 150 or Battery_SOC_Root_Mean_Squared_Error >1):
        sns.publish(
            TopicArn = topicArn,
            Message = msg_str1
        )
        print(msg_str1)
    else:
        sns.publish(
            TopicArn = topicArn,
            Message = msg_str2
        )
        print(msg_str2)

    return {
        'statusCode': 200,
        'body': json.dumps('Hello from Lambda!')
    }
```

그림 8.121 SMS/텍스트 SNS 알림이 포함된 오프보드 탐지 알고리듬 람다 함수 업데이트

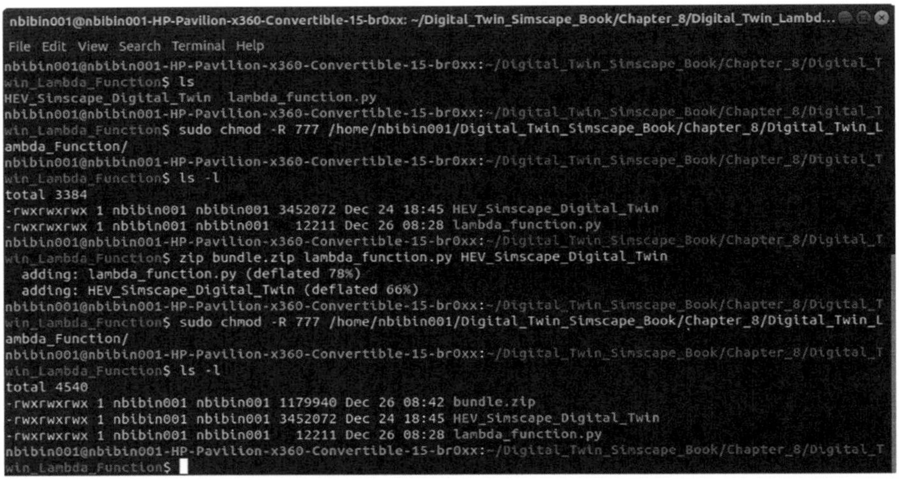

그림 8.122 람다 함수 패키징 및 디지털 트윈 실행 파일을 보여 주는 리눅스 명령어

f. **ls** 명령어는 신규 생성된 **bundle.zip** 파일을 보여 준다. 이제 람다 함수를 AWS에 배포하고 최종 테스트를 수행할 준비가 됐다.

33. 리눅스 운영체제에서 웹 브라우저, AWS 관리 콘솔^{Management Console}, 위에서 생성한 람다 함수 **hev_digtal_twin**을 실행한다. 그림 8.123과 같이 드롭다운에서 '**Upload a .zip file**' 옵션을 선택한다. 그림 8.124와 같이 이전에 패키징한 **bundle.zip** 파일을 찾아 선택한다.

34. bundle.zip 파일이 정상적으로 업로드되면 그림 8.125와 같이 **Upload**와 **Save** 버튼을 클릭한다.

35. AWS 람다 함수 편집기에 업데이트된 람다 함수와 컴파일된 디지털 트윈 실행 파일이 표시된다. 그림 8.126을 참고한다.

36. 마지막으로 람다 함수에 HEV 데이터를 저장하고 재사용하고자 사용할 AWS S3 버킷을 생성하고 설정하면 된다. AWS 서비스 콘솔에서 그림 8.127과 같이 **Storage › S3**를 클릭한다.

37. 그림 8.128과 같이 **Create Bucket** 버튼을 클릭한다. 그림 8.129와 같이 신규 윈도우에서 S3 버킷에 이름을 설정한다. 이번 예시에서는 이름을 **digitaltwin hevbucket**으로 설정한다. 해당 이름은 이전 람다 함수에서 사용한 이름과 같아

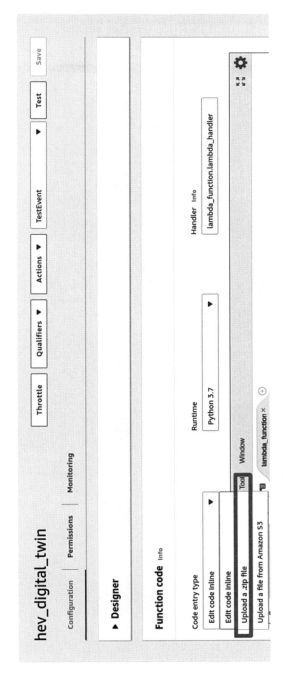

그림 8.123 패키징된 람다 함수를 AWS에 업로드

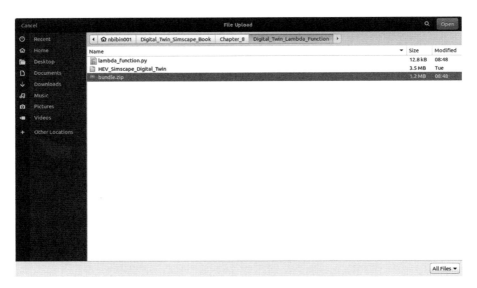

그림 8.124 람다 함수 zip 파일 패키지를 찾아 선택

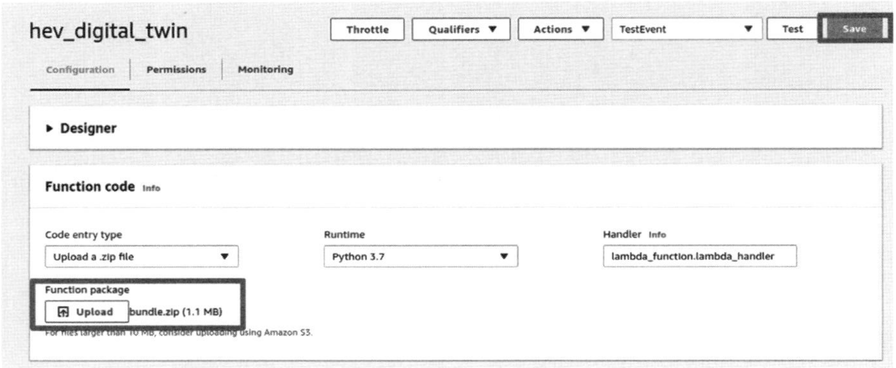

그림 8.125 업로드된 람다 함수 패키지 저장

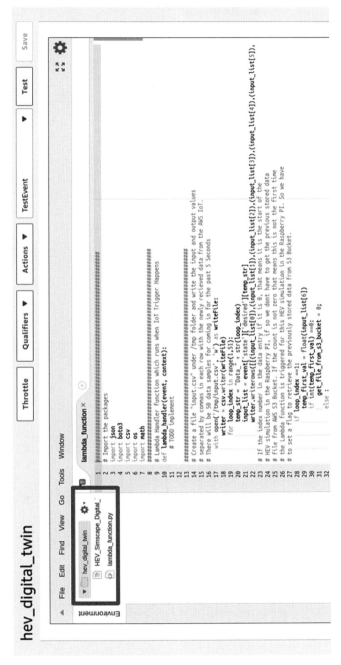

그림 8.126 업로드된 함수 및 실행 파일을 보여 주는 람다 함수 인라인 편집기

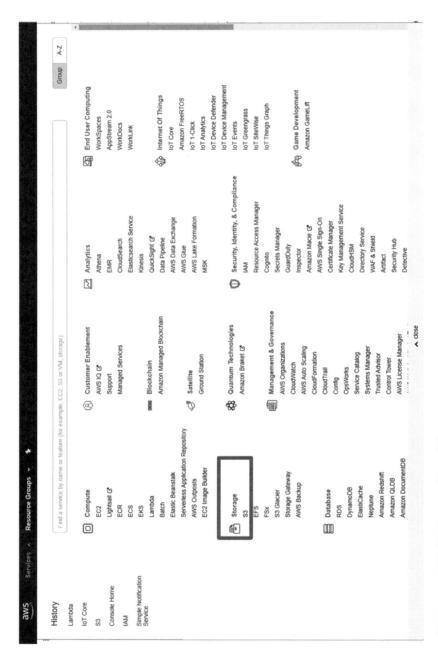

그림 8.127 AWS 콘솔에서 S3 bucket 서비스 선택

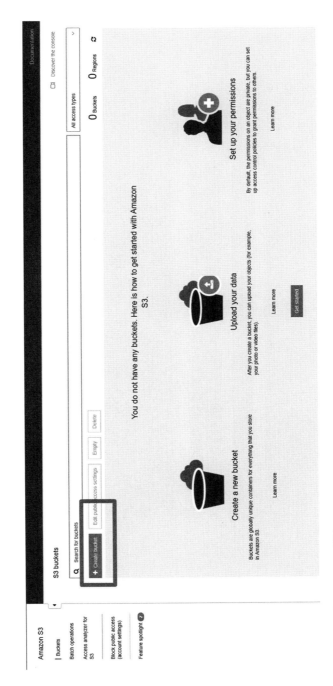

그림 8.128 신규 S3 bucket 생성

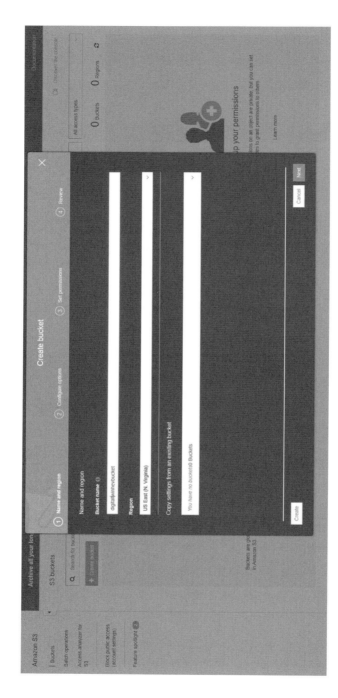

그림 8.129 AWS S3 bucket 이름 설정

야 한다. Next를 클릭한다.

38. **Configure Options** 화면에서 모든 설정은 그림 8.130과 같이 디폴트 상태로 유지한다. **Next**를 클릭한다.

39. **Set Permissions** 화면에서 '**Block all public access**' 박스를 체크 표시한다. 람다 함수의 S3 버킷만 사용하기 때문에 퍼블릭 접근 권한을 설정할 필요가 없다. 그림 8.131을 참고한다. **Next**를 클릭, 리뷰를 수행하고 S3 bucket 생성을 종료한다.

40. HEV 시스템에 대한 전체 오프보드 알고리듬을 테스트할 준비가 끝났다.

41. 먼저 장애가 없는 조건을 테스트한다. 호스트 컴퓨터에서 사전에 생성한 **HEV_Simscape_Model_Rasp_Pi_with_MQTT.slx** 모델을 라즈베리 파이 하드웨어에서 실행한다. 먼저 장애가 없는 케이스를 실행하고 디지털 트윈의 오프보드를 테스트한다. 또한 MATLAB이 모델을 컴파일하고 파이에 배포하는 동안 라즈베리 파이에서 **Raspberry_Pi_AWS_IOT_Cloud_Connection.py** 파이썬 코드를 실행한다. 모델이 실행되면 람다 함수에서 설정한 SNS 서비스에서 람다 함수의 디지털 트윈 예측, 결정 로직을 기반으로 오프보드 상태에 대한 텍스트 및 이메일 알림을 전송하는 것을 볼 수 있다. 그림 8.133 및 8.134는 디지털 트윈 알림 서비스로부터 수신된 이메일 메시지를 보여 준다. 해당 케이스에는 탐지된 장애가 없다는 점에 유의한다.

42. 엔진 스로틀 장애 조건을 테스트한다. 호스트 컴퓨터에서 사전에 생성한 **HEV_Simscape_Model_Rasp_Pi_with_MQTT_Throttle_Fault.slx** 모델을 라즈베리 파이 하드웨어에서 실행한다. 위에서 살펴본 것과 같이 해당 모델은 엔진 스로틀 시그널에 대한 장애 조건을 포함한다. 또한 MATLAB 모델을 컴파일하고 파이에 배포하는 동안 라즈베리 파이에서 **Raspberry_Pi_AWS_IOT_Cloud_Connection.py** 파이썬 코드를 실행한다. 모델이 실행되면 람다 함수에서 설정한 SNS 서비스에서 람다 함수의 디지털 트윈 예측, 결정 로직을 기반으로 오프보드 상태에 대한 텍스트 및 이메일 알림을 전송하는 것을 볼 수 있다. 그림 8.135 및 8.136은 디지털 트윈 알림 서비스로부터 수신된 이메일 메시지를 보여 준다. 라즈베리 파이에서 실행되는 HEV 시스템만 스로틀 장애가 포함되고 디지털 트윈

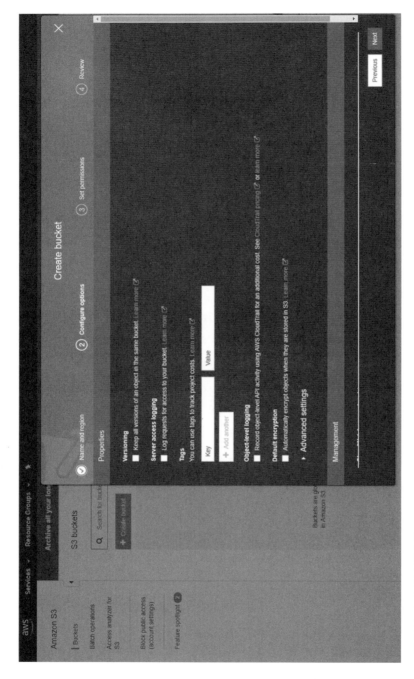

그림 8.130 AWS S3 설정 옵션

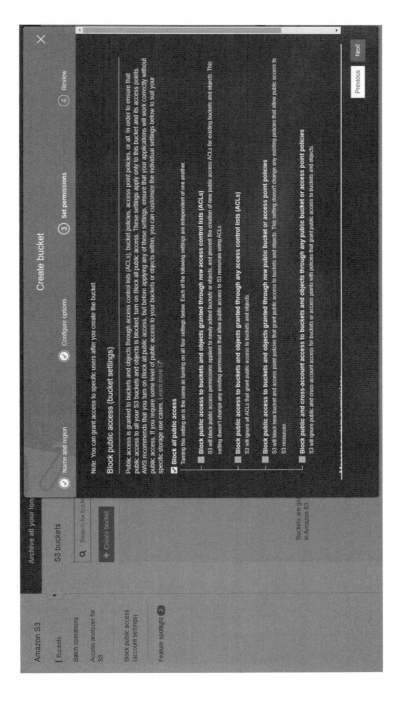

그림 8.131 AWS bucket 접근 권한

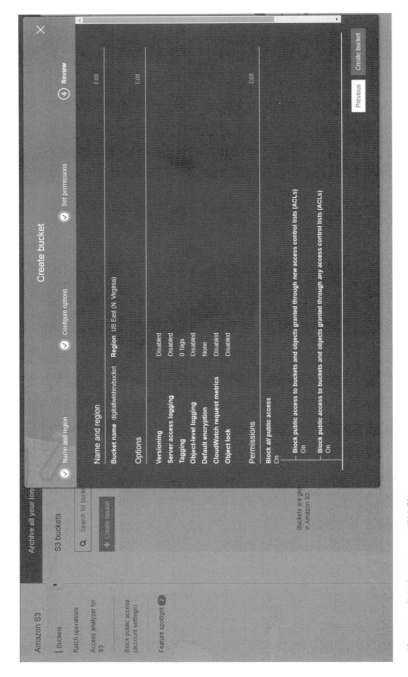

그림 8.132 리뷰 및 S3 bucket 생성 완료

그림 8.133 디지털 트윈에서 오프보드 상태에 대한 이메일 알림(장애 없음)

에는 포함되지 않기 때문에 두 시스템 간의 신호가 크게 다르며 디지털 트윈 오프보드 알고리듬에서 탐지된다.

8.10 애플리케이션 문제

1. HEV 시스템의 배터리 용량 장애를 탐지하는 오프보드 프로세스를 개발한다.

힌트: 장애 배터리를 시뮬레이션하고자, 값을 낮추고 전체 프로세스를 반복하기 위해 8.1의 워크스페이스 초기화 Mat file의 HEV 모델 배터리 가변 정격 용량 변수 **HEV_Param.Battery_Det.Rated_Capacity**를 변경할 수 있다. 클라우드에 배포해야 하는 디지털 트윈 모델의 경우 정격 용량을 실제 값과 동일하게 유지한다. 따라서 디지털 트윈은 배터리 용량 감소를 인지하지 못하며 실제 시스템과 디지털 트윈 예측 시스템 사이의 신호 차이를 탐지해야 한다.

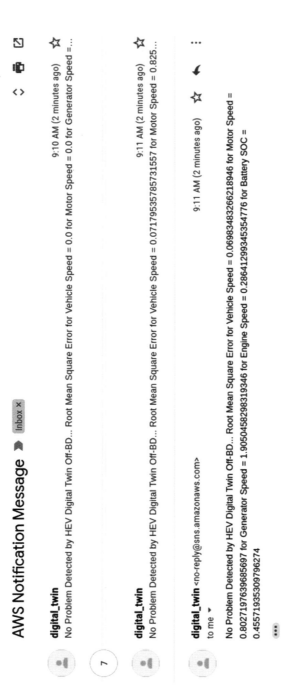

그림 8.134 오프보드 상태에 대한 장애 조건이 없는 디지털 트윈 이메일 메시지 상세 정보

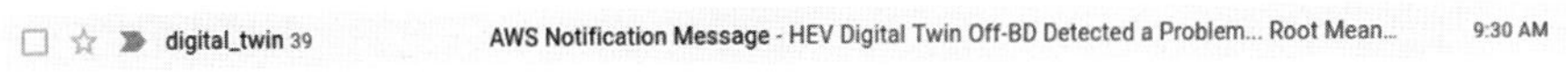

☐ ☆ 🔖 digital_twin 39   **AWS Notification Message** - HEV Digital Twin Off-BD Detected a Problem... Root Mean...   9:30 AM

그림 8.135 엔진 스로틀 장애 조건, 오프보드 상태에 대한 디지털 트윈의 이메일 알림

그림 8.136 엔진 스로틀 장애 조건, 오프보드 상태에 대한 디지털 트윈의 이메일 메시지 상세 정보

참고문헌

[1] Raspberry Pi 3 B+ Hardware. https://www.amazon.com/CanaKit-Raspberry-Power-SupplyListed/dp/B07BC6WH7V/ref=sr_1_3?crid=1B02XIHFO3BQK&keywords=raspberry+pi+3b+plus&qid=1576465330&sprefix=raspberry+pi+3%2Caps%2C186&sr=8-3.

[2] Setting up Operating System for Raspberry PI. http://www.mathworks.com/matlabcentral/fileexchange/39354-device-drivers.

[3] Installing Putty on the Host Computer to connect to Raspberry Pi Remotely. https://www.putty.org/.

[4] HEV Matlab Simulink® Simscape™ Model from Matlab Central File Exchange. https://www.mathworks.com/matlabcentral/fileexchange/28441-hybrid-electric-vehicle-model-insimulink.

[5] Hybrid Electric Vehicle Types. http://autocaat.org/Technologies/Hybrid_and_Battery_Electric_Vehicles/HEV_Types/.

CHAPTER

9

디지털 트윈 개발 및 DC 모터 제어 임베디드 시스템용 클라우드 개발

9.1 소개

9장에서는 AWS 클라우드에 배포된 디지털 트윈을 사용해 DC 모터 컨트롤러 실시간 하드웨어에 대한 오프보드 진단^{Off-Board Diagnostics}을 수행하는 방법을 자세히 설명한다. 오프보드의 역할은 DC 모터의 회전 속도를 진단하는 것이며, 오작동 탐지될 경우 오프보드 알고리듬에서 사용자에게 이메일 및 텍스트 알림을 전송한다. MATLAB Simulink 소프트웨어가 포함된 아두이노 메가 마이크로컨트롤러^{Arduino Mega Microcontroller}를 사용해 실시간으로 DC 모터를 제어하고 인터넷에 연결된 Wi-Fi 핫스팟을 사용해 클라우드 연결을 설정할 수 있는 ESP32 Wi-Fi 컨트롤러 모듈을 통해 센서 및 구동 장치 데이터를 실시간으로 AWS 클라우드로 전송한다. DC 모터의 디지털 트윈 모델은 MATLAB®, Simulink®, Simscape™를 사용해 실시간 DC 모터 동작에 근접하게 개발 및 최적화되며 AWS 클라우드에 배포된다. 클라우드에서 실행 중인 오프보드 알고리듬은 실시간 하드웨어로부터 데이터를 수신하고 입력 데이터와 함께 디지털 트윈을 트리거해 DC 모터 속도를 예측하고 실제 모터 속도와 비교한 후 실제 DC 모터 하드웨어 상태에 대한 결과를 도출한다. 또한 오프보드 알고리듬은 오작동이 탐지되면 이메일 및 텍스트를 통해 사용자에게 알림을 전송한다. 9장에서는 IoT, 람다, SNS^{Simple Notification Service} 등과 같은 AWS 서비스를 활용한다. 9장에서 다루는 자세한 단계는 아래와 같다.

1. 물리적 자산 설정: DC 모터 속도 제어용 실시간 임베디드 컨트롤러 하드웨어 및 소프트웨어 설정

2. DC 모터 하드웨어용 개방 루프$^{Open-Loop}$ 데이터 수집 및 폐쇄 루프$^{Closed-Loop}$ PID 컨트롤러 개발

3. DC 모터 속도 제어용 Simscape^{TM} 디지털 트윈 모델 개발

4. Simulink 매개 변수 Estimation^{TM}를 사용해 DC 모터 하드웨어 데이터를 포함하는 Simscape^{TM} DC 모터 모델의 매개 변수 튜닝

5. DC 모터 속도 제어용 실시간 임베디드 컨트롤러 하드웨어에 클라우드 연결 추가

6. Simscape^{TM} 디지털 트윈 모델을 AWS 클라우드에 배포

7. 디지털 트윈 배포를 위한 음성, 이메일, 텍스트 사용자 인터페이스 개발

모든 소스코드는 MATLAB File Exchange에서 무료로 다운로드할 수 있다. 아래 링크를 클릭하고 ISBN 또는 책 제목으로 검색하면 된다.

https://www.mathworks.com/matlabcentral/fileexchange/.

또는 저자들의 웹 사이트에서 이 책과 관련된 자료들을 다운로드할 수 있으며 필요한 경우 추가적으로 문의할 수 있다.

https://www.practicalmpc.com/.

그림 9.1 및 9.2는 DC 모터 속도 제어 시스템 하드웨어의 입력/출력 블록 다이어그램을 보여 준다. 시스템에 대한 입력은 DC 모터의 전압을 제어하기 위한 PWM 명령어이며 시스템의 출력은 모터의 실제 회전 속도다.

그림 9.3은 9장에서 다루는 오프보드 디지털 트윈 진단 프로세스의 블록 다이어그램을 보여 준다. 또한 물리적인 DC 모터 컨트롤러에 입력된 PWM 명령어는 AWS 클라우드에 전송된다.

AWS 클라우드에서는 실제 자산 동작에 최적화된 매개 변수인 DC 모터 시스템의 디지털 트윈 모델이 물리적 자산에서 동일한 PWM 입력으로 실행된다. 디지털 트윈 모델

그림 9.1 9장에서 다루는 오프보드 단계

그림 9.2 DC 모터 속도 제어 시스템 블록 다이어그램

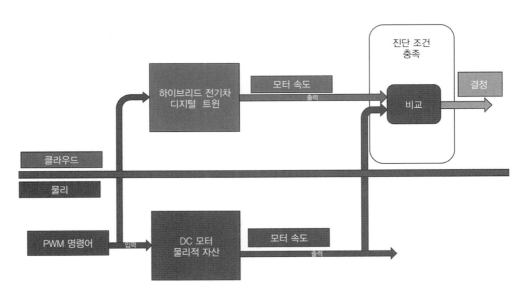

그림 9.3 DC 모터 속도 제어 시스템의 오프보드 진단 프로세스

의 출력 모터 속도를 하드웨어에서 수집한 실제 데이터와 비교한다. 실제 및 디지털 트윈 출력을 비교하고자 RMSE^{Root Mean Square Error} 기반 진단 탐지 및 의사 결정 시스템을 개발한다. 9장에서는 오프보드를 사용해 모터 전원 공급 장치 장애 상태를 탐지하는 개념을 설명한다. 물리적 자산 모터의 전원 공급 장치 장애로 인해 탐지된 모터 속도가 디지털 트윈에서 예측한 모터 속도와 일치하지 않게 된다. 실제 데이터와 디지털 트윈 데이터 간의 출력 차이가 식별되고 RMSE가 임계값보다 크면 장애 조건이 표시되고 클라우드에서 사용자에게 텍스트 또는 이메일 알림이 직접 전송된다.

9.2 실시간 임베디드 컨트롤러 하드웨어 및 DC 모터 속도 제어용 소프트웨어 설정

이번 테스트를 위한 하드웨어 장비는 온라인 로봇 교육 사이트 **RoboholicManiacs**에서 구매했다. 해당 웹사이트 링크는 [1]에서 확인할 수 있다. 사용자는 DC 모터 컨트롤러 하드웨어 및 소프트웨어 완제품을 해당 사이트에서 구매할 수 있다. 하드웨어를 직접 셋업하는 것에 관심이 있는 경우 9.2.1절에서 자세한 내용을 확인할 수 있다. 하드웨어 셋업은 추후 설명하는 클라우드 연동을 위해 확장된다. 그림 9.4는 DC 모터, 아두이노 메가 마이크로컨트롤러, LCD 디스플레이 등이 박스에 포장된 기본적인 하드웨어 셋업을

그림 9.4 아두이노 메가가 포함된 DC 모터 컨트롤러

보여 준다(***RoboholicManiacs***에서 배송됨).

9.2.1 하드웨어 요구 사항 및 부품

표 9.1은 9장에서 설명한 셋업을 구현하는 데 필요한 모든 하드웨어 부품을 보여 준다. 여기에서 사용된 하드웨어 완제품 셋업은 이 책의 전용 웹 사이트(https://www.practicalmpc.com/)에서도 구입할 수 있다.

표 9.1 9장의 예시를 설정하는 데 필요한 하드웨어 부품	
항목	**설명**
아두이노 메가	아두이노 메가는 ATmega2560 기반의 마이크로컨트롤러 보드다.
브레드보드(2 numbers) 및 점퍼선	브레드보드 및 점퍼선은 하드웨어 부품 간에 필요한 전기 연결을 생성한다.
쿼드러처 인코더가 포함된 DC 모터	속도 탐지용 쿼드러처 인코더를 가진 12V DC 모터
MOSFET (IRF 3205)	MOSFET은 아두이노의 디지털 PWM 출력에 의해 제어되는 스위치로 사용되며 모터를 배터리 전원에 연결하거나 분리한다.
Diode (IN4007)	다이오드는 모터의 역기전력(back emf)이 회로를 손상시키는 것을 예방하고자 사용된다.
12V DC 어댑터 또는 12V DC 배터리	DC 배터리 또는 AC–DC 어댑터를 사용해 DC 모터에 전원을 공급한다.
ESP32 Wi–Fi 모듈	ESP32는 AWS 클라우드와 DC 모터 하드웨어에서 데이터를 송수신하기 위한 연결을 수립하는 Wi–Fi 모듈이다.
아두이노용 3.3–5V 로직 레벨 컨버터 모듈	아두이노 메가 및 ESP32는 유선 직렬 연결을 통해 통신한다. 아두이노는 5V에서 작동하고 ESP32는 3.3V에서 작동하므로 아두이노와 ESP32를 연결할 때 전압 레벨 시프터(shifter)가 필요하다.

그림 9.5 및 9.6은 블록 다이어그램 및 하드웨어 셋업의 전기적 연결을 보여 준다.

9.2.2 소프트웨어 요구 사항

MATLAB® 및 8장에서 이미 설치돼 사용된 도구 상자[toolbox] 외에도 Simulink 제어 논리를 개발 및 아두이노 하드웨어에 배포하기 위한 하드웨어 지원 패키지[Hardware support package]를 설치해야 한다. MathWorks®는 아두이노용 Simulink® Support Package가 포함된

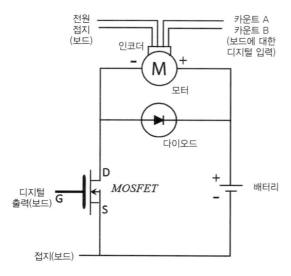

전원
접지
(보드)

인코더

카운트 A
카운트 B
(보드에 대한
디지털 입력)

$-$ (M) $+$

모터

다이오드

D

디지털
출력(보드)

G

MOSFET

S

$+$

$-$

배터리

접지(보드)

그림 9.5 하드웨어 셋업 및 연결 블록 다이어그램[1]

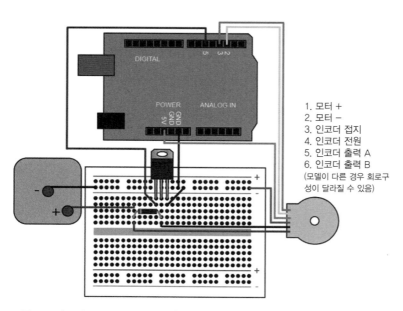

1. 모터 +
2. 모터 −
3. 인코더 접지
4. 인코더 전원
5. 인코더 출력 A
6. 인코더 출력 B
(모델이 다른 경우 회로구
성이 달라질 수 있음)

그림 9.6 아두이노를 DC 모터에 연결[1]

Simulink 블록을 사용해서 알고리듬 개발, 시뮬레이션 및 프로그램, 설정 및 센서 접근, 구동기를 위한 하드웨어 지원 패키지를 제공한다. 알고리듬이 아두이노 보드에서 실시간으로 실행되므로 MATLAB® 및 Simulink® 외부 모드 대화형 시뮬레이션을 사용해 매개 변수 튜닝, 신호 모니터링, 로깅을 수행할 수 있다.

아래 단계에 따라 하드웨어용 아두이노 Simulink 지원 패키지를 설치한다.

1. MATLAB® 윈도우에서 Home › Add-Ons › Get Hardware Support Package로 이동한다. 그림 9.7은 Add-on Explorer GUI를 보여 준다.

2. 그림 9.8에 하이라이트된 것과 같이 Simulink® Support Package for Arduino Hardware 옵션을 클릭하면 그림 9.9와 같이 *Install* 버튼을 가진 윈도우가 표시된다. 다른 support package를 설치하는 경우 그림 9.10과 같이 MathWorks 계정에 로그온해야 한다. 계정을 사용해서 로그온하거나 계정이 없는 경우 신규 계정을 생성해야 한다.

3. 설치가 완료될 때까지 대기한다. 설치가 진행되는 윈도우는 그림 9.11과 같다. 설치가 완료된 후에 Support package에서 사용할 수 있는 예제를 확인하는 옵션이 표시된다. 해당 옵션을 선택하면 그림 9.12와 같이 다양한 예제가 있는 페이지로 이동한다.

4. 사용자는 MATLAB 명령어 윈도우에 *aduinolib*를 입력해 Support package가 제대로 설치됐는지 확인할 수 있다. 그림 9.13과 같이 다양한 블록이 포함된 라이브러리 모델이 표시된다.

9.3 개방 루프 데이터 수집 및 폐쇄 루프 PID DC 모터 하드웨어용 컨트롤러 개발

모터의 속도는 아두이노 메가 마이크로컨트롤러의 디지털 PWM^{Pulse-Width Modulated} 출력을 사용해 제어된다. PWM 출력은 MOSFET을 제어하는 데 사용되며, DC 모터에 12V DC 전원을 연결하고 분리하는 스위치 역할을 한다. 모터는 아두이노 메가의 PWM 출력을 사용해 지속적으로 켜지고 꺼지지만 관성 및 마찰로 인해 PWM 사용률^{duty cycle} 명령어가 100%일 때 최대 속도가 되지 않거나 PWM 사용률이 0%인 경우에 즉시 중단되지 않는

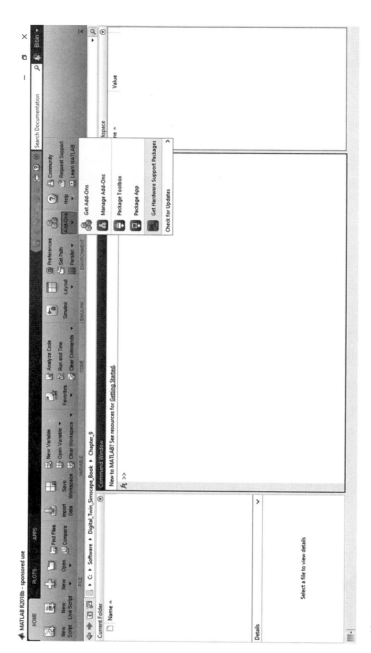

그림 9.7 Add-On Explorer GUI

그림 9.8 아두이노 하드웨어용 Simulink 지원 패키지

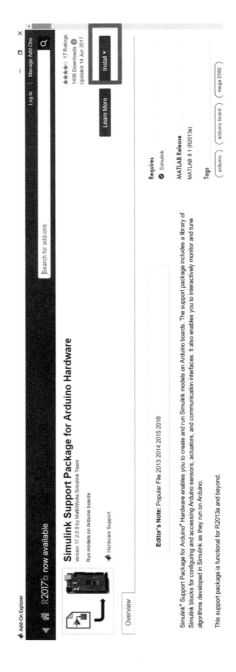

그림 9.9 Install 버튼이 포함된 Add-On Explorer

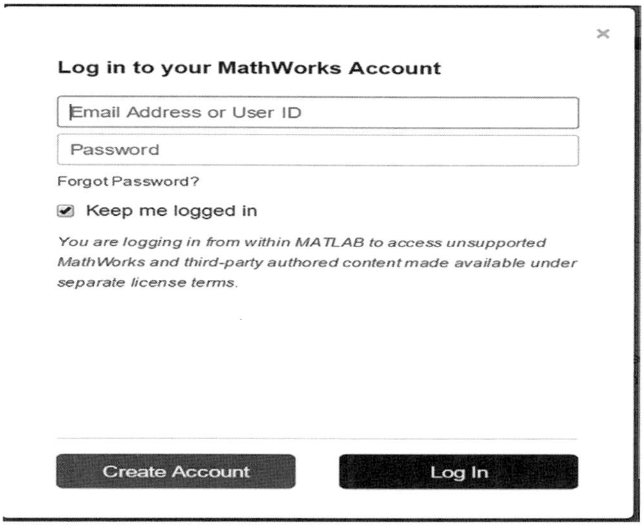

그림 9.10 MathWorks 계정 로그인

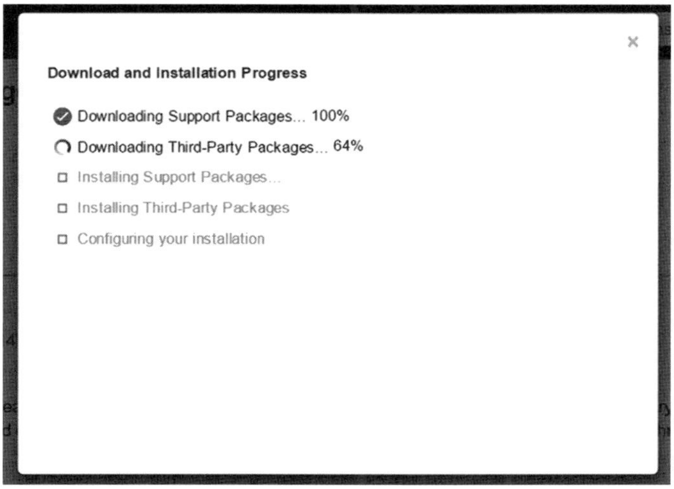

그림 9.11 Support Package 설치 과정

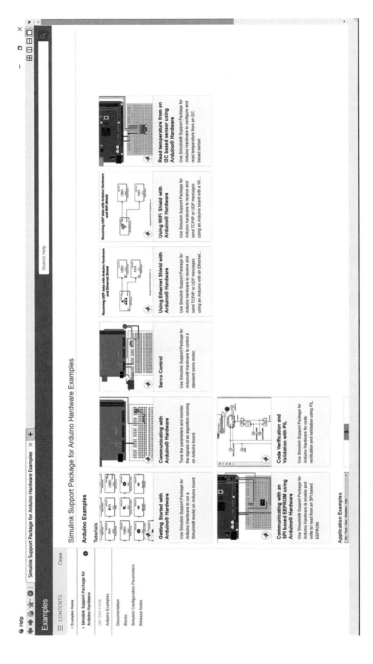

그림 9.12 Support Package에서 사용할 수 있는 프로젝트 예제 링크

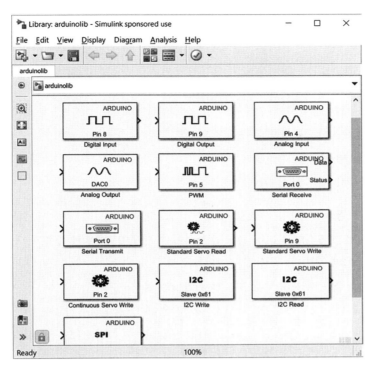

그림 9.13 아두이노 I/O 라이브러리

다. 모터 다이내믹스(관성 및 마찰)는 모터에 제공되는 고주파 On-Off 명령어에 대한 필터 역할을 하며 완만한 연속 모터 속도 프로파일을 제공한다. 아두이노 라이브러리는 특정 시간대와 아두이노 메가보드에서 선택된 PWN 출력 핀의 다양한 사용률을 갖는 PWN을 생성하고자 PWM 출력 제너레이터 블록을 제공한다.

DC 모터의 내장 쿼드러처 인코더는 해당 테스트에서 모터의 속도를 측정하고자 사용된다. 아두이노 Support Package 라이브러리는 모터에서 인코더 출력을 읽는 블록을 제공하지 않으므로 사용자 지정 S-function 블록을 사용해 속도 센서값을 읽는다.

9.3.1 Simulink®를 사용해 개방 루프의 정상 상태 지점에서 DC 모터 작동

DC 모터의 동작을 관찰하고 분석하고자 먼저 DC 모터를 개방 루프로 실행해 PWM 신호를 전체 작동 범위를 포함해서 스위핑^{sweeping}하고 모터 속도를 기록해 입/출력 데이터를 수집한다. 해당 결과를 통해 입력 vs 출력(정상 상태 응답)의 응답 곡선을 생성할 수

그림 9.14 DC 모터 속도 제어 시스템의 입력/출력

있다. DC 모터는 그림 9.14와 같이 단일 입력single-input 단일 출력single-output 시스템이다. PWM 사용률 명령어는 입력이고 모터 속도는 출력이다. 아두이노 PWN 블록에 대한 입력은 0부터 255 사이의 값이다. 블록은 구성된 하드웨어 핀에서 0%에서 100% 사이의 PWM 사용률을 생성한다. 파형의 주파수는 약 490Hz로 일정하다.

PWM 명령을 025에서 255까지 25 단위로 증가시킨다(255로 끝나는 마지막 단계 제외). 명령어는 50초마다 변경되고 해당 모터 속도 출력이 기록된다. 그림 9.15는 응답 곡선을 생성하기 위해 생성된 PWM 입력 파형을 보여 준다.

다음 단계에 따라 아두이노 메가에서 실행할 Simulink® 모델을 생성하고 구성해 PWM 입력을 초기화하고 해당하는 모터 속도 출력을 기록한다.

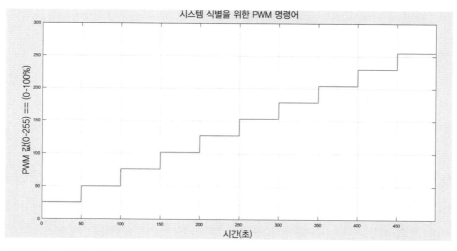

그림 9.15 시스템 ID 입력 PWM 값 시그널

1. 신규 Simulink 모델을 생성하고 원하는 이름을 사용해서 저장한다.

2. ***Model › Simulation › Model Configuration Parameters › Solver*** 설정 페이지로 이동해 그림 9.16과 같이 하이라이트된 부분을 변경한다. 그림 9.15와 같이 입력 변경을 적용하는 데 500초가 필요하기 때문에 ***Stop Time*** 500초 시뮬레이션이 선택된다. 전체 블록 및 서브시스템은 ***Fixed-step size*** 필드에 명시된 0.02s의 특정 이산율discrete rate로 실행될 것으로 예상되기 때문에 ***Solver Type***은 ***Fixed-step***으로 변경된다.

3. Hardware Implementation 구성 설정으로 이동해 그림 9.17과 같이 ***Hardware board***를 ***Arduino Mega 2560***으로 선택한다. 해당 설정을 마친 후 ***Apply*** 클릭하고 구성 설정 GUI에서 ***OK***를 클릭한다.

4. 신규 모델을 생성하고자 Simulink 라이브러리에서 ***Repeating Sequence*** 블록을 추가한 후 ***Repeating Sequence*** 블록을 더블클릭하고 그림 9.18과 같이 입력 스위프 파형sweep waveform과 일치하도록 ***Time values*** 및 ***Output values***를 입력한다.

   Time Values: [0 49.9 50 99.9 100 149.9 150 199.9 200 249.9 250 299.9 300 349.9 350 399.9 400 449.9 450 500] ***Output Values***: [25.5 25.5 50.1 50.1 76.5 76.5 102 102 127.5 127.5 153 153 178.5 178.5 204 204 229.5 229.5 255 255].

5. MATLAB 명령어 윈도우에 ***arduinolib***를 입력해 아두이노 하드웨어 지원 라이브러리hardware support library를 실행한다. 해당 라이브러리에서 그림 9.19와 같이 PWM 블록을 모델에 추가하고 ***Repeating Sequence*** 블록의 출력을 ***PWM*** 블록의 입력과 연결한다. 또한 ***PWM*** 블록을 더블클릭하고 ***Pin number***에 5를 입력한다(입력하지 않은 경우). 해당 설정은 PWM 출력을 수행하고자 아두이노의 디지털 핀을 5로 설정한다.

6. Simulink® 모델이 하드웨어 설정과 통신할 수 있도록 간단한 모델을 구축하고 하드웨어에 다운로드할 수 있다. 9.2.1절의 전체 연결이 정상인지 확인한다. 이제 아두이노 보드board에 포함된 USB 케이블을 사용해 아두이노 메가를 MATLAB® 컴퓨터에 연결한다. 그림 9.20과 같이 모델의 ***Simulation mode***를 ***External***로 변경한다. external 모드에서는 아두이노 하드웨어에서 실행 중인 Simulink 모델에서 매개 변수를 조정하고 데이터를 모니터링할 수 있다. 또한 ***Rate transition*** 블

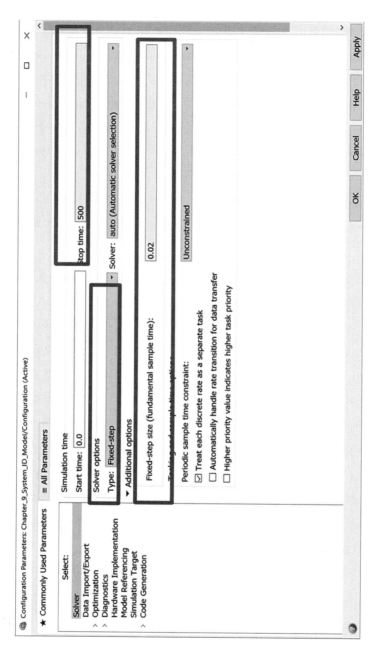

그림 9.16 시스템 ID 모델 Solver 설정

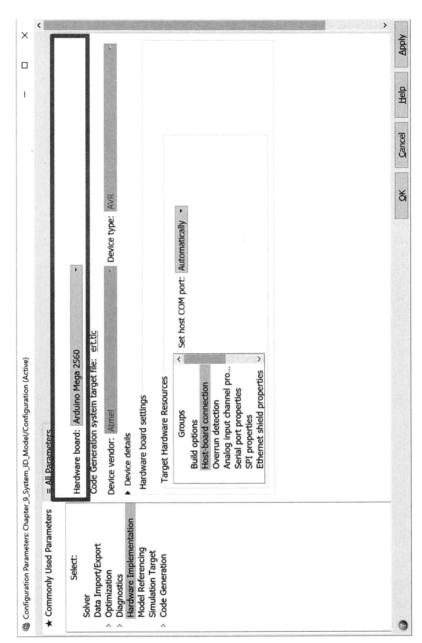

그림 9.17 하드웨어 보드 선택

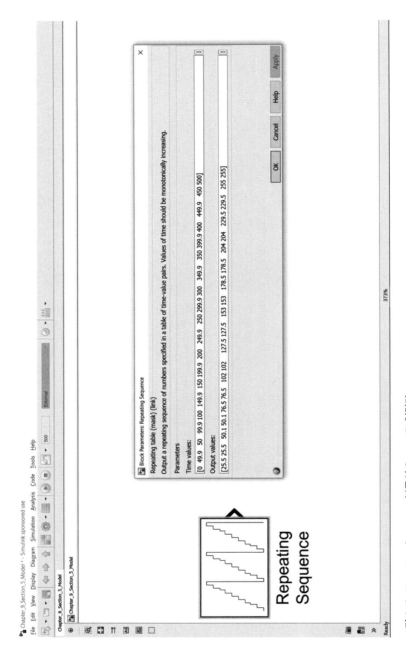

그림 9.18 Repeating Sequence 블록의 System ID 입력값

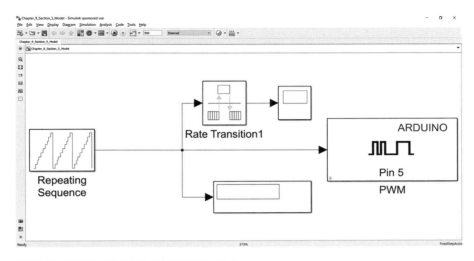

그림 9.19 아두이노 디지털 핀 5의 PWM 블록 설정

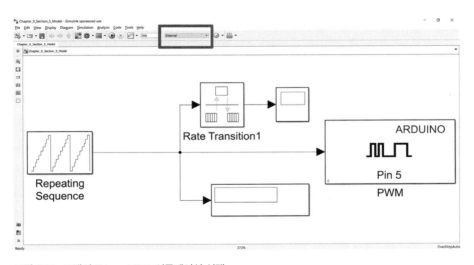

그림 9.20 모델의 External 모드 시뮬레이션 선택

록을 사용해서 모델이 아두이노 보드에서 실행되는 동안 해당 값을 모니터링하고자 scope와 디스플레이 블록을 *Repeating Sequence* 블록에 연결한다.

7. 모델의 Simulation 버튼을 클릭하면 MATLAB® 및 Simulink®에서 코드를 생성한다. 해당 코드를 컴파일하고 실행 파일을 아두이노 메가 하드웨어로 다운로드

한다. 다운로드가 완료된 후 모든 연결이 정상인 경우 모터가 25.5의 초기 PWM 명령어가 실행되는 것을 확인할 수 있으며 50초마다 모터 속도가 증가한다. 시뮬레이션 빌드 프로세스 중에 에러가 발생하면 대부분 아두이노 보드가 컴퓨터에 제대로 연결되지 않은 경우가 많다. 시뮬레이션이 성공적으로 시작됐지만 모터가 회전하지 않는 경우 9.2.1절의 내용과 같이 연결이 적절하지 않기 때문일 수 있다.

8. 7단계까지 정상적으로 수행되면 모터는 500초가 될 때까지 50초마다 속도가 올라간다.

9. 이제 모터의 속도를 탐지하고자 Simulink® 로직을 추가해야 한다. 위에서 언급했듯이 아두이노 지원 패키지는 라이브러리에 인코더 출력을 수집하기 위한 내장 블록을 제공하지 않는다. Ref. [2]에서 획득한 사용자 정의 S-function은 인코더 위치 판독값에 사용된다. S-function의 자세한 내용은 [2]를 참고한다. 위의 레퍼런스 링크에서 다운로드한 패키지의 인코더 블록을 추가한다(또는 9장의 첨부 폴더에 포함된 **arduino_encoder_lib.slx**에서 복사할 수 있다. 해당 파일은 본질적으로 동일한 S-function이지만 9장에서 사용하고자 신규 라이브러리로 복사된다). 속도 전환rate transition 블록을 통해 그림 9.21과 같이 인코더 블록 출력에 스코프scope와 디스플레이 블록을 추가하고 *Simulation* 버튼을 다시 클릭한다.

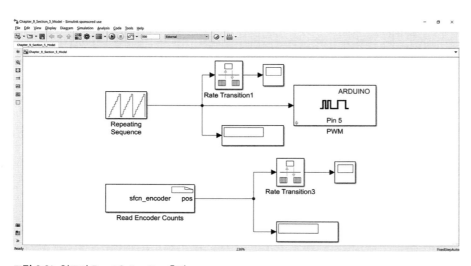

그림 9.21 인코더 Read S-function 추가

10. 시뮬레이션이 수행되는 경우 인코더 블록의 출력에 연결된 스코프 및 디스플레이 블록은 그림 9.22와 같이 인코더 카운트 판독값을 표시한다. 인코더 카운트가 0에서부터 시작해 약 13초 뒤 특정값에 도달하고 롤오버된다. S-function은 int16을 출력의 데이터 유형으로 사용하기 때문에 int16은 -2^{15}(32,768)과 2^{15}(32,768) 사이의 값을 포함한다(15비트는 데이터 처리 비트이고 1비트는 부호를 유지하고자 사용됨).

11. 모터 속도는 인코더 카운트에서 계산된다. 인코더 출력은 모터의 위치를 나타낸다. 모터 속도는 샘플 간의 모터 위치 변화를 시간 변화에 따라 나눈 값으로 특정 시간 간격 동안의 모터 속도를 근사할 수 있다. 이를 통해 해당 시간 간격의 모터 평균 속도를 확인할 수 있다. 그림 9.23의 하이라이트된 로직은 먼저 *Unit Delay* 블록을 사용해 두 샘플의 인코더 위치 사이의 차이를 확인하고 출력을 모델의 샘플 시간(인코더 카운트/초)으로 나누며 0.02초다. 해당 카운트/초[counts/seconds]는 사용 중인 모터의 기어비[gear ratio]를 사용해 회전/초[revolutions/seconds]로 변환해야 한다. 해당 애플리케이션에 사용되는 모터의 기어비는 1/1856이며 기어 박스 출력 샤프트의 회전당 1856 카운트에 해당한다. 따라서 카운트/초를 회전/초로 변환하고자 카운트를 1856으로 나눠 모터 속도를 회전/초 단위로 제공한다. 그다음 60을 곱해 회전/초를 회전/분으로 변환한다. 해당 로직을 추가한 후 업데이트된 하드웨어 로직을 실행하고자 시뮬레이션 다시 수행한다. 또한 모터 속도 출력을 모니터링하고 로그[log]를 남기고자 스코프 블록을 추가한다. 그림 9.24는 아두이노 메가의 PWM 명령어와 관련된 모터 속도 RPM 출력을 보여 준다.

12. 탐지된 모터 속도 신호를 자세히 확대하면 고정된 PWM 입력 명령어의 경우에도 속도에 약간의 차이가 있으며 센싱 메커니즘의 노이즈가 원인이다. 탐지된 값이 제어 목적으로 사용되기 전에 필터를 사용해 측정값의 노이즈 제거를 권장한다. 8장에서는 시뮬레이션 모델만 사용됐고 노이즈 측정값은 실제로 모델링되지 않았기 때문에 시스템 인식을 위한 데이터가 수집되는 동안 필터링이 실제로 적용되지 않았다. 그림 9.25와 같이 모터 속도를 필터링하고자 Simulink *Transfer Function* 블록을 통해 간단한 1차 필터 로직이 추가된다. 필터는 필터링된 값에 지연을 일으킨다. 필터 상수는 출력 대 입력 신호 지연과 노이즈 감소 간에 균형

그림 9.22 인코더 블록 출력 파형

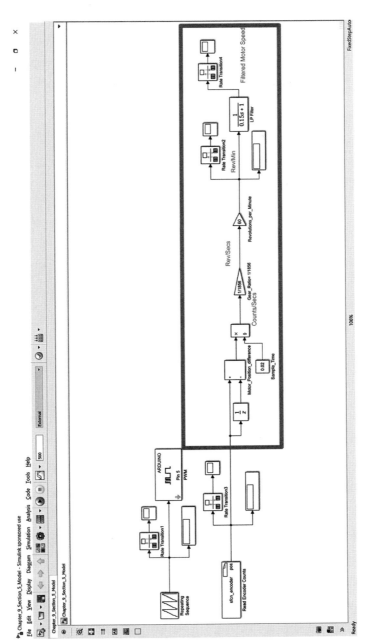

그림 9.23 인코더 카운트에서 모터 속도 계산

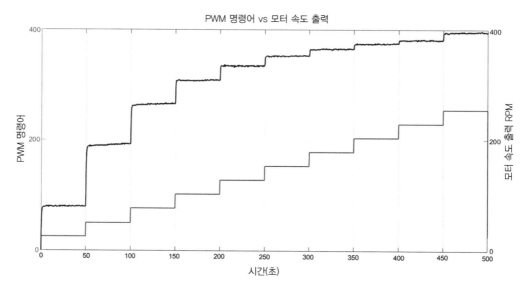

그림 9.24 PWM 입력 명령값과 모터 속도 RPM 비교

이 유지되도록 신중하게 선택해야 한다. 예시에서는 0.15초의 필터 상수를 사용한다. 그림 9.26은 필터링의 결과를 보여 준다.

9.3.2 수집된 데이터를 활용한 DC 모터 비선형성 분석

9.3.2절에서는 9.3.1절에서 수집된 데이터를 분석해 DC 모터의 비선형성을 평가한다. 해당 분석을 통해 추후 DC 모터의 다양한 선형 작동 지점에 대한 Simscape® 모델의 매개변수 추정을 수행할 수 있다. 그림 9.24의 정상 상태 포인트[steady-state points]는 표 9.2에 포함돼 있다. 해당 포인트는 그림 9.27에 표시돼 있다. 그림 9.27에 따라 세 가지 경사 변화 영역(빨간색(인쇄 버전에서는 회색), 녹색(인쇄 버전에서는 연한 회색) 및 파란색(인쇄 버전에서는 진한 회색) 수직선으로 표시됨)을 확인할 수 있다. DC Motor Simscape® 모델의 매개 변수 추정은 9장의 뒷부분에서 디지털 트윈으로 클라우드에 배포하는 데 사용되는 선형 영역을 기반으로 수행된다. 그림 9.27과 같이 *Chapter_9_Section_3_2_Script.m*을 수행해 재구성한다.

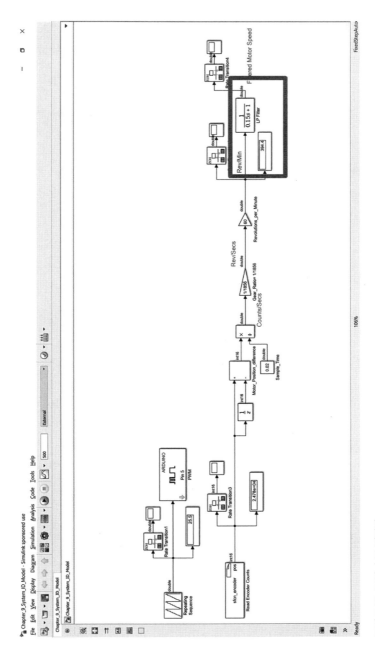

그림 9.25 모터 속도 필터링

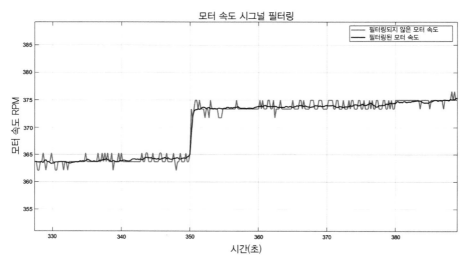

그림 9.26 필터링 및 필터링되지 않은 모터 속도 비교

표 9.2 정상 상태 작동 포인트									
PWM 명령어 SS 값	25.5	50.1	76.5	102	127.5	153	178.5	204	229.5	255
모터 속도 SS 값	78.1	185.9	260.2	305.1	331.5	351	363.3	374.1	382.7	394.4

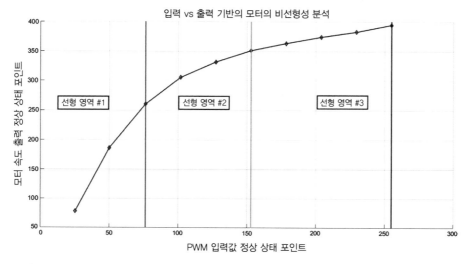

그림 9.27 모터 시스템의 비선형성 평가

Chapter_9_Section_3_2_Script.m

```matlab
%Book Title: Digital Twin Development and Deployment On Cloud Using Matlab
%SimScape
%Chapter: 9
%Section: 3.2
%Authors: Nassim Khaled and Bibin Pattel
%Last Modified: 09/10/2019
close all
fig=figure;
hax=axes;
hold on
input_pwm_steady_state_points = [25.5 50. 176.5 102 127.5 153 178.5
204 229.5 255];
output_motor_speed_points     = [78.1 185.9 260.2 305.1 331.5 351 363.3
374.1 382.7 394.4];
plot(input_pwm_steady_state_points,output_motor_speed_points,
'linewidth',2,'Marker','diamond');
line([76.5 76.5],get(hax,'YLim'),'Color',[1 0 0],'linewidth',2)
line([153 153],get(hax,'YLim'),'Color',[0 1 0],'linewidth',2)
line([255 255],get(hax,'YLim'),'Color',[0 0 1],'linewidth',2)
grid on
xlabel('PWM Input Value Steady State Points','FontSize',18);
ylabel('Motor Speed Output Steady State Points','FontSize',18)
set(gcf,'color',[1 1 1]);
title('Non-Linearity Analysis of the Motor Based on Input Vs
Output','FontSize',18)
annotation(fig,'textbox',
    [0.1635 0.577991452991452 0.0948333333333331 0.0512820512820514],
    'String',{'Linear Region #1'},
    'LineWidth',2,
    'FitBoxToText','off');
annotation(fig,'textbox',
    [0.389802083333333     0.579594017094016     0.0948333333333332
0.0512820512820514],
    'String',{'Linear Region #2'},
    'LineWidth',2,
    'FitBoxToText','off');
annotation(fig,'textbox',
    [0.649697916666666     0.582799145299144     0.0948333333333332
0.0512820512820514],
    'String',{'Linear Region #3'},
    'LineWidth',2,
    'FitBoxToText','off');
```

9.3.3 DC 모터 속도 제어를 위한 개방 루프 피드포워드 및 폐쇄 루프 PID 컨트롤러 설계 및 배포

9.3.3절에서는 DC 모터의 시변^{time-varying} 기준 속도 목표를 제어하고자 Simulink®에 개방 루프 피드포워드^{Feedforward} 및 폐쇄 루프 피드백^{Feedback} 컨트롤러를 설계 및 배포한다. 먼저 모터의 속도 출력을 제어하고자 피드백을 사용하지 않는 개방 루프 피드포워드 컨트롤러를 개발할 것이다. 해당 컨트롤러는 출력 신호의 상태와 관계없이 사전 정의된 방식으로 제어 신호를 통제한다. 사전 정의된 동작은 시스템의 물리 모델 또는 실제 시스템에서 수집된 정상 상태 데이터를 기반으로 한다. 예시의 경우 9.3.1절에서 수집된 데이터와 9.3.2절에서 식별된 정상 상태 포인터를 사용한다. 시뮬레이션 모델의 모습은 그림 9.28과 같다. 모델의 주요 구성 요소는 아래와 같다.

- 모터 속도 레퍼런스 시스템
- 모터 속도 피드백 시스템
- 컨트롤러 시스템
- PWM 구동 장치 시스템

레퍼런스 시스템은 모터 속도의 레퍼런스 신호를 생성한다. 레퍼런스는 지속적으로 변화하며 다양한 작동 공간에 컨트롤러를 제공한다. 그림 9.29는 레퍼런스 신호에 대한 시계열 플롯^{time series plot}을 보여 준다.

그림 9.32 및 9.33은 모터 속도 센싱 시스템의 Simulink® logic을 보여 준다. 시스템 식별 데이터 수집을 위해 모터 속도 센싱용으로 9.3.1절에서 개발된 로직 또한 사용된다.

피드포워드 컨트롤러 최상위 레벨 서브시스템은 그림 9.34와 같다. 해당 블록은 모터 속도 레퍼런스 및 모터 속도 피드백을 입력으로 받아 PWM 명령어 값을 출력한다. 그림 9.35와 같이 서브시스템 내부를 살펴보면 정상 상태 PWM 명령을 출력하고자 표 9.2에서 파생된 룩업 테이블^{lookup table}로 이동하는 속도 레퍼런스가 존재한다. PWM 명령은 아두이노 PWM 핀에 적용되기 전에 0과 255 사이에 포화^{saturated}된다. 속도 전환 블록은 입력 및 출력에 삽입된다.

그림 9.36 및 9.37은 아두이노 하드웨어에 컨트롤러 PWM 신호를 제어하기 위한 Simulink® 로직을 보여 준다.

모델 구성 설정은 그림 9.16의 시스템 ID 모델과 동일하게 적용할 수 있다. 이제 모델

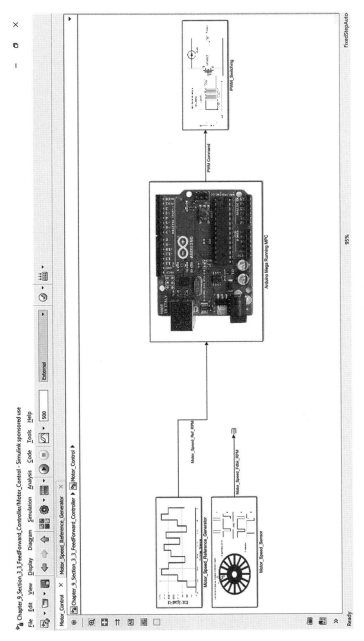

그림 9.28 개방 루프 피드포워드 컨트롤러를 이용한 실시간 모터 속도 제어기의 최상위 Simulink 모델

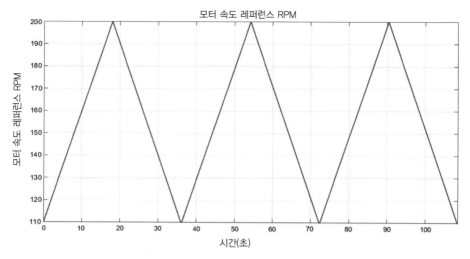

그림 9.29 MPC 컨트롤러의 모터 속도 레퍼런스

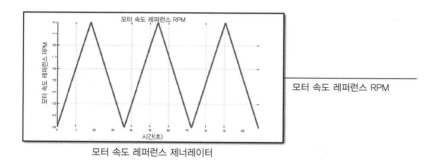

모터 속도 레퍼런스 제너레이터

모터 속도 레퍼런스 RPM

그림 9.30 레퍼런스 제너레이터 서브시스템 평면도

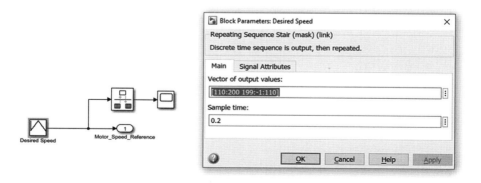

그림 9.31 Simulink 반복 시퀀스 블록을 사용한 레퍼런스 생성

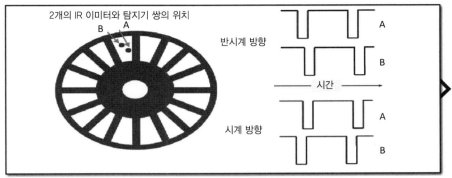

그림 9.32 모터 속도 센싱 서브시스템 평면도

을 아두이노 하드웨어에 배포하기 위한 준비가 끝났다. 모델에 있는 시뮬레이션 버튼을 클릭한다. MATLAB® 및 Simulink®는 해당 모델에서 코드를 생성해 컴파일하고 실행 파일을 아두이노 메가 하드웨어로 다운로드한다. 모델에 추가된 스코프를 사용해 모터 속도 명령어, 실제 모터 속도, 피드포워드 컨트롤러에서 나오는 PWM 명령어를 확인할 수 있다. 피드포워드 컨트롤러 속도 추적 및 PWM 명령어는 그림 9.38 및 9.39와 같다. 피드포워드 컨트롤러가 피드백 모터 속도를 확인하지 않기 때문에 보정할 수 없는 속도 추적 오류가 존재한다. 따라서 피드백 컨트롤러가 필요하다. 추후 동일한 제어 목표를 가진 PID 피드백 컨트롤러를 디자인할 것이다.

피드포워드 + 피드백 컨트롤러를 사용한 시뮬레이션 모델의 최상위 뷰는 그림 9.40과 같다. 피드포워드 설정과 전체 컨트롤러 구조와의 주요 차이점은 PWM 명령어를 사용 하고자 컨트롤러에서 탐지된 모터 속도를 고려해야 한다. 해당 셋업에서 피드 포워드 컨 트롤러는 레퍼런스 변경에 대한 더 빠른 응답을 보장하고 피드백 루프는 개선된 추적 및 안정성을 제공한다.

피드포워드 컨트롤러와 마찬가지로 해당 모델의 주요 구성 요소는 아래와 같다.

- 모터 속도 레퍼런스 시스템(피드포워드와 동일)
- 모터 속도 피드백 시스템(피드포워드와 동일)
- 피드포워드 + PID 피드백 컨트롤러 시스템
- PWM 구동 시스템(피드포워드와 동일)

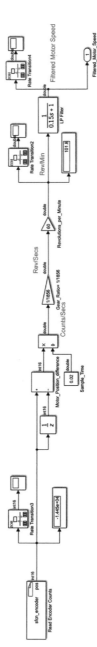

그림 9.33 모터 속도 센싱 로직

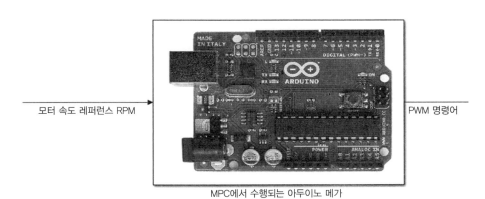

모터 속도 레퍼런스 RPM   MPC에서 수행되는 아두이노 메가   PWM 명령어

그림 9.34 모터 피드포워드 컨트롤러 서브시스템 최상위 뷰

피드포워드 + 피드백 PID 컨트롤러 최상위 레벨 서브시스템은 그림 9.41과 같다. 해당 블록은 모터 속도 레퍼런스 및 실제 탐지 모터 속도를 통해 PWM 명령어 값을 출력한다. 그림 9.42와 같이 서브시스템 내부를 살펴보면 위에서 개발 및 테스트한 피드포워드 컨트롤러, 모터 속도 추적을 위한 오차 계산 로직, 오차에 대한 비례, 적분 및 미분 이득값$^{derivative\ gains}$ 적용, 오류 미분 및 그에 따른 적분, 그리고 모든 항을 합산해 최종 PWM 명령어에 적용한다. Simulink 로직에 표시된 초기 이득값은 컨트롤러 평가를 시작하고자 사용된다. PWM 명령어는 아두이노 PWM 핀에 적용되기 전에 0과 255 사이에 포화된다.

나머지 구성 요소는 변경되지 않기 때문에 이제 모델을 구축하고 아두이노 하드웨어에 배포할 준비가 됐다. 피드포워드 + 피드백 PID 컨트롤러 속도 추적 및 PWM 명령어는 그림 9.43 및 9.44와 같다. 피드포워드 전용 컨트롤러에 비해 해당 그림에서 속도 추적 성능이 크게 개선됐음을 알 수 있다. PID 컨트롤러를 체계적으로 조정해 상승 시간$^{rise\ time}$, 언더 슈트^{undershoot}, 오버 슈트^{overshoot}, 안정화 시간$^{settling\ time}$ 등에서 원하는 컨트롤러 성능을 얻을 수 있다. 그러나 이 책과 9장의 초점은 컨트롤러 설계가 아니기 때문에 컨트롤러를 반환하는 데 많은 시간을 할애하지 않을 것이다.

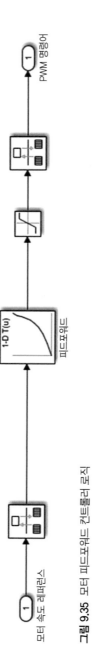

그림 9.35 모터 피드포워드 컨트롤러 로직

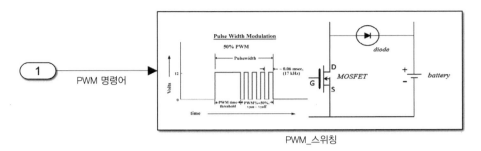

그림 9.36 아두이노 PWM 명령어 서브시스템 평면도

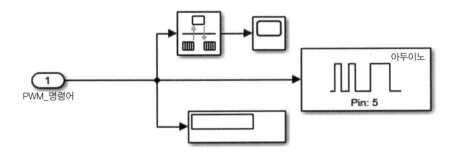

그림 9.37 PWM을 PIN 5로 설정

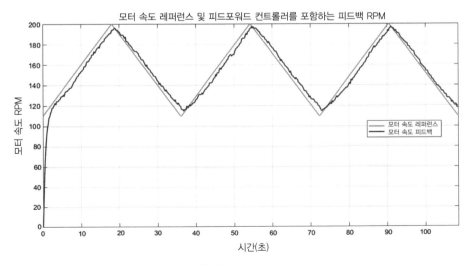

그림 9.38 피드포워드 컨트롤러 모터 속도 추적

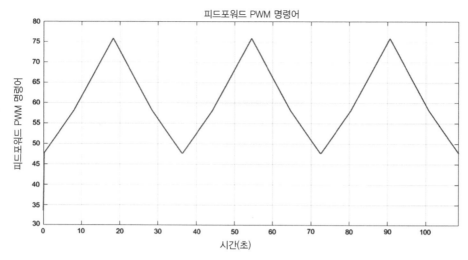

그림 9.39 피드포워드 컨트롤러 PWM 명령어

9.4 DC 모터용 Simscape™ 디지털 트윈 모델 개발

9.4절에서는 MATLAB®, Simulink, Simscape™ 도구 상자^{toolbox}를 사용해 DC 모터 시스템의 물리적 플랜트 모델을 개발한다. 모델의 입력 출력 구조는 PWM 명령을 입력으로 사용하고 모터 속도를 출력으로 사용하는 모터 하드웨어의 구조와 동일하다. Simscape™를 사용해 Simulink 플랜트 모델을 복제하고자 아래 단계를 따른다.

1. 신규 Simulink 모델을 생성한 후 사용하고자 하는 이름으로 저장한다.

2. ***Model › Simulatioin › Model Configuration Parameters › Solver*** 설정 페이지로 이동해 그림 9.45의 DC 모터 Simscape™ 플랜트 모델 구성 설정에 하이라이트된 내용을 변경한다. 모델의 모든 블록 및 서브시스템은 ***Fixed-step size*** 필드에 지정된 특정 이산 속도$^{certain\ discrete\ rate}$인 0.1초로 수행될 것이기 때문에 ***Solver Type***을 ***Fixed-step***으로 변경한다.

3. Simulink 모델에서 DC 모터의 PWM 입력을 위한 입력 포트를 추가한다. 9장의 앞부분에서 아두이노 핀에 적용한 PWM 입력값은 0~255이지만 Simscape™ 모델 블록의 경우 해당 PWM 신호를 0~1 범위로 스케일링하기 때문에 1/255 스케일링 값을 가진 게인 블록$^{gain\ block}$이 그림 9.46과 같이 추가된다. 스케일링 PWM

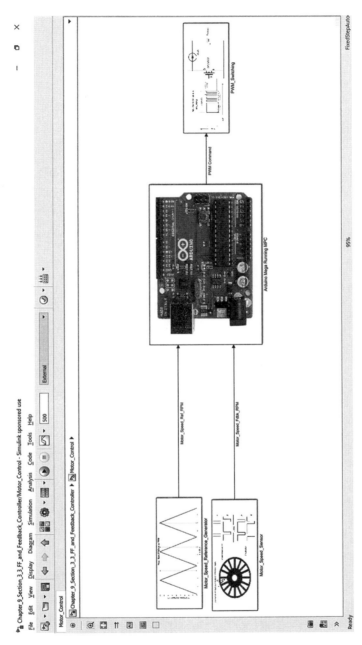

그림 9.40 피드포워드 + 피드백 PID 컨트롤러를 사용한 실시간 모터 속도 컨트롤러 Simulink 모델 최상위 레벨

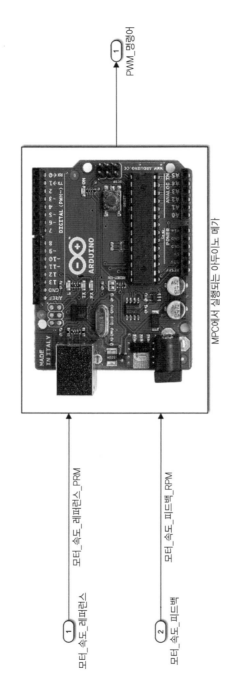

PWM_명령어

MPC에서 실행되는 아두이노 메가

모터_속도_레퍼런스_PRM

모터_속도_레퍼런스

모터_속도_피드백_RPM

모터_속도_피드백

그림 9.41 모터 피드포워드 + 피드백 PID 컨트롤러 서브시스템 평면도

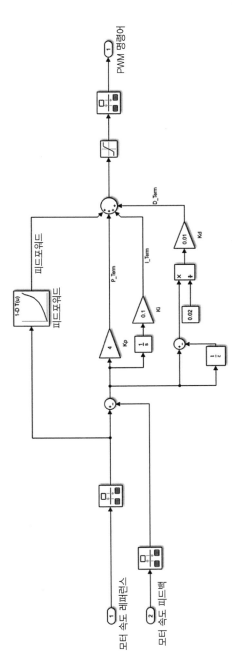

그림 9.42 모터 피드포워드 + 피드백 PID 컨트롤러 서브시스템 로직

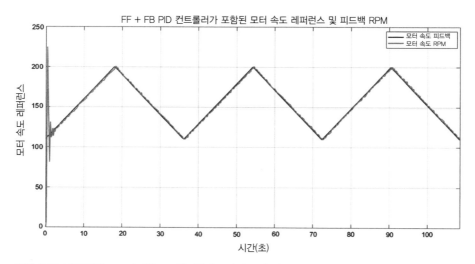

그림 9.43 피드포워드 + 피드백 PID 컨트롤러 모터 속도 추적

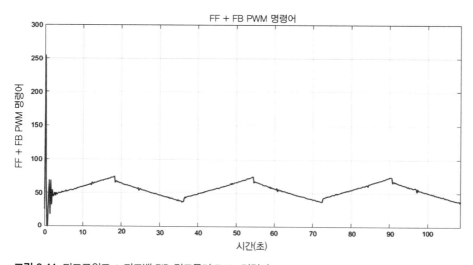

그림 9.44 피드포워드 + 피드백 PID 컨트롤러 PWM 명령어

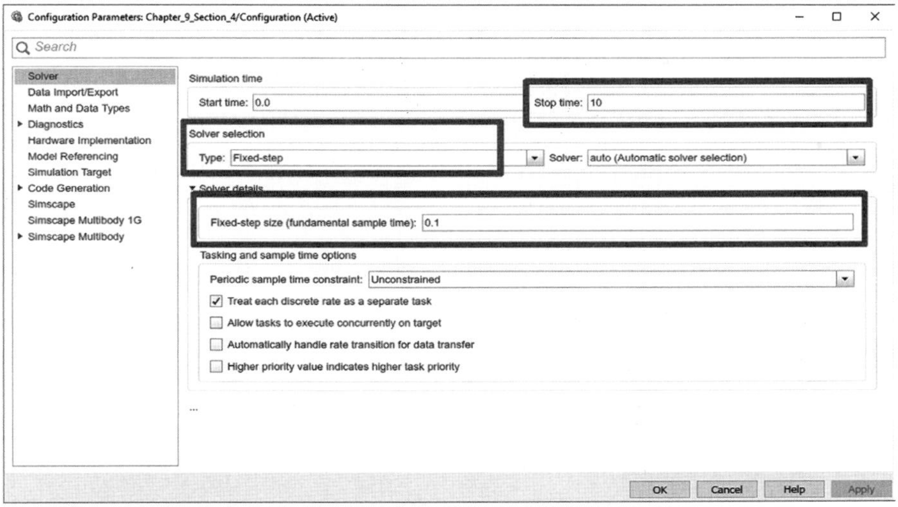

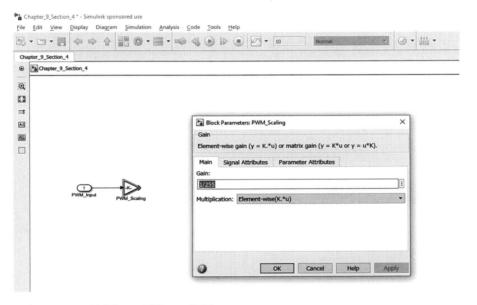

그림 9.45 DC 모터 Simscape™ 플랜트 모델 구성 설정

그림 9.46 PWM 입력을 0~1 범위로 스케일링

입력은 0~1 범위를 갖는다.

4. Simscape™ 도구 상자에서 제공하는 *elec_lib/Actuators & Drivers/Drivers* 모델의 *Controlled PWM Voltage* 블록을 그림 9.47 SimScape™의 Controlled PWM Voltage 및 H-Bridge Block과 같이 Simulink 모델에 추가한다.

5. PWM 입력을 *controlled PWM Voltage* 블록에 제공하고자 블록 설정을 *Electrical Input Ports*를 *Physical Input Port*로 변경해야 한다. 신규 생성된 *Controlled PWM Voltage* 블록을 우클릭하고 그림 9.48과 같이 *Simscape™* › *Block Choices* › *Physical signal input* 옵션을 선택한다. 해당 설정을 통해 2개의 입력이 하나의 입력으로 블록 레이아웃이 변경된다.

6. *Simulink to PS Converter* 블록을 사용해 PWM 스케일링 게인 블록의 출력을 *Controlled PWM Voltage* 블록에 연결한다.

7. Controlled PWM Voltage 블록을 더블클릭하고 PWM 탭에서 *Simulation mode*를 *Averaged*로 선택하고 *PWM frequency*를 아두이노 하드웨어에서 생성된 신호의 주파수인 4000Hz로 설정한다. *Input Scaling* 탭에서 0% 및 100% 듀티 사이클에 대한 값을 각각 0과 1로 입력한다. *Output Voltage* 탭에서 출력 전압 진폭을 5V로 입력한다. 자세한 내용은 그림 9.49~9.51을 확인하면 된다.

8. Simscape™ 도구 상자에서 제공하는 *elect_lib/Actuators & Drivers/Drivers/Drivers* 모델에 그림 9.47과 같이 Controlled PWM Voltage 및 H-Bridge 블록을 추가하고 그림 9.52와 같이 연결한다.

9. 신규 생성된 H-Bridge 블록을 더블클릭하고 그림 9.53~9.55와 같이 설정을 변경한다.

10. Simscape™ 도구 상자에서 제공하는 *elec_lib/Actuators & Drivers/Rotational Actuators* 모델에서 그림 9.56과 같이 DC 모터 블록을 추가하고 그림 9.57과 같이 연결한다.

11. 신규 생성된 *DC Motor* 블록을 더블클릭하고 그림 9.58 및 9.59와 같이 설정을 변경한다. 기본적으로 해당 설정은 DC 모터의 조정할 수 있는 전기적 및 기계적 매개 변수 속성이다.

12. Simscape™ 도구 상자에서 제공하는 *fl_lib/Mechanical/Mechanical Sensors* 모

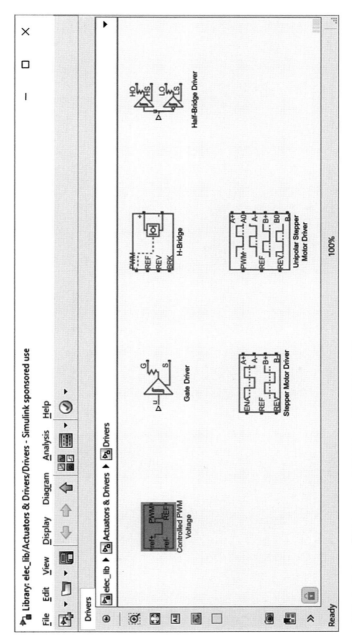

그림 9.47 SimScape™의 Controlled PWM Voltage 및 H-Bridge 블록

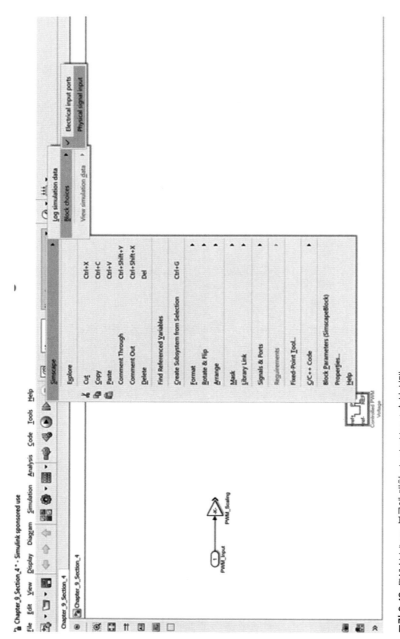

그림 9.48 PWM Voltage 블록에 대한 physical input 속성 선택

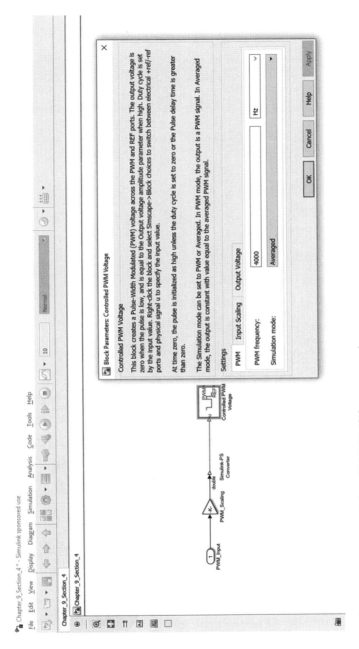

그림 9.49 Controlled PWM Voltage 블록 PWM 설정

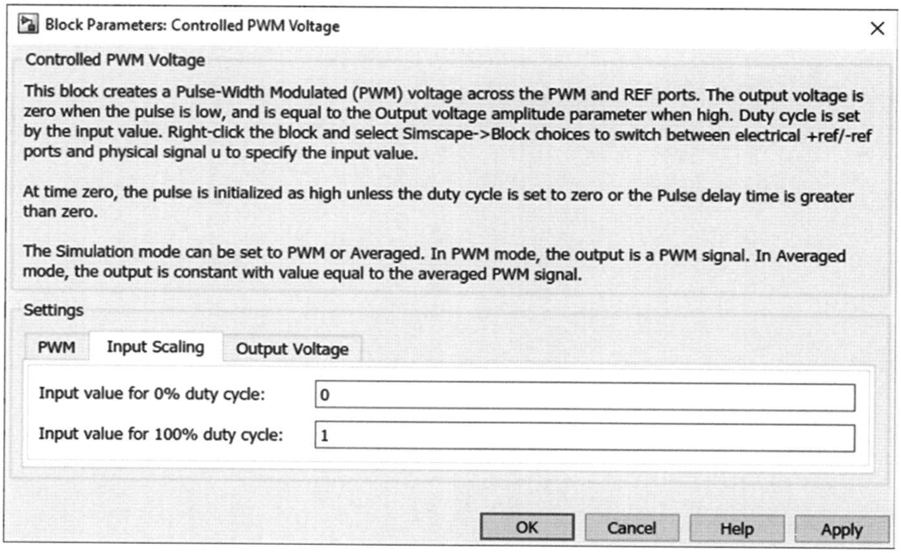

그림 9.50 Controlled PWM Voltage 블록 입력 스케일링 설정

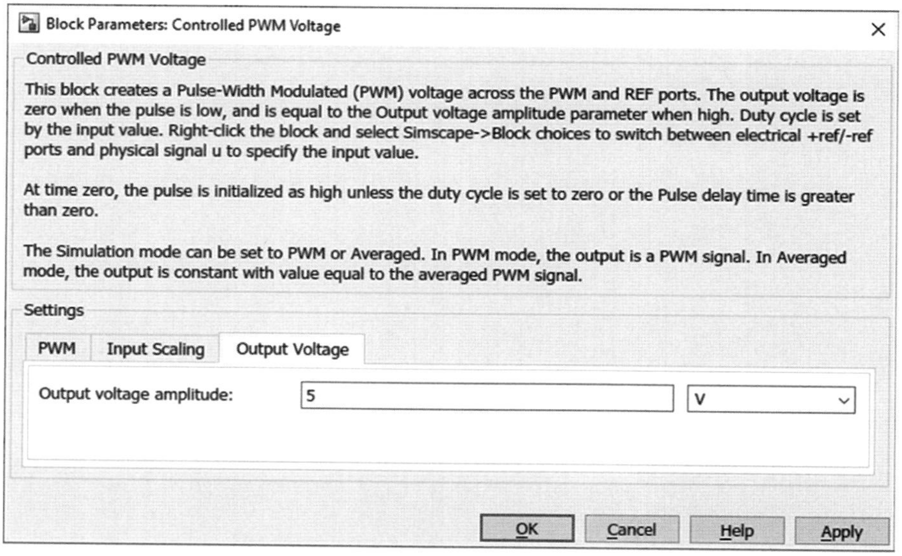

그림 9.51 Controlled PWM Voltage 블록 출력 Voltage 설정

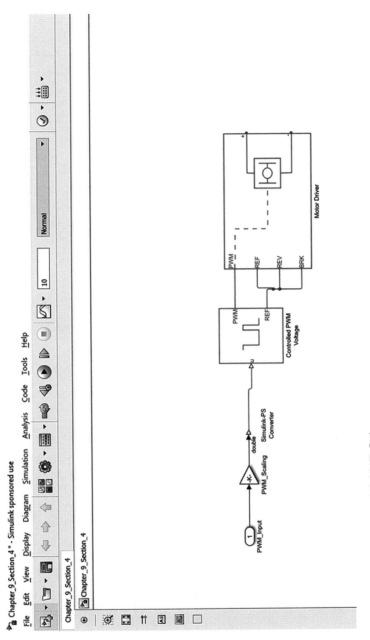

그림 9.52 H-Bridge PWM 드라이버 블록 추가

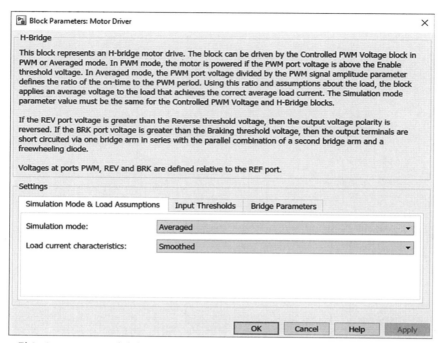

그림 9.53 H–Bridge 드라이버 블록 시뮬레이션 모드 및 Load 설정

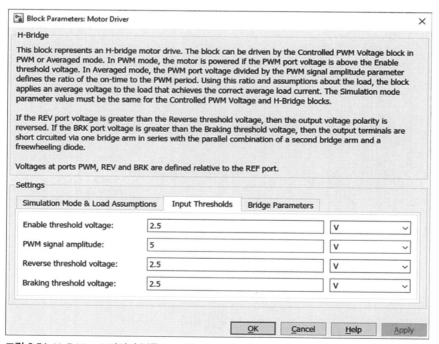

그림 9.54 H–Bridge 드라이버 블록 Input Threshold 설정

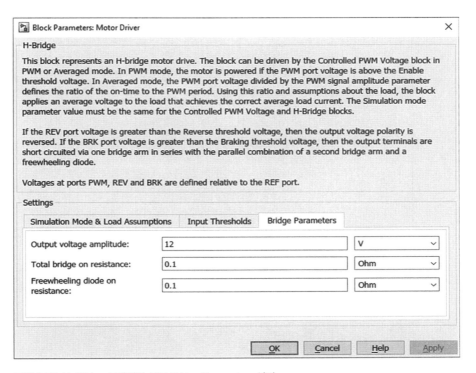

그림 9.55 H–Bridge 드라이버 블록 Bridge Parameters 설정

델에서 Simulink 모델에 ***Ideal Rotational Motion Sensor*** 블록을 추가하고 그림 9.61과 같이 연결한다. 해당 모션 센서 블록은 모델의 DC 모터 회전 속도를 측정하고자 사용된다. 출력 포트를 ***Ideal Rotational Motion Sensor*** 블록의 ***W*** 각도 angular의 속도 출력에 연결한다.

13. Simscape™ 도구 상자에서 제공하는 ***nesl_utility, fl_lib/Electrical/Electrical Elements, and fl_lib/Mechanical/Rotational Elements*** 모델에서 그림 9.62~ 9.64의 ***Solver Configuration, Electrical Reference, and Mechanical Rotational Reference***를 ***Simulink*** 모델에 추가하고 그림 9.65와 같이 연결한다. 그림 9.66과 같이 모델 생성 단계를 완료하고자 모델에 입력 및 출력 범위scopes를 추가한다. 모델 개발은 완료됐지만, DC 모터의 전기 및 기계적 속성의 조정 가능한 매개 변수를 MATLAB 작업 공간에서 초기화해야 하기 때문에 해당 모델을 그대로 사용하지 않는다. 현재 조정 가능한 매개 변수의 실제값 또는 실제값에 가까

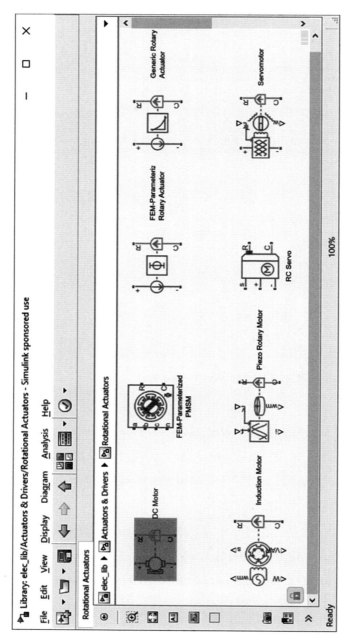

그림 **9.56** Simscape™에서 제공하는 DC 모터 블록

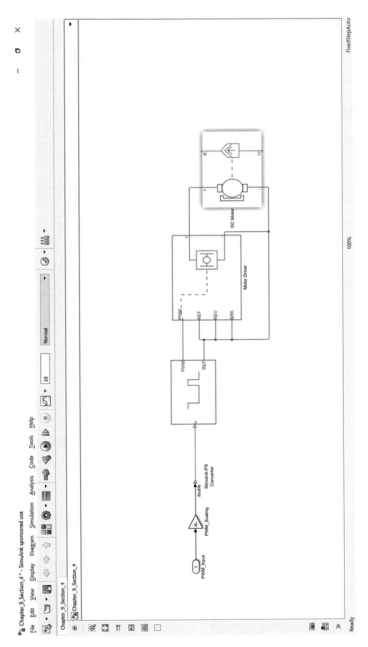

그림 9.57 DC 모터 블록 추가

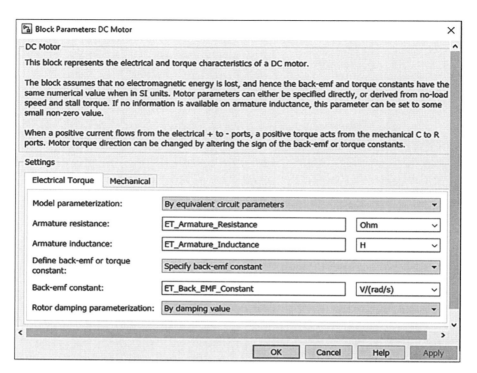

그림 9.58 DC 모터 블록의 조정 가능한 Electrical Torque 속성

운 값이 무엇인지 알지 못한다. 9.5절에서는 해당 절에서 개발된 모델과 9.4절에서 수집된 DC 모터 하드웨어 데이터를 사용해 이러한 DC 모터 블록 매개 변수를 조정하고 Simscape™ DC 모터 플랜트 모델을 실행할 수 있다.

9.5 Simulink® 매개 변수 추정 도구를 통한 DC 모터 하드웨어의 데이터로 Simscape™ DC 모터 모델의 매개 변수 튜닝

9.5절에서는 9.4절에서 개발한 Simscape™ 플랜트 모델을 9.3.1절에서 수집한 개방 루프 구동 장치 PWM 스위프 데이터sweep data를 포함하는 전기적 및 기계적 매개 변수를 튜닝하는 데 사용할 것이다. Simulink®는 검증 데이터가 있는 경우 물리적 모델의 매개 변수를 튜닝하는 데 매우 유용한 매개 변수 추정Parameter Estimation 도구를 제공한다. 그림 9.27

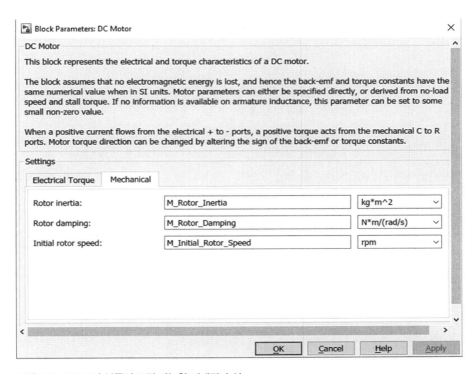

그림 9.59 DC 모터 블록의 조정 가능한 기계적 속성

과 같이 DC 모터가 비선형 시스템이고 개방 루프 PWM 스위프 데이터에서 3개의 개별 선형 영역을 분할한다. 매개 변수 추정 및 튜닝 단계는 아래와 같다.

1. 아래 표시된 스크립트를 사용해 조정할 수 있는 매개 변수를 기본값으로 초기화한다. 이상적으로는 모두 0으로 초기화될 수 있지만 모델이 0 값을 갖는 전기자 저항$^{Armature\ resistance}$과 역전기력$^{Back\ EMF}$ 상수로 실행되지 않기 때문에 해당 매개 변수들만 0.1로 초기화되고 나머지는 매개 변수는 0으로 설정된다. 그다음 스크립트는 9.3.1절의 개방 루프 PWM 스위프 데이터를 로드하고 선형 영역 데이터를 추출해 시간 기반 데이터 배열 변수 ***PWM_Input_Linear_Region_1*** 및 ***Motor_Speed_RPM_Filtered_Linear_Region_Region_1***에 저장한다. 스크립트는 또한 그림 9.67과 같이 선형 영역 1에서 추출된 데이터의 플롯^{plot}을 생성한다.

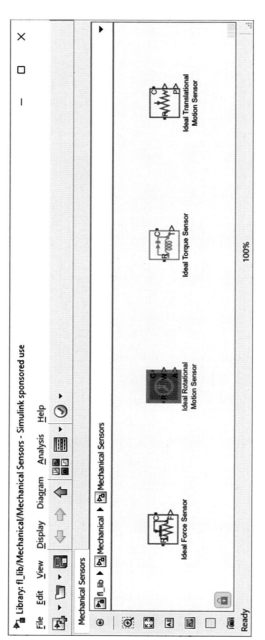

그림 9.60 이상적인 회전 운동 센서 블록

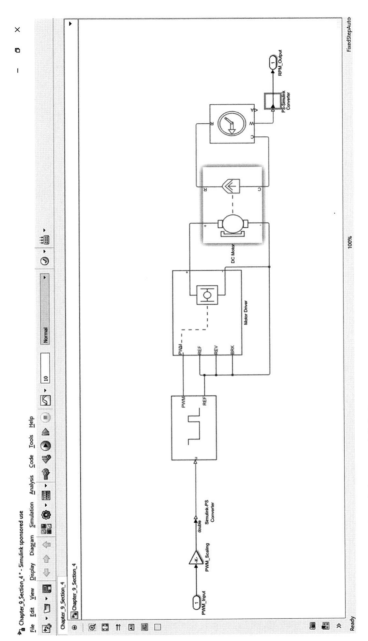

그림 9.61 이상적인 회전 운동 센서를 DC 모터에 추가

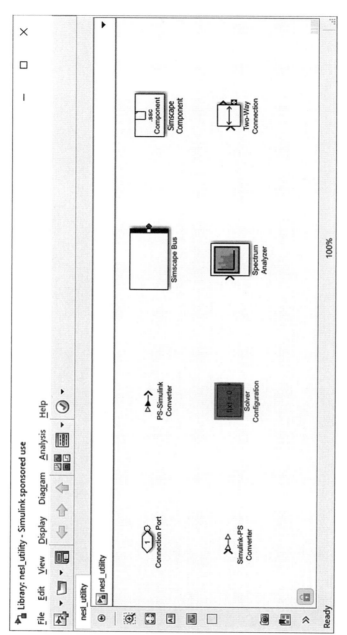

그림 9.62 Simscape™에서 제공하는 Solver 구성 블록

442

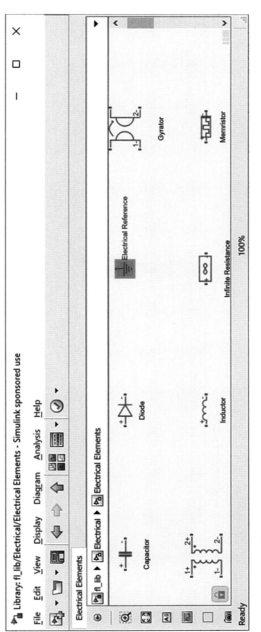

그림 9.63 Simscape™에서 제공하는 전기적 레퍼런스 블록

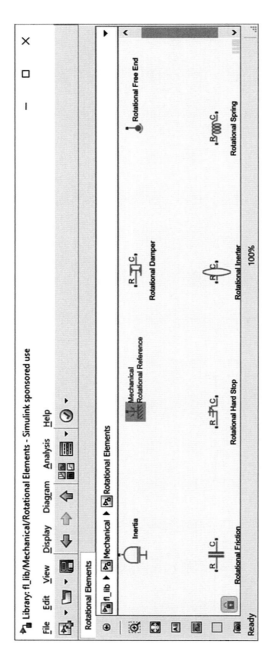

그림 9.64 Simscape™에서 제공하는 기계적 회전 레퍼런스 블록

444

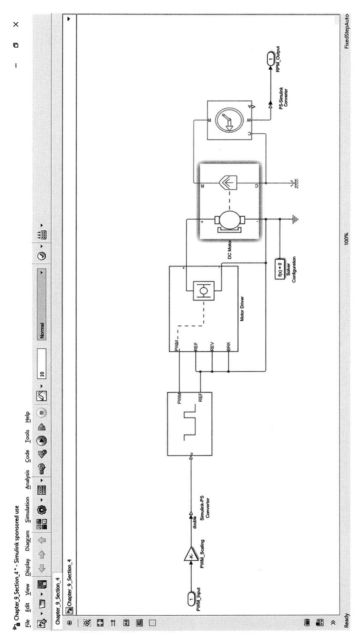

그림 9.65 솔버 설정, 기계적, 전기적 레퍼런스 블록 추가

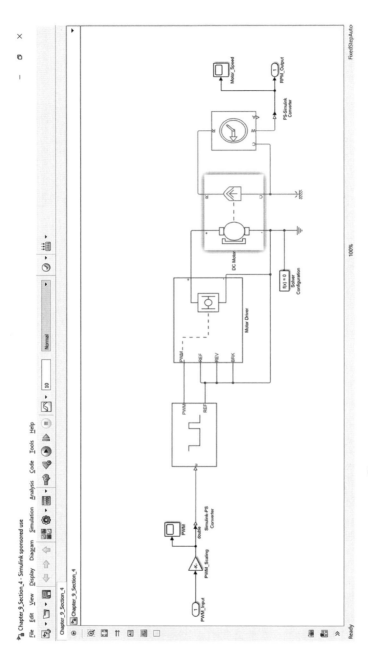

그림 9.66 완료된 DC 모터용 Simscape™ 플랜트 모델

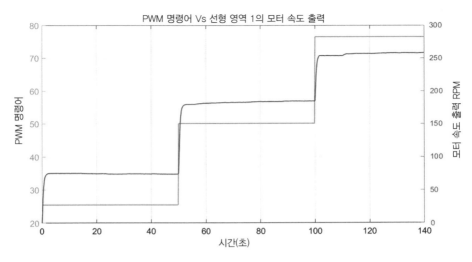

그림 9.67 모델 매개 변수 추정을 위해 추출된 선형 영역 1 데이터

Chapter_9_Section_5_Script.m

```
%Book Title: Digital Twin Development and Deployment On Cloud Using Matlab
%SimScape
%Chapter: 9
%Section: 5
%Authors: Nassim Khaled and Bibin Pattel
%Last Modified: 09/10/2019
clc
clear all
%% Initialize the Simscape Motor Plant Tunable Parameters
ET_Armature_Resistance = 0.1;
ET_Armature_Inductance = 0;
ET_Back_EMF_Constant = 0.1;
M_Rotor_Inertia = 0;
M_Rotor_Damping = 0;
M_Initial_Rotor_Speed = 0;
%% Load the Open Loop PWM Sweep Data from Section 9.3
load Chapter_9_Section_3_1_System_ID_Data.mat
%% Separate the Data into Three Regions

%% Linear Region 1
% Save the PWM_Input and Filtered Motor Speed data without Time data
into
% temporary variable
```

```
time = PWM_Input(:,1);
pwm_input_data = PWM_Input(:,2);
filtered_motor_speed_data = Motor_Speed_RPM_Filtered(:,2);
% From time T =1 to 700 is the data for Linear Region 1. Extract just
that
% data and store into a time series data array
PWM_Input_Linear_Region_1  =  [time(1:700)-time(1),pwm_input_data(1:
700)];
Motor_Speed_RPM_Filtered_Linear_Region_1         =[time(1:700)-
time(1),filtered_motor_speed_data(1:700)];
% Plot the Data
[hAx,hLine1,hLine2]    =    plotyy(PWM_Input_Linear_Region_1(:
,1),PWM_Input_Linear_Region_1(:,2),Motor_Speed_RPM_Filtered_
Linear_Region_1(:,1),Motor_Speed_RPM_Filtered_Linear_Region_1(:,2));
title('PWM Command Vs Motors Speed Output for Linear Region 1')
xlabel('Time [sec]')
ylabel(hAx(1),'PWM Command') % left y-axis
ylabel(hAx(2),'Motor Speed Output RPM') % right y-axis
grid on
set(gcf,'color',[1 1 1]);
hLine1.LineWidth = 2;
hLine2.LineWidth = 2;
% Save the Data
save  Chapter_9_Section_5_Linear_Region_1_Data.mat  PWM_Input_Linear_
Region_1 Motor_Speed_RPM_Filtered_Linear_Region_1
```

2. 9.4절에서 개발된 Simscape™ DC 모터 플랜트 모델을 연다. 여기에서 동일한 모델 이름을 Chapter_9_Section_5.slx로 변경한다. 그림 9.68과 같이 모델의 *Analysis › Parameter Estimation* 옵션으로 이동해 *Parameter Estimation* 도구를 연다. Parameter Estimation GUI는 그림 9.69과 같이 실행된다.

3. *Parameter Estimation* GUI에서 experiment setup 윈도우를 오픈하고자 *New Experiment* 클릭한다. 해당 윈도우에서 *PWM_Input_Linear_Region_1* 및 *Motor_Speed_RPM_Filtered_Linear_Region_1*을 각각 입력 및 출력 텍스트 박스 옵션에 복사/붙여넣기하고 엔터를 클릭한다. 입력 및 출력을 위한 텍스트 박스 필드에 데이터의 크기가 입력되는 것을 확인할 수 있다. *New Experiment* GUI에서 *Ok*를 클릭한다. 자세한 내용은 그림 9.70을 참고한다.

4. 매개 변수 절의 메인 GUI에서 마우스 우클릭하고 그림 9.71과 같이 *Edit* 옵션을 선택한다. 그림 9.72에서 하이라이트된 *Select Parameters* 옵션을 클릭한다.

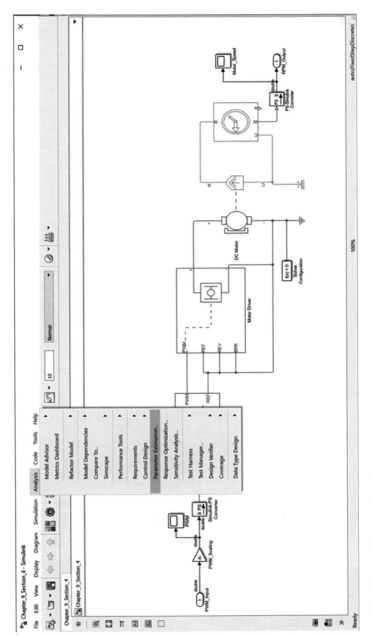

그림 9.68 매개 변수 추정 도구 실행

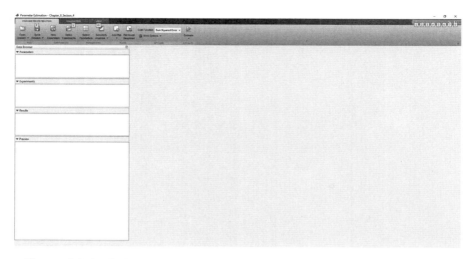

그림 9.69 매개 변수 추정 도구 GUI

Select Model Variables 윈도우에서 체크박스를 사용해 튜닝하고자 나열된 모든 매개 변수를 선택하고 그림 9.73과 같이 *Ok*를 클릭한다. 그림 9.74에 표시된 윈도우에 선택된 모든 매개 변수의 기본값이 표시된다. 해당 윈도우에서 초기값을 변경할 수 있지만 일단 동일한 기본값을 사용한다.

5. *Add Plot* 하위 메뉴의 메인 GUI에서 최적화 진행에 따른 매개 변수 값의 변화 궤적trajectory을 표시하고자 *Parameter Trajectory* 옵션을 선택한다. 또한 재조정된 매개 변수를 가진 시뮬레이션 데이터가 테스트 데이터와 얼마나 잘 매칭되는지 보여 주고자 *Experiment Plots*을 선택한다. 그림 9.75는 신규 생성된 플롯 윈도우를 보여 준다.

6. 메인 GUI에서 *Estimate* 버튼을 클릭하면 비용 함수cost function를 최소화하는 모델 시뮬레이션과 실제 테스트 데이터 사이의 제곱합 오차Sum Squared Error 매개 변수를 추정하고자 반복적인 최적화 프로세스를 시작한다. 또한 최적화를 통해 최적화된 매개 변수 변수를 사용한 시뮬레이션 결과가 실제 테스트 데이터와 각 최적화 반복 후에 변경된 매개 변수 궤적과 얼마나 잘 매칭되는지 확인할 수 있으며 최적화 비용 함수값은 그림 9.77과 같이 나타낸다. 최종적으로 최적화된 매개 변수 값은 그림 9.78과 같이 메인 GUI의 *Preview* 윈도우에서 확인할 수 있다. 그림 9.78에

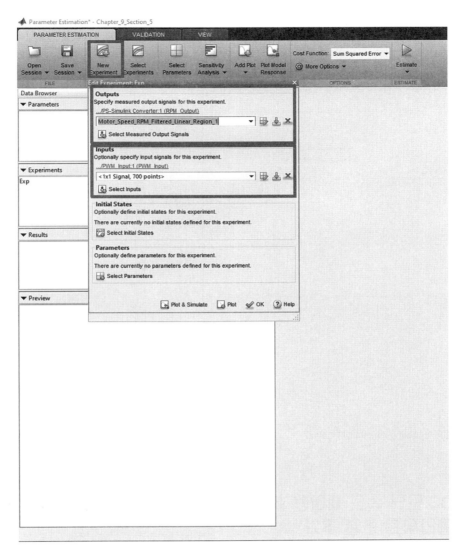

그림 9.70 신규 매개 변수 튜닝 테스트 입력/출력 선택 윈도우

포함된 값들은 모델을 클라우드에 배포할 때 디지털 트윈과 함께 사용된다.

7. 사용자는 추후 매개 변수 추정을 사용하고자 GUI의 저장 옵션을 사용해서 MATLAB 데이터 파일로 모든 설정 및 갱신된 매개 변수를 포함하는 매개 변수 추정 세션을 저장할 수 있다.

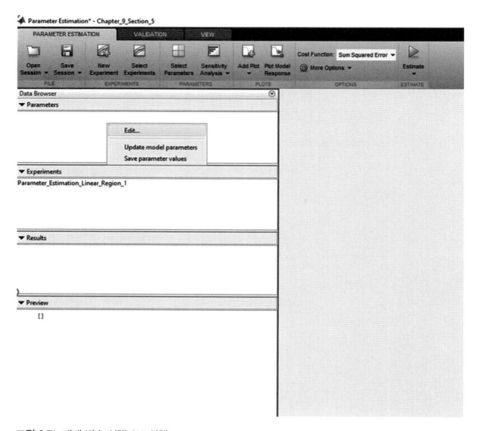

그림 9.71 매개 변수 선택 GUI 실행

9.6 DC 모터 속도 제어용 실시간 임베디드 하드웨어에 AWS 클라우드 연결 추가

9.5절에서 DC 모터의 플랜트 모델을 개발하고 해당 모델의 매개 변수를 DC 모터 하드웨어 데이터와 매칭시키고자 매개 변수 튜닝을 수행했다. 9.6절에서는 AWS 클라우드와 연동되는 DC 모터 하드웨어 보드를 다룬다. DC 모터 및 AWS 클라우드를 제어하는 아두이노 컨트롤러 보드의 통신을 수행하는 데 가장 많이 사용되는 임베디드 Wi-Fi 컨트롤러 모듈인 ESP32를 사용한다. 아두이노 컨트롤러는 아두이노 및 ESP32의 유선 직렬 데이터 전송wired serial data Transmit 및 수신 포트를 사용해 ESP32 Wi-Fi 모듈과 통신한다.

아두이노는 DC 5V에서 작동하고 ESP32는 DC 3.3V에서 작동하기 때문에 아두이노

Edit: Estimated Parameters
Parameters Tuned for all Experiments
There are no parameters selected for estimation.
Select parameters
Parameters and Initial States Tuned per Experiment
Experiment: Parameter_Estimation_Linear_Region_1
Select experiment initial states for estimation.
There are no initial states defined for this experiment.
Select experiment parameters for estimation.
There are no parameters defined for this experiment.
Edit experiment
Update Model
OK
Help

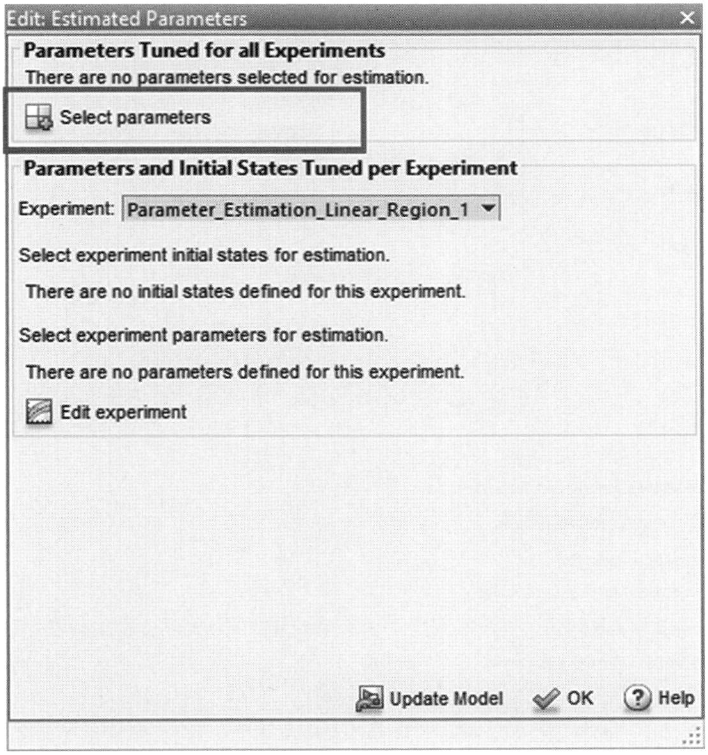

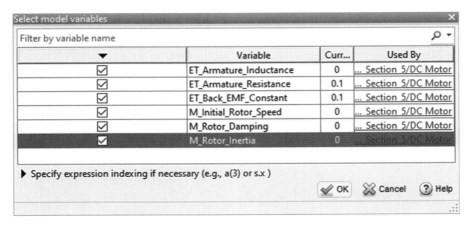

그림 9.72 추정 매개 변수 선택

Select model variables
Filter by variable name
Variable
Curr...
Used By
ET_Armature_Inductance
0
... Section 5/DC Motor
ET_Armature_Resistance
0.1
... Section 5/DC Motor
ET_Back_EMF_Constant
0.1
... Section 5/DC Motor
M_Initial_Rotor_Speed
0
... Section 5/DC Motor
M_Rotor_Damping
0
... Section 5/DC Motor
M_Rotor_Inertia
0
... Section 5/DC Motor
Specify expression indexing if necessary (e.g., a(3) or s.x)
OK
Cancel
Help

그림 9.73 전체 모델 추정 매개 변수 선택

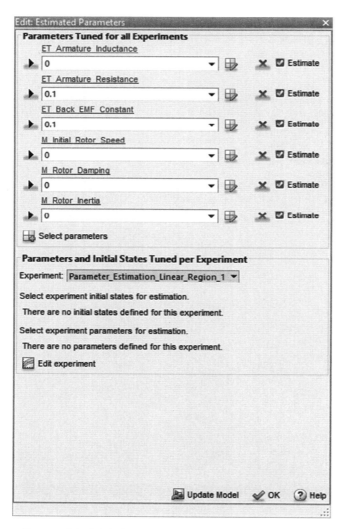

그림 9.74 사전 정의된 기본값을 가진 조정 가능한 매개 변수

의 직렬 전송 핀serial Transmit pin을 ESP32의 직렬 수신 핀에 연결할 수 없다는 점에 유의해야 한다. 따라서 모듈의 적절한 통신과 안전한 작동을 위해 두 모듈 사이에 적절한 DC 전압 레벨 변화level shifting 장치가 필요하다. ESP32는 Wi-Fi 라우터 또는 모듈 근처의 사용 가능한 Wi-Fi 핫스팟에 연결할 수 있다. 또한 Wi-Fi 라우터 또는 Wi-Fi 핫스팟이 인터넷 연결된 경우 ESP32는 AWS 클라우드에 연결된다. DC 모터 하드웨어의 데이터가

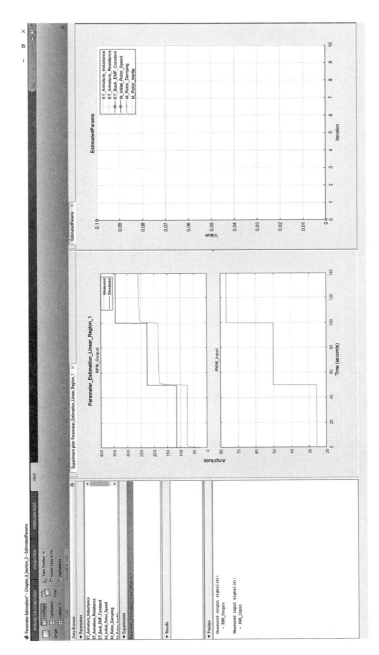

그림 9.75 시뮬레이션 및 테스트 데이터를 디폴트 모델 매개 변수 값과의 비교

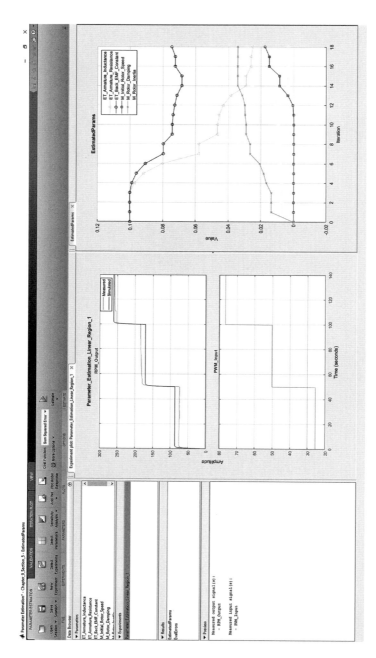

그림 9.76 최적화가 완료된 후 모델 대(vs.) 실제 데이터 및 매개 변수 궤적 표시

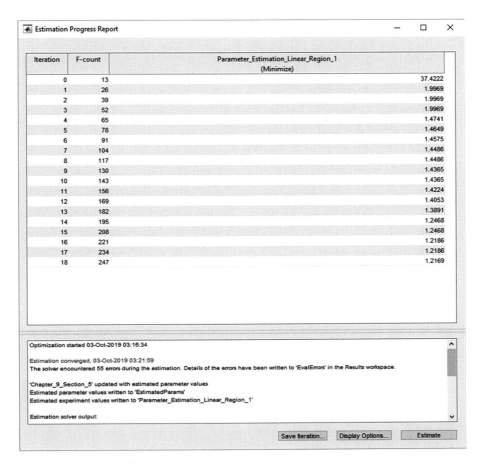

Iteration	F-count	Parameter_Estimation_Linear_Region_1 (Minimize)
0	13	37.4222
1	26	1.9969
2	39	1.9969
3	52	1.9969
4	65	1.4741
5	78	1.4649
6	91	1.4575
7	104	1.4486
8	117	1.4486
9	130	1.4365
10	143	1.4365
11	156	1.4224
12	169	1.4053
13	182	1.3891
14	195	1.2468
15	208	1.2468
16	221	1.2186
17	234	1.2186
18	247	1.2169

Optimization started 03-Oct-2019 03:16:34

Estimation converged, 03-Oct-2019 03:21:59
The solver encountered 55 errors during the estimation. Details of the errors have been written to 'EvalErrors' in the Results workspace.

'Chapter_9_Section_5' updated with estimated parameter values
Estimated parameter values written to 'EstimatedParams'
Estimated experiment values written to 'Parameter_Estimation_Linear_Region_1'

Estimation solver output:

그림 9.77 최적화 진행 상황 보고서 및 요약

ESP32로 수신되면 ESP32는 데이터를 특정 JSON 구조체 형식으로 변환하고 Wi-Fi 및 인터넷 연결을 사용해 AWS 클라우드로 전송한다. 그림 9.79는 디지털 트윈 배포에 대한 전체 셋업의 전반적인 블록 다이어그램을 보여 준다. 아두이노 모듈이 PWM 명령어를 전송해 DC 모터 속도를 제어하고 탐지하는 것을 볼 수 있다. 해당 PWM 명령어와 실제 모터 속도 피드백은 5~3.3V 레벨 시프터Level shifter를 통해 ESP32 모듈로 전송된다. ESP32 모듈은 아두이노 IDE를 사용해 ESP32 모듈에 작성 및 배포되는 프로그램을 통해 Wi-Fi 프로토콜을 사용해 Wi-Fi 라우터에 연결된다. ESP32 모듈 프로그래밍을 지원하기 위한 구체적인 방법으로 아두이노 IDE를 설치하고 구성해야 한다(관련 내용은 추후 설명함).

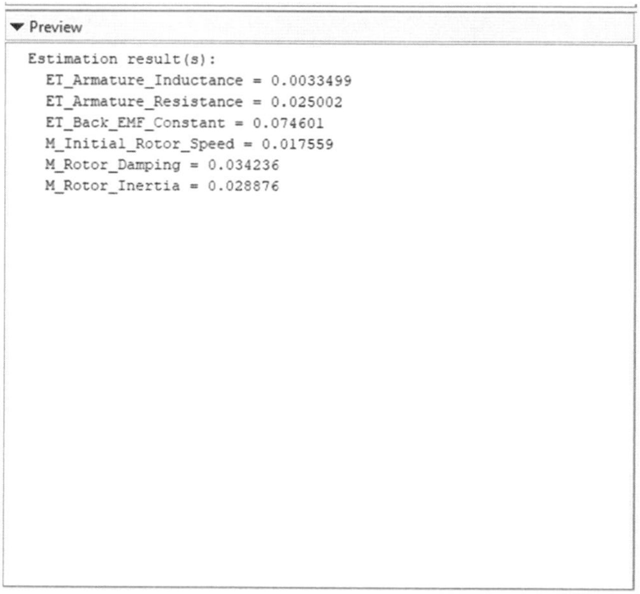

Preview
Estimation result(s):
ET_Armature_Inductance = 0.0033499
ET_Armature_Resistance = 0.025002
ET_Back_EMF_Constant = 0.074601
M_Initial_Rotor_Speed = 0.017559
M_Rotor_Damping = 0.034236
M_Rotor_Inertia = 0.028876

그림 9.78 최적화 후 매개 변수 값

인터넷에 연결된 Wi-Fi 라우터
AWS 클라우드 기반의
DC 모터 디지털 트윈
amazon
web services
아두이노 메가
5~3.3V 레벨 시프터
ESP 32 Wi-Fi 모듈
사용자 인터페이스
DC 모터
PWM 명령어
모터 속도 센싱

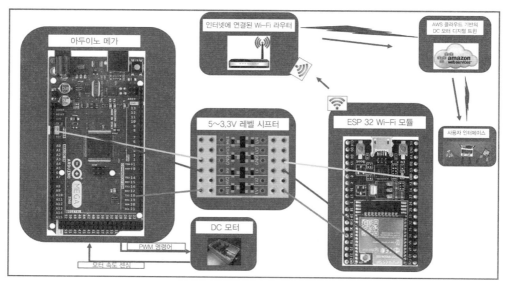

그림 9.79 DC 모터 컨트롤 디지털 트윈 배포 블록 다이어그램 개요

9.6.1 아두이노 및 ESP32의 통신을 위한 하드웨어 셋업

그림 9.6에 표시된 기존 연결 및 하드웨어 설정 아두이노 마이크로컨트롤러를 ESP32 모듈과 인터페이스하고 유선 직렬 통신을 사용해 아두이노에서 ESP32로 데이터를 전송해야 한다. 그림 9.80과 표 9.3과 같이 아두이노와 ESP32를 연결한다. 두 컨트롤러 모듈 간의 동작 전압 차이operating voltage differences를 보상하려면 5~3.3V DC 레벨 시프터가 필요하다.

9.6.2 ESP32 프로그래밍을 위한 소프트웨어 셋업

아두이노 IDE를 사용해 ESP32 Wi-Fi 모듈을 프로그래밍할 것이다. 아래 단계에 따라 아두이노 IDE를 설정해 ESP32를 프로그래밍한다.

1. 먼저 Arduino IDE를 설치한다. 설치 프로그램은 https://www.arduino.cc/en/main/software에서 다운로드할 수 있다. 실행 파일을 다운로드해 컴퓨터에 설치한다.

2. 기본적인 아두이노 IDE가 설치된 후 ESP32를 프로그래밍하고자 애드온add-on 보드 관리자 패키지board manager package를 통해 업그레이드한다. 아두이노 IDE를 열

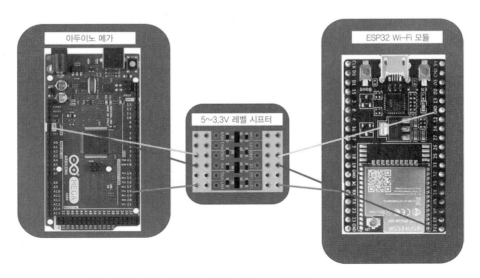

그림 9.80 유선 직렬 통신을 위해 ESP32가 포함된 아두이노 인터페이스

표 9.3 배선 및 연결 테이블

시그널 전송 라인 연결	접지 연결	VCC 연결
아두이노 핀 18(Tx 1)	아두이노 접지(GND)	아두이노 5V
레벨 시프터 HV1	레벨 시프터 GND	레벨 시프터 HV
ESP32 RX	ESP32 GND	ESP32 3.3V

고 **File** › **Preferences**로 이동한 후 그림 9.81 및 9.82와 같이 https://dl.espressif.com/dl/package_esp32_index.json URL을 "Additional Board Manager URLs" 필드에 입력한다.

3. **Tools** › **Board** › **Boards Manager**로 이동해 Boards Manager를 열고 ESP32를 검색하고 그림 9.83~9.85와 같이 ESP32용 애드온 패키지를 설치한다.

4. ESP32 애드온 패키지가 정상적으로 설치됐는지 확인하고자 설치된 Wi-Fi 검색 프로그램 중 하나를 실행해 간단한 테스트를 수행한다. ESP32 보드를 마이크로 USB 케이블에 연결하고 USB를 아두이노 IDE를 설치하고 업데이트한 컴퓨터에 연결한다. 그다음 **Tools** › **Board**로 이동해 ESP32를 선택하고 **DOIT ESP32**

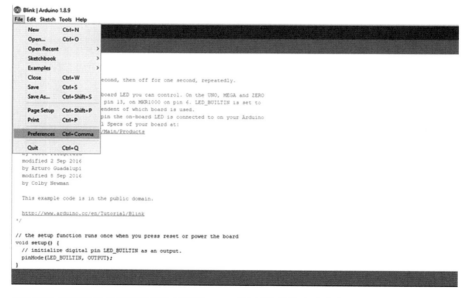

그림 9.81 ESP32 Wi-Fi 모듈에 대한 아두이노 IDE 기본 설정 선택 및 업데이트

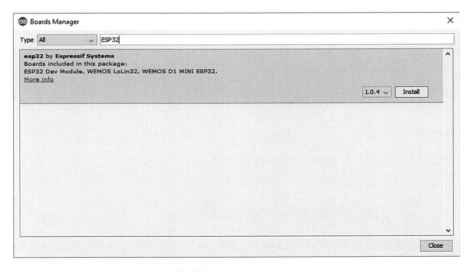

그림 9.82 기본 설정에서 추가 보드 관리자 업데이트

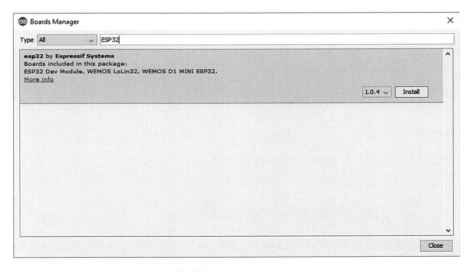

그림 9.83 ESP32 Wi-Fi 모듈 보드 지원 패키지 설치

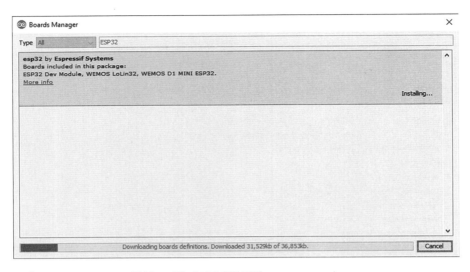

그림 9.84 ESP32 Wi-Fi 모듈 보드 지원 패키지 설치 진행

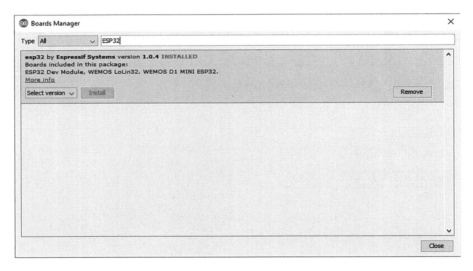

그림 9.85 ESP32 Wi-Fi 모듈 보드 지원 패키지 설치 완료

DEVKIT V1.을 선택한다. 그림 9.86을 참고한다.

5. 그림 9.87과 같이 **File › Examples › WiFi › WiFiScan**에서 예시 프로그램을 실행
   한다.

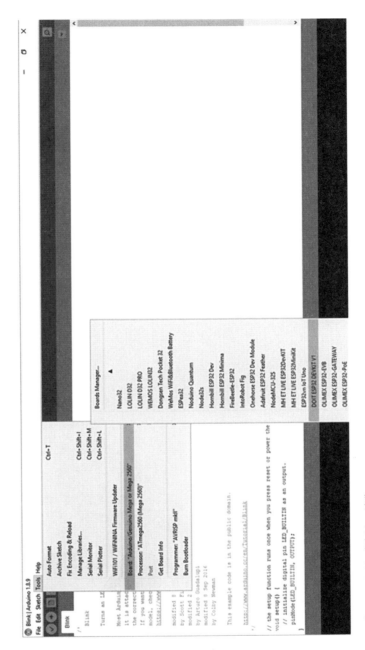

그림 9.86 ESP32 개발 보드 선택

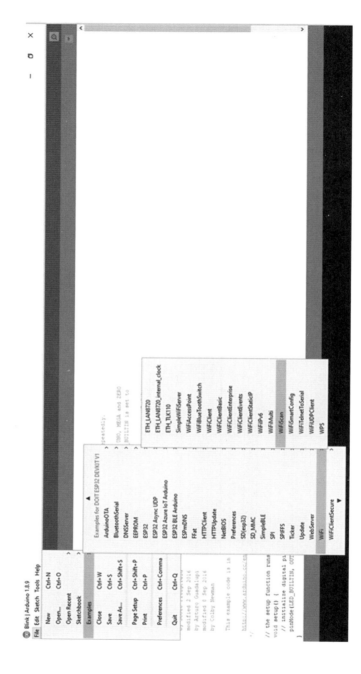

그림 9.87 샘플 WiFiScan 프로그램 코드 실행

464

6. **Tools** › **Port**로 이동해 ESP32 보드가 연결된 COM 포트를 선택한다. 예시에서는 COM5이지만 실습 환경에 따라 다른 COM 포트와 연결될 수 있다. 그림 9.88을 확인한다.

7. WiFiScan 프로그램 sketch 파일에서 **Sketch** › **Upload** 옵션을 선택한다. 그림 9.89 및 9.90과 같이 해당 코드를 컴파일하고 ESP32 하드웨어에 업로드하는 것은 몇 초면 완료된다.

8. 프로그램 출력을 확인하고자 아두이노 시리얼 모니터를 Tool 메뉴에서 실행한다. 전송 속도$^{Baud\ Rate}$는 WiFiScan 프로그램에서 사용되는 전송 속도인 115,200으로 설정돼 있는지 확인한다. 프로그램이 이상없이 다운로드되면 ESP32는 해당 범위의 Wi-Fi 액세스 포인트를 스캔하고 그림 9.91과 같이 아두이노 시리얼 모니터에 표시한다.

9.6.3 아두이노 및 ESP32의 통신을 위한 Simulink 모델 업데이트

9.3.3절에서 개발한 Simulink 모델 기능을 확장해 피드포워드 및 피드백 PID 컨트롤러를 사용해 DC 모터를 제어하고 아두이노의 유선 직렬 전송 핀을 통해 PWM_Command 및 Actual_Motor_Speed를 ESP32의 직렬 수신 핀으로 전송한다. 아래와 같은 단계를 수행한다.

1. 9.3.3절에서 개발한 Simulink 모델의 사본 생성, Simulink library 브라우저 실행 후 그림 9.92 및 93과 같이 모델에 **Function-Call** 서브시스템 블록을 추가한다.

2. Simulink library에서 **Function Call Generator** 블록 추가 및 해당 블록의 샘플 시간을 그림 9.94와 같이 0.1s로 설정한다. PWM_Command 및 Actual_Motor_Speed를 0.1s(100ms)마다 DC 모터 하드웨어에서 ESP32로 전송. Simscape^{TM} 디지털 트윈 모델이 0.1s의 개별 단계 크기로 실행되기 때문에 Actual_Motor_Speed를 0.1s로 설정한다.

3. 추가된 **Called Function** 서브시스템에서 디폴트로 추가된 출력 포트 하나를 삭제하고 입력 포트를 하나 더 추가하고 포트 이름을 그림 9.95와 같이 PWM_Command 및 Actual_Motor_Speed로 지정한다.

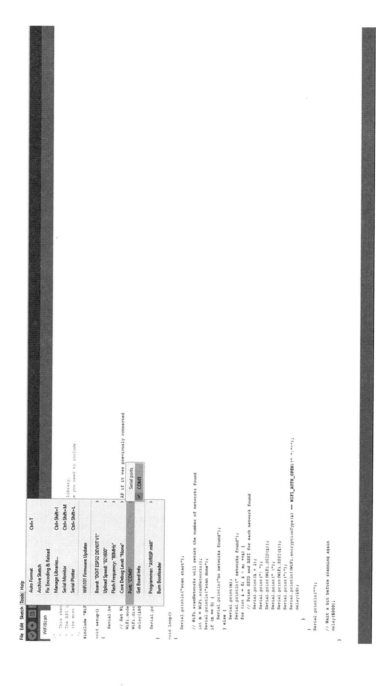

그림 9.88 연결된 ESP32 Wi-Fi 모듈과 통신하고자 COM 포트 선택

466

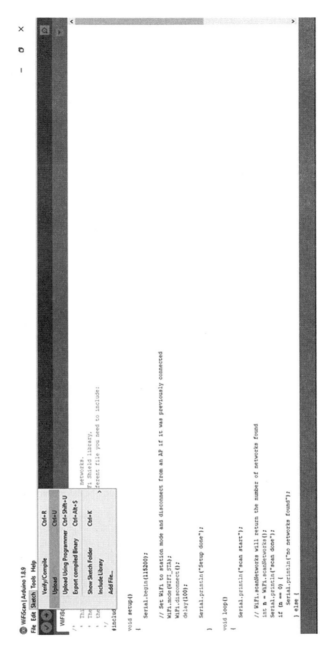

그림 9.89 샘플 Wi-Fi 스캔 프로그램을 ESP32 Wi-Fi 모듈에 컴파일하고 배포

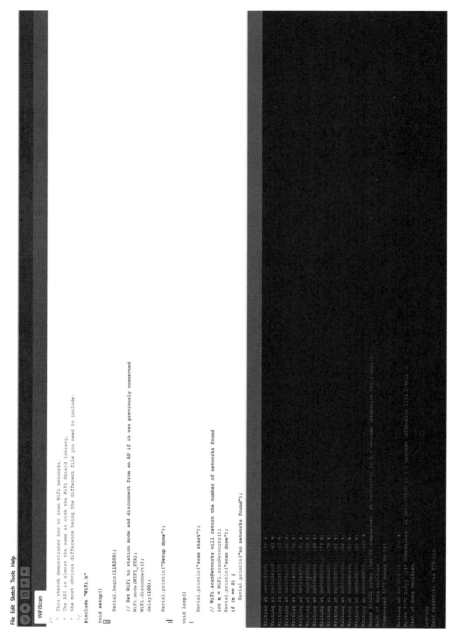

그림 9.90 ESP32 Wi-Fi 모듈에 대한 코드 업로드 상태

그림 9.91 아두이노 직렬 모니터에 표시된 Wi-Fi 스캔 샘플 프로그램 출력

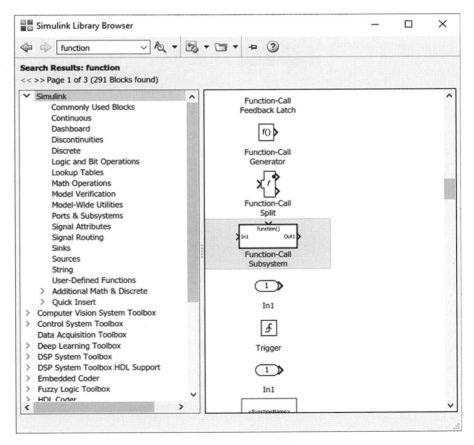

그림 9.92 Simulink 라이브러리에서 Fuction-Call Subsystem 추가

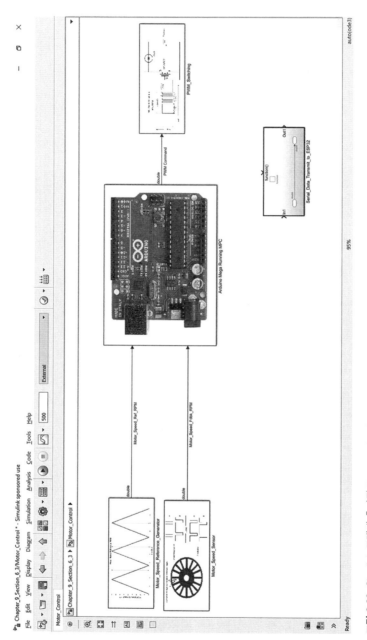

그림 9.93 Simulink 모델에 추가된 Function Call Subsystem

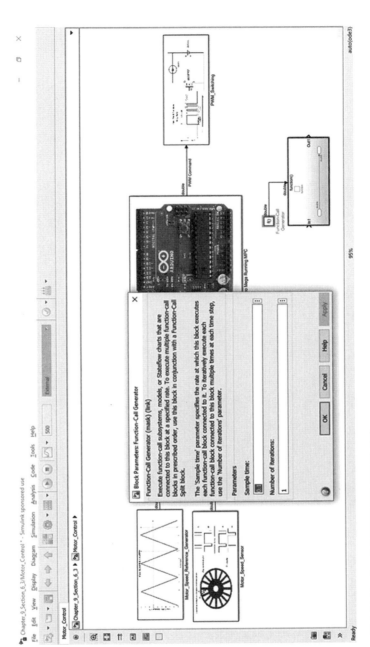

그림 9.94 Function Call 트리거 블록 추가 및 설정

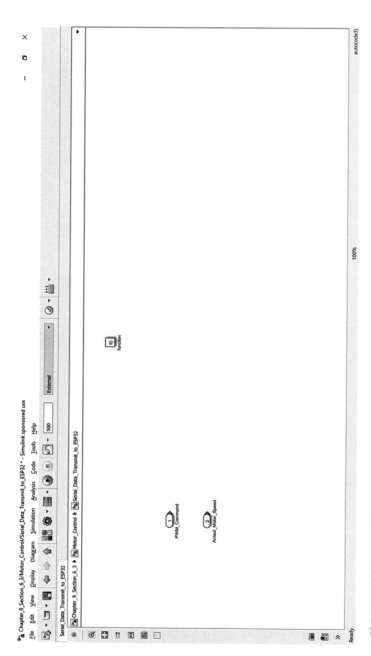

그림 9.95 PWM_Command 및 Actual_Motor_Speed에 대한 입력 포트 추가

4. 모델의 최상위 레벨에서 그림 9.96과 같이 PWM 명령어와 Sensed Motor Speed 신호를 연결한다. 연결 라인에 속도 전환 블록^{rate transition blocks}을 삽입해 서로 다른 속도로 실행되는 서브시스템 간에 데이터가 제대로 전파되는지 확인한다.

5. 이제 그림 9.97과 같이 Simulink®의 Stateflow 차트 블록을 모델에 추가해 아두이노 직렬 포트로 데이터를 전송할 시기를 제어할 것이다.

6. 신규 생성된 차트를 더블클릭하고 빈 차트를 마우스 우클릭해 그림 9.98과 같이 **Explore** 옵션을 선택한다. 그러면 해당 차트에 사용된 데이터 및 트리거의 입력/출력 이름과 속성을 입력할 수 있는 모델 탐색기가 실행된다. 모델 탐색기 윈도우는 그림 9.99와 같다.

7. 모델 탐색기 윈도우에서 **Add** 메뉴로 이동하면 **Data** 및 **Event** 옵션을 볼 수 있다. 3개의 **Data**와 1개의 **Event**를 하나씩 추가한다. 2개의 데이터 이름을 PWM_Command와 Actual_Motor_Speed로 지정하고 **Scope**를 **Input**으로 선택한다. 그러면 2개의 입력 포트가 Stateflow 차트에 추가된다. 세 번째 데이터의 이름을 Serial_Write_Value로 지정하고 **Scope**를 **Output**으로 선택한다. Event의 이름을 Serial_Send_Trigger로 지정하고 **Scope**를 **Output**으로 선택한다. 자세한 내용은 9.100 및 9.101을 참고한다. 이제 Stateflow 차트는 그림 9.102와 같이 2개의 입력, 2개의 출력 포트를 갖게 된다.

8. 이제 출력 데이터를 지정하고 이벤트 트리거를 제어하는 로직을 Stateflow 차트에 추가한다. 그림 9.103과 같이 차트에 **Default Transition**을 추가한다. 그리고 전환 라인^{transition line}에 입력 *PWM_Command*를 사용해 *Serial_Write_Value* 출력을 먼저 할당하고 *Serial_Send_Trigger*를 호출한다. 그다음 *Serial_Write_Value* 출력을 *Actual_Motor_Speed* 입력을 할당하고 *Serial_Send_Trigger*를 다시 호출한다. 이상적으로는 아두이노 직렬 전송^{Serial Transmit} 블록을 사용해 2개의 데이터를 직접 전송할 수 있다. 하지만 Simulink 모델에서 특정 포트가 포함된 직렬 전송 블록을 하나만 배치할 수 있다. 따라서 Stateflow 로직을 생성하고 PWM_Command와 Actual_Motor_Speed를 함께 전송하는 대신 각각 전송해야 한다. 따라서 0.1초마다 PWM_Command를 전송한 후 즉시 Actual_Motor_Speed를 전송한다. ESP32 end에서 해당 메시지를 수신하는 경우 해당 데이터를 분리하고 처리하고자 이 부분을 염두에 둬야 한다. 이 부분은 추후 논의할 것이

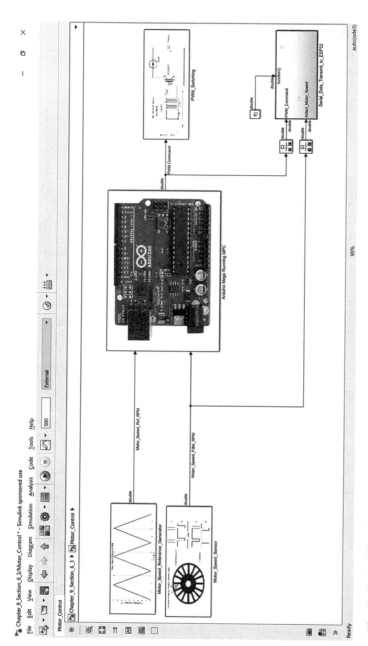

그림 9.96 최상위 레벨에 연결 생성

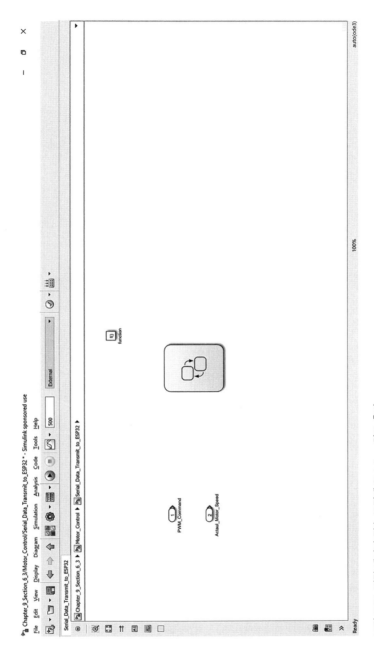

그림 9.97 직렬 데이터 전송 로직에 Stateflow 차트 추가

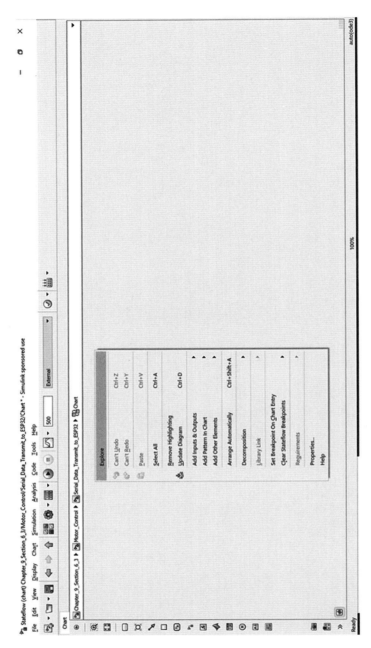

그림 9.98 Stateflow 인터페이스를 정의하기 위한 모델 탐색기 실행

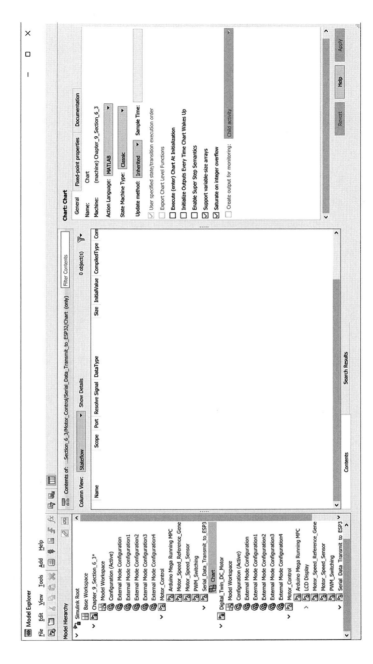

그림 9.99 모델 탐색기 윈도우

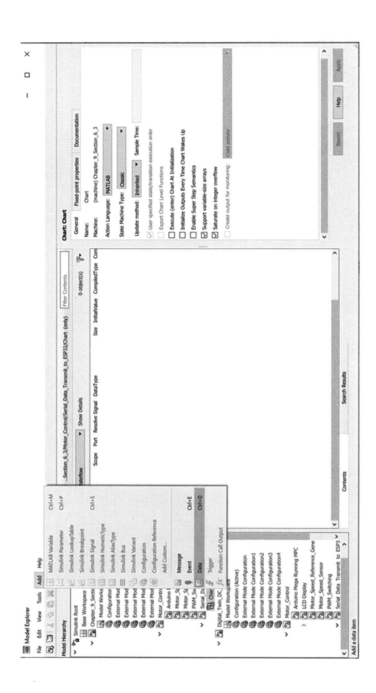

그림 9.100 입력/출력 데이터 옵션 및 Stateflow 차트 트리거

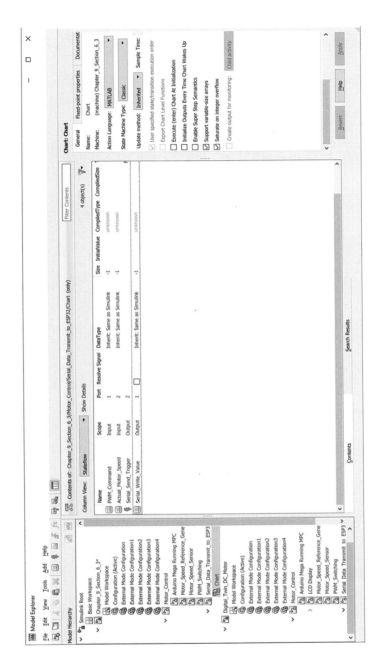

그림 9.101 입력/출력 데이터 및 트리거가 추가된 후 모델 데이터 탐색기 윈도우

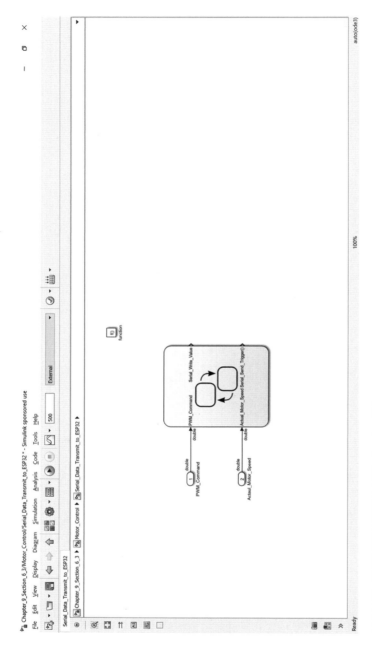

그림 9.102 추가된 입력/출력값을 표시하는 Stateflow 차트

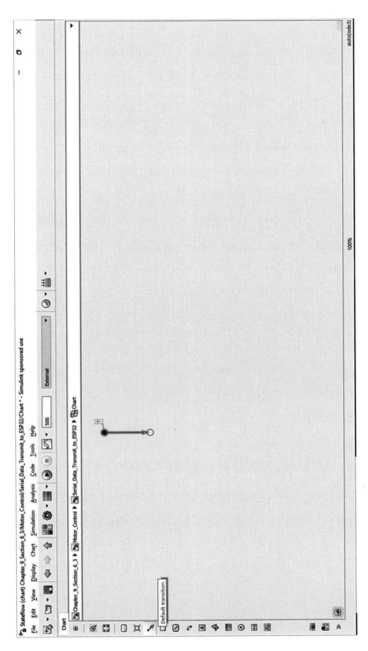

그림 9.103 Stateflow 차트에 Transition flow 추가

다. Stateflow 파트에 신규 추가된 로직을 확인하려면 그림 9.104를 참고한다.

9. 그림 9.105와 같이 Stateflow 차트 옆에 **Called Function** 블록을 **Called Function** 서브시스템(이전에 추가됨)에 추가한다. 신규 추가된 서브시스템 내에서 디폴트 출력 포트를 삭제하고 그림 9.106 및 9.107과 같이 아두이노 직렬 전송 블록을 입력 포트에 연결한다. 직렬 전송 블록을 더블클릭하고 **Serial Port**를 1로 입력하고 **Serial Mode**를 **println**으로 선택한다. **println** 옵션은 모든 데이터 전송이 끝날 때마다 개행 문자를 전송하며 해당 개행 문자를 사용해 ESP32 end의 직렬 버퍼^{serial buffer}에서 데이터를 읽는다.

10. Simulink 모델 구성에서 직렬 전송 데이터 전송 속도를 설정해야 한다. **Simulation › Model Configuration Parameters › Hardware Implementation › Serial Port Properties** 이동한 후 Serial port 1의 전송 속도를 115,200으로 변경한다. 다른 전송 속도는 변경하지 않는다. ESP32 프로그래밍에서도 동일한 전송 속도를 사용해 전송 및 수신이 제대로 작동하는지 확인한다. 그림 9.108을 참고한다.

11. 이제 그림 9.109와 같이 Stateflow 차트에서 Serial_Send_Trigger 및 Serial_Write_Value 출력을 각각 Called Function 서브시스템의 트리거 입력 및 데이터 입력에 연결한다.

9.6.4 아두이노 및 ESP32의 통신을 위한 ESP32 아두이노 소프트웨어

9.6.3절에서 모터 제어 데이터를 ESP32에 전송하고자 아두이노의 Simulink 모델을 셋업했다. 9.6.4절에서는 아두이노 모터 제어 하드웨어에서 전송된 데이터를 수신하는 ESP32 프로그램을 만들고자 아두이노 스케치 파일^{sketch file}을 아두이노 IDE에서 생성할 것이다. 이번 절에서 다루는 프로그램은 9장의 첨부 파일 절에서 확인할 수 있다. 아래 단계를 수행한다.

1. 아두이노 IDE에서 **File › New**로 이동하면 빈 스케치^{black sketch}가 나오며 이름을 지정해 저장할 수 있다. 기본적으로 신규 스케치를 생성할 때 ESP32의 전원이 켜지는 동안 한 번 실행되는 **setup()** 함수와 ESP32의 전원이 제공되는 동안 주기적으로 실행되는 **loop()** 함수가 추가된다. 그림 9.110을 참조한다. 추후 해당

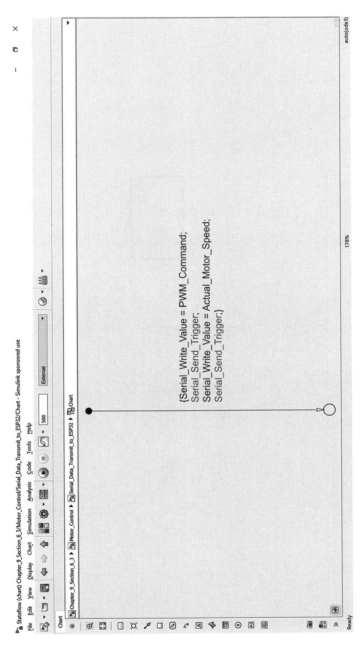

그림 9.104 Stateflow 차트에서 데이터를 출력하고 트리거하는 문자 추가

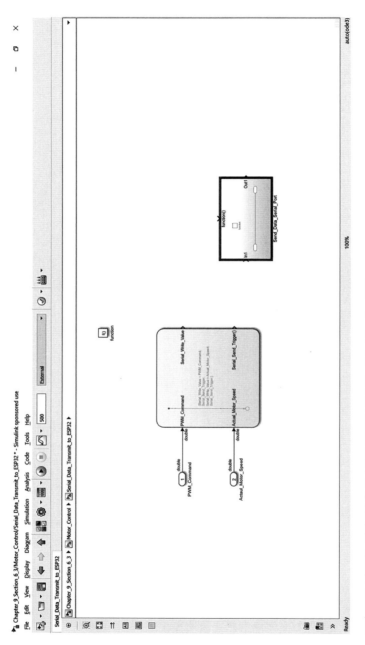

그림 9.105 아두이노 직렬 전송을 통해 직렬 데이터를 전송하는 Called Function 추가

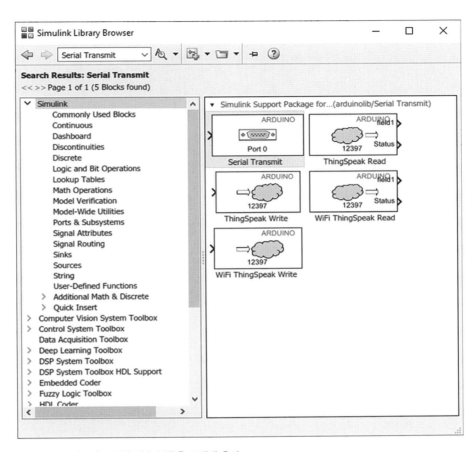

그림 9.106 아두이노 직렬 전송 블록을 모델에 추가

함수들을 몇 가지 기능과 함께 업데이트할 것이다.

2. 스케치에서 사용할 모든 변수를 초기화하고자 변수 초기화 섹션을 추가할 것이다. 해당 프로그램의 역할은 아두이노 모터 제어 하드웨어로부터 전송되는 데이터를 ESP32의 직렬 수신 포트로 수신하고 3초마다 사용 가능한 JSON 데이터 구조를 생성한다. PWM_Command와 Realtal_Motor_Speed를 아두이노 모터 제어로부터 2개의 서로 다른 메시지로 전송한다는 점을 유의해야 하며, 따라서 예상되는 첫 번째 메시지는 PWM_Command이며 두 번째 메시지는 Actual_Motor_Speed가 된다. 각 메시지는 프로그램이 메시지 버퍼에서 데이터 바이트bytes를 분리하고자 사용하는 개행 문자('\n')를 포함한다. 데

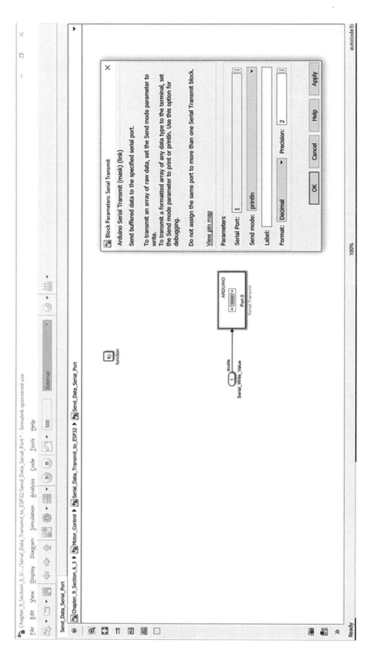

그림 9.107 아두이노 직렬 전송 블록 생성 및 연결

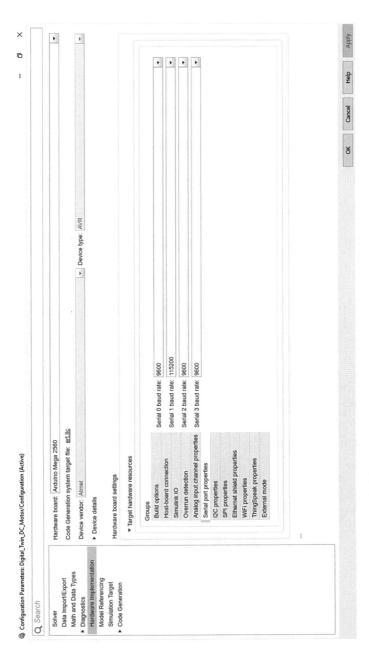

그림 9.108 직렬 포트 전송률 속성 설정

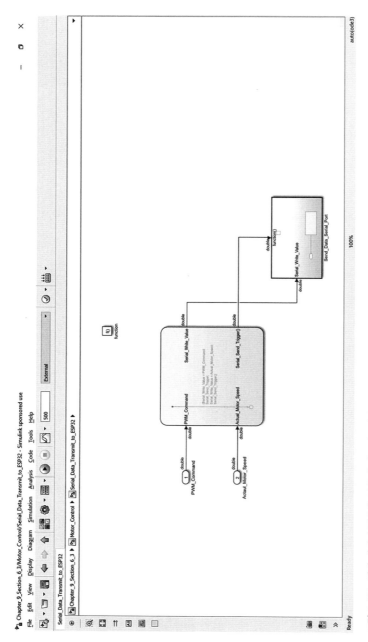

그림 9.109 직렬 데이터 전송을 사용해 서브시스템의 데이터 및 트리거 라인 연결

488

그림 9.110 ESP32 프로그래밍을 위한 신규 스케치 생성

이터는 0.1초마다 전송되기 때문에 3초 동안의 데이터를 수집하려면 크기가 30인 배열이 필요하다. 3초마다 PWM_Command 및 Actual_Motor_Speed에 대해 마지막으로 수집된 데이터가 pre_value 변수에 저장되고, 신규 수집된 3초 데이터로 디지털 트윈을 실행하기 전에 모델을 초기화하고자 사용한다. 수신되는 메시지를 계산하고자 **message_counter** 변수를 사용하며 해당 값이 30이 되면 3초 동안의 데이터가 수신된 것으로 판단한다. **first_message** 플래그는 수신된 데이터가 PWM_Command인지 Actual_Motor_Speed인지 확인하고자 내부에서 사용되고 업데이트된다. 모든 변수는 그림 9.111과 같이 먼저 선언한 후 초기화된다. 문자 배열 **payload**는 수신 데이터로 JSON 구조체 배열을 생성하고자 사용된다.

3. 직렬 전송률을 115,200으로 디폴트 setup() 함수를 업데이트한다. 해당 전송률은 아두이노 모터 제어 하드웨어 포트 1의 Simulink 모델에서 설정한 것과 동일한 전송률이다. 그림 9.112를 참고한다.

```
/****************** Book Title: Digital Twin Development and Deployment On Cloud Using Matlab ******************

%Chapter: 9

%Section: 6.4

%Authors: Nassim Khaled and Bibin Pattel

%Last Modified: 09/10/2019
/*************************************************************************************************************/


/****************** Initialization Begin for Arduino to ESP 32 Communication ********************************/

// Initialize the variables

int count = 0;

int message_counter = 0;

int first_message = 0;


// Create an array of 30 elements to store PWM command and Actual Motor Speed received from Arduino
// Arduino sends data every 0.1 Seconds, so we will be gathering 3 seconds data into these arrays
int PWM_Command[30];
int Actual_Motor_Speed[30];
// The below previous value variables will be used to remember the last known state of the DC motor in the
// previous message. This information will be used in the Digital Twin later to initialize the model. Initialize
// these with zeros at te beginning
int prev PWM Command = 0;
int prev Actual Motor Speed = 0;
// Create a character buffer for making the JSON structure to format the data to be ready to send to AWS
char payload[512];

/****************** Initialization End for Arduino to ESP 32 Communication ********************************/
```

그림 9.111 스케치에서 사용되는 변수 초기화

⊚ Chapter_9_Section_6_4_ESP32 | Arduino 1.8.7

File Edit Sketch Tools Help

Chapter_9_Section_6_4_ESP32

```
// The setup() function just begins the serial communication at a baud rate of 115200. This function is executed only
// once per every power up of the ESP 32
void setup()
{
    Serial.begin(115200);
}
```

그림 9.112 setup() 함수 실행

4. 이번에는 디폴트 loop() 함수를 업데이트한다. 해당 함수는 주기적으로 실행되며 실행될 때마다 직렬 포트에서 데이터를 사용할 수 있는지 또는 데이터가 수신됐는지를 먼저 확인한다. 사용할 수 있는 데이터가 있는 경우 개행 문자 '\n'이 탐지될 때까지 해당 데이터를 임시 버퍼에 복사한다. 그리고 데이터가 first_message인 경우 데이터를 정수값으로 변환하고 PWM_Command 배열에 저장한다. PWM_Command 배열이 업데이트되면 first_message 변수 1이 생성돼 다음 else 조건에서 Actual_Motor_Speed 배열을 업데이트한 다음 first_message 변수를 다시 0으로 설정한 후 해당 과정이 반복된다. 또한 PWM_Command 및 Actual_ - Motor_Speed가 하나의 샘플에 대해 수신될 때마다 message_counter 변수를 업데이트한다. 자세한 내용은 그림 9.113을 참고한다.

5. 그다음 message_counter 변수가 해당 값이 30까지 올라갔는지 확인한다. 30은 데이터가 3초 동안 수집되고 전체 데이터 배열 사용되고 있음을 나타낸다. 해당 값이 30인 경우 가변 페이로드의 **sprint** 내장 함수를 사용해 JSON 구조체를 생성한다. JSON 구조체의 포맷은 **"{\"state\":{\"desired\":{\"Input\":[data],\" Output\":[data]}}}**와 같다. JSON 구조는 PWM_Command 및 Actual_Motor_ Speed 배열 값으로 채워진 입력 및 출력 필드를 사용해 DC 모터 하드웨어의 현재 상태를 표시한다. 요약하면 JSON 구조체는 PWM_Command 및 Actual_ Motor_Speed 배열값을 포함하는 입력 및 출력 필드를 사용해 DC 모터 하드웨어의 현재 상태를 전송한다. JSON 구조체는 직렬 모니터 윈도우에 표시된다. JSON 구조체의 입력 및 출력에 대한 첫 번째 데이터는 마지막 3개 데이터로부터 저장된 prev_values다. 따라서 prev_values는 업데이트되며 message_counter 는 다음 3초 동안의 데이터를 수집하고 루프를 반복하고자 0으로 다시 설정된다. 그림 9.114를 참고한다.

6. 이제 아두이노 DC 모터 컨트롤러에서 데이터를 수신하는 ESP32 프로그램이 준비됐다. 9.6.1절에서 설정한 하드웨어 셋업에서 USB to Micro USB 케이블을 사용해 ESP32 컨트롤러 보드를 컴퓨터에 연결하고 그림 9.115와 같이 **Sketch › Upload** 옵션을 통해 ESP32 아두이노 프로그램을 빌드한다. 또한 직렬 모니터 윈도우를 실행하고 전송률을 115,200으로 설정한다. ESP32 스케치를 정상적으로 다운로드한 후 DC 모터를 제어하는 아두이노 메가 마이크로컨트롤러 보드

Chapter_9_Section_6_4_ESP32

```
// The loop function runs periodically
void loop()
{
    // If there is any serial data available this if condition gets triggered
    if (Serial.available() > 0)
    {
        // Increment the counter to indicate the total message count
        count = count + 1;
        // Initialize a temporary character buffer to copy the incoming serial data
        char bfr[501];

        memset(bfr, 0, 501);
        // From the buffer read the bytes until there is a new line character '\n'. Note that from the Simulink model we are sending a newline
        // character for each data
        Serial.readBytesUntil('\n', bfr, 500);
        // Copy the message data until newline character into a string
        String string_data ;

        string_data = bfr;
        // We are sending the PWM_Command and Actual_Motor_Speed data as two separate packets from Simulink. The first data sent is PWM_Command and the
        // second data sent is Actual_Motor_Speed. If first_message flag is 0, then it indicates it is the PWM_Command data, and first_message flag is 1,
        // then it indicates it is the Actual_Motor_Speed data. We need to a string to integer conversion using the toInt() function as shown below. The
        // variable message_counter is incremented every time we receive both the PWM_Command and Actual_Motor_Speed data. Once message_counter counted up
        // to 30 means the data array is full and we recieved 3 seconds data from the Arduino hardware
        if (first_message == 0)
        {
            first_message = 1;
            PWM_Command[message_counter] = string_data.toInt();
        }
        else
        {
            first_message = 0;
            Actual_Motor_Speed[message_counter] = string_data.toInt();
            message_counter = message_counter + 1;
        }
```

그림 9.113 주기적 loop() 함수 파트 1 런타임

```
    // If message_counter = 30, that means we have received 3 seconds data. The below section of code makes a JSON structure with the data in the format
    //   "{\"state\":{\"desired\":{\"Input\":[{data],\"Output\":[{data]}}}"
    if(message_counter ==30)
    {

      sprintf(payload, "{\"desired\":{\"Input\":[{\"%d\",\"%d\",\"%d\",\"%d\",\"%d\",\"%d\",\"%d\",\"%d\",\"%d\",\"%d\",\"%d\",",PWM_Command[0],PWM_Command[1],PWM_Command[2],PWM_Command[3],PWM_Command[4],PWM_Command[5],PWM_Command[6],PWM_Command[7],PWM_Command[8],PWM_Command[9],PWM_Command[10],
      PWM_Command[11],PWM_Command[12],PWM_Command[13],PWM_Command[14],PWM_Command[15],PWM_Command[16],PWM_Command[17],PWM_Command[18],PWM_Command[19],PWM_Command[20],
      PWM_Command[21],PWM_Command[22],PWM_Command[23],PWM_Command[24],PWM_Command[25],PWM_Command[26],PWM_Command[27],PWM_Command[28],PWM_Command[29],
      prev_Actual_Motor_Speed,Actual_Motor_Speed[0],Actual_Motor_Speed[1],Actual_Motor_Speed[2],Actual_Motor_Speed[3],Actual_Motor_Speed[4],Actual_Motor_Speed[5],Actual_Motor_Speed[6],Actual_Motor_Speed[7],
      Actual_Motor_Speed[11],Actual_Motor_Speed[12],Actual_Motor_Speed[13],Actual_Motor_Speed[14],Actual_Motor_Speed[15],Actual_Motor_Speed[16],Actual_Motor_Speed[17],Actual_Motor_Speed[18],Actual_Motor_Sp
      Actual_Motor_Speed[21],Actual_Motor_Speed[22],Actual_Motor_Speed[23],Actual_Motor_Speed[24],Actual_Motor_Speed[25],Actual_Motor_Speed[26],Actual_Motor_Speed[27],Actual_Motor_Speed[28],Actual_Motor_Sp

      // Print the above JSON string to serial monitor
      Serial.println(payload);

      // Save the last reported PWM_Command and Actual_Motor_Speed into the prev_Value variables.
      prev_PWM_Command = PWM_Command[29];
      prev_Actual_Motor_Speed = Actual_Motor_Speed[29];
      // Set the message_counter variable to 0, to accumulate data for the next 3 seconds from Arduino hardware
      message_counter = 0;

    }

}
```

그림 9.114 주기적 loop() 함수 파트 2 런타임

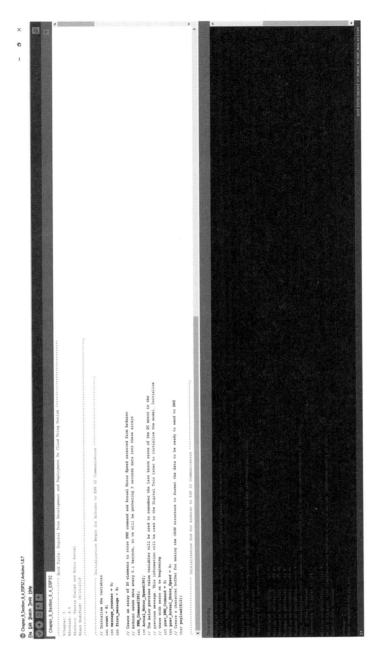

그림 9.115 ESP32 프로그램 다운로드

를 서로 다른 컴퓨터 USB 포트에 연결하고 MATLAB에서 9.6.3절에서 생성한 Simulink 모델을 빌드하고 다운로드한다.

ESP32 프로그래밍을 하는 경우 아두이노와 ESP32 보드 사이의 유선 직렬 포트를 통한 상호 작용을 방지하고자 PC와 아두이노 메가 USB 연결을 해제한다.

또한 Simulink 모델에 stateflow 블록을 추가하면 아두이노 메가 하드웨어에서 더 이상 외부 모드의 시뮬레이션을 실행할 수 없다. 해당 시뮬레이션을 실행하는 경우 'nmake' 컴파일러 에러가 발생한다. 해당 에러는 현재 MATLAB 버그로 보인다. 따라서 실행 버튼을 누르지 말고 빌드 버튼을 사용해야 한다. 빌드 버튼 또한 Simulink 프로그램을 컴파일하고 아두이노 메가로 다운로드한다. 대화형 시뮬레이션interactive simulation만 동작하지 않는 것으로 보면 된다.

7. ESP32 및 아두이노 메가 보드를 이상 없이 프로그래밍하면 DC 모터가 동작하고 ESP32 아두이노 직렬 모니터에서 3초마다 JSON 문자열을 그림 9.116과 같이 최근 3초 동안 입력된 PWM_Command와 Actual_Motor_Speed로 업데이트되는 것을 볼 수 있다. 시간에 따라 달라지는 모터 속도 레퍼런스로 인해 PID 컨트롤러가 PWM_Command를 지속적으로 증가시키고 있으며 Actual_Motor_Speed는 점차적으로 증가한다.

9.6.5 AWS 클라우드에 대한 DC 모터 하드웨어 연결 및 실시간 데이터 전송

지금까지 DC 모터 센서 및 구동 장치에 대한 데이터를 ESP32 Wi-Fi 모듈에서 사용할 수 있도록 준비했다. 9.6.5절에서는 ESP32의 Wi-Fi 기능을 사용해 AWS 클라우드에 해당 데이터를 전송할 것이다. 먼저 인터넷에 연결된 라우터와 통신을 수립한 후 아두이노의 ESP32용 AWS-IoT 라이브러리를 사용해, AWS 클라우드에 연결을 수립하고 DC 모터 하드웨어에서 수집된 데이터를 송수신할 것이다. 먼저 AWS부터 설정을 시작한다. AWS를 설정할 때 특정 파일이 필요한데 해당 파일은 AWS-IoT 연결을 위해 ESP32를 프로그래밍하는 데 사용된다. 9.6.5절에서는 AWS IoT Core라는 AWS 서비스를 사용해 연결된 장치가 클라우드 또는 다른 연결된 장치와 안전하게 통신할 수 있도록 한다. AWS IoT Core 서비스에 대한 자세한 정보는 https://aws.amazon.com/iot-core/에서 확인할 수 있다. 그림 9.118은 ESP32와 AWS IoT Core 간의 연결을 설정하고 ESP32에 연결된 DC 모터 하드웨어에서 데이터를 전송하는 설정을 보여 준다.

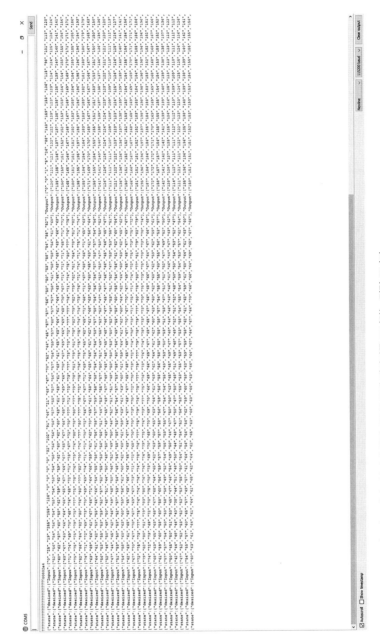

{"state":{"desired":{"Tcpus":["70","69","69","70",...]}}}

그림 9.116 ESP32 아두이노 메가로부터 수신된 JSON 포맷 데이터를 표시하는 직렬 모니터

{"state":{"desired":{"In-
put":["52","56","54","56","54","55","54","58","54","58","56","56","56","57","55"
,"57","56","57","54","59","57","60","57","57","58","61","58","58","56","61","60"
],"Out-
put":["120","121","121","122","122","123","123","123","124","124","125","126",
"126","127","127","128","128","129","129","130","130","130","131","132","132"
,"132","133","134","135","135","135"]}}}

그림 9.117 입력 PWM_Command 및 출력 실제_Motor_Speed를 표시하는 3초 JSON 데이터 구조체

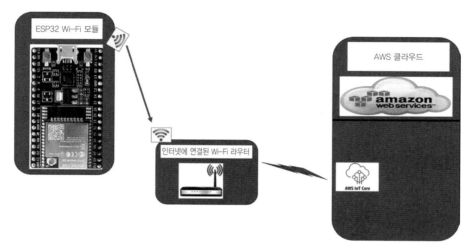

그림 9.118 ESP32 및 AWS IoT 연결 수립

1. 첫 번째 단계로 AWS 관리 콘솔^{Management Console} 계정이 없는 경우 사용자는 AWS 관리 콘솔 계정을 생성해야 한다. 이미 아마존 계정이 있는 경우 동일한 계정 정보를 사용해 로그인할 수 있다. 계정이 없는 경우에는 계정을 생성해야 한다. 웹 브라우저에서 https://aws.amazon.com/console/ 링크를 통해 로그인, 신규 계정 생성 등을 수행한다. 그림 9.119와 같이 메인 페이지의 ***Sign in to the Console*** 옵션을 사용해 그림 9.120과 같이 로그인 정보를 사용해 로그인한다.

2. 로그인된 콘솔 윈도우에서 **IoT**를 검색하고 그림 9.121과 같이 **IoT Core**를 선택한다. **AWS IoT** 윈도우가 표시되고 사용자 계정에서 사용할 수 있는 모든 **AWS IoT Things**가 표시된다. **AWS IoT Thing**은 연결된 **IoT**를 보여 주며 이 경우 DC 모터 및 AWS 클라우드에 연결된 ESP32 Wi-Fi 모듈을 보여 준다. 저자는 이미 사전에 생성한 몇몇 **IoT Things**를 갖고 있기 때문에 그림 9.122와 같

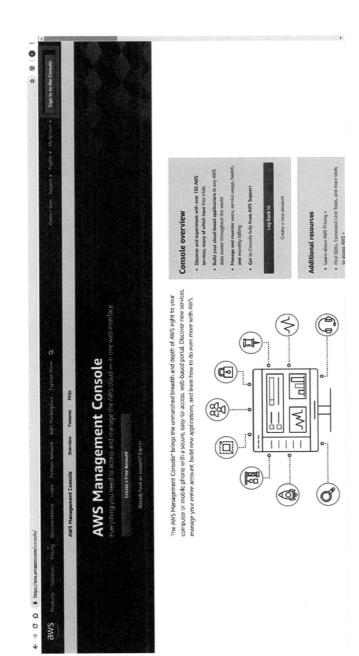

그림 9.119 AWS 콘솔 로그인 페이지

Root user sign in

Email

Password

Sign In

Sign in to a different account

Forgot your password?

그림 9.120 AWS 콘솔 로그인

이 **IoT Things**가 표시된다. 보안상의 이유로 기존 **IoT Things**의 이미지는 표시되지 않는다. 저자의 정보를 보호하고자 이미지 일부분에 이와 유사한 회색 음영 처리$^{graying\,out}$를 수행했다. 하지만 여기서 수행하는 신규 추가 사항에 대해서는 이미지로 표시할 것이다.

3. 신규 **IoT Thing**를 생성하기 전에 **Policy**를 생성해야 한다. **Policy**는 JSON 포맷을 가진 파일이며 연결된 장치가 AWS 서비스에 접근할 수 있도록 한다. **Policy**를 생성하고 **AWS IoT Thing**과 연결을 수립하고자 ESP32용 **IoT Thing**과 연결해야 한다. **AWS IoT** 하단에 AWS 콘솔 왼쪽 탭 윈도우$^{tabbed\,window}$에 위치한 **Secure › Policies**로 이동한 후 그림 9.123과 같이 Create 버튼을 클릭한다. **Policy**를 생성하고 **AWS IoT Thing**과 연결을 수립하고자 ESP32용 **IoT Thing**과 연결해야 한다. **AWS IoT** 하단에 AWS 콘솔 왼쪽 탭 윈도우$^{tabbed\,window}$에 위치한 **Secure › Policies**로 이동한 후 그림 9.123과 같이 **Create** 버튼을 클릭한다.

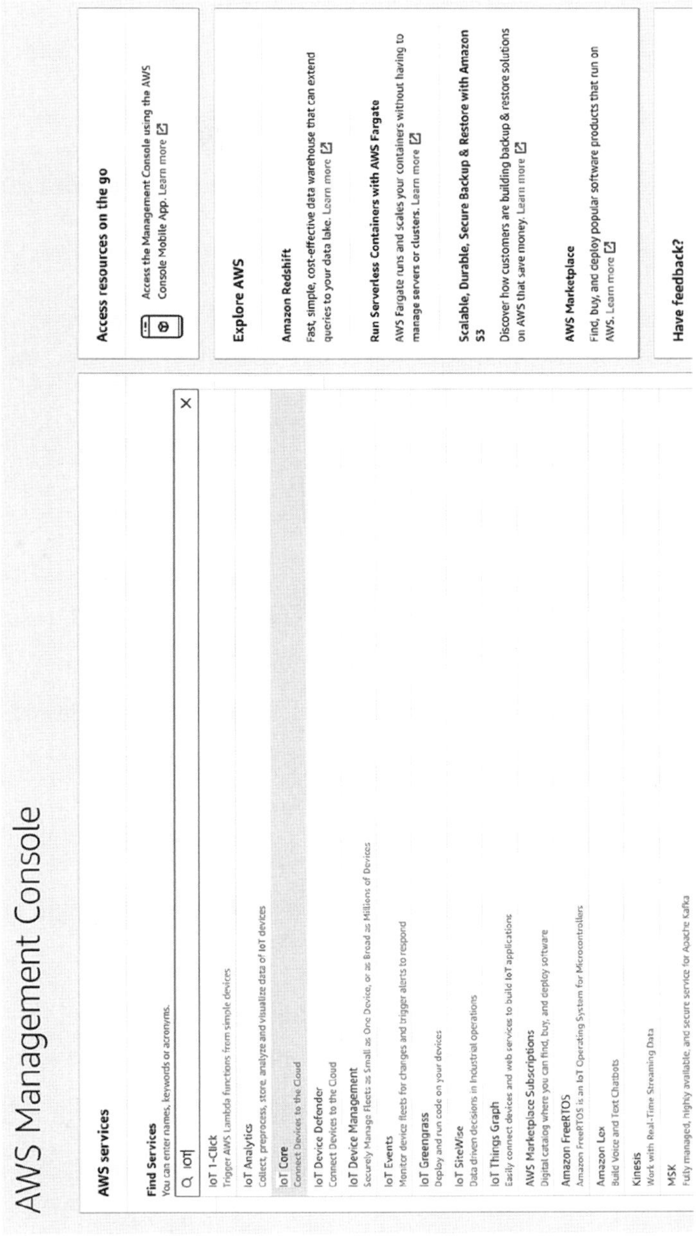

AWS Management Console

AWS services

Find Services
You can enter names, keywords or acronyms.

`Q  IoT` ✕

IoT 1-Click
Trigger AWS Lambda functions from simple devices

IoT Analytics
Collect, preprocess, store, analyze and visualize data of IoT devices

IoT Core
Connect Devices to the Cloud

IoT Device Defender
Connect Devices to the Cloud

IoT Device Management
Securely Manage Fleets as Small as One Device, or as Broad as Millions of Devices

IoT Events
Monitor device fleets for changes and trigger alerts to respond

IoT Greengrass
Deploy and run code on your devices

IoT SiteWise
Data driven decisions in industrial operations

IoT Things Graph
Easily connect devices and web services to build IoT applications

AWS Marketplace Subscriptions
Digital Catalog where you can find, buy, and deploy software

Amazon FreeRTOS
Amazon FreeRTOS is an IoT Operating System for Microcontrollers

Amazon Lex
Build Voice and Text Chatbots

Kinesis
Work with Real-Time Streaming Data

MSK
Fully managed, highly available, and secure service for Apache Kafka

Access resources on the go

Access the Management Console using the AWS Console Mobile App. Learn more ↗

Explore AWS

Amazon Redshift
Fast, simple, cost-effective data warehouse that can extend queries to your data lake. Learn more ↗

Run Serverless Containers with AWS Fargate
AWS Fargate runs and scales your containers without having to manage servers or clusters. Learn more ↗

Scalable, Durable, Secure Backup & Restore with Amazon S3
Discover how customers are building backup & restore solutions on AWS that save money. Learn more ↗

AWS Marketplace
Find, buy, and deploy popular software products that run on AWS. Learn more ↗

Have feedback?

그림 9.121 AWS 콘솔에서 IoT Core 서비스 선택

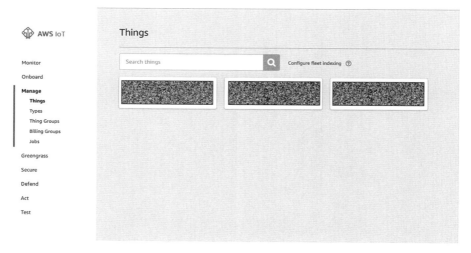

그림 9.122 AWS IoT Things 메인 페이지

4. 신규 윈도우에서 Policy 이름을 입력한다. 예시의 경우 **digital_twin_policy**으로 이름을 지정했다. 사용자는 필요에 따라 다른 이름을 지정할 수도 있다. **Action** 필드에는 **iot***, **Resource ARN**에는 *****를 입력하고 **Effect**는 **Allow** 옵션을 체크한 다. 그리고 그림 9.124와 같이 Create 버튼을 클릭한다. 신규 생성된 Policy는 그림 9.125와 같이 Policies 섹션 하단에 표시된다.

5. **AWS IoT Thing**을 생성한다. **Manage › Things** 메뉴로 이동하고 **Create**를 클릭하고 윈도우에서 그림 9.126 및 9.127과 같이 **Create a Single Thing**을 클릭한다.

6. 그림 9.128과 같이 신규 **AWS IoT Thing**의 이름을 입력한다. 예시의 경우 **digital_twin_thing**으로 지정하며 사용자의 필요에 따라 다른 이름을 지정할 수 있다. 나머지 필드는 디폴트로 남겨 둔다. 페이지 하단의 **Next**를 클릭한다.

7. ESP32 장치의 인증서 기반[certificate-based] 인증을 사용해 보안이 강화된 **AWS IoT Thing** 연결을 수립한다. 따라서 인증서를 생성하고 다운로드한 후 해당 인증서 를 **AWS IoT** 연결이 수립되는 동안 ESP32를 프로그래밍하고자 사용한다. 그림 9.129와 같이 IoT Thing 생성 윈도우에서 **Create Certificate** 옵션을 클릭하면 그림 9.130과 같이 개인키, 공용키, 인증서 파일이 생성된다. Thing, 공용키, 개인

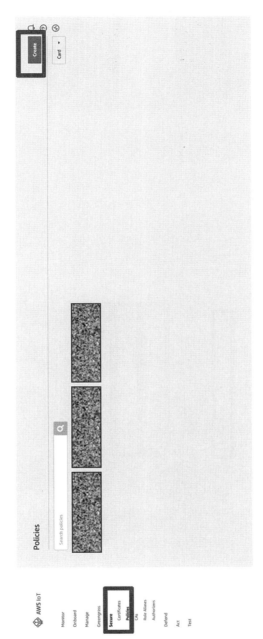

그림 9.123 신규 Policy 생성

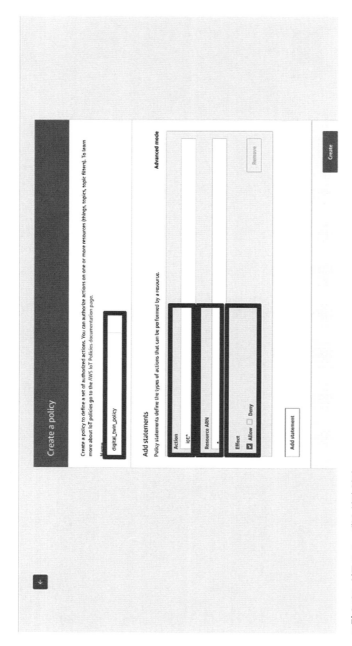

그림 9.124 신규 Policy 세부 설정 입력

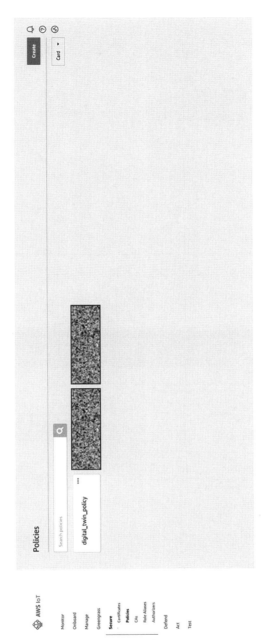

그림 9.125 신규 생성된 Policy

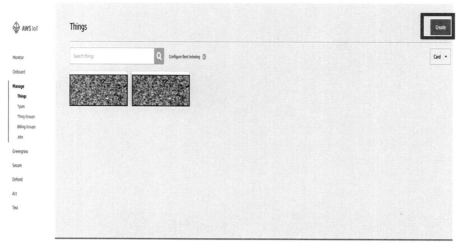

그림 9.126 AWS IoT Thing 생성

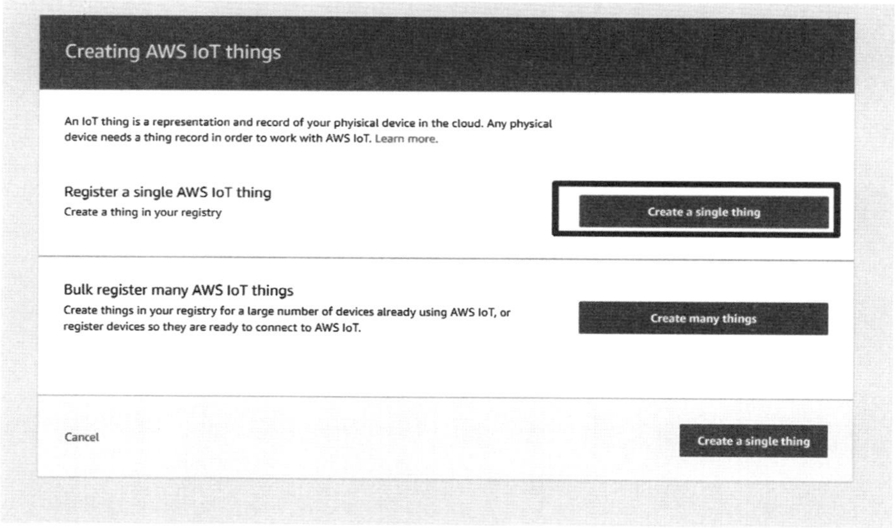

Creating AWS IoT things

An IoT thing is a representation and record of your phyisical device in the cloud. Any physical device needs a thing record in order to work with AWS IoT. Learn more.

Register a single AWS IoT thing
Create a thing in your registry

Create a single thing

Bulk register many AWS IoT things
Create things in your registry for a large number of devices already using AWS IoT, or register devices so they are ready to connect to AWS IoT.

Create many things

Cancel

Create a single thing

그림 9.127 single thing 생성

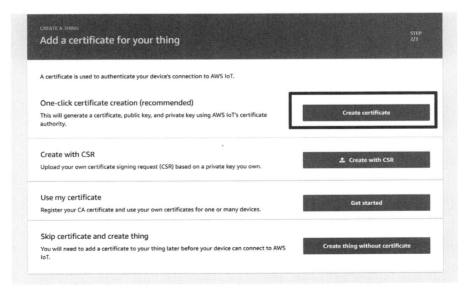

그림 9.128 신규 생성된 AWS IoT Thing 이름 설정

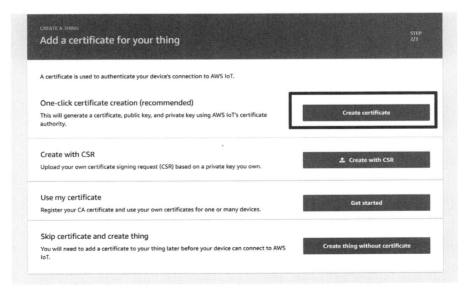

그림 9.129 IoT Thing 인증서 생성 윈도우

키, **Root CA** 파일 인증서를 컴퓨터의 안전한 곳에 다운로드한다. 해당 데이터는 추후 **AWS IoT**와 보안 연결을 수립하기 위한 ESP32 프로그래밍을 하는 데 사용된다. 그다음 **Activate** 버튼을 클릭해 Thing을 활성화^{activate}한다.

8. 신규 **IoT Thing**에 3단계 및 4단계에서 생성한 **Policy**를 적용해야 한다. 그림 9.130과 같이 Attach Policy 옵션을 클릭하고 신규 윈도우에서 **digital_twin_policy**를 선택한 후 그림 9.131과 같이 Register Thing을 클릭한다.

9. 신규 생성된 **IoT Thing**은 그림 9.132와 같이 **Manage** › **Things** 섹션에 표시된다.

10. digital_twin_thing을 클릭하고 그림 9.133과 같이 Interact 메뉴로 이동한 후 **IoT Thing**에 대한 **Rest API**를 확인한다. 보안상의 이유로 저자의 API는 스크린샷에 포함시키지 않았다. ESP32 프로그래밍에 Rest API를 사용해야 하기 때문에 전체 문자열을 복사해야 한다. 또한 MQTT 섹션 하단의 **IoT Thing** 토픽 이름을 확인한다. MQTT는 ESP32와 **IoT Thing** 간에 데이터를 전송하는 데 사용되는 빠르고 안전하며 효율적인 프로토콜이다. MQTT 노드 또는 엔드 포인트에서 토픽

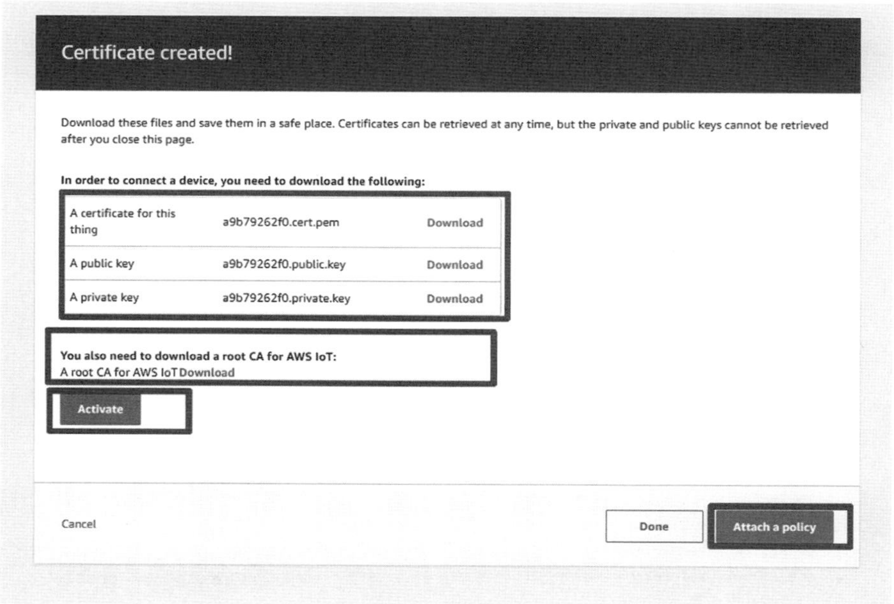

그림 9.130 IoT Thing용 인증서

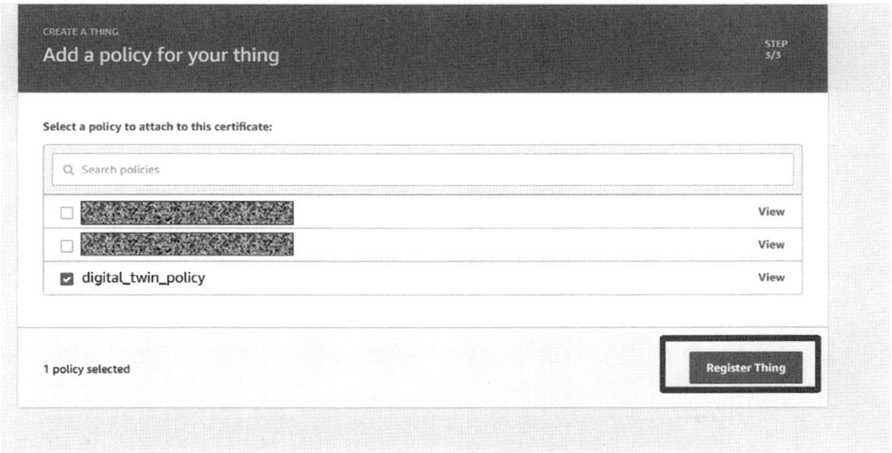

그림 9.131 policy 설정 및 IoT Thing 등록

그림 9.132 신규 생성된 Thing

을 발행 및 구독하고 토픽을 사용해 정보를 교환한다.

11. 9.6.4절에서 개발하고 테스트한 ESP32 아두이노 프로그램 스케치를 확장하고 Wi-Fi와 AWS 클라우드에 연결한 후 DC 모터에서 수집된 데이터를 **AWS IoT Thing**에 발행할 것이다. 아두이노 IDE와 함께 ESP32용 **AWS_IoT** 라이

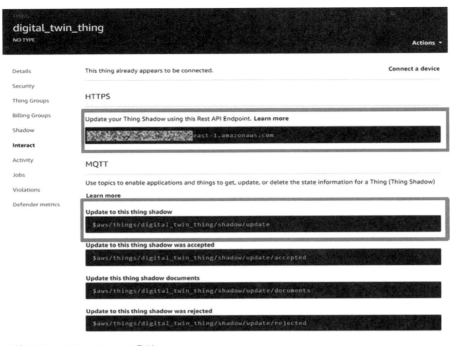

그림 9.133 IoT Thing interact 옵션

브러리를 사용할 것이다. 해당 라이브러리는 깃허브 링크 https://github.com/ExploreEmbedded/Hornbill-Examples/tree/master/arduino-esp32/AWS_IOT 에서 다운로드할 수 있다. 최신 라이브러리 저장소^{repository}를 다운로드하고 압축된 파일을 아두이노 IDE 라이브러리 폴더에 보관한다. 윈도우 기반 시스템의 경우 대부분 **C:\Users\<user_name>\Documents\Arduino\libraries** 폴더에 저장된다. 그림 9.134 및 9.135를 참고한다.

12. 압축된 폴더의 압축을 풀고 폴더 내부로 이동한 후 그림 9.136 및 9.137과 같이 AWS_IOT 폴더를 최상위 폴더 **C:\ Users\<user_name>\Documents\Arduino\libraries**에 복사한다. 압축을 해제한 폴더와 압축된 파일을 삭제한다. 지금 아두이노 IDE 윈도우가 열려 있는 경우 IDE의 라이브러리 경로를 업데이트하기 때문에 재시작해야 한다.

13. Root CA의 문자 콘텐츠, 인증서, 개인 키 파일(7단계의 AWS IoT Thing 인증서 생성 프로세스에서 다운로드함)이 포함된 **aws_iot_certificates.c** 파일(C:\Users\

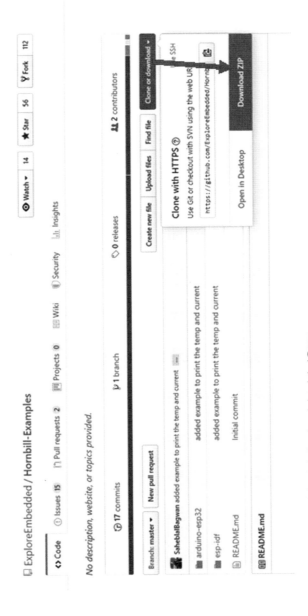

그림 9.134 ESP32 깃허브에서 아두이노 라이브러리 다운로드

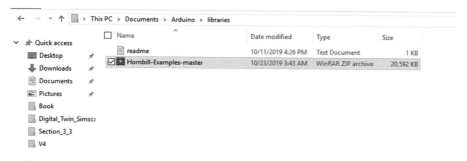

그림 9.135 ESP32 아두이노 라이브러리를 아두이노 라이브러리 폴더에 복사

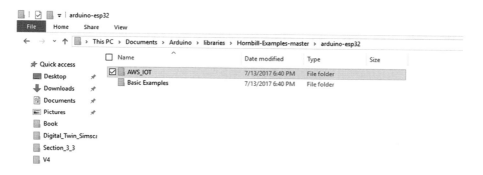

그림 9.136 압축을 풀고 AWS_IOT 폴더를 Arduino\libraries 폴더로 복사

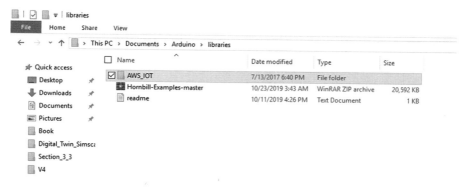

그림 9.137 Arduino\libraries에 복사된 AWS_IOT

name>\Documents\Arduino\libraries\AWS_IOT\src 폴더에 위치)을 업데이트해야 한다. c 파일 배열 aws_root_ca_pem[], certificate_pem_crt[], **aws_iot_certificates.** c 파일의 private_pem_key[]를 Root CA 파일, **xxxxxxxx.cert.pem** 파일 및 7단계에서 다운로드한 **xxxxxxxx.private.key** 파일의 문자 콘텐츠로 업데이트한다. 업데이트된 파일의 스크린샷은 그림 9.138과 같다. 스크린샷의 일부분은 보안을 위해 마스킹 처리됐다. 콘텐츠는 신중하게 입력해야 한다. 그렇지 않으면 ESP32를 사용해 **AWS IoT**에 연결하는 데 문제가 발생할 수 있고 디버깅이 어렵다. 콘텐츠를 입력할 때 염두에 둬야 할 규칙은 아래와 같다.

- 인증서와 키 파일 콘텐츠는 C 배열의 쌍따옴표$^{\text{double quotes}}$를 사용한다.
- 각 라인의 마지막 라인과 콘텐츠의 최종 라인에 '\n\'를 추가한다.
- 인증서 및 키 파일에 공백, 탭 또는 기타 다른 문자들을 추가하지 않는다.

14. 9.6.4절에서 테스트한 ESP32 스케치를 열고 이름을 재설정한다. 해당 스케치 파일 상단에 관련 라이브러리 및 함수를 사용하고자 AWS_IOT.h 및 WiFi.h 헤더 파일이 포함된다. WiFi.h는 디폴트 아두이노 라이브러리에 포함돼 있기 때문에 include 코드에서 다른 색으로 표시되는 것을 확인할 수 있다. 그다음 **AWS_IOT** 객체를 초기화하고 이름을 **esp32_aws_iot**로 설정한다. 사용자는 해당 객체에 대해 다른 이름을 지정할 수 있지만 객체가 참고되는 위치에서 동일한 이름을 사용해야 한다. 문자 배열에 ESP32와 연결되는 Wi-Fi 라우터의 **SSID**와 암호를 입력한다. **HOST_ADDRESS**에 대한 배열을 생성하며 해당 배열은 10단계에서 확인한 **digital_twin_thing Thing**의 REST API가 된다. **CLIENT_ID**는 **Thing** 이름, **TOPIC_NAME**은 10단계에서 확인한 토픽을 사용한다. ESP32는 예제와 동일한 토픽을 발행하고 구독한다. **mySubCallBackHandler**라는 구독 핸들러 함수가 추가된다. ESP32가 **IoT Thing**으로부터 메시지를 수신할 때마다 해당 함수가 트리거된다.

15. **setup()** 함수는 프로그램에 포함된 **SSID** 및 **Password**를 사용해서 Wi-Fi 라우터에 연결하며 코드 로직은 **AWS_IOT** ESP32 라이브러리의 **connect** 함수를 통해 **HOST_ADDRESS** 및 **CLIENT_ID** 사용해 **AWS IoT**에 연결한다. 연결이 수립되면 **subscribe** 함수를 사용해서 TOPIC을 구독한다. 그림 9.140을 참고한다.

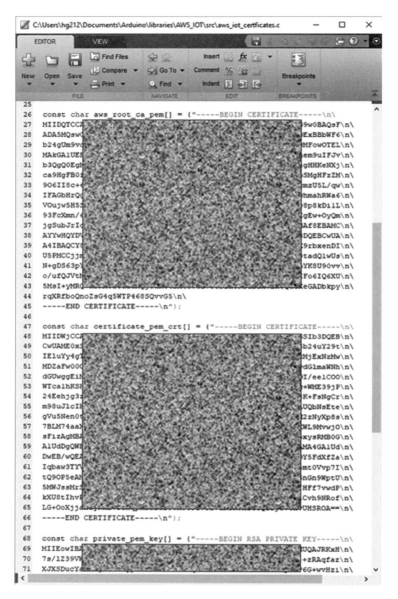

그림 9.138 인증서 및 키 파일을 사용해서 aws_iot_certificates.c 파일 업데이트

16. DC 모터 아두이노 메가에서 수신한 데이터를 JSON 구조체로 3초마다 표시하는
loop() 함수에서 그림 9.141과 같이 JSON 데이터를 **AWS IoT Thing**에 사용하
고자 **AWS_IOT** ESP32 라이브러리에서 **publish** 함수를 사용한다.

Chapter_9_Section_6_5_ESP32 §

```
// Include Libraries
#include <AWS_IOT.h>
#include <WiFi.h>

// Use the AWS_IOT object
AWS_IOT esp32_aws_iot;
int status;

// Wifi Router SSID and Password
char WIFI_SSID[]="Enter Wi-Fi SSID";
char WIFI_PASSWORD[]="Enter Wi-Fi Password";

// AWS IoT Details
char HOST_ADDRESS[]="                    -east-1.amazonaws.com";
char CLIENT_ID[]= "digital_twin_thing";
char TOPIC_NAME[]= "$aws/things/digital_twin_thing/shadow/update";
char rcvdPayload[512];
int msgReceived =0;

void mySubCallBackHandler (char *topicName, int payloadLen, char *payLoad)
{
    strncpy(rcvdPayload,payLoad,payloadLen);
    rcvdPayload[payloadLen] = 0;
    msgReceived = 1;
}
```

그림 9.139 프로그램에 Wi–Fi 및 AWS IoT 세부 설정 저장

Chapter_9_Section_6_5_ESP32

```
// The setup() function just begins the serial communication at a baud rate of 115200.
// It connects ESP 32 to Wi-Fi Router
// This function is executed only once per every power up of the ESP 32
void setup()
{
  Serial.begin(115200);
  // Connect to Wi-Fi Router
  while (status != WL_CONNECTED)
    {
      Serial.print("Attempting to connect to SSID: ");
      Serial.println(WIFI_SSID);
      // Connect to WPA/WPA2 network. Change this line if using open or WEP network:
      status = WiFi.begin(WIFI_SSID, WIFI_PASSWORD);
      // wait 5 seconds for connection:
      delay(5000);
    }
  Serial.println("Connected to wifi");
  // Connect to AWS IoT
  if(esp32_aws_iot.connect(HOST_ADDRESS,CLIENT_ID)== 0)
    {
      Serial.println("Connected to AWS");
      delay(1000);

      if(0==esp32_aws_iot.subscribe(TOPIC_NAME,mySubCallBackHandler))
        {
          Serial.println("Subscribe Successfull");
        }
      else
        {
          Serial.println("Subscribe Failed, Check the Thing Name and Certificates");
          while(1);
        }
    }
  else
    {
      Serial.println("AWS connection failed, Check the HOST Address");
      while(1);
    }

  delay(2000);
}
```

Done Saving

그림 9.140 Wi–Fi 및 AWS IoT Thing에 연결하고자 loop 함수 업데이트

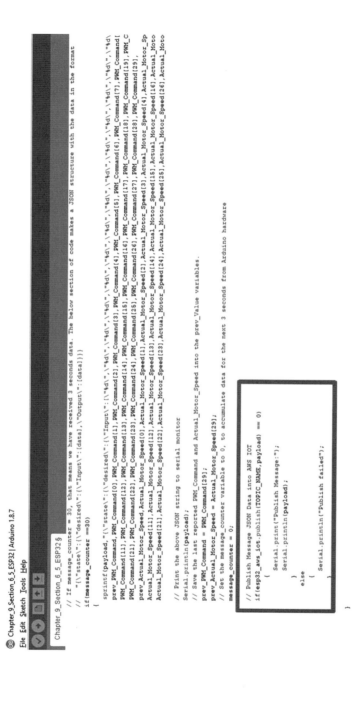

```
    // If message_counter = 30, that means we have received 3 seconds data. The below section of code makes a JSON structure with the data in the format
    //  "{\"state\":{\"desired\":{\"Input\":[data],\"Output\":[data]}}}"
    if(message_counter ==30)
    {

        sprintf(payload,"{\"state\":{\"desired\":{\"Input\":{\"%d\",\"%d\",\"%d\",\"%d\",\"%d\",\"%d\",\"%d\",\"%d\",\"%d\",\"%d\",\"%d\",\"%d\",\"%d\",
        prev_PWM_Command,PWM_Command[0],PWM_Command[1],PWM_Command[2],PWM_Command[3],PWM_Command[4],PWM_Command[5],PWM_Command[6],PWM_Command[7],PWM_Command[
        PWM_Command[11],PWM_Command[12],PWM_Command[13],PWM_Command[14],PWM_Command[15],PWM_Command[16],PWM_Command[17],PWM_Command[18],PWM_Command[19],PWM_C
        PWM_Command[21],PWM_Command[22],PWM_Command[23],PWM_Command[24],PWM_Command[25],PWM_Command[26],PWM_Command[27],PWM_Command[28],PWM_Command[29],
        prev_Actual_Motor_Speed,Actual_Motor_Speed[0],Actual_Motor_Speed[1],Actual_Motor_Speed[2],Actual_Motor_Speed[3],Actual_Motor_Speed[4],Actual_Motor_Sp
        Actual_Motor_Speed[11],Actual_Motor_Speed[12],Actual_Motor_Speed[13],Actual_Motor_Speed[14],Actual_Motor_Speed[15],Actual_Motor_Speed[16],Actual_Moto
        Actual_Motor_Speed[21],Actual_Motor_Speed[22],Actual_Motor_Speed[23],Actual_Motor_Speed[24],Actual_Motor_Speed[25],Actual_Motor_Speed[26],Actual_Moto

        // Print the above JSON string to serial monitor
        Serial.println(payload);
        // Save the last reported PWM_Command and Actual_Motor_Speed into the prev_Value variables.
        prev_PWM_Command = PWM_Command[29];
        prev_Actual_Motor_Speed = Actual_Motor_Speed[29];
        // Set the message_counter variable to 0, to accumulate data for the next 3 seconds from Arduino hardware
        message_counter = 0;

        // Publish Message JSON Data into AWS IOT
        if(esp32_aws_iot.publish(TOPIC_NAME,payload) == 0)
        {
            Serial.print("Publish Message:");
            Serial.println(payload);
        }
        else
        {
            Serial.println("Publish failed");
        }
    }
}
}
```

그림 9.141 JSON 데이터 구조체를 AWS IoT Thing으로 전송

17. 이제 AWS 클라우드에 데이터를 전송하는 ESP32 아두이노 코드가 준비됐고 하드웨어 전체 인터페이스에 대한 테스트를 진행할 것이다. 아두이노 메가 및 ESP32를 프로그래밍하고자 9.6.4절의 6단계를 반복할 것이다. 9.6.1절에서 설정한 하드웨어 셋업에서 USB to Micro USB 케이블을 사용해서 ESP32 컨트롤러 보드를 컴퓨터에 연결하고 9.6.5절에서 AWS 연결하고자 **Sketch** › **Upload** 옵션을 통해 업데이트한 ESP32 아두이노 프로그램을 생성하고 직렬 모니터 윈도우 Serial monitor window 를 실행해 전송률을 115,200으로 설정한다. 직렬 모니터에 ESP32 가 연결되면 먼저 ESP32가 Wi-Fi 핫스팟에 연결된 후 그림 9.142와 같이 프로그램에 포함된 자격 증명을 사용해 **AWS IoT**에 연결된다. ESP32 스케치가 성공적으로 다운로드되면 DC 모터를 제어하는 아두이노 메가 마이크로컨트롤러 보드를 컴퓨터의 다른 USB 포트에 연결하고 MATLAB®에서 9.6.3절에서 사용한 Simulink 모델을 빌드하고 다운로드한다. 해당 프로그램들이 모두 하드웨어에 성공적으로 다운로드되면 DC 모터가 작동하기 시작하고 아두이노 메가는 9.6.4 절과 같이 JSON 포맷의 데이터를 ESP32로 전송하는 것을 확인할 수 있다.

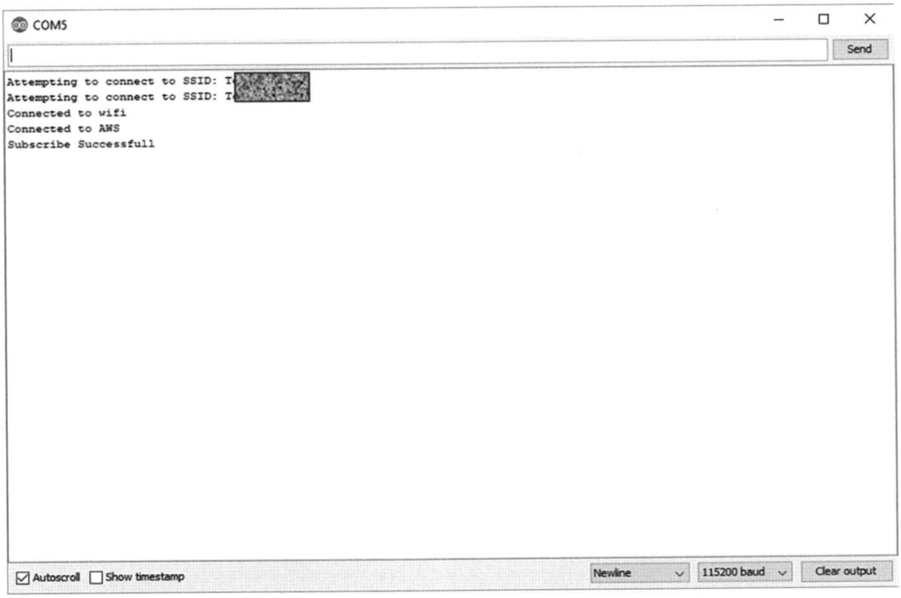

그림 9.142 ESP32를 Wi-Fi 핫스팟 및 AWS에 연결

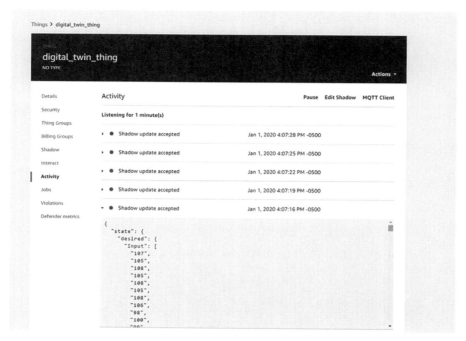

{
    "state": {
        "desired": {
            "Input": [
                "107",
                "105",
                "108",
                "105",
                "108",
                "105",
                "108",
                "106",
                "98",
                "100",

그림 9.143 ESP32 Wi-Fi 모듈의 데이터를 수신하는 AWS IoT Thing

18. ESP32에서 전송된 메시지가 AWS IoT에 수신되는지 확인하고자 AWS 콘솔로 이동해 **IOT Core** › **Things** › **digital_twin_thing** › **Activity** 이동하면 ESP32 직렬 명령어 윈도우에서 표시되는 것과 같은 JSON 구조체를 보여 주며 **AWS IoT Thing**에도 동시에 전송된다. 그림 9.143을 참고한다.

9.7 DC 모터 컨트롤러 하드웨어용 오프보드 진단/예측 알고리듬 개발

9.7절에서는 DC 모터 컨트롤러 하드웨어에 대한 장애 조건을 진단하고 탐지하고 알고리듬을 개발하고 9.5절에서 개발하고 매개 변수 최적화를 수행한 디지털 트윈 모델 진단 알고리듬을 테스트한다. 해당 모델을 클라우드에 배포하기 전에 먼저 진단 알고리듬을 로컬 컴퓨터에서 테스트할 것이다. 장애 조건은 다음과 같다.

1. DC 모터 하드웨어의 전원 공급 장치^{Power Supply} 장애

그림 9.144의 순서도^{flow chart}는 하드웨어로부터 입출력 데이터를 수집하고, 입력 데이터로 DC 모터의 디지털 트윈 모델을 실행해 예상 모터 속도를 얻고, 실제 속도와 예측 속도 사이의 RMSE를 계산한 후 RMSE의 임계값과 비교해 장애가 있는지를 확인하는 것과 같은 장애 조건을 진단하는 데 사용된다. 이메일/테스트 알림은 9.7절에서 테스트 하지 않지만 추후 오프보드 및 디지털 트윈을 AWS 클라우드에 배포할 때 테스트할 것 이다.

폭넓게 사용되는 파이썬 프로그래밍 언어를 사용해 오프보드 알고리듬을 실행할 것 이다. 파이썬을 사용하는 이유는 최종적으로 오프보드 알고리듬을 AWS 클라우드에 배포해야 하기 때문이다. 클라우드에 오프보드 알고리듬을 실행하고자 파이썬을 지원하는 AWS 람다^{Lambda} 서비스를 사용할 것이다. 우리가 개발한 디지털 트윈 모델은 MATLAB®, Simulink™, Simscape™를 사용해 개발됐기 때문에 파이썬에서 디지털 트윈 모델을 호출하려면 Simscape™ 모델에서 'C' 코드를 생성해 실행 파일로 컴파일하고 파이썬 프로그램에서 실행 파일을 호출해야 한다. **한 가지 주의할 점은 AWS가 리눅스 운영체제에서 실행되고 있다는 점이다. 따라서 실행 파일이 AWS 리눅스 머신에 배포되고 실**

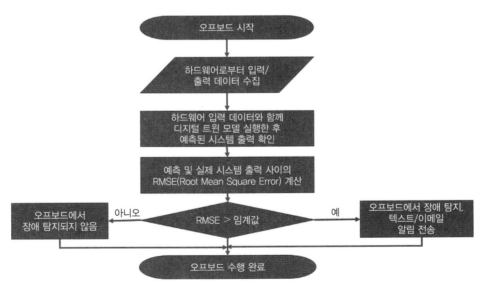

그림 9.144 오프보드 알고리듬 순서도

행되려면 디지털 트윈 모델의 실행 파일 컴파일도 리눅스에서 수행돼야 한다. 따라서 9.7절에서는 리눅스 운영체제를 사용해 코드를 생성하고 디지털 트윈용 실행 파일을 컴파일한다.

오프보드 알고리듬을 개발하고자 아래 단계를 수행하고 로컬 컴퓨터에서 테스트한다.

1. 첫 번째 단계는 컴퓨터에 리눅스를 설치하는 것이다. 저자는 우분투 리눅스를 사용한다. 리눅스 설치에 대한 다양한 온라인 자료들이 많기 때문에 우분투 리눅스의 설치 과정은 여기서 다루지 않는다. 이미 윈도우를 사용 중인 독자들은 우분투를 듀얼-부트Dual-Boot로 설치할 것을 권장한다. 듀얼 부트를 통해 사용자는 필요한 경우 사용 중인 운영체제를 재시작해 부트 메뉴에서 다른 운영체제를 선택할 수 있다. 책을 저술하는 시점에서 사용할 수 있는 우분투 설치 링크다(https://itsfoss.com/install-ubuntu-1404-dual-boot-mode-windows-8-81-uefi/).

2. 이제부터는 리눅스를 사용하기 때문에 리눅스 설치 및 셋업이 완료돼야 한다. 또한 코드를 생성하고 Simscape™ 디지털 트윈 모델을 컴파일하고자 MATLAB®를 설치해야 한다. 마찬가지로 리눅스의 MATLAB® 설치 과정은 이 책의 범위를 벗어나기 때문에 다루지 않는다. 책을 저술하는 시점에서 리눅스의 MATLAB® 설치와 관련된 링크다(https://www.cmu.edu/computing/software/all/matlab/).

3. 리눅스에서 MATLAB®을 실행하고 신규 폴더를 생성한 후 9.5절에서 생성한 DC Motor Simscape™ 플랜트 모델을 복사한다. 또한 초기화를 수행한 M 파일을 생성하고 최적화된 모델 매개 변수를 그림 9.145 및 9.146과 같이 해당 스크립트에 포함시킨다.

4. 위의 매개 변수 init 파일을 실행해 MATLAB 워크스페이스workspace를 초기화하고 Simscape™ DC 모터 모델을 실행하고 **Model › Configuration Parameters › Code Generation › System Target File**의 System Target File이 '*ert.tlc*'에 설정돼 있는지 확인한다. 그리고 그림 9.147과 같이 Simulink 모델 메뉴의 '*Build*' 버튼을 클릭하면 모델이 업데이트되고 '*C*' 코드가 생성되며, 생성된 코드를 컴파일하고자 Makefile이 생성된다. 그리고 모델 로직에서 실행할 수 있는 애플리케이션을 생성한다. MATLAB®은 그림 9.148과 같이 해당 프로세스의 진행 상

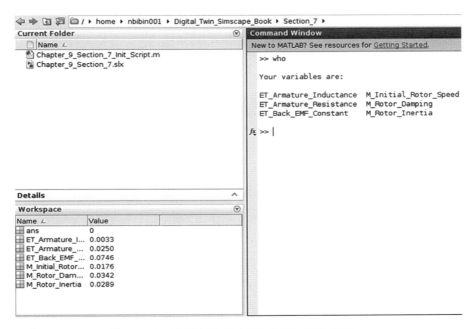

그림 9.145 Simscape™ DC 모터 모델 복사 및 MATLAB 폴더의 M 파일 초기화

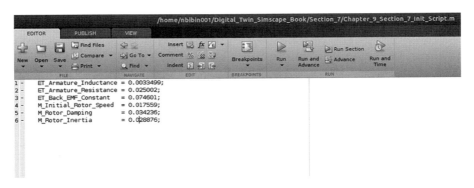

그림 9.146 초기화 스크립트에 복사된 최적화 모터 모델 매개 변수

황을 보여 준다. 현재 리눅스 환경에서 작업을 수행하고 있기 때문에 리눅스에서 실행할 수 있는 애플리케이션이 생성된다. 'C' 코드는 작업 폴더 아래의 **Model_Name_ert_rtw** 폴더에 생성되며 실행 파일의 이름은 모델 이름의 이름과 동일하다. 예시의 경우 모델 이름은 **Chapter_9_Section_7.slx**이며 따라서 생성

된 코드는 **Chapter_9_Section_7_ert_rtw**에 위치하고 실행할 수 있는 애플리케이션 이름은 **Chapter_9_Section_7**이다. 그림 9.149는 폴더에 생성된 코드와 MATLAB® 작업 폴더의 실행 가능한 애플리케이션을 보여 준다.

5. codegen 폴더인 **Chapter_9_Section_7_ert_rtw**로 이동한 후 편집기에서 그림 9.150과 같이 ert_main.c 파일을 실행한다. 파일을 실행하려면 MATLAB® 편집기에서 해당 파일을 더블클릭하면 된다. 이미 알고 있을 수도 있지만 모든 '*C*' 코드 애플리케이션은 애플리케이션이 실행되는 경우 **main()** 함수라는 엔트리 함수^{entry function}가 필요하다. **main()** 함수는 MATLAB® 코드 생성기^{Code Generator}에서 **ert_main.c** 파일로 생성된다.

6. ert_main.c 파일에는 2개의 주요 함수가 있다. 그림 9.151 및 9.152와 같이 하나는 **main()**이며 **rt_OneStep()** 함수다. 위에서 언급한 것처럼 **main()**은 엔트리 포인트 함수이며 **Model_Name_initialize** 함수를 사용해 모델 상태를 초기화하고 **while loop**를 실행한다. 따라서 애플리케이션이 실행될 때도 아직 프레임워크에서 현재와 같이 모델 로직을 실제로 실행하고 있지 않음을 알 수 있다. 따라서 추후 다루게 될 단계의 목적에 맞게 **main()** 함수를 수정한다. **rt_OneStep()** 함수는 다른 함수 **Model_Name_step(Chapter_9_Section_7_step())**을 호출한다. 해당 단계 함수^{step function}는 Simulink® 모델에서 구현한 실제 로직을 포함한다. **Model_step()** 함수는 입력 및 출력을 송수신하고자 매개 변수를 가진다. MATLAB®에서 코드 생성되면 사용자가 **Model_step()** 함수를 운영체제, 임베디드 타깃 소프트웨어, 또는 스케줄러 등과 통합할 수 있기 때문에 **rt_OneStep()** 함수 호출은 **main()**에서 주석 처리되며 해당 애플리케이션에서 **ert_main.c**를 사용할 필요가 없다. 해당 애플리케이션을 실행하는 방법은 입력 데이터를 수신하고 애플리케이션을 실행하는 것이며 하나의 샘플 입력 데이터로 **Model_step()** 기능을 실행하고 출력을 생성한 후 다음 샘플 데이터로 애플리케이션을 재실행한다. 그림 9.152에서 **Model_step()** 함수가 모델 입력 및 출력을 인수로 취하지만 몇몇 경우에는 모델의 구성 설정에 따라 **Model_step()**이 void-void 함수가 될 수 있고 이런 경우 함수 입력에 접근하고 출력을 설정하고자 해당 함수는 전역 데이터 구조에서 동작한다.

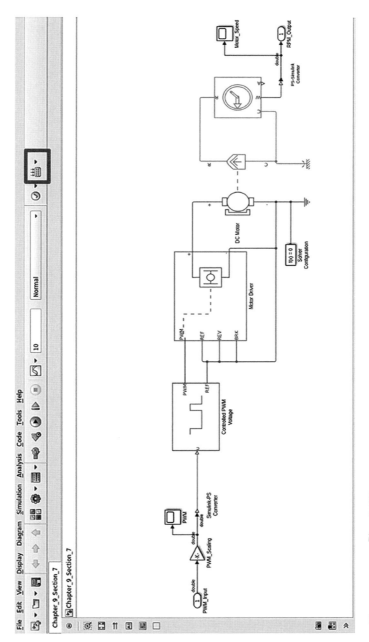

그림 9.147 Simscape™ 모델 생성

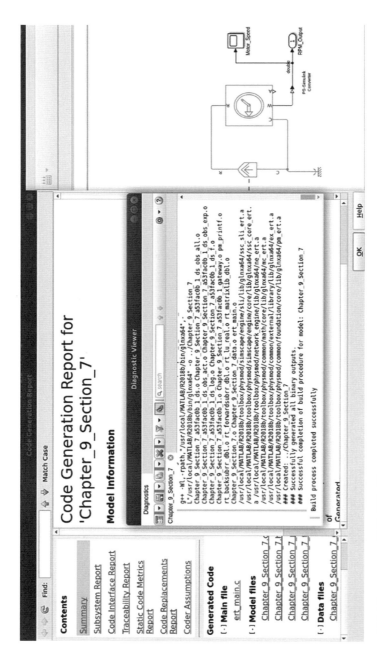

그림 9.148 codegen 모델 및 생성 과정

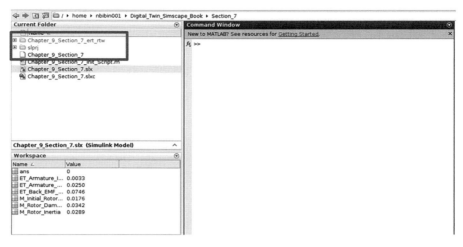

그림 9.149 생성된 코드 폴더 및 실행 가능한 애플리케이션

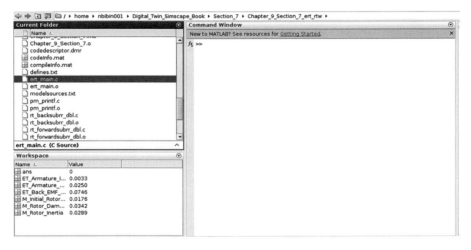

그림 9.150 codegen 폴더에서 ert_main.c File을 선택

7. 애플리케이션 목적에 맞게 ert_main.c를 수정한다. 리눅스 사용자 임시 폴더 **/tmp**에서 '**input.csv**' 입력 파일을 읽어들이고자 **main()** 함수를 변경할 것이다. **/tmp** 폴더는 AWS에서 쓰기 가능한 유일한 폴더이므로 입력 및 출력 파일을 사용할 경우 **/tmp** 폴더를 선택한다. input.csv 파일은 하드웨어 시스템에서 데이터를 수신하는 경우 **/tmp** 폴더에 자동으로 생성된다. 이 부분은 디지털 트윈 모델

```
81    */
82  int_T main(int_T argc, const char *argv[])
83  {
84    /* Unused arguments */
85    (void)(argc);
86    (void)(argv);
87
88    /* Initialize model */
89    Chapter_9_Section_7_initialize();
90
91    /* Attach rt_OneStep to a timer or interrupt service routine with
92     * period 0.1 seconds (the model's base sample time) here.  The
93     * call syntax for rt_OneStep is
94     *
95     *  rt_OneStep();
96     */
97    printf("Warning: The simulation will run forever. "
98           "Generated ERT main won't simulate model step behavior. "
99           "To change this behavior select the 'MAT-file logging' option.\n");
100   fflush((NULL));
101   while (rtmGetErrorStatus(Chapter_9_Section_7_M) == (NULL)) {
102     /*  Perform other application tasks here */
103   }
104
105   /* Disable rt_OneStep() here */
106
107   /* Terminate model */
108   Chapter_9_Section_7_terminate();
109   return 0;
110 }
111
112 /*
113  * File trailer for generated code.
114  *
```

그림 9.151 ert_main.c의 main() 함수

과 오프보드 알고리듬을 AWS 클라우드에 배포할 때 논의한다. 해당 입력 파일에는 실제 DC 모터 데이터, PWM_Command, Motor_Speed가 포함되며 3초 동안 0.1초마다 데이터 샘플을 한 줄씩 읽는다. 해당 파일에는 총 31개의 엔트리가 포함된다. 파일의 첫 번째 엔트리는 신규 3초 데이터를 실행하기 전에 애플리케이션을 정상 상태^{steady state}로 초기화하고자 사용되는 최신 하드웨어의 상태다. input.csv 파일의 샘플은 그림 9.153과 같으며 각 행은 실제 PWM 명령과 모터 속도가 쉼표로 구분된다. 첫 번째 엔트리는 모델 애플리케이션을 초기화하는 최신 상태^{last known previous state}이며 다음 30개의 샘플은 모델 애플리케이션을 실행해 예측된 출력을 생성하는 3초 데이터다. 애플리케이션의 샘플 시간 0.1초와 예측 범위^{prediction horizon} 3초는 현재 작업 중인 DC 모터 하드웨어의 동적 및 시간 상수를 캡처하기에 충분한 시간이다. 다른 애플리케이션과 하드웨어의 경우 예측을 위해 이러한 샘플링 시간과 샘플 개수를 다르게 설정해야 한다.

8. 먼저 ert_main.c에서 신규 작성된 C 함수 Parse_CSV_Line()이 그림 9.154와 같이 추가돼 input.csv 파일의 행을 읽고 각 행에서 콤마를 구분자로 값을 구분

```
39  void rt_OneStep(void)
40  {
41    static boolean_T OverrunFlag = false;
42
43    /* '<Root>/PWM_Input' */
44    static real_T arg_PWM_Input = 0.0;
45
46    /* '<Root>/RPM_Output' */
47    static real_T arg_RPM_Output;
48
49    /* Disable interrupts here */
50
51    /* Check for overrun */
52    if (OverrunFlag) {
53      rtmSetErrorStatus(Chapter_9_Section_7_M, "Overrun");
54      return;
55    }
56
57    OverrunFlag = true;
58
59    /* Save FPU context here (if necessary) */
60    /* Re-enable timer or interrupt here */
61    /* Set model inputs here */
62
63    /* Step the model */
64    Chapter_9_Section_7_step(&arg_PWM_Input, &arg_RPM_Output);
65
66    /* Get model outputs here */
67
68    /* Indicate task complete */
69    OverrunFlag = false;
70
71    /* Disable interrupts here */
```

그림 9.152 ert_main.c의 rt_OneStep( ) 함수

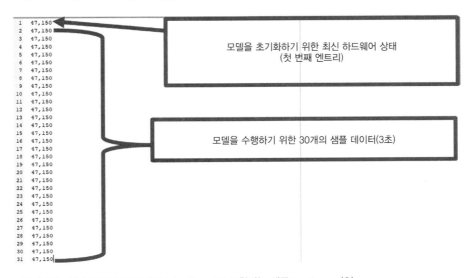

```
 1   47,150
 2   47,150
 3   47,150
 4   47,150
 5   47,150
 6   47,150
 7   47,150
 8   47,150
 9   47,150
10   47,150
11   47,150
12   47,150
13   47,150
14   47,150
15   47,150
16   47,150
17   47,150
18   47,150
19   47,150
20   47,150
21   47,150
22   47,150
23   47,150
24   47,150
25   47,150
26   47,150
27   47,150
28   47,150
29   47,150
30   47,150
31   47,150
```

모델을 초기화하기 위한 최신 하드웨어 상태
(첫 번째 엔트리)

모델을 수행하기 위한 30개의 샘플 데이터(3초)

그림 9.153 실제 PWM 명령어 및 Motor Speed를 포함하는 샘플 input.csv 파일

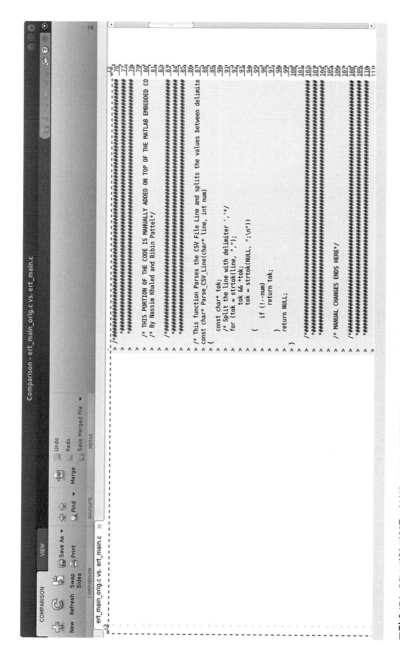

그림 9.154 CSV 파일 라인을 파싱하고 PMM 명령어 및 Motor Speed를 가져오는 함수

한다. 해당 함수를 **main()** 함수 상단에 추가한다. 따라서 실제 PWM_Command 및 Motor_Speed가 각각 반환된다.

9. 이번에는 **ert_main.c**의 **main()** 함수에서 무한 **while()** 루프 함수를 제거한다. **Model_step()** 함수는 명시적으로 호출되므로 **while()** 루프를 사용하지 않는다. 그림 9.155를 참고한다.

10. 다음은 **/tmp/input.csv** 경로에서 input.csv 파일을 열고 실제 PWM_Input 및 Motor_Speed를 2개의 배열로 읽는 일부 코드를 추가하는 것이다. **input.csv** 파일의 첫 번째 행의 값(최신 상태)은 이전 상태값 변수에 별도로 저장되고 나머지 행들은 actual_hw_input_pwm[] 및 actual_hw_output_rpm[] 배열에 저장된다.

11. 입력 파일에서 모든 행을 읽고 배열에 저장한 후 각각 130의 크기를 갖는 신규 배열 padded_hw_input_pwm[] 및 padded_hw_output_rpm[]에 값을 저장하고자 for 루프를 130회 반복 실행한다. 해당 배열의 100개 요소는 이전 상태 변수 값으로 채워져 있으므로 컴파일된 실행 가능한 모델을 실행할 때 먼저 100개의 데이터 샘플을 실행한다(모델 샘플 시간 0.1초에서 100개 샘플은 초기화하는 것과 동일하다. 10초 동안 모델) 및 나머지 30개의 배열 위치는 **10단계**에서 사용한 actual_hw_input_pwm[] 및 actual_hw_output_rpm[] 배열의 실제 3초 데이터로 채워진다. 자세한 내용은 그림 9.156 및 9.157을 참고한다.

12. 다음 단계는 padded_hw_input_pwm[] 배열의 값을 순차적으로 사용해 각 반복에서 Model_step 함수 **Chapter_9_Section_7_step()**을 호출하고자 for 루프를 130번 실행하는 코드를 추가하고 step 함수의 출력인 PWM 명령어 입력과 Motor Speed 예측을 **/tmp** 폴더에 **output.csv** 파일로 저장한다. 코드는 그림 9.158과 같다. **Model_step() 함수가 입력/출력 인수**[arguments]**가 없는 void-void 함수인 경우 step 함수와 관련된 입력 및 출력에 대한 전역 데이터 구조를 찾고 step 함수를 호출하기 전에 입력 구조에 값을 할당하고 step 함수를 호출한 뒤에 출력 구조에서 값을 가져와야 한다.**

13. ert_main.c 파일에 대한 변경을 완료했다. 저장하고 파일을 닫는다. Chapter_9_Section_7_ert_rtw 폴더에서 Makefile 파일 확장자를 가진 'Chapter_9_Section_7.mk.'를 찾는다. MATLAB 명령어 프롬프트에서 *!cp Chapter_9_Section_7.mk*

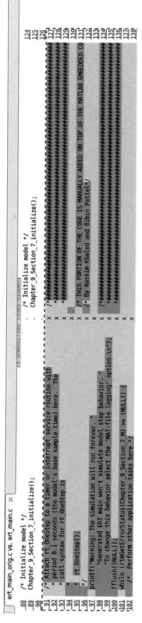

그림 9.155 ert_mian.c에서 while() 루프 제거

```c
/*Input File Name is input.csv*/
FILE* stream = fopen("/tmp/input.csv", "r");
char line[1024];
char line prev_state[1024];

/*Array for storing the actual HW PWM Input Values. The Hardware is supposed to
so there will be 50 data samples*/
double actual_hw_input_pwm[30];
double actual_hw_output_rpm[30];
/*We will pad 100 samples with the previous known state of the Hardware, to brin
will be filled with previous Motor State from the last Digital Twin Model Run in
with the new data received from the Hardware through Cloud IoT */
double padded_hw_input_pwm[130];
double padded_hw_output_rpm[130];

/**Previous State variables */
double prev_pwm_state;
double prev_motor_speed_state;

/*Read through the input.csv file and collect the data sent from the Hardware an
int row_num = 0;
while (fgets(line, 1024, stream))
{
    char line_back[1024];
    strcpy(line_back,line);
    /*char* tmp = strdup(line);*/
    if(row_num ==0)
    {
        prev_pwm_state = atof(Parse_CSV_Line(line, 1));
        /*printf("%s\n",line);*/
        /*printf("%s\n",Parse_CSV_Line(line, 1));*/
        /*printf("%s\n",line_back);*/
        /*printf("%s\n",Parse_CSV_Line(line_back, 2));*/
        prev_motor_speed_state = atof(Parse_CSV_Line(line_back, 2));
        row_num = row_num+1;
```

그림 9.156 input.csv 읽고 PWM 명령어 및 Motor Speed를 파트 1 배열에 저장

ert_main_orig.c vs. ert_main.c

```
            }
        else
        {
            /*printf("Actual Hardware PWM is  %s and Motor Speed is %s \n", Pars
            actual_hw_input_pwm[row_num-1] = atof(Parse_CSV_Line(line, 1));
            actual_hw_output_rpm[row_num-1] = atof(Parse_CSV_Line(line back, 2));
            /*printf("Actual Hardware PWM is  %f and Motor Speed is %f \n", actu
            row_num = row_num+1;
        }
}
/*Close the input.csv file pointer*/
fclose(stream);

/*Loop through 0-110 and Fill the Array to be passed on to Digital Twin Model.
First 100 Samples are kept constant from Last Known State
and next 50 Samples are from the Hardware collected in the last 1 Secs */
int i;
for (i= 0;i<130;i++)
{
/*First 100 Samples are kept constant from Last Known State*/
if(i <100)
{
    padded_hw_input_pwm[i] = prev_pwm_state;
    padded_hw_output_rpm[i] = prev_motor_speed_state;
}
/*Next 50 Samples are from the Hardware collected in the last 1 Secs*/
else
{
    padded_hw_input_pwm[i] = actual_hw_input_pwm[i-100];
    padded_hw_output_rpm[i] = actual_hw_output_rpm[i-100];
}
/*printf("Padded Hardware PWM [%d] is  %f and Motor Speed is %f \n", i,
```

그림 9.157 input.csv 읽고 PWM 명령어 및 Motor Speed를 파트 2 배열에 저장

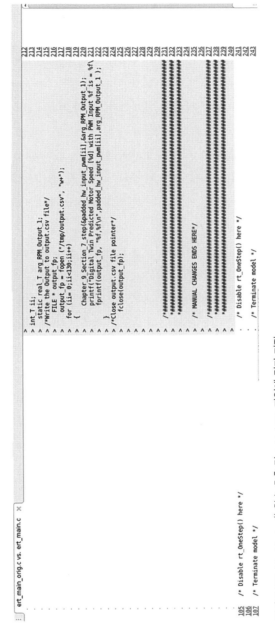

그림 9.158 Model_step() 함수 호출 및 output.csv 파일에 결과 저장

Makefile 리눅스 명령어를 사용해 해당 파일을 Makefile파일로 복사한다. 리눅스 명령어 윈도우에서 '!'를 제외하고 동일한 명령어를 사용할 수 있다. '!'는 MATLAB 명령어 윈도우에 해당 명령어가 운영체제 명령어라는 것을 알려 준다. ert_main.c 파일을 변경했기 때문에 rm 명령어 *!rm ert_main.o*를 사용해 이전에 생성한 ert_mian.o 파일을 삭제한다. 이제 **!make -f Makefile** 명령어를 사용해 실행할 수 있는 애플리케이션을 다시 빌드한다. ert_main.c 파일만 변경하고 나머지 파일은 동일하기 때문에 **make** 명령어는 **ert_main.c** 파일만 재컴파일한다. 이번 단계에서 사용된 모든 명령어 및 관련된 출력은 그림 9.159와 같다. 재컴파일된 실행할 수 있는 애플리케이션 **Chapter_9_Section_7**은 그림 9.160과 같다.

14. 실행할 수 있는 애플리케이션을 테스트하고자 간단한 MATLAB®-기반 프로그램을 생성한다. 해당 MATLAB® 프로그램은 하드웨어에서 수집된 DC 모터 데이터를 포함하며 실제 하드웨어에서 실시간으로 전송하는 것처럼 데이터를 최대 3초까지 나누고 '**input.csv**' 파일을 생성하고 /tmp 폴더에 복사한다. 실행할 수 있는 애플리케이션을 호출해 **input.csvd**의 입력 PWM 데이터를 실행한다. 그리고 '**output.csv**' 파일을 /tmp 폴더에 생성한다. MATLAB® 프로그램에서 '**output.csv**' 파일을 확인하고 모터 속도 예측값을 얻은 다음 그림 9.161과 같이 각 3초 데이터에 대한 실제 모터 속도와 예측 모터 속도 사이의 RMSE를 계산하고 그림 9.161과 같이 플롯에 포인트를 표시한다. MATLAB® 프로그램은 아래와 같다.

```
%Book Title: Digital Twin Development and Deployment On Cloud Using Matlab
%SimScape
%Chapter: 9
%Section: 7
%Authors: Nassim Khaled and Bibin Pattel
%Last Modified: 09/10/2019
%%
clc
clear all
close all
% load the DC Motor Data collected from Hardware for Linear Region 1
load Chapter_9_Section_5_Linear_Region_1_Data.mat
% The Data collected from DC Motor Hardware is logged at 0.2 Secs.
```

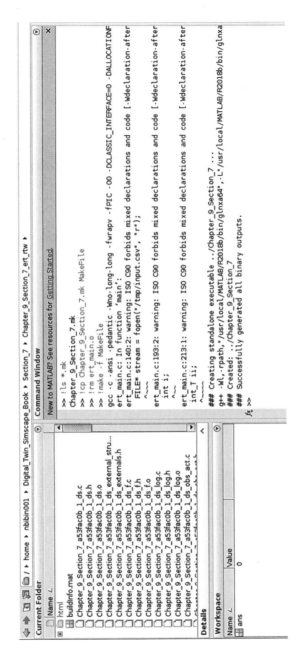

그림 9.159 ert_main.c를 언데이트하고자 애플리케이션 재컴파일링

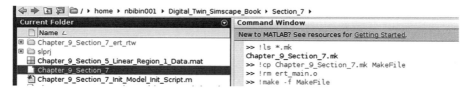

그림 9.160 재컴파일된 실행 가능한 애플리케이션

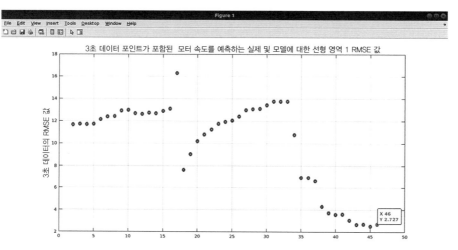

그림 9.161 3초 데이터 포인트가 포함된 실제 및 예측 모터 속도에 대한 평균 제곱근 오차값

```
% Resample PWM_Command to 0.1 Seconds
pwm_data_time = PWM_Input_Linear_Region_1(:,1);
pwm_resampled_time = (0:0.1:pwm_data_time(end));
pwm_resampled_data = interp1(pwm_data_time,PWM_Input_Linear_Region_1
(:,2),pwm_resampled_time);
% Resample Motor_Speed to 0.1 Seconds
motor_speed_time = Motor_Speed_RPM_Filtered_Linear_Region_1(:,1);
motor_speed_resampled_time = (0:0.1:motor_speed_time(end));
motor_speed_resampled_data = interp1(motor_speed_time,Motor_Speed_RPM_
Filtered_Linear_Region_1(:,2),motor_speed_resampled_time);
% Remove the input and output CSV files
!rm input.csv
!rm output.csv
% Initialize the Arrays and Variables
count = 1;
first_time = 1;
```

```
PWM_Command = [];
Actual_Motor_Speed = [];
prev_PWM_Command = pwm_resampled_data(1);
prev_Actual_Motor_Speed = motor_speed_resampled_data(1);
call_model_index =1;
% Run a loop for each of the PWM_Input data
for i =1:length(pwm_resampled_time)
    % The very first PWM_Command and Actual_Motor_Speed should be
    % initialized with the previous Value for initializing the Digital
Twin
    % model to a steady state
    if(first_time)
      PWM_Command(count) = prev_PWM_Command;
      Actual_Motor_Speed(count) = prev_Actual_Motor_Speed;
      count = count þ1;
      first_time = 0;
    end
    % Continue adding the PWM_Command and Motor_Speed to the array to
gather
    % 3 Seconds sata
    PWM_Command(count) = pwm_resampled_data(i);
    Actual_Motor_Speed(count) = motor_speed_resampled_data(i);
    count = countþ1;
    % When count becomes 32 the we have gathered 3 Seconds data
    if(count ==32)
      % Update the previous values
      prev_PWM_Command = PWM_Command(count-1);
      prev_Actual_Motor_Speed = Actual_Motor_Speed(count-1);
      count =1;
      first_time = 1;
      % Print the collected 3 Seconds data to input.csv file
      fid = fopen('input.csv','wþ');
      for j =1:31
      fprintf(fid,'
%s,%s\n',num2str(PWM_Command(j)),num2str(Actual_Motor_Speed(j)));
      end
      fclose(fid);
      pause(1);
      % Move the input.csv file to /tmp folder
      !cp input.csv /tmp
      % Run the Digital Twin Model
      !./Chapter_9_Section_7
      % Digital Twin Model creates an output.csv file , copy it back
from
      % the /tmp folder to the current working directory
```

```
      !cp /tmp/output.csv .
      pause(1);
      % Read the output.csv file
      model_predicted_data = csvread('output.csv');
      temp = model_predicted_data(:,2);
      % Calculate RMSE between Actual Hardware and Model Predicted
Motor
      % Speed
      Error = Actual_Motor_Speed(2:end) - temp(101:130)';
      Squared_Error = Error. ˜2;
      Mean_Squared_Error = mean(Squared_Error);
      Root_Mean_Squared_Error = sqrt(Mean_Squared_Error);
      % Plot the RMSE of Speed Prediction for every 3 Seconds when the
      % Digital Twin Model Runs
      figure(101);
      plot(call_model_index,Root_
Mean_Squared_Error,'b','Marker','Diamond','linewidth',3);
      hold all
      call_model_index = call_model_indexþ1;
      % Delete the input.csv and output.csv for the next 3 Seconds
data
      !rm input.csv
      !rm output.csv
      pause(1);
    end
end
figure(101)
grid on
set(gcf,'color',[1 1 1]);
ylabel('RMSE Values for 3 Secs Data','Fontsize',18);
title('Linear Region 1 RMSE Values for Actual and Model Predicted Motor
Speed with 3 Seconds Data Points','Fontsize',18);
```

15. 지금까지 MATLAB®의 실행할 수 있는 애플리케이션을 검증했고 이제 'input. csv' 파일을 테스트하고자 간단한 파이썬 프로그램을 생성할 것이다. 파이썬 프로그램은 그림 9.162를 참고한다. 해당 프로그램은 Chapter_9_Section_7을 실행하고 실제 및 예측 모터 속도에 대한 'input.csv'와 'output.csv' 데이터의 인스턴스(마지막 세트)에 대해서만 RMSE 값을 계산한다. 그림 9.163과 같이 리눅스 터미널에서 **python Chapter_9_Section_7_Python_Validate_Compiled_Model.py** 명령을 사용해 파이썬 스크립트를 실행한다. 파이썬 스크립트 생성된

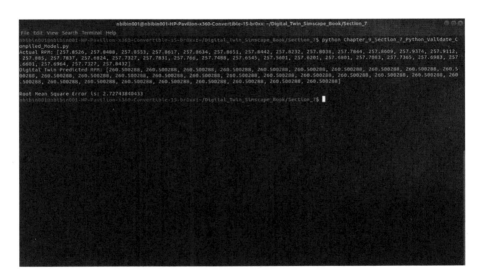

```python
import numpy as np
import os
import csv
# Initialize variables and arrays
Actual_PWM = [];Actual_RPM = [];Digital_Twin_PWM = [];Digital_Twin_RPM = [];
# Open the input.csv from /tmp folder and read into Actual Value arrays
with open('/tmp/input.csv','r') as csvfile:
        plots = csv.reader(csvfile, delimiter=',')
        for row in plots:
            Actual_PWM.append(float(row[0]))
            Actual_RPM.append(float(row[1]))
csvfile.close()
# Run the Digital Twin Compiled Model Chapter_9_Section_7 using the os.popen command
cmd = './Chapter_9_Section_7'
so = os.popen(cmd).read()
# print(so)
# Open the output.csv from /tmp folder and read into Digital Twin Value arrays
with open('/tmp/output.csv','r') as csvfile:
        plots = csv.reader(csvfile, delimiter=',')
        for row in plots:
            Digital_Twin_PWM.append(float(row[0]))
            Digital_Twin_RPM.append(float(row[1]))
csvfile.close()
# Print the actual and predicted Motor Speeds
print("Actual RPM: " + str(Actual_RPM));
print("Digital Twin Predicted RPM: " + str(Digital_Twin_RPM[100:130]));
# Calculate the Root Mean Squared Error Between Actual and Predicted Speeds
Error = np.asarray(Actual_RPM[1:31]) - np.asarray(Digital_Twin_RPM[100:130]);
Squared_Error = Error **2;
Mean_Squared_Error = Squared_Error.mean();
Root_Mean_Squared_Error = np.sqrt(Mean_Squared_Error);
# Print the Root Mean Squared Error Between Actual and Predicted Speeds
print("");
print("Root Mean Square Error is: " + str(Root_Mean_Squared_Error));
```

그림 9.162 실행할 수 있는 애플리케이션을 테스트하는 파이썬 프로그램

그림 9.163 파이썬 검증 스크립트 실행

RMSE값은 그림 9.161과 같이 MATLAB® 검증 프로세스에서 생성된 마지막 테스트 데이터 RMSE값과 일치한다.

9.8 Simscape™ 디지털 트윈 모델을 AWS 클라우드 배포

9.8절에서 DC 모터 디지털 트윈 모델과 진단 알고리듬의 컴파일된 실행 파일을 AWS 클라우드에 배포한다. 이번에는 SNS와 AWS 람다 기능을 설정하고 사용할 것이다. SNS는 텍스트/이메일 메시지를 구독자subscriber들에게 전송하며 구독자에 대한 세부 설정을 할 수 있다. 사용자는 SNS 토픽을 생성하고 전화번호, 이메일-ID 등과 같은 구독자 정보를 추가할 수 있다. 해당 설정을 통해 토픽이 트리거될 때 알림을 수신할 수 있다. AWS 람다는 이벤트 기반 서버리스 컴퓨팅 플랫폼이며 우리가 개발하고 배포한 특정 코드를 실행한다. 해당 코드는 특정 이벤트에 대한 응답으로 실행된다. 이 경우 이벤트는 ESP32에서 데이터를 수신하는 경우 AWS IoT Core에 의해 트리거된다. 더 자세한 내용은 AWS 문서를 확인하기 바란다. 그림 9.164는 AWS IoT Core가 파이썬으로 작성된 람다 함수를 트리거해 디지털 트윈 모델을 실행하고 오프보드 알고리듬을 실행하며 이에 대한 진단 결정을 내리고 오프보드 알고리듬 결정 상태를 구독자에게 알려 주는 SNS 서비스를 트리거하는 고수준 다이어그램을 보여 준다.

먼저 아래와 같이 SNS 설정을 시작한다.

1. AWS 관리 콘솔에서 SNS를 검색하고 그림 9.165와 같이 선택한다.

2. 그림 9.166과 같이 *Create Topic* 버튼을 클릭한다.

3. 토픽 생성 폼에서 이름을 설정한다. 예시에서는 **digital_twin_topic**으로 설정한

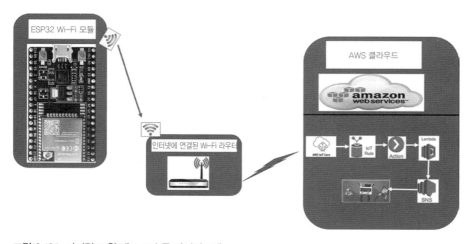

그림 9.164 디지털 트윈 배포 고수준 다이어그램

AWS Management Console

AWS services

Find Services
You can enter names, keywords or acronyms.

🔍 SNS| ✕

Simple Notification Service
SNS Pub/Sub, Mobile Push and SMS

▼ Recently visited services

🔲 Simple Notification Service   🖥 CloudWatch   ◎ Lambda   ⊕ IoT Core

▶ All services

Build a solution
Get started with simple wizards and automated workflows.

Launch a virtual machine
With EC2
2-3 minutes

Build a web app
With Elastic Beanstalk
6 minutes

Build using virtual servers
With Lightsail
1-2 minutes

Connect an IoT device
With AWS IoT
5 minutes

Start a development project
With CodeStar
5 minutes

Register a domain
With Route 53
3 minutes

Deploy a serverless microservice
With Lambda, API Gateway
2 minutes

Create a backend for your mobile app
With Mobile Hub
5 minutes

Access resources on the go

📱 Access the Management Console using the AWS Console Mobile App. Learn more ⌕

Explore AWS

Amazon SageMaker
Build, train, and deploy machine learning models. Learn more ⌕

Amazon Redshift
Fast, simple, cost-effective data warehouse that can extend queries to your data lake. Learn more ⌕

AWS Marketplace
Find, buy, and deploy popular software products that run on AWS. Learn more ⌕

Amazon RDS
Set up, operate, and scale your relational database in the cloud. Learn more ⌕

Have feedback?

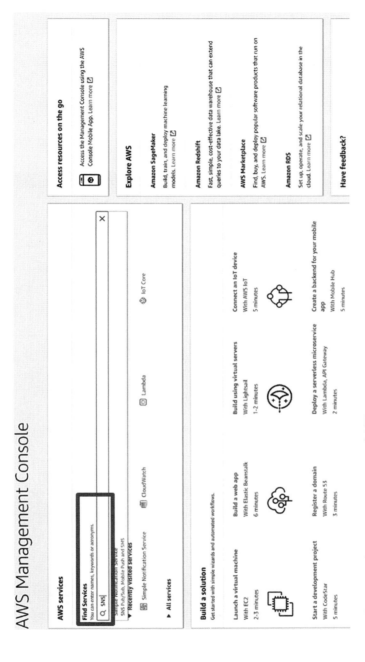

그림 9.165 SNS(Simple Notification Services) 실행

그림 9.166 SNS 토픽 생성

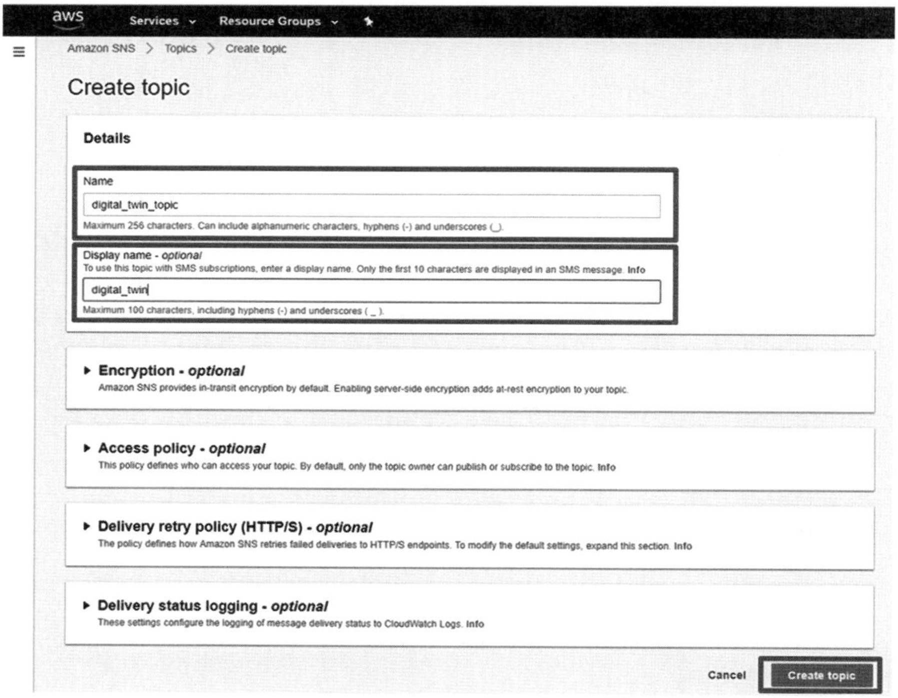

그림 9.167 신규 SNS 토픽 세부 설정

다. 또한 SMS 및 E-mail에 표시될 디스플레이 이름을 설정한다. **Create topic** 버튼을 클릭해 그림 9.167과 같이 신규 SNS 토픽 생성을 마친다.

4. 신규 생성된 토픽은 그림 9.168과 같다. 이제 토픽에 대한 텍스트 및 이메일 구독을 생성한다. 그림 9.168과 같이 Create subscription 버튼을 클릭한다. 토픽의 ARN을 추후 SNS와 람다 함수를 연동하고자 메모해 둔다.

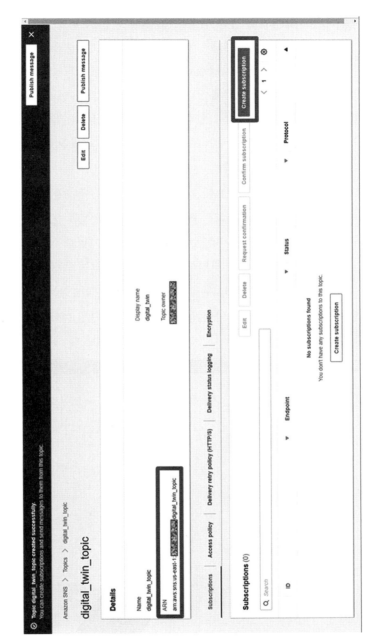

그림 9.168 신규 생성된 SNS 토픽

5. 신규 *Create subscription* 폼에 텍스트 구독을 위한 SMS 프로토콜을 입력하고 + 및 국가 코드로 시작하는 휴대폰 번호를 입력하고 *Create subscription* 버튼을 클릭한다. 예를 들어 **+1<10 자리 휴대폰 번호>**는 미국 국가 코드와 휴대폰 번호다. SMS 구독 설정을 마친 후에 드롭다운 메뉴에서 Create subscription 버튼을 사용해 이메일 구독을 생성하고 알림을 받을 이메일 ID를 입력한다. 텍스트 및 이메일 구독 생성과 관련된 세부 사항을 확인하고자 그림 9.169~9.171을 확인한다.

6. 구독을 생성했지만 그림 9.172와 같이 **Subscriptions** 메뉴에서 상태가 확인 대기 중[Pending confirmation]으로 표시되는 것을 볼 수 있다. 구독을 생성하는 경우 AWS는 구독 확인 링크가 포함된 이메일을 구독 설정에서 제공한 이메일 주소로 자동으로 전송한다. 해당 이메일을 확인하고 구독 확인 링크를 클릭한다.

7. 이메일에 포함된 링크를 클릭하면 구독 확인 메시지 윈도우가 표시된다. AWS SNS의 Subscriptions 메뉴 하단에 승인된[Confirmed] SMS 및 이메일 구독을 확인할

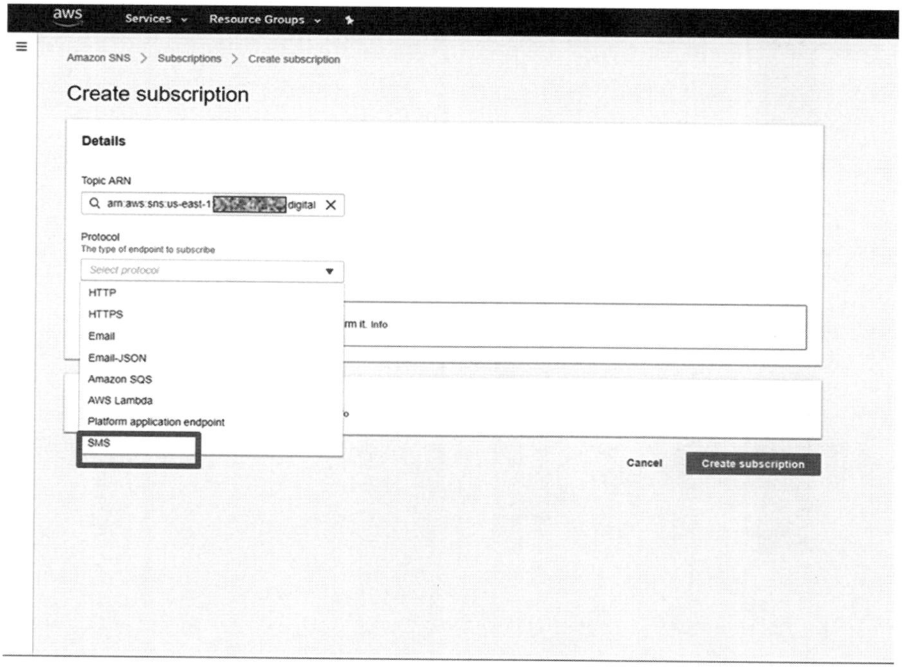

그림 9.169 SNS 토픽 구독 생성

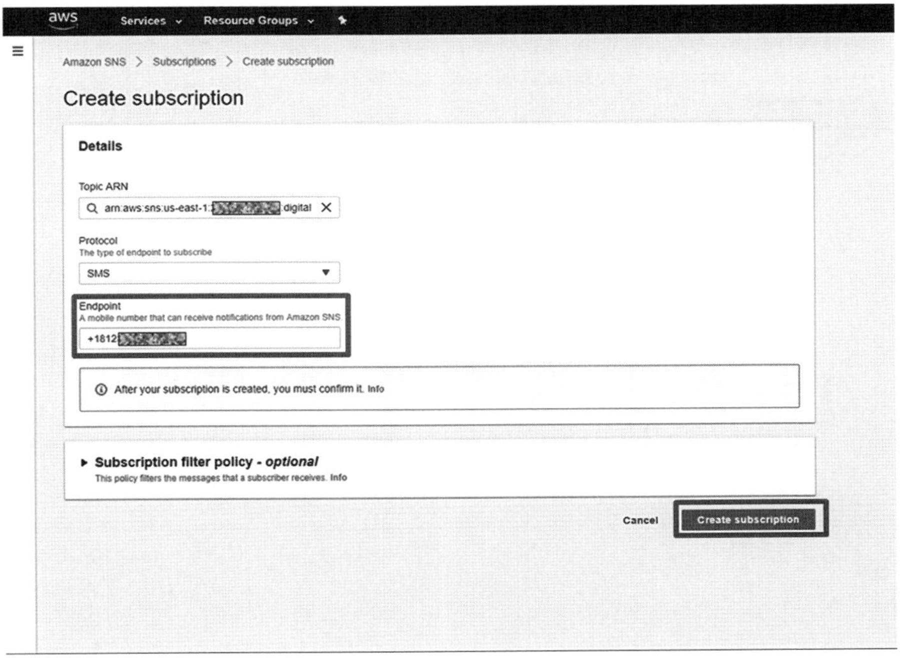

그림 9.170 텍스트/SMS 구독 생성

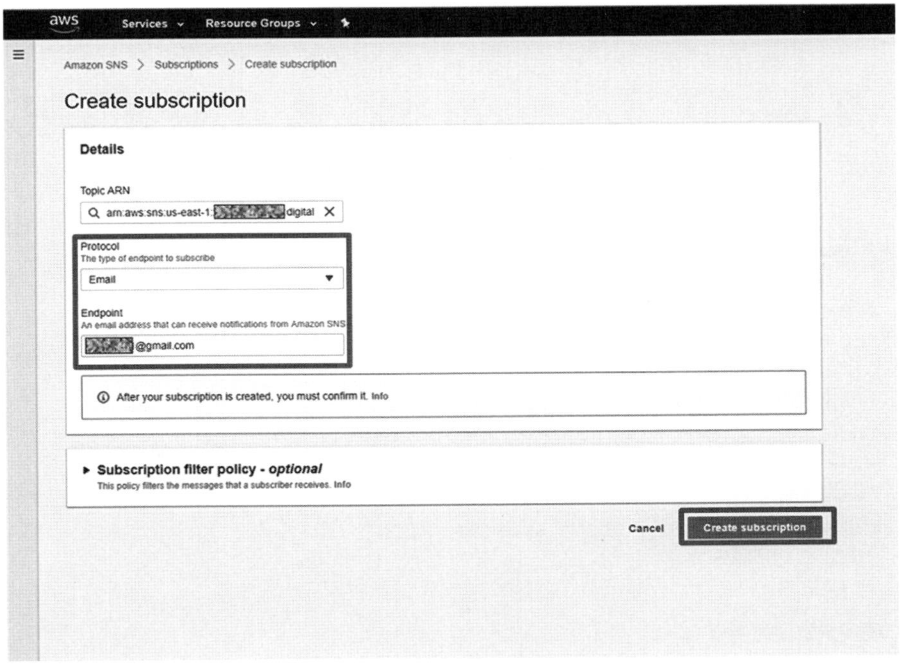

그림 9.171 이메일 구독 생성

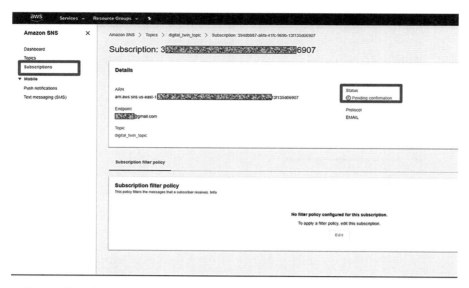

그림 9.172 확인 대기 중인 구독

수 있다. 그림 9.173 및 9.174를 확인한다. 토픽 ID를 클릭하고 그림 9.174에 하이라이트된 **_Publish message_** 버튼을 클릭해 신규 생성된 토픽이 정상적으로 동작하는지 확인할 수 있다. 신규 폼에 메시지 본문을 입력하고 게시하면 선택한 토픽 ID에 따라 텍스트 또는 이메일을 전송한다.

8. 디지털 트윈 모델과 오프보드 알고리듬을 실행하고자 AWS 람다 함수를 설정하고 앞 단계에서 구성한 SNS 서비스를 사용해 사용자에게 알림을 전송한다. AWS

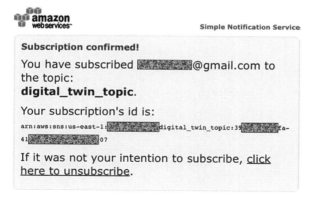

그림 9.173 구독 확인

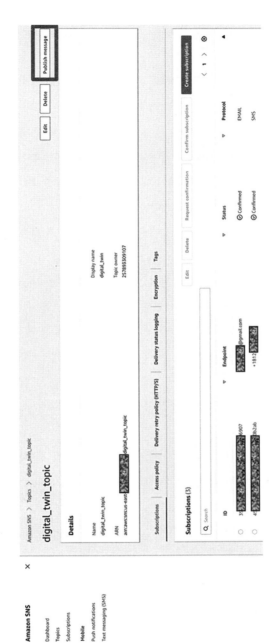

그림 9.174 승인된 구독

관리 콘솔에서 Lambda를 검색하고 람다 서비스를 선택한다. 그림 9.175를 확인한다.

9. AWS 람다 콘솔에서 그림 9.176과 같이 *Create function* 버튼을 클릭한다.

10. 파이썬 프로그래밍 언어로 람다 함수를 개발하고 배포할 것이다. Node.js 등과 같은 다른 프로그래밍 언어 또한 사용할 수 있다. 사용자의 전문 분야에 따라 *Create function* 폼에서 다른 언어 옵션을 선택할 수 있다. 신규 람다 함수의 이름을 dc_motor_digital_twin으로 설정하고 *RunTime*을 **Python 3.7**로 선택한 후 그림 9.177과 같이 *Create function* 버튼을 클릭한다.

11. AWS는 그림 9.178과 같이 신규 디폴트 템플릿 함수를 생성한다.

12. 신규 람다 함수 윈도우 하단에는 람다 함수의 권한을 정의하는 역할^{role}을 제공하는 옵션이 있다. 그림 9.179와 같이 드롭다운 메뉴에서 '**Create a new role from AWS policy templates**'을 선택한다. 람다 함수가 위에서 생성하고 설정해 놓은 SNS 토픽에 메시지를 전송하도록 한다. 람다 함수에 대한 권한이 반드시 생성돼 있어야 한다. 그렇지 않은 경우 SNS 서비스와 연동되지 않는다.

13. 신규 **Create role** 폼이 표시되며 4단계의 프로세스를 포함한다. 첫 번째 단계는 *AWS service* 옵션을 선택하고 그림 9.180과 같이 *Next: permissions* 버튼을 클릭한다.

14. 두 번째 단계는 그림 9.181과 같이 *Filter policies* 검색 윈도우에서 SNS를 검색하고 *AmazonSNSFullAccess* 정책을 선택하고 *Next: Tags* 버튼을 클릭한다.

15. 태그^{Tag}를 추가하는 것은 선택 사항이며 이 단계를 건너뛸 수도 있지만 여기에서는 *digital_twin_role*을 태그 이름으로 설정한다. 그림 9.182를 참고한다. 하단의 *Next: Review* 버튼을 클릭한다.

16. 마지막 단계는 리뷰이며 그림 9.183과 같다. 리뷰 윈도우에서 *digital_twin_role* 역할 이름을 선택한다. 역할 이름은 원하는 것으로 선택할 수 있다. 이전 단계에서 선택한 *AmazonSNSFullAccess* 정책이 해당 역할에 포함돼 있는 것을 확인할 수 있다. 해당 정책을 통해 람다 함수는 SNS 서비스에 접근할 수 있고 텍스트/이메일을 토픽에 전송할 수 있다. *Create role* 버튼을 클릭해 역할 생성을 완료한다.

17. 신규 역할^{Role}이 생성되고 AWS 서비스 IAM^{Identity and Access Management} 하단에 표시

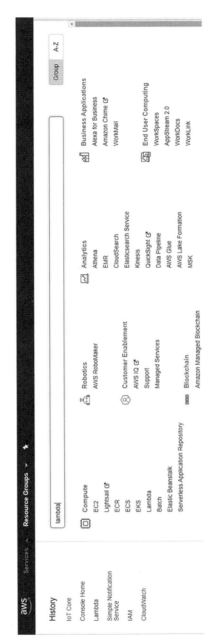

그림 9.175 AWS 람다 함수 실행

그림 9.176 람다 함수 생성

된다. 해당 Role은 그림 9.184 및 9.185와 같이 IAM 콘솔 하단에 생성된다.

18. 신규 실행 역할Execution Role을 생성한 후 AWS 람다 함수 콘솔로 이동하면 이전에 생성해 놓은 람다 함수 하단에 '*Use an existing role*' 옵션에서 *digital_twin_role*을 선택할 수 있다. 이전 단계에서 역할에 다른 이름을 지정한 경우 해당 이름을 선택해야 한다. 자세한 내용은 그림 9.186을 참고한다.

19. 그림 9.187과 같이 상단의 *Save* 버튼을 클릭해 람다 함수를 저장한다.

20. SNS 정책이 포함된 실행 역할을 SNS와 연동했기 때문에 그림 9.188과 같이 AWS SNS에 대해 모든 접근 권한full access을 가진 신규 생성된 람다 함수를 확인할 수 있다. 다음 단계는 람다 함수의 실행 시점을 설정하고자 람다 함수의 트리거를 추가한다. 그림 9.188과 같이 Add trigger 버튼을 클릭한다. IoT Thing이 DC 모터 하드웨어에서 데이터를 수신할 때마다 람다 함수를 트리거한다.

21. Add trigger 윈도우가 그림 9.189와 같이 표시된다. 드롭다운 메뉴에서 AWS IoT를 트리거 소스trigger source로 선택한다. Custom IoT Rule 생성한 후 트리거로 사용한다. IoT는 IoT Thing 업데이트를 특정 AWS 서비스로 전송한다. AWS 람다 서비스를 트리거하는 규칙rule을 생성한다. '*Custome IoT rule*' 박스를 체크하고 '*Create a new rule*' 옵션을 선택한다. 신규 규칙의 이름을 *digital_twin_rule*로 설정한다. *Rule description*은 선택 사항이다. Rule query statement에서 **SELECT * FROM '$aws/things/digital_twin_thing/shadow/update/accepted'** 문자열을 입력한다. 해당 쿼리 문은 IoT Thing 업데이트에서 모든 값을 가져와 AWS 람다로 전달한다. 또한 '*Enable trigger*' 옵션을 선택하고 *Add* 버튼을 클릭한다.

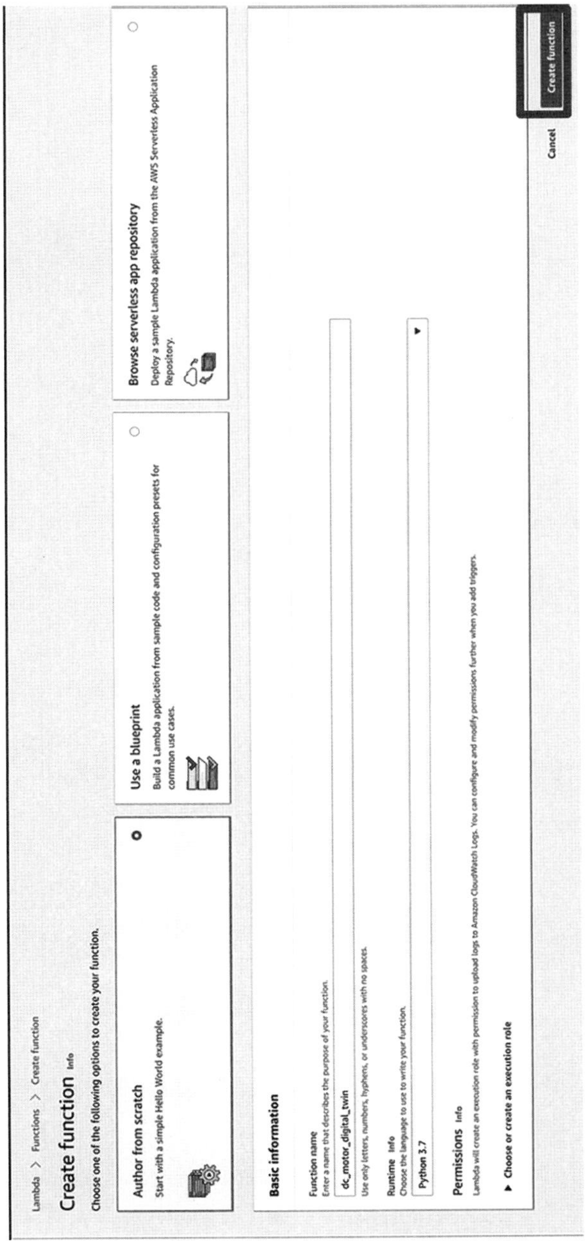

Lambda > Functions > Create function

Create function Info

Choose one of the following options to create your function.

Author from scratch ○

Start with a simple Hello World example.

Use a blueprint ○

Build a Lambda application from sample code and configuration presets for common use cases.

Browse serverless app repository ○

Deploy a sample Lambda application from the AWS Serverless Application Repository.

Basic information

Function name

Enter a name that describes the purpose of your function.

dc_motor_digital_twin

Use only letters, numbers, hyphens, or underscores with no spaces.

Runtime Info

Choose the language to use to write your function.

Python 3.7

Permissions Info

Lambda will create an execution role with permission to upload logs to Amazon CloudWatch Logs. You can configure and modify permissions further when you add triggers.

▶ **Choose or create an execution role**

Cancel   Create function

그림 9.177 신규 람다 함수 세부 설정

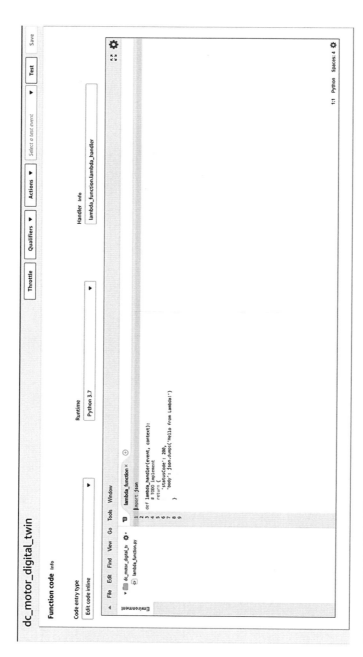

그림 9.178 디폴트 람다 함수 본문

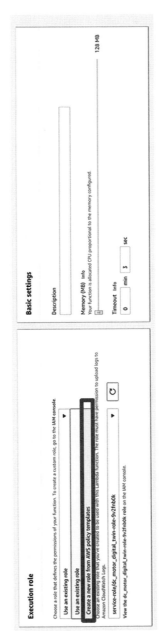

그림 9.179 실행 역할 생성

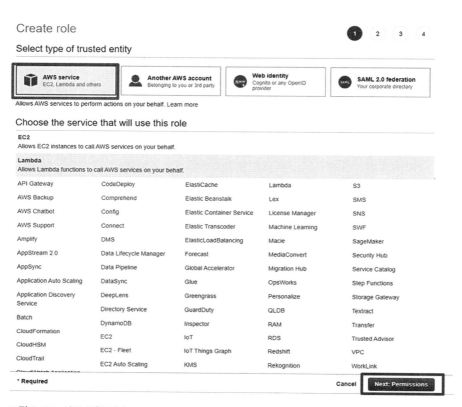

Create role

Select type of trusted entity

AWS service	Another AWS account	Web identity	SAML 2.0 federation
EC2, Lambda and others	Belonging to you or 3rd party	Cognito or any OpenID provider	Your corporate directory

Allows AWS services to perform actions on your behalf. Learn more

Choose the service that will use this role

EC2
Allows EC2 instances to call AWS services on your behalf.

Lambda
Allows Lambda functions to call AWS services on your behalf.

API Gateway	CodeDeploy	ElastiCache	Lambda	S3
AWS Backup	Comprehend	Elastic Beanstalk	Lex	SMS
AWS Chatbot	Config	Elastic Container Service	License Manager	SNS
AWS Support	Connect	Elastic Transcoder	Machine Learning	SWF
Amplify	DMS	ElasticLoadBalancing	Macie	SageMaker
AppStream 2.0	Data Lifecycle Manager	Forecast	MediaConvert	Security Hub
AppSync	Data Pipeline	Global Accelerator	Migration Hub	Service Catalog
Application Auto Scaling	DataSync	Glue	OpsWorks	Step Functions
Application Discovery Service	DeepLens	Greengrass	Personalize	Storage Gateway
Batch	Directory Service	GuardDuty	QLDB	Textract
CloudFormation	DynamoDB	Inspector	RAM	Transfer
CloudHSM	EC2	IoT	RDS	Trusted Advisor
CloudTrail	EC2 - Fleet	IoT Things Graph	Redshift	VPC
	EC2 Auto Scaling	KMS	Rekognition	WorkLink

* Required

Cancel   **Next: Permissions**

그림 9.180 신규 규칙 생성

22. 그림 9.190과 같이 람다 함수에서 AWS IoT를 트리거 소스로 표시한다.

23. 다음 단계는 람다 함수를 개발하는 것이다. 현재 스켈레톤skeleton 템플릿 람다 함수만 있으므로 해당 기능을 확장해야 한다. 컴파일된 디지털 트윈 실행 파일과 람다 함수를 손쉽게 테스트하고 람다 함수와 디지털 트윈 실행 파일과 람다 함수를 함께 AWS에 배포하고자 람다 함수를 리눅스에서 개발한다. 우분투 리눅스(이전 디지털 트윈 모델 컴파일에서 사용됨)에서 편집기를 열고 **lambda_function.py** 파일을 생성한다. 파이썬 스크립트 상단에 해당 프로그램에서 사용할 패키지packages를 추가한다. **json** 패키지는 AWS IoT로부터 수신되는 json 문자열을 처리하고자 사용된다. **os** 패키지는 컴파일된 디지털 트윈 실행 파일 호출, **boto3**는 AWS SNS와 연동, csv는 수신된 데이터를 csv 파일로 생성, **math**는 오프보드 알고리듬에 대한 수학 계산을 하는 데 사용된다. 그림 9.191을 참고한다.

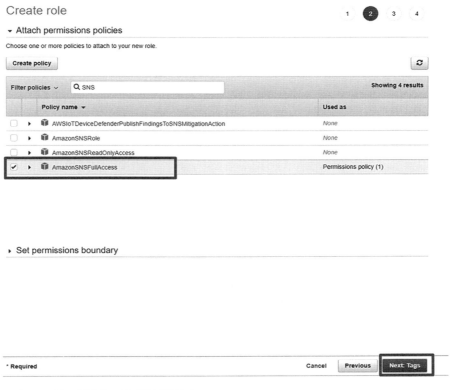

그림 9.181 신규 역할에 SNS 권한 정책 추가

24. 다음으로 람다 핸들러 함수를 확장한다. 그림 9.178과 같이 AWS 람다 함수가 생성되는 경우 **lambda_handler**라는 디폴트 핸들러 함수가 생성되는 것을 알 수 있다. 입력 인수 **event**에는 ESP32 Wi-Fi 모듈에서 DC 모터 하드웨어 데이터와 함께 전송한 JSON 문자열이 포함된다. 그림 9.192와 같이 JSON 문자열을 파싱하고 해당 문자열을 입출력 변수에 저장한다. input_list는 PWM_Input을 저장하고 output_list는 하드웨어에서 전송된 Actual_Motor_Speed를 저장한다.

25. 다음 단계는 **/tmp** 폴더 하단에 입력 및 출력 데이터를 CSV 포맷으로 작성한다. 디지털 트윈 모델의 컴파일된 실행 파일은 하드웨어에서 수신된 데이터가 포함된 입력 파일을 **/tmp** 폴더에서 찾는다. 그림 9.193을 참고한다.

26. input.csv가 생성되면 컴파일된 디지털 트윈 모델 실행 파일을 트리거한다. 해

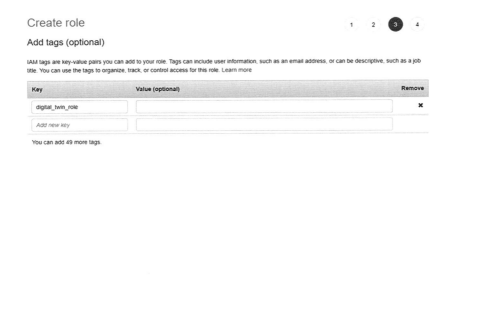

그림 9.182 신규 역할의 태그 옵션

당 파일의 이름이 **DC_Motor_Digital_Twin**이기 때문에 9.7절에서 Simulink 모델 이름으로 생성된 실행 파일의 이름을 변경해야 한다. 그림 9.194를 참고한다. 실행 파일을 실행하면 이전과 마찬가지로 **/tmp** 폴더에 **output.csv** 파일이 생성된다.

27. 이제 우리는 DC 모터의 실제 및 디지털 트윈 모델 예측 데이터를 확보했고 오프보드 알고리듬을 실행할 준비가 됐다. 먼저 **/tmp** 폴더에서 **input.csv** 및 **output.csv** 파일을 읽고 그림 9.195와 같이 배열에 저장한다.

28. 그림 9.196에 표시된 절은 실제 DC 모터 속도와 예측 DC 모터 속도 사이의 RMSE를 계산한다. 컴파일된 실행 파일에 모델의 초기 안정성을 위해 초기 100개의 입력 데이터를 패딩 처리한 점을 유의해야 한다. 따라서 출력 데이터에서 정확한 예측 출력 속도를 획득하고자 초기 100개의 데이터를 무시해야 하며

그림 9.183 신규 역할 이름 설정

RMSE 계산 전에 로직에서 일부 인덱싱이 수행돼야 한다.

29. 오프보드 알고리듬에서 RMSE 값을 계산하고 RMSE 값을 임계값과 비교하고 결과를 생성한다. 그림 9.197과 같이 임계값을 105로 설정한다. 따라서 RMSE 값이 105보다 낮으면 오프보드 알고리듬은 탐지된 장애가 없다고 판단하고 RMSE가 105를 초과하면 장애가 발생한 것으로 판단한다. 적절한 임계값을 찾고자 보통 약간의 튜닝 경험이 필요할 수도 있다. 오프보드 결과를 SNS에 게시하고자 boto3 패키지를 사용해 SNS 객체를 생성한다. 메시지를 게시하고자 4단계에서 확인한 ARN 토픽을 사용한다. 오프보드 진단 결과에 따라 ARN 토픽 및 사용자 지정 메시지를 포함하는 **sns.publish** 함수를 호출한다. 사용자는 필요한 경우 메시지 문자열을 편집할 수 있으며 해당 메시지는 람다 함수가 실행될 때

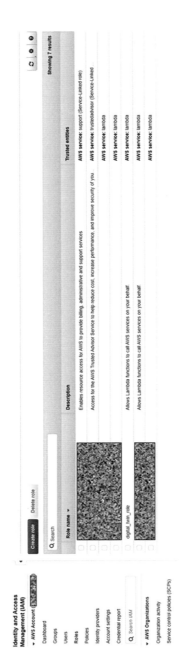

그림 9.184 신규 역할

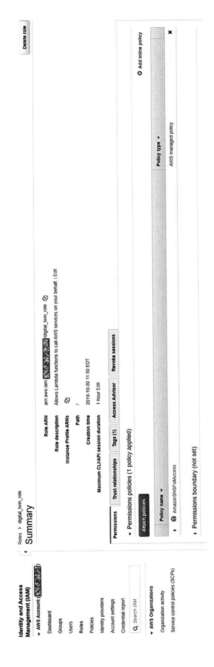

그림 9.185 SNS 정책이 포함하는 신규 역할

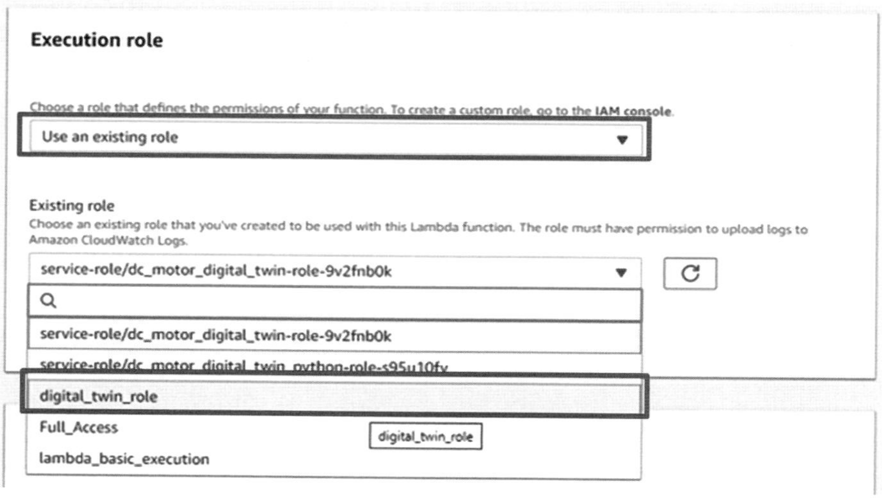

그림 9.186 람다 함수에서 신규 실행 역할 선택

텍스트 및 이메일 메시지에 표시된다. 람다 함수 개발을 완료한다.

30. 앞에서 개발한 람다 함수를 신규 폴더에 저장한다. 예시에서는 **Section_8** 폴더 하단에 **Digtal_Twin_Simscape_book**에 저장한다. 9.7절에서 컴파일된 디지털 트윈 실행 파일을 해당 폴더에 복사한다. 그림 9.198은 실행 파일 권한을 부여하고 람다 함수 및 디지털 트윈 실행 파일 패키징에 대한 리눅스 명령어를 보여 준다. 해당 명령어는 아래에서 설명한다. 리눅스 터미널을 열고 아래 명령을 단계별로 실행한다.

   a. ls 명령어는 폴더에 컴파일된 실행 파일 **Chapter_9_Section_7** 및 람다 함수 **lambda_function.py**를 표시한다.

   b. *cp* 명령어를 사용해 실행 파일을 람다 함수에서 사용한 **DC_Motor_Digital_ Twin** 신규 파일에 복사한다. 이제 *ls* 명령어를 실행하면 최근에 복사된 파일을 표시한다.

   c. AWS에서 해당 파일을 실행하고자 읽기/쓰기/실행 권한 전체를 폴더의 모든 파일에 부여한다. *sudo chmod -R 777 <folder_name>* 명령어를 사용한다.

   d. *ls -l* 명령어를 실행한다. 해당 명령어는 현재 폴더의 모든 폴더와 파일들 그리고 권한을 표시한다. 폴더와 파일의 권한은 *rwxrwxrwx*로 표시돼야 한다.

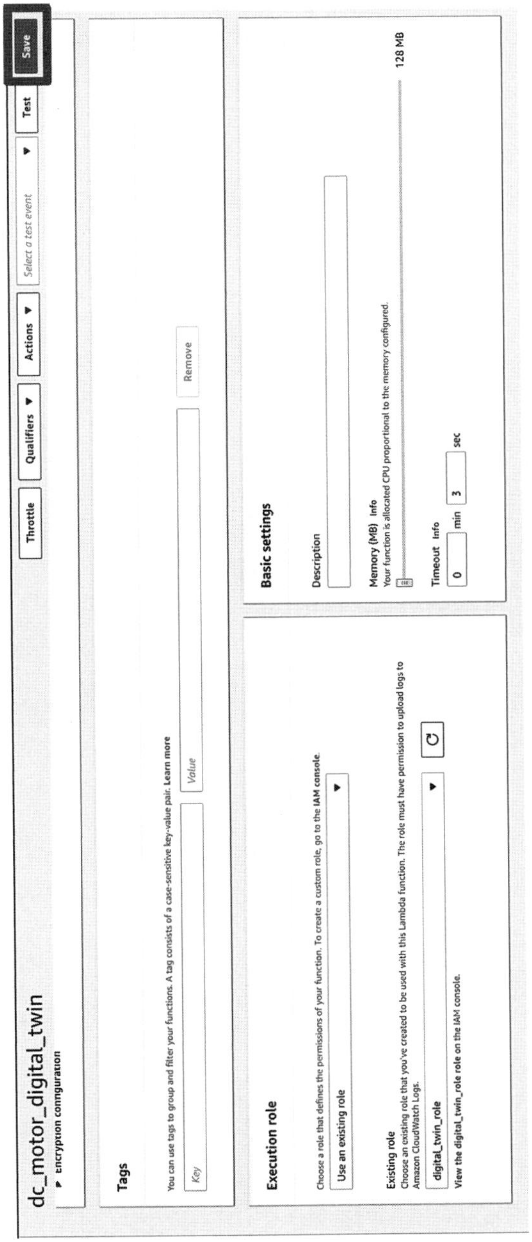

그림 9.187 업데이트된 실행 역할을 포함하는 람다 함수 저장

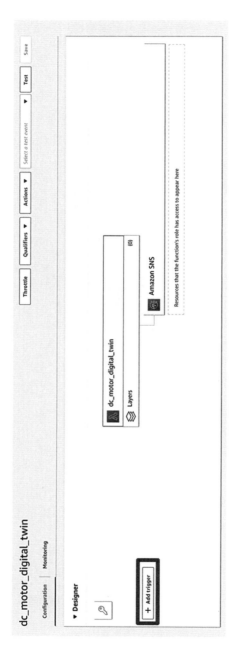

그림 9.188 AWS SNS 접근 권한을 보여 주는 람다 함수

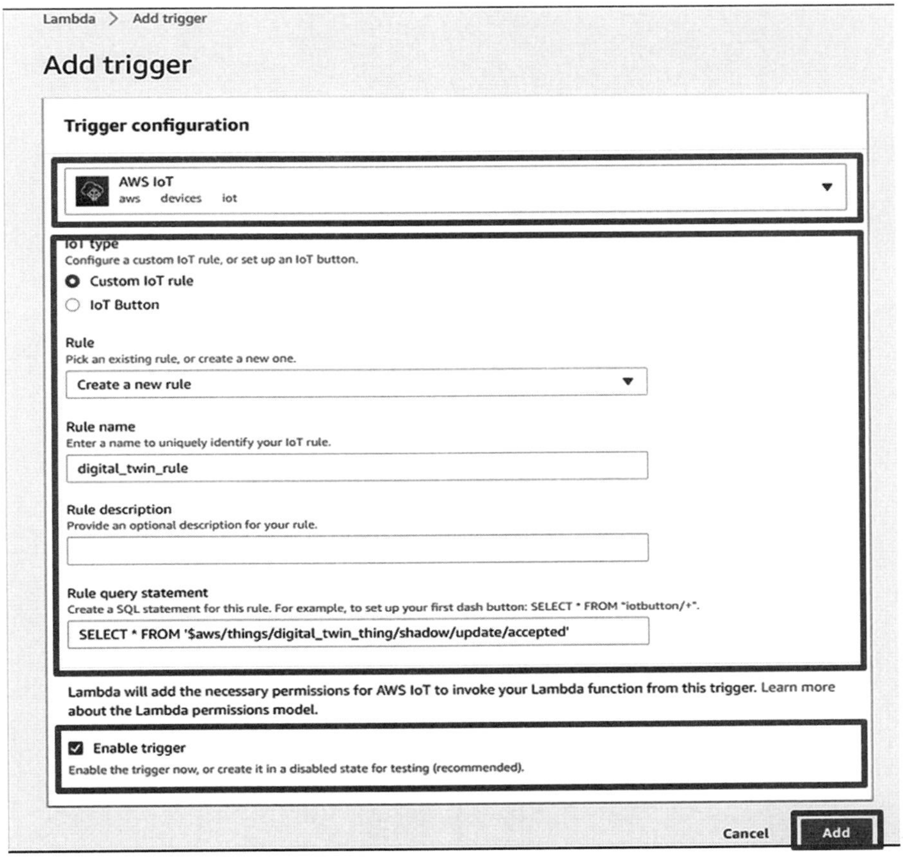

그림 9.189 AWS IoT에서 람다 함수에 대한 트리거 추가

---

    e. *zip bundle.zip lambda_function.py DC_Motor_Digital_Twin* 명령어를 사용해 람다 함수 및 컴파일된 실행 파일을 패키징한다. *lambda_function.py* 및 *DC_Motor_Digital_Twin* 파일이 *bundle.zip*이라는 파일로 압축된다.

    f. bundle.zip이 생성된 후 *bundle.zip* 파일에 읽기/쓰기/실행 권한을 부여하고자 c 단계를 재실행한다.

    g. *ls* 명령어를 사용하면 신규 생성된 *bundle.zip* 파일을 확인할 수 있다. 이제 람다 함수를 AWS에 배포하고 최종 테스트를 수행할 준비가 끝났다.

31. 리눅스에서 웹 브라우저, AWS 관리 콘솔 및 우리가 생성한 람다 함수 **dc_motor_digtal_twin**을 실행한다. 드롭다운 메뉴에서 그림 9.199와 같이 '**Upload**

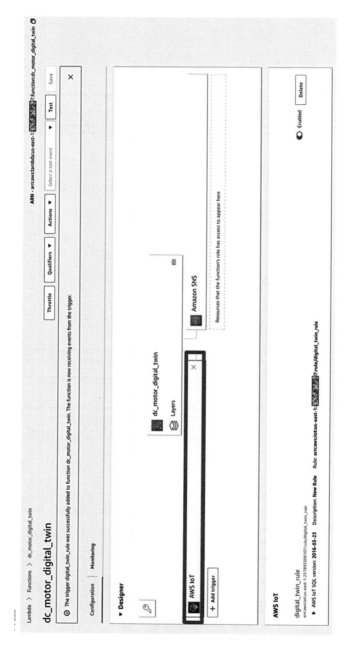

그림 9.190 추가된 AWS IoT 트리거를 포함하는 람다 함수

564

```
Open ▾                    lambda_function.py
                          ~/Digital_Twin_Simscape_Book/Section_8
#####################################################################
# Import the packages
import json
import os
import boto3
import csv
import math
```

그림 9.191 람다 함수 업데이트: 패키지 임포트

```
#####################################################################
# Lambda Handler function which runs when IoT Trigger Happens
def lambda_handler(event, context):
# The input argument event has the JSON structure , separate the Input and Output from the
# input argument "event"
    input_list = event['state']['desired']['Input']
    output_list = event['state']['desired']['Output']

#####################################################################
```

그림 9.192 람다 함수 업데이트: 트리거 입력 데이터 읽기

```
#####################################################################
# Create a file "input.csv" under /tmp folder and write the input and output values
# separated by commas in each row
    data_count = 0;
    with open('/tmp/input.csv', 'w') as writeFile:
        writer = csv.writer(writeFile)
# This for loop runs for the total number of input samples
        for item in input_list:
            writer.writerows([[(input_list[data_count]),(output_list[data_count])]])
            data_count = data_count +1
    writeFile.close()
#####################################################################
```

그림 9.193 람다 함수 업데이트: input.csv 파일 생성

```
#####################################################################
# Create an OS command string to trigger the DC Motor Digital Twin Compiled Executable
# Application
    cmd = './DC_Motor_Digital_Twin'
    so = os.popen(cmd).read()
# Print the output
    print(so)
#####################################################################
```

그림 9.194 람다 함수 업데이트: 디지털 트윈 모델 실행

```
#################################################################
# Initialize variables and arrays
    Actual_PWM = [];Actual_RPM = [];Digital_Twin_PWM = [];Digital_Twin_RPM = [];
# Open the input.csv from /tmp folder and read into Actual Value arrays
    with open('/tmp/input.csv','r') as csvfile:
        plots = csv.reader(csvfile, delimiter=',')
        for row in plots:
            Actual_PWM.append(float(row[0]))
            Actual_RPM.append(float(row[1]))
    csvfile.close()
# Open the output.csv from /tmp folder and read into Digital_Twin Value arrays
    with open('/tmp/output.csv','r') as csvfile:
        plots = csv.reader(csvfile, delimiter=',')
        for row in plots:
            Digital_Twin_PWM.append(float(row[0]))
            Digital_Twin_RPM.append(float(row[1]))
    csvfile.close()
#################################################################
```

그림 9.195 람다 함수 업데이트: 실제 및 예측 데이터에 대한 입력 및 출력 파일 읽기

```
#################################################################
# Print the actual and predicted Motor Speeds
    print("Actual RPM: " + str(Actual_RPM));
    print("Digital Twin Predicted RPM: " + str(Digital_Twin_RPM[100:130]));
# Calculate the Root Mean Squared Error Between Actual and Predicted Speeds
    Error = [None]*30
    Squared_Error = [None]*30
    Mean_Squared_Error = 0
    Root_Mean_Squared_Error = 0
    for index in range(30):
        Error[index] = Actual_RPM[index+1] - Digital_Twin_RPM[index+99];
        Squared_Error[index] = Error[index]*Error[index];
        Mean_Squared_Error = Mean_Squared_Error + Squared_Error[index]
    Mean_Squared_Error = Mean_Squared_Error/30;
    Root_Mean_Squared_Error = math.sqrt(Mean_Squared_Error)

# Print the Root Mean Squared Error Between Actual and Predicted Speeds
    print("");
    print("Root Mean Square Error is: " + str(Root_Mean_Squared_Error));
#################################################################
```

그림 9.196 람다 함수 업데이트: 실제 및 예측 모터 속도에 대한 RMSE 계산

    a .zip file'을 선택한다. 그림 9.201과 같이 사전에 패키징한 **bundle.zip** 파일을 찾은 후 선택한다.

32. bundle.zip 파일이 정상적으로 업로드되면 그림 9.201과 같이 **Upload** 버튼과 **Save** 버튼을 클릭한다.

33. 그림 9.202와 같이 AWS 람다 함수 편집기는 업데이트된 람다 함수와 컴파일된 디지털 트윈 실행 파일을 표시한다. 이제 DC 모터 속도 진단을 위한 전체 오프보

```
########################################################################
# Set the AWS Simple Notification Service client and Topic for sending Text/Email from
# this Python program
    sns = boto3.client(service_name="sns")
    topicArn = 'arn:aws:sns:us-east-1:257893309107:digital_twin_topic'
    if Root_Mean_Squared_Error > 20 :
        sns.publish(
        TopicArn = topicArn,
        Message = 'Digital Twin Off-BD for DC Motor detected a failure !!! The Root Mean Square Error Actual and Predicted Motor Speed is ' +
str(Root_Mean_Squared_Error) + ' which is Greater than the Set Threshold of 20.'
        )
        cmd_line_Message = 'Digital Twin Off-BD for DC Motor Detected a Failure !!! The Root Mean Square Error Actual and Predicted Motor
Speed is ' + str(Root_Mean_Squared_Error) + ' which is Greater than the Set Threshold of 20.'
        print(cmd_line_Message)
    else :
        sns.publish(
        TopicArn = topicArn,
        Message = 'All is Well. No Failure Conditions Detected Between Digital Twin Predicted DC Motor Speed and Actual Motor Speed Reported'
        )
        cmd_line_Message = 'All is Well. No Failure Conditions Detected Between Digital Twin Predicted DC Motor Speed and Actual Motor Speed
Reported'
        print(cmd_line_Message)

    return 0
########################################################################
```

그림 9.197 람다 함수 엔데이트: SMS/텍스트 SNS 알림을 포함하는 오프보드 알고리즘

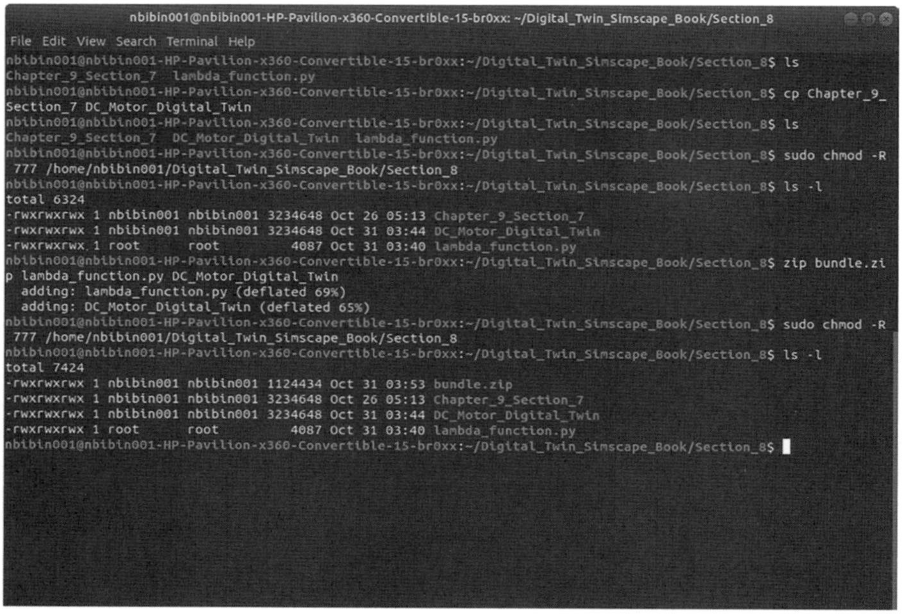

그림 9.198 람다 함수 및 디지털 트윈 실행 파일을 패키징하는 리눅스 명령어 라인

그림 9.199 패키징된 람다 함수를 AWS에 업로드

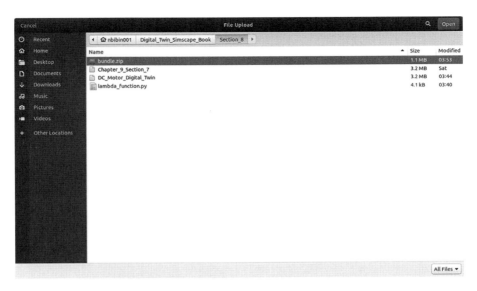

그림 9.200 람다 함수 Zip 파일 패키지 탐색 후 선택

그림 9.201 업로드된 람다 함수 패키지 저장

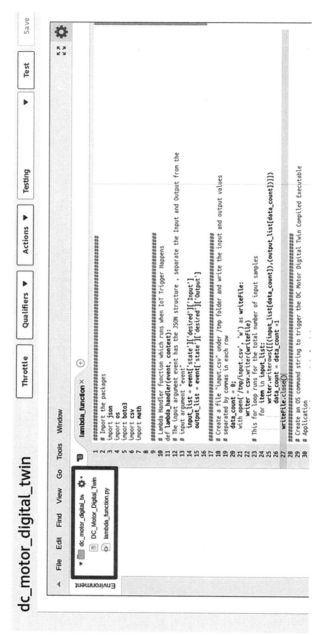

그림 9.202 업로드된 함수 및 실행 파일을 보여 주는 람다 함수 인라인 편집기

드 알고리듬을 실시간으로 테스트할 준비를 마쳤다.

34. 먼저 무장애^{No Fault} 조건을 테스트한다. 9.6.5절의 8단계를 반복해 아두이노 메가에서 DC 모터 피드백 속도 컨트롤러를 실행하고 ESP32 모듈의 ESP32 Wi-Fi 스케치를 실행해 아두이노 메가와 AWS 간의 통신을 수행한다. 모터를 실행하면 람다 함수에서 설정한 SNS에서 디지털 트윈 예측, 람다 함수의 판단 논리를 기반으로 오프보드 상태에 대한 텍스트 및 이메일 알림을 전송할 수 있다. 그림 9.203 및 9.204는 디지털 트윈 알림 서비스에서 무장애로 탐지된 이메일 메시지를 표시한다.

35. 이번에는 DC 모터가 동작하지 않는 장애 조건을 테스트한다. 아두이노 메가는 모터의 속도를 제어하려고 하지만 모터가 공급 전압을 공급받지 못하기 때문에 회전하지 않고 아두이노 소프트웨어의 속도 센서가 계속 0으로 표시되고 피드백 컨트롤러는 최대값까지 PWM 명령을 증가시켜 모터의 속도를 보상하려고 한다. 하드웨어로부터 수신되는 모터 속도와 디지털 트윈에 의해 예측되는 모터 속도가 다르며(전원 공급 장치 장애 인지 못함) 오프보드 알고리듬에서 해당 상황을 장애로 탐지한다. 9.6.5절의 8단계를 반복해 아두이노 메가에서 DC 모터 피드백 속도 컨트롤러를 실행하고 ESP32 모듈에서 ESP32 Wi-Fi 스케치를 실행해 아두이노 메가와 AWS의 통신을 수행하며 DC 모터에 대한 전원 공급 장치는 연결 해제 및 언플러그드 상태로 둔다. 프로그램이 아두이노 메가에서 실행되면 람다 함수에서 구성한 SNS에서 디지털 트윈 예측, 람다 함수의 판단 논리를 기반으로 오프보드 상태에 대한 텍스트 및 이메일 알림을 전송한다. 그림 9.205 및 9.206은 디지털 트윈 알림 서비스에서 장애로 탐지된 이메일 메시지를 표시한다.

9.9 애플리케이션 문제

1. 아두이노 메가의 모터 속도를 센싱하는 과정에서 모터 속도 센서 게인^{Motor Speed Sensor Gain} 이슈(1.5 계수)를 탐지하고자 오프보드 프로세스를 개발한다. 아두이노 Simulink 컨트롤러 모델에서 모터 속도 센서에 게인 1.5를 삽입하면 주어진 PWM 명령어에 대해 탐지된 모터 속도가 실제 값보다 커진다. 클라우드에서 실

□ ☆ ≫ digital_twin 24

AWS Notification Message - All is Well. No Failure Conditions Detected Between Digital Twin Predicted DC Motor Speed and Actual Motor Speed Rep...

4:26 PM

그림 9.203 디지털 트윈의 오프보드 상태에 대한 무장에 이메일 알림

AWS Notification Message ≫ Inbox ×

digital_twin <no-reply@sns.amazonaws.com>

to me ▾

4:24 PM (2 minutes ago)

All is Well. No Failure Conditions Detected Between Digital Twin Predicted DC Motor Speed and Actual Motor Speed Reported

--

If you wish to stop receiving notifications from this topic, please click or visit the link below to unsubscribe:
https://sns.us-east-1.amazonaws.com/unsubscribe.html?SubscriptionArn=arn:aws:sns:us-east-1:257893309107:digital_twin_topic:3944b887-a6fa-411c-b69b-13f135d069078&Endpoint=nbibin001@gmail.com

Please do not reply directly to this email. If you have any questions or comments regarding this email, **please contact us at** https://aws.amazon.com/support

digital_twin <no-reply@sns.amazonaws.com>

to me ▾

•••

4:24 PM (2 minutes ago)

All is Well. No Failure Conditions Detected Between Digital Twin Predicted DC Motor Speed and Actual Motor Speed Reported

--

If you wish to stop receiving notifications from this topic, please click or visit the link below to unsubscribe:
https://sns.us-east-1.amazonaws.com/unsubscribe.html?SubscriptionArn=arn:aws:sns:us-east-1:257893309107:digital_twin_topic:3944b887-a6fa-411c-b69b-13f135d069078&Endpoint=nbibin001@gmail.com

Please do not reply directly to this email. If you have any questions or comments regarding this email, **please contact us at** https://aws.amazon.com/support

그림 9.204 디지털 트윈의 오프보드 상태에 대한 무장에 상세 이메일 메시지 정보

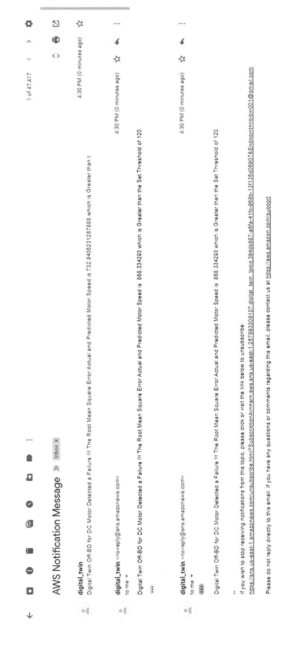

그림 9.205 DC 모터 전원 공급장치 장애 및 디지털 트윈의 오프보드 상태에 대한 이메일 알림

그림 9.206 DC 모터 전원 공급장치 장애 및 디지털 트윈의 오프보드 상태에 대한 이메일 알림 상세 메시지 정보

행되는 디지털 트윈을 사용해 센서 게인 문제를 탐지한다.

힌트: 전체 과정을 반복하면서 속도 센싱의 게인을 적용하고자 아두이노 Simulink 피드백 컨트롤러 모델의 로직을 센싱하는 속도를 변경한다.

2. 아두이노 메가에서 모터 속도를 센싱하는 과정에서 모터 속도 센서 오프셋 이슈(50RPM의 상수 오프셋)를 탐지하고자 오프보드 프로세스를 개발한다. 아두이노 Simulink 컨트롤러 모델에서 모터 속도 센서에 총 50RPM을 삽입하면 주어진 PWM 명령어의 경우 탐지된 모터 속도가 실제 값보다 크다. 클라우드에서 실행되는 디지털 트윈을 사용해 센서 게인 문제를 탐지한다.

힌트: 전체 과정을 반복하면서 속도 탐지에 50RPM의 상수 블록을 추가하고자 전체 블록을 사용하는 아두이노 Simulink 피드백 컨트롤러 모델의 로직을 센상하는 속도를 변경한다.

참고문헌

[1] PI Control of a DC Motor. http://ctms.engin.umich.edu/CTMS/index. php?aux=Activities_DCmotorB.

[2] Developing Simulink Device Driver Blocks: Step-By-Step Guide and Examples. http://www.mathworks.com/matlabcentral/fileexchange/39354-device-drivers.

10

풍력 터빈용 디지털 트윈 개발 및 배포

10.1 소개

10장에서는 MATLAB Simscape™을 활용한 풍력 터빈용 디지털 트윈 개발을 수행한 후 AWS 클라우드에 배포하는 것을 다룬다. 풍력 터빈 역할을 하는 하드웨어 프로토 타입이 존재하며 해당 하드웨어는 9장에서 사용한 ESP32가 포함된 DC 모터 하드웨어다. 특정 풍속 입력에 대한 DC 모터 속도 센서의 데이터는 오프보드 진단을 위해 클라우드의 디지털 트윈과 비교해야 한다. 그림 10.1은 풍력 터빈용 오프보드 프로세스를 보여 주며 그림 10.2는 해당 시스템의 트윈 모델과 연동되는 풍력 터빈 시스템의 경계 다이어그램 boundary diagram을 보여 준다. 10장의 개요는 아래와 같다.

1. 물리적 자산 셋업 및 고려 사항: 풍력 터빈 하드웨어

2. 풍력 터빈 Simscape™ 모델 입력/출력 동작 방식 이해

3. 하드웨어 및 AWS 연동용 Simscape™ 드라이버 모델 개발

4. AWS 클라우드에 Simscape™ 디지털 트윈 모델 배포 및 오프보드 실행

그림 10.1 풍력 터빈 시스템용 오프보드 진단 프로세스

디지털 트윈 모델을 제외하고 나머지 파일 및 설정은 9장에서 사용한 것을 활용할 수 있다. 10장에서는 기존 MATLAB Simscape™ 풍력 터빈 예시를 사용해서 해당 모델을 AWS에 배포할 수 있는 디지털 트윈 모델로 변환한다.

10장에서 사용된 모든 코드는 MATLAB File Exchange에서 무료로 다운로드할 수 있다. 아래 링크에서 ISBN 또는 이 책의 제목을 검색하면 된다.

https://www.mathworks.com/matlabcentral/fileexchange/.

또한 독자는 전용 웹 사이트에서 자료 및 기타 리소스를 다운로드하거나 저자에게 추가로 문의할 수 있다.

https://www.practicalmpc.com/.

10.2 물리적 자산 셋업 및 고려 사항: 풍력 터빈 하드웨어

10.1절에서 언급한 것과 같이 9장의 ESP32 모듈과 연동된 DC 모터 하드웨어는 풍력 터빈 목적으로도 사용될 수 있다(그림 10.3). DC 모터 하드웨어는 9장에서 설명한 DC 모터 드라이버 모델을 통해 실행된다. 10장의 목표는 사전 정의된 RPM 대신 풍속을 드라이버 모델의 입력으로 사용해서 DC 모터를 실행하는 것이다. DC 모터는 풍력 터빈 제너레이터와 유사하다. 풍속과 DC 모터의 RPM 간에는 관련성이 존재한다. 모델에서 계산된 RPM을 기반으로 각 PWM 명령어를 아두이노 보드로 전송할 수 있다. 그림 10.4는 10장의 주요 개념을 그림으로 보여 준다. 풍속에서 모터 속도로의 변환은 게인 블록(10.3절에서 설명)만큼 간단하지 않다. 10.3절은 해당 변환 프로세스를 자세히 다룬다.

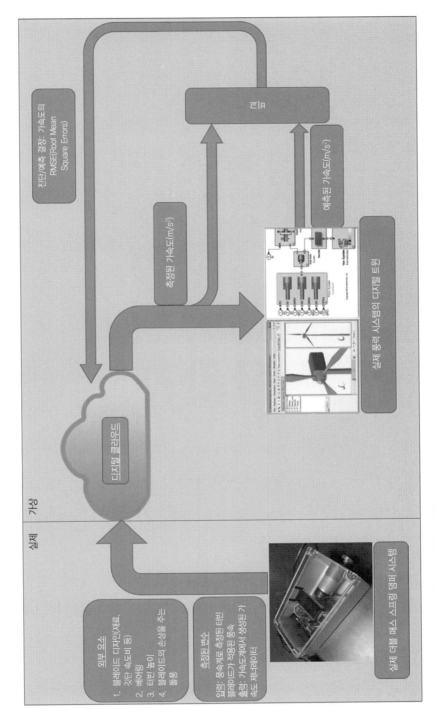

그림 10.2 풍력 터빈 시스템의 블록 다이어그램

그림 10.3 ESP32 모듈을 포함하는 DC 모터 하드웨어

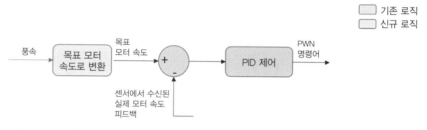

그림 10.4 풍속을 PWM 명령어로 변환하는 제어 구조

10.3 풍력 터빈 Simscape™ 모델 입력/출력 동작 방식 이해

풍력 터빈용 디지털 트윈은 MATLAB File Exchange[1]의 기존 풍력 터빈 모델의 MATLAB Simscape™을 활용한다.

해당 파일은 https://www.mathworks.com/matlabcentral/fileexchange/25752-wind-turbine-model 링크에서 다운로드할 수 있다. 해당 링크에 있는 모델의 다운로드 방법

및 셋업 방법에 대한 사용법을 읽어 볼 것을 권장한다. 또한 모델 디자인을 다루는 4개의 파트로 구성된 웨비나 시리즈$^{\text{four-part webinar series}}$도 있다. 아래 내용은 모델 및 DC 모터 드라이버 모델과 관련된 주요 입력 및 출력에 대한 간략한 개요를 보여 준다.

풍력 터빈 모델은 그림 10.5와 같으며 주요 영역이 하이라이트돼 있다. 그림에서 보이는 것과 같이 모델의 입력은 풍력 터빈의 상태를 포함하는 풍속이다(추후 설명). 출력은 나셀^{Nacelle} 서브시스템에 위치한 제너레이터의 RPM이다. 솔버^{solver} 옵션은 기본적으로 페이저^{phasor} 60Hz로 설정된다.

10.3.1 풍력 터빈 모델 구성 요소

1. 먼저 풍속 및 풍향이 Stateflow 로직에 입력으로 제공된다. 풍력 터빈의 상태는 PARK, STARTUP, GENERATING, BRAKE가 있다. Stateflow는 항상 PARK 상태로 초기화된다. 상태는 Wind_Turbine/Main Controller/Wind Input/Turbine 모델 경로에서 확인할 수 있으며 Stateflow는 그림 10.6과 같다.

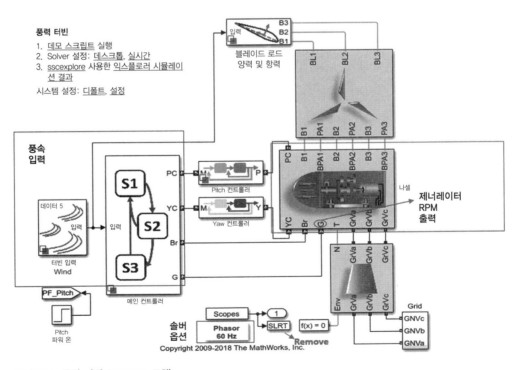

그림 10.5 풍력 터빈 Simscape 모델

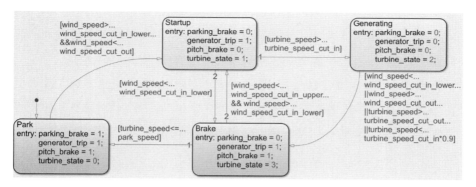

그림 10.6 풍력 터빈 상태

a. 풍속이 'cut in lower' 임계값보다 작을 경우 풍력 터빈은 제너레이터용 로터
   ^{rotor}가 정지된 PARK 상태를 유지한다.

b. 풍속이 1a의 임계값을 초과하고 'cut out 임계값'을 초과하는 경우 풍력 터빈
   은 STARTUP 상태로 진입한다. 풍력 터빈 블레이드가 회전하기 시작해 로터
   속도가 정상 상태 값에 도달할 때까지 제너레이터에 전원이 공급된다.

c. 로터가 정상 상태 속도에 도달하면 풍력 터빈은 제너레이터가 전력망^{grid}에
   전력을 공급할 수 있는 GENERATING 상태로 진입한다.

d. STARTUP 또는 GENERATING 상태에서 풍속이 'cut in lower' 임계값인
   경우 블레이드의 피치가 모션을 중지할 수 있는 BRAKE 상태로 변환된다.
   GENERATING에서 BRAKE 상태로 변환될 수 있는 여러 가지 상황이 존재
   하지만 여기서 모든 것을 다루지 않는다.

e. 로터 속도가 BRAKE 상태의 PARK 속도 임계값보다 낮은 경우 상태는
   BRAKE에서 PARK로 변환된다.

2. 터빈의 상태에 따라 터빈 블레이드에 피치를 적용해 STARTUP 또는 GENERA-
   TING 상태에서 블레이드를 이동하고 PARK 또는 BRAKE 상태에서 이동을 제
   한한다.

3. 그림 10.5의 블레이드 로드 서브시스템^{Blade Load subsystem}은 터빈 블레이드의 양력
   및 항력 부하^{lift and drag loads}를 계산한다. 양력 및 항력 부하를 계산하고자 피치 및
   yaw 컨트롤러의 명령어를 사용해야 한다. 해당 정보는 Mechanics Explorer에

서 이동을 시뮬레이션하고자 Simscape에 전송된 다음 나셀 서브시스템에 전송된다.

4. 나셀 서브시스템에는 기어비에 따라 저속 터빈 블레이드 RPM을 제너레이터의 고속 RPM으로 변환하는 기어 트레인이 포함된다. 제너레이터 RPM 출력은 Stateflow 로직에 사용되고 실제 DC 모터 RPM과 비교한다.

5. yaw 컨트롤러 서브시스템은 터빈을 Z축^{yaw} 주위로 회전시켜 풍력이 이동용 블레이드에 수직이 되도록 한다.

6. 마지막으로 타워^{tower} 서브시스템은 제너레이터에서 생성된 전력을 전력망 서브시스템에 전달하는 데 사용된다.

10.3.2 모델의 입력/출력 결과

가변 시간 단계$^{variable\ time\ step}$를 사용해 모델의 시뮬레이션을 실행할 수 있는 준비를 마쳤다. 시뮬레이션을 실행하기 전에 그림 10.5와 같이 모델 상단의 페이저 60Hz 블록에 인접한 SLRT 블록을 삭제해야 한다. SLRT는 코드 생성용 Simulink Real-Time Workshop에서 사용된다. 하지만 10장에서는 코드 생성을 위해 임베디드 코더 ert.tlc를 사용한다. SLRT 블록이 삭제된 후 play 버튼을 클릭해 모델의 시뮬레이션을 실행할 수 있다. 시뮬레이션이 실행되는 동안 풍력 터빈의 시스템 성능은 Mechanics Explorer 윈도우에서 시각적인 그래프를 확인할 수 있다. 확인해야 하는 중요한 결과는 모델의 Wind_Turbine/Scopes/GeneratorScopes 경로에서 확인할 수 있다. 그림 10.7과 같이 로터 터빈 속도 스코프를 더블클릭해 제너레이터의 RPM 출력을 확인한다. 그림 10.7의 두 번째 서브플롯^{subplot}과 같이 제너레이터는 약 10초 후에 1200RPM의 정상 상태 속도로 증가한다. 해당 동작은 그림 10.8과 같이 Wind_Turbine/Turbine Input/Wind에 위치한 풍속 입력에 대한 출력으로 이해할 수 있다.

풍속 입력은 그림 10.6과 같이 Stateflow 로직 기반의 제너레이터 RPM과 직접적인 관련성이 있다. 풍속이 wind_speed_cut_in_lower(4m/s로 조정됨)인 경우 PARK 모드가 된다. 따라서 제너레이터 RPM은 0이다. 몇 초 후 풍속이 4m/s보다 상승하는 경우 제너레이터 RPM은 STARTUP 상태로 변환되기 시작한다. 피치 제어 서브시스템$^{Pitch\ Control\ subsystem}$의 PI 제어는 로터 속도 목표값(1200RPM)에 따라 피치 명령어를 생성한다. 정상 상태에 도

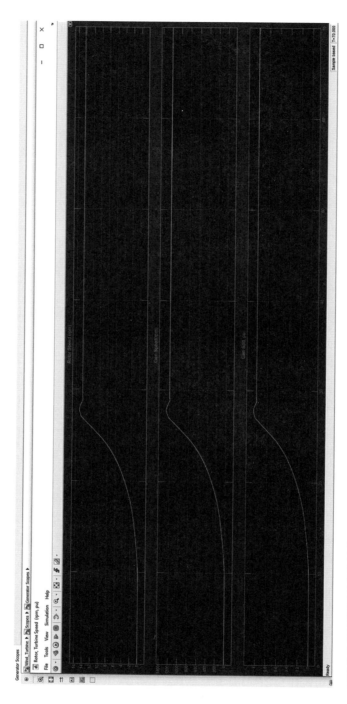

그림 10.7 제너레이터의 출력 결과

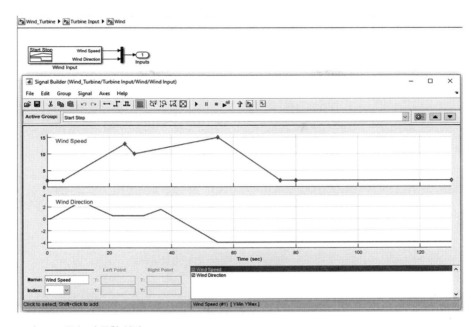

그림 10.8 풍속 및 풍향 입력

달한 후에는 전력을 생성한다. 그림 10.9와 같이 제너레이터 RPM 플롯은 세 부분으로 나뉠 수 있다.

10.3.3 디지털 트윈 요구 사항에 따른 모델 커스터마이징

입력/출력 관계는 10장의 디지털 트윈 및 물리적 하드웨어 요구에 따라 커스터마이징될 수 있다. 아래와 같은 네 가지 요소를 고려해야 한다.

1. 목표 속도 1200RPM은 물리적 자산 DC 모터 하드웨어 제한을 수용하고자 더 작은 값으로 변경해야 한다.

2. Stateflow에 대한 입력은 GENERATING 대신 STARTUP에서 정상 상태 속도를 허용하도록 수정돼야 한다. 그 이유는 GENERATING 상태의 전력 출력이 10장에서 고려되고 있지 않기 때문이다. 또한 디지털 트윈 목적(10.4절에서 설명함)으로 모델을 이산화^{discretizing the model}하는 경우 GENERATING 상태에서 불일치^{divergence} 이슈가 발생한다.

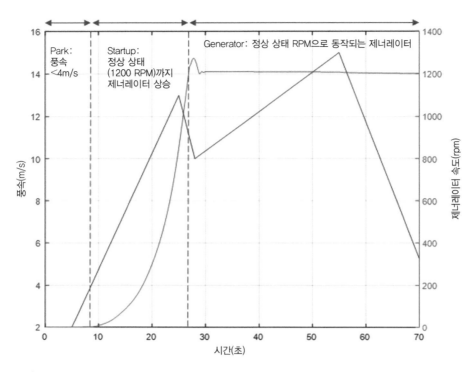

그림 10.9 풍속 및 제너레이터 RPM의 관계

3. 목표 속도를 변경한 후에는 피치 제어 로직의 비례적 또는 적분적 이득[Proportional or Integral gains]을 고려해야 한다.

4. 전체 풍속을 수용하고자 시뮬레이션 시간은 70초 이상으로 설정해야 하며 정상 상태에서 상태가 변경되는 경우 제너레이터 RPM 출력을 이해해야 한다.

10.3.3.1 목표 속도

목표 속도를 변경하고자 AoA/Pitch Controller/Determine Pitch Command/Determine Desired Angle of Attack의 Wind_Turbine/Pitch Controller/PI로 이동하고 기본 RPM 값을 그림 10.10에 표시된 값으로 변경한다. WT_Params.Rotor-nominal_rpm은 Wind_Turbine_Parameters.m script에 따라 1200으로 설정한다. 해당 스크립트는 모델이 설계에 따라 실행될 때 자동으로 실행된다. 해당 RPM을 5로 나누면 목표 RPM인 240으로 설정되며 해당 값은 DC 모터에서 허용할 수 있는 속도다.

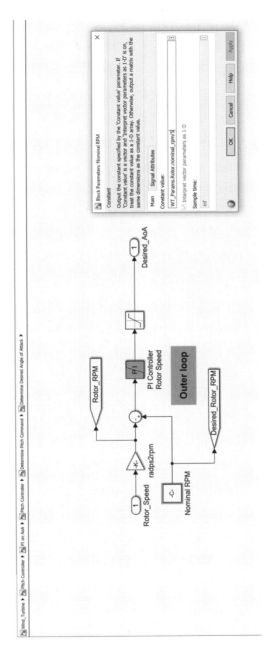

그림 10.10 목표 속도 변경

10.3.3.2 STARTUP 상태의 정상 상태 속도

목표 속도가 변경된 상태에서 Stateflow 로직 Wind_Turbine/MainController/Wind Input/Turbine Stateflow로 이동한다. 10.3.3.1절에서 변경된 속도가 Stateflow에 포함되지 않는지 확인한다. 풍속이 목표 속도에 도달한 경우 STARTUP 상태를 유지하고자 Turbine_speed_cut_in이 1200RPM으로 설정돼 있는지 확인한다. 해당 RPM은 Wind_Turbine_Parameters.m의 디폴트 값이다. STARTUP에서 GENERATING으로 전환되는 조건은 turbine_speed>turbine_speed_cut_in이다. turbine_speed 정상 상태는 240RPM이므로 GENERATING 상태로 전환되지 않는다.

10.3.3.3 피치 작동 제어 로직의 비례(P) 및 I(적분) 이득 변경

목표 속도를 변경하면 피치 구동의 과도 특성^{transient behavior}에 영향을 주며 터빈 블레이드에 대한 항력 및 양력 계수를 유도하고자 사용된다. P 및 I 이득은 MATLAB Control System Tuner and Parameter Estimator 사용해서 설정한다. P 및 I 이득은 AoA/Pitch Controller/Actuator Controller/PI Controller에서 Wind_Turbine/Pitch Controller/PI에 위치한다. 그림 10.11과 같이 P 이득만 변경한다.

10.3.3.4 시뮬레이션 시간 증가

그림 10.8과 같이 풍속 입력은 130초로 설정한다. Simulink의 play 버튼 옆에 있는 시뮬레이션 시간을 70초에서 130초로 증가시킨다. 이렇게 풍속이 wind_speed_cut_in_lower 미만으로 내려간 경우 STARTUP에서 BRAKE로 변환된다.

시뮬레이션을 다시 실행하고 Wind_Turbine/Scopes/Generator Scopes로 이동한다. Rotor Turbine Speed scope를 더블클릭한다. 그림 10.12와 같이 제너레이터 속도가 오버슈트^{overshoot}를 포함해서 240RPM 정도에서 안정화되는 것을 알 수 있다. 독자는 오버슈트를 줄이고자 P 및 I 이득을 조정할 수 있지만 해당 이득을 세부 조정하는 것은 10장의 범위에서 벗어난다. 또한 Wind_Turbine/Scopes/Main Controller Scopes에서 터빈 상태 스코프를 확인할 수 있다. 그림 10.13과 같이 상태는 0(PARK)에서 1(STARTUP)로 그리고 3(BREAKE)으로 변환된다.

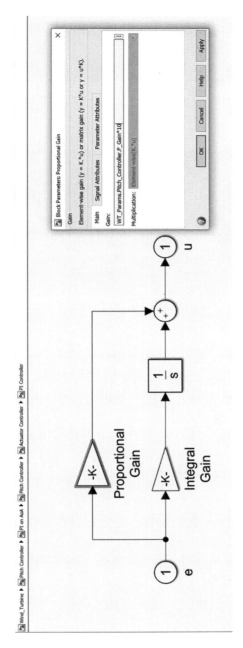

그림 10.11 P 이득 변경

그림 10.12 1200RPM 목표 설정값에 대한 제너레이터 속도 RPM 프로파일

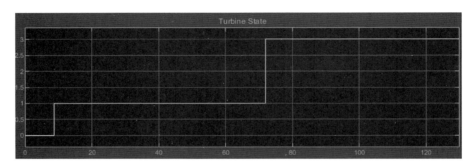

그림 10.13 터빈 상태 전환

10.3.4 풍속 및 제너레이터 속도 사이의 관련성 확립

디지털 트윈 요구에 따른 풍속 시계열과 제너레이터 속도 시계열은 그림 10.14와 같이 함께 표시^{plotted}된다. 해당 프로파일은 이제 각 영역에 하나의 개별 함수^{piecewise function}를 포함하는 별도의 영역으로 구분된다. 해당 작업은 DC 모터 하드웨어 모델에서 해당 프로필을 복제하고자 수행된다.

그림 10.15는 아래에 설명된 5개의 개별 함수로 분할된 제너레이터 속도 곡선을 보여준다.

1. 첫 번째 개별 함수에서 터빈 상태가 PARK 상태인 경우 RPM은 0이다.

2. 두 번째 개별 함수에서 RPM은 STARTUP 상태에서 풍속 함수로 간주한다. 해당 함수는 3차 다항식의 형태일 수 있다. 오버슈트는 해당 방정식에서 모델링되지 않다.

3. 세 번째 개별 함수에서 STARTUP 상태의 RPM은 240이다.

4. 네 번째 개별 함수에서 풍속이 2m/s 이하로 내려가지 않는 한 RPM은 풍속의 함

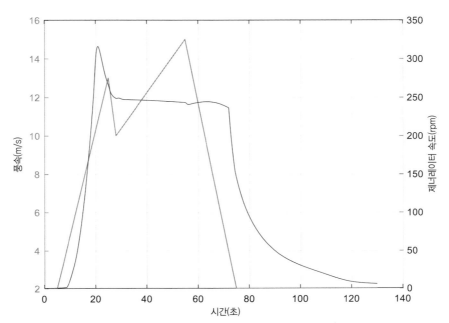

그림 10.14 풍속 입력 및 제너레이터 속도 출력

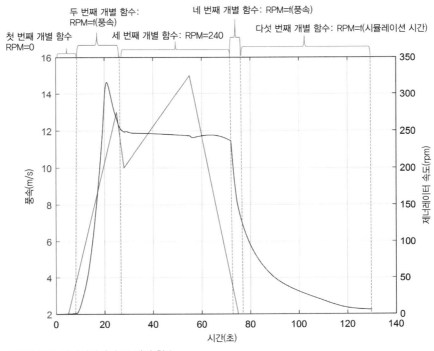

그림 10.15 제너레이터 속도 개별 함수

수로 간주된다. 해당 함수는 BRAKE 상태에 적용된다.

5. 다섯 번째 개별 함수에서 풍속이 2m/s로 일정하면 RPM은 시뮬레이션 시간의 함수다. 해당 함수는 BRAKE 또는 BRAKE에서 PARK로 상태가 전환되는 경우에 적용된다. 마지막 함수는 풍속이 제너레이터 속도 감소에 영향을 미치지 않기 때문에 단지 제너레이터 속도 프로파일을 완료하고자 사용된 것이다.

개별 함수는 MATLAB의 'polyfit' 명령어 또는 엑셀의 다항식 회귀 분석을 사용해 공식화할 수 있다. 고려해야 할 사항은 아래와 같다.

1. 두 번째 개별 함수에서 풍속 시작점이 4m/s인 지점과 제너레이터 속도가 240 RPM에 도달하는 경우의 엔드 포인트[end point]가 되는 지점만 사용된다. 이렇게 하면 DC 모터 드라이버 모델에서 오버슈트가 모델링되지 않는다. 풍속을 x의 입력으로 사용하고 제너레이터 속도를 y의 입력을 사용한다.

2. 네 번째 개별 함수의 시작점은 STARTUP에서 BRAKE로 전환되는 시점이며 엔드 포인트는 속도가 2m/s 미만으로 줄어드는 시점이다. 풍속은 x의 입력으로 사용되고 제너레이터 속도는 y의 출력으로 사용된다.

3. 다섯 번째 개별 함수의 시작점은 BRAKE 또는 PARK 상태에서 풍속이 2m/s 미만으로 줄어드는 시점이다. 시뮬레이션 시간은 x 입력으로 사용되고 제너레이터 속도는 y 출력으로 사용된다.

개별 함수는 다항식 회귀[polynomial regression]를 사용해 엑셀[Excel]로 개발했다.

1. 두 번째 개별 함수:

$$\text{Generator RPM} = 0.4362 * \left(\text{windspeed}^3\right) + \left(-1.7756 * \text{windspeed}^2\right) \\ + 0.3608 * \text{windspeed} \tag{10.1}$$

식 (10.1): STARTUP 상태인 경우 제너레이터 RPM에 대한 풍속

2. 네 번째 개별 함수:

$$\text{Generator RPM} = 0.219 * \left(\text{windspeed}^3\right) + \left(-9.5573 * \left(\text{windspeed}^2\right)\right) \\ + 95.988 * \text{windspeed} \tag{10.2}$$

식 (10.2): STARTUP에서 BRAKE로 전환되는 경우 제너레이터 RPM에 대한 풍속

3. 다섯 번째 개별 함수:

$$\text{Generator RPM} = -0.0021 * (\text{time}^3) \\ + (0.6993 * (\text{time}^2)) - 79.429 * \text{time} + 3041.3 \tag{10.3}$$

식 (10.3): BRAKE 또는 PARK 상태 및 풍속이 2m/s 미만인 경우 시뮬레이션 시간과 제너레이터 RPM의 관계.

개별 함수를 개발함에 따라 이제 풍속과 모터 RPM 관계를 포함하는 DC 모터 드라이버 모델을 수정할 수 있다.

10.4 하드웨어 및 AWS 연동을 위한 드라이버 Simscape™ 모델 개발

10.4.1 하드웨어용 드라이버 Simscape™ 모델 개발

1. 먼저 9장에서 개발한 DC 모터의 드라이버 모델(Chapter_9_Section_6_3.slx)을 열고 Chapter_10.slx로 저장한다.

2. Motor_Speed_Reference_Generator 서브시스템을 더블클릭하고 Motor_Speed_Reference 아웃포트^outport를 제외하고 전부 삭제한다. 그다음 Wind_Turbine.slx Simulink 모델에서 터빈 입력 서브시스템 블록을 복사한 후 Chapter_10.slx 모델에 붙여 넣는다. 그다음 빈 서브시스템을 추가하고 터빈 입력을 서브시스템 인포트^inport에 연결한다. 빈 서브시스템의 아웃포트는 Motor_Speed_Reference 아웃포트에 연결해야 한다. 그림 10.16을 참고한다.

3. 빈 서브시스템을 Main Controller, In1 인포트를 입력, Out1 아웃포트를 RPM으로 변경한다. 입력 및 RPM 간의 연결을 삭제한다. 그다음 모델을 클릭해 그림 10.17과 같이 **Demux**를 입력한다. 추후 추가되는 Simulink 블록도 이와 같은 방

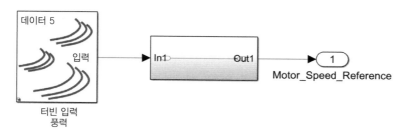

그림 10.16 Motor_Speed_Reference 서브시스템 내부 변경

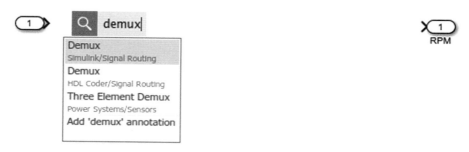

그림 10.17 풍속 및 풍향을 분리하는 Demux

법으로 추가할 수 있다. **Demux** 블록은 풍속 및 풍향을 터빈 입력 서브시스템으
로부터 분리한다.

4. 입력을 Demux에 연결한다. Demux의 두 번째 출력을 **terminator**에 연결한다.
 terminator는 **Demux**와 같은 방식으로 찾을 수 있다. 그다음 Wind_Turbine/
 Main Controller/Wind Input의 Wind_Turbine.slx 모델에서 터빈 Stateflow 로
 직을 복사하고 Chapter_10/Motor_Control/Motor_Speed_Reference_Generator/
 Main_Controller의 Chapter 10.slx에 붙여 넣는다. 버스 셀렉터^{Bus selector}의 첫 번
 째 출력을 Stateflow 로직의 wind_speed 입력에 연결한다. 해당 변경 사항은 그
 림 10.18을 참고한다.

5. Stateflow 로직을 진행하기 전에 Stateflow 내부의 매개 변수를 정의해야 한다.
 해당 매개 변수는 Wind_Turbine.slx의 Wind_Turbine_Parameters.m 파일에 정
 의돼 있다. 변수를 정의하고자 MATLAB 명령어 윈도우에서 Wind_Turbine_

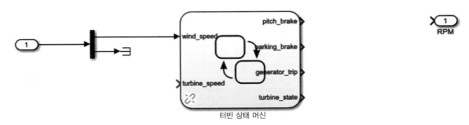

그림 10.18 풍속 및 풍향을 분리하는 Demux

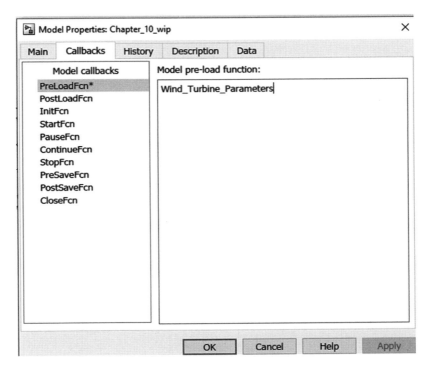

그림 10.19 모델의 PreLoad 함수

Parameters를 입력한다. 그다음 File › Model Properties › Model Properties 이 동한 후 그림 10.19와 같이 PreLoadFcn에 Wind_Turbine_Parameters를 입력한 다. 해당 설정은 Chapter_10.slx 모델이 실행되기 전에 m 파일을 실행한다.

6. pitch_brake, parking_brake, Stateflow의 generator_trip 출력을 터미네이터 terminators에 연결한 다음 **If** 블록을 추가한다. **If** 블록을 더블클릭하고 그림 10.20

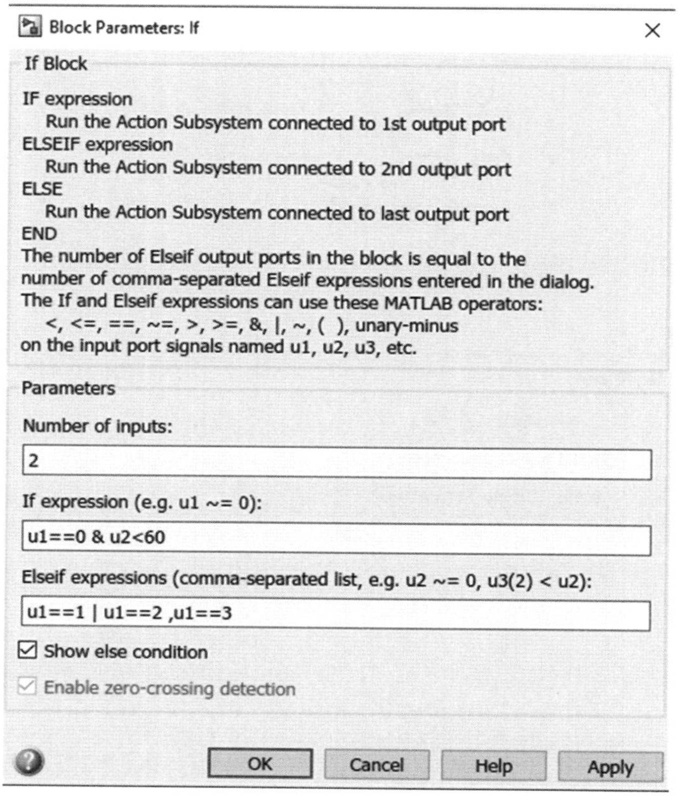

그림 10.20 If 블록의 매개 변수 설정

과 같이 매개 변수를 설정한다. u1은 Stateflow의 turbin_state 출력이고 u2는 시뮬레이션 시간이다. If 조건과 관련된 4개의 조건이 있다.

a. u1==0 및 u2<60는 터빈이 PARK 상태이고 시뮬레이션 시간이 60초 미만인 경우다. RPM은 0이다. 시간을 사용하는 이유는 RPM이 내려가는 경우 터빈이 BRAKE에서 PARK 상태로 전환될 수 있으며 RPM이 0값이 아니기 때문이다.

b. u1==1|u1==2는 터빈이 STARTUP 또는 PREPARING 상태인 경우다. 해당 조건은 이전 절에서 생성한 두 번째 개별 함수를 포함한다.

c. u1==3은 터빈이 BRAKE 상태다. 해당 조건은 네 번째 및 다섯 번째 개별 함수를 포함한다.

d. else 조건은 u1==0인 경우에만 해당된다. 이런 경우 이전 절에서 표시된 제너레이터 RPM 프로파일의 상태가 BRAKE에서 PARK 상태로 변경될 때만 활성화된다.

7. Stateflow 로직의 turbine_state 출력을 If 블록 u1에 연결한다. **clock**을 삽입하고 If 블록 u2에 연결한다. 관련 설정은 그림 10.21과 같다.

8. **If Action Subsystem** 블록 4개를 삽입하고 **If** 블록 오른쪽에 수직으로 정렬한다. **If** 블록 조건을 각 **If Action Subsystem** 블록에 연결한다. 그다음 u1==0 및 u2<60 조건 및 else 조건에 연결된 **If Action Subsystem**의 인포트를 삭제한다. **all the If Action Subsystem**의 아웃포트를 RPM으로 명명하고 나머지 인포트를 Wind_speed로 명명한다. 업데이트된 모델은 그림 10.22와 같다.

9. 이제 각 서브시스템의 로직을 사용할 수 있게 됐다. u1==0 및 u2>60의 **If action subsystem** 블록 내부로 이동하고 그림 10.23과 같이 0의 **Constant** 블록을 RPM 아웃포트에 연결한다.

10. u1==1|u1==2 조건의 **If action subsystem** 블록 내부로 이동한 후 아래와 같은 단계를 수행한다.

    a. **Fcn** 블록, **Switch** 블록, 2개의 **Unit delay** 블록을 삽입한다.

    b. 해당 블록들을 그림 10.24와 같이 연결한다.

    c. **Fcn** 블록을 더블클릭하고 그림 10.25와 같이 이전 절에서 생성한 두 번째 개별 함수를 삽입한다.

    d. **Switch** 블록을 더블클릭하고 그림 10.26과 같이 u2>=Threshold를 240으로 설정한다. 해당 설정은 모터 속도가 240RPM에 도달할 때까지 개별 함수가 수행될 수 있도록 한다.

11. u1==3 조건의 **If action subsystem** 블록 내부로 이동한 후 아래 단계를 수행한다.

    a. Clock 블록, Fcn 블록 2개, Switch 블록, Saturation 블록을 삽입한다.

    b. 해당 블록들을 그림 10.27과 같이 연결한다. Fcn 블록을 WindFcn 및 TimeFcn으로 명명한다.

    c. 그림 10.28과 같이 네 번째 개별 함수를 삽입하고 WindFcn을 더블클릭한다.

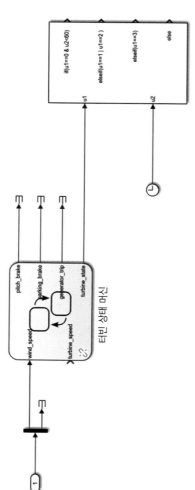

그림 10.21 if 블록의 입력

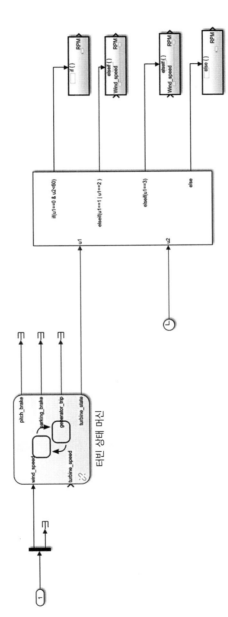

그림 10.22 If 조건의 If action subsystem

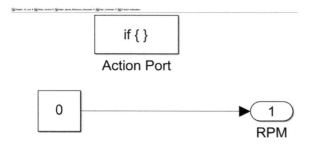

그림 10.23 첫 번째 If action subsystem 블록 내부

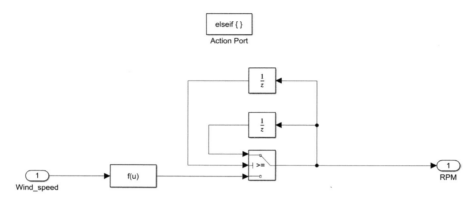

그림 10.24 두 번째 If action subsystem 블록 내부

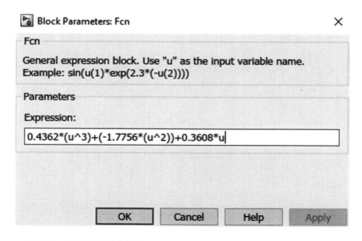

그림 10.25 두 번째 개별 함수

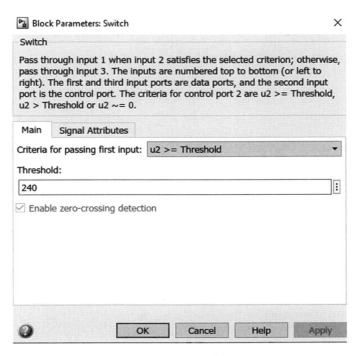

그림 10.26 두 번째 If action subsystem의 Switch threshold

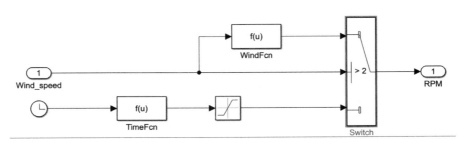

그림 10.27 세 번째 If action subsystem 블록 내부

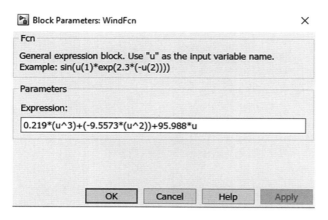

그림 10.28 풍속을 RPM으로 변환하는 개별 함수

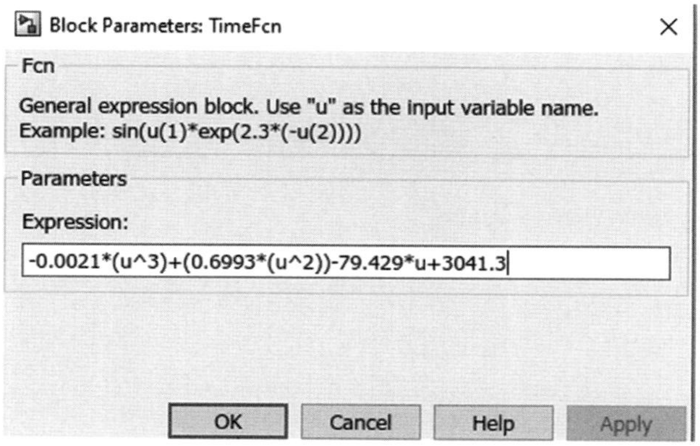

그림 10.29 시간을 RPM으로 변환하는 개별 함수

    d. 그림 10.29와 같이 TimeFcn 블록에 다섯 번째 개별 함수를 삽입한다.

    e. Saturation block을 더블클릭하고 상한[upper limit]을 240, 하한[lower limit]을 0으로 설정한다.

    f. **Switch** 블록을 더블클릭하고 'Criteria for passing first input' 필드의 경우 해당 필드를 u2>threshold(2)로 설정한다.

12. else 조건의 **If action subsystem** 블록 내부로 이동한 후 아래 단계를 수행한다.

    a. **Clock** 블록, **Fcn** 블록, **Saturation** 블록을 삽입한다.

    b. 해당 블록들을 그림 10.30과 같이 연결한다.

else { }
Action Port
f(u)
1
RPM

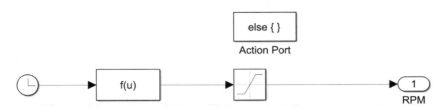

그림 10.30 네 번째 If action subsystem 블록

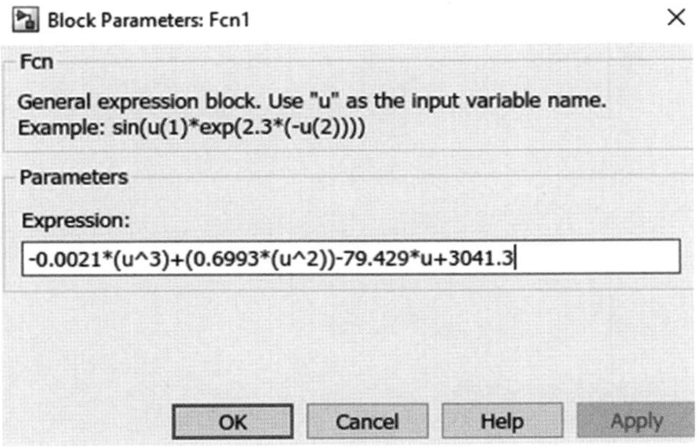

Block Parameters: Fcn1
Fcn
General expression block. Use "u" as the input variable name.
Example: sin(u(1)*exp(2.3*(-u(2))))
Parameters
Expression:
-0.0021*(u^3)+(0.6993*(u^2))-79.429*u+3041.3
OK
Cancel
Help
Apply

그림 10.31 시간을 RPM으로 변환하는 개별 함수

c. 그림 10.31과 같이 다섯 번째 개별 함수을 삽입하고 Fcn 블록을 더블클릭한다.

d. **Saturation** 블록을 더블클릭하고 상한을 240, 하한을 0으로 설정한다.

13. Chapter10/Motor_Control/Motor_Speed_Reference_Generator/Main_Controller로 이동한다. **Goto** 플래그를 배치하고 **Demux** 블록에서 나오는 두 신호의 최상위 신호[top signal]에 연결하고 Wind_Speed로 명명한다. 플래그를 더블클릭하고 그림 10.32와 같이 tag visibility를 global로 변경한다. **Goto** 플래그 또한 global visibility를 갖는다. 그다음 2개의 **From** 플래그를 배치하고 해당 플래그를 두 번째 및 세 번째 **If action subsystem**에 연결한다.

14. **Merge** 블록을 삽입하고 입력[inputs]을 4로 설정한다. 각 **If action subsystem**의 출력을 **Merge** 블록의 입력에 각각 연결한다. Merge 블록의 출력은 RPM 아웃포트에 연결해야 한다. 이번 단계와 이전 단계의 변경 사항은 그림 10.33과 같다.

그림 10.32 Wind_speed GoTo 플래그 global Tag visibility

15. turbine_speed_input에 그림 10.34와 같이 **Goto** 플래그(Turbine_speed in Chapter_10/Motor_Control/Motor_Speed_Sensor)를 배치한다. tag visibility가 global로 설정돼 있는지 확인한다. Chapter_10/Motor_Control/Motor_Speed_Reference_Generator/Main_Controller의 **From** 플래그를 Turbine_speed로 명명하고 배치한다.

16. Chapter_10/Motor_Control/Motor_Speed_Sensor에서 Stateflow 로직의 turbin_state 출력에 대해 지정된 **Goto** 플래그를 배치하고 State라고 명명한다. 추후 서브시스템 외부에서 사용할 수 있도록 tag visibility가 global로 설정돼 있는지 확인한다. 그리고 wind_speed 입력과 turbine_state 출력에 대한 **Rate Transition**과 **Scope** 블록을 추가한다. 또한 wind_speed 및 Turbine_speed 입력과 연결된 **ToWorkspace** 블록을 추가한다. 각각 Wind_speed 및 Turbine_speed로 이름을 설정한다. 그림 10.35와 같이 **ToWorkspace** 블록의 저장 포맷을 Structue with Time으로 설정한다. Chapter_10/Motor_Control/Motor_Speed_Reference_

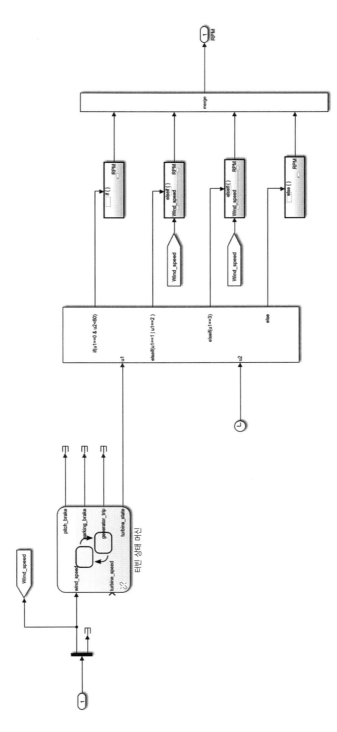

그림 10.33 Merge 블록 입력 및 출력

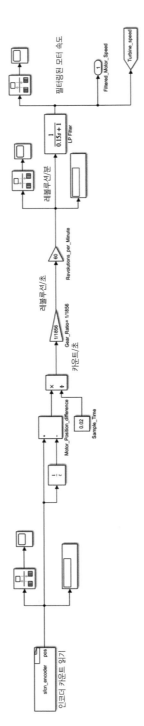

그림 10.34 Turbine_speed Goto 플래그

604

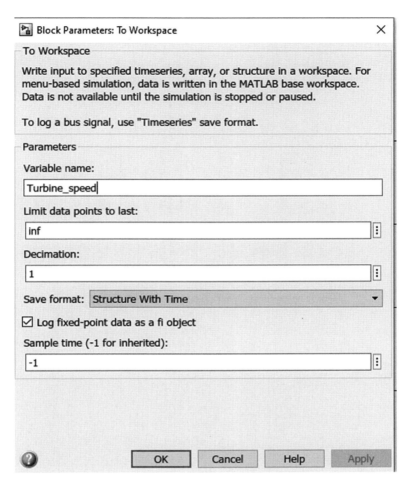

그림 10.35 ToWorkspace 변수의 저장 포맷

Generator/Main_Controller의 완성본은 그림 10.36과 같다.

17. Main_Controller 서브시스템을 완료한 다음, 모델 최상위 레벨에 있는 Serial_ Data_Transmit_to_ESP32 서브시스템을 수정할 수 있다. 10.3절에서 언급했듯 이 정상 상태 모터 RPM만 오프보드 탐지와 비교할 수 있다. 현재 Serial_Data_ Transmit_to_ESP32는 데이터를 조건에 상관없이 전송한다. 따라서 시스템이 정 상 상태에 있는 경우에만 데이터를 전송하도록 몇 가지 수정 사항을 적용해야 한 다. 먼저 Chapter_10/Motor_Control/Serial_Data_Transmit_to_ESP32/Chart 내

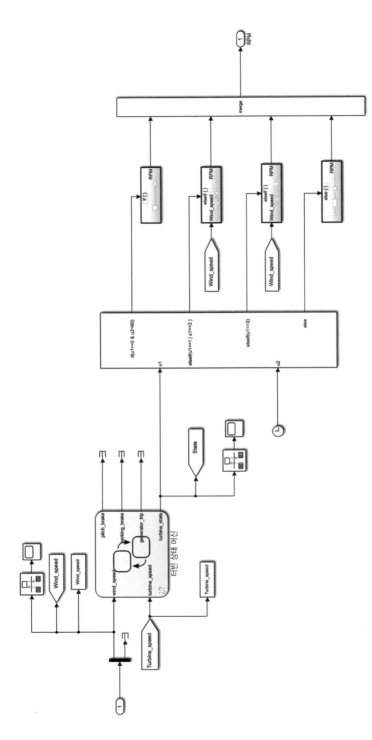

그림 10.36 Chapter_10/Motor_Control/Motor_Speed_Reference_Generator/Main_Controller 완성

부로 이동한 후 마우스 우클릭하고, Explore를 클릭한다. Model Explorer가 실행된다. 상단 바 메뉴에서 'Add Data'를 두 번 클릭해 매개 변수 2개를 그림 10.37과 같이 추가한다.

18. 신규 매개 변수의 이름을 각각 time과 State로 지정한다. 해당 매개 변수들을 각각 클릭하고 그림 10.38 및 10.39와 같이 오른쪽에 설정을 입력한다. 첫 번째 입력의 이름을 PWM_Command 대신 Wind_speed으로 지정한다. 해당 설정을 마치면 explorer를 닫는다.

19. 초기 상태인 파란색(인쇄 버전에서는 회색) 점을 마우스 우클릭하고 그림 10.40과 같이 If-Else 옵션을 선택한다.

20. 그림 10.41과 같이 If-Else에 대한 조건을 삽입한다. If action이 Stateflow에서 항상 메시지를 전송하는 것과 동일한 조건임을 알 수 있다. 이제 STARTUP 상태, 시간은 30초 이상, 풍속이 10m/s인 경우에만 If 조건에서 메시지를 전송한다. 시간 조건은 오버슈트가 캡처되지 않도록 한다. 해당 조건은 10.3절에 포함된 결과를 기반으로 한 초기 예측이다. 시간 조건과 함께 풍속이 10m/s를 초과하면 풍속 증가 옵션만 선택된다. 해당 풍속은 디지털 트윈의 입력으로 동작하기 때문에 디지털 트윈이 정상 상태에 도달하기까지 시간이 필요하며, 풍속이 감소하면 개별 함수에 따라 정상 상태 값보다 낮은 RPM 값이 발생할 수 있다. If-Else 루프는 그림 10.42와 같다.

21. Serial_Write_Value action을 포함하는 첫 번째(파란색) 및 두 번째(투명) 노드는 불필요하기 때문에 삭제한다. Serial_Write_Value 조건은 이제 If-Else 루프에 포함된다. If-Else에서 각 세미콜론 뒤에 Enter 키를 눌러 Serial_Write_Value를 포맷팅한다. 관련된 변경 사항은 그림 10.43과 같다.

22. Stateflow 차트 외부로 이동한 후 인포트 2개를 추가한다. 그림 10.44와 같이 첫 번째 인포트는 Wind_speed, 세 번째 인포트는 time, 네 번째 인포트는 State로 이름을 설정한다.

23. 모델의 최상위 레벨로 이동해 **Clock** 블록, From 블록, 2개의 **Rate Transition** 블록을 추가한다. **From** 블록의 이름을 State로 바꾸고 Serial_Data_Transmit_to_ESP32 서브시스템의 time 및 State 입력에 연결한다. 또한 Serial_Data_

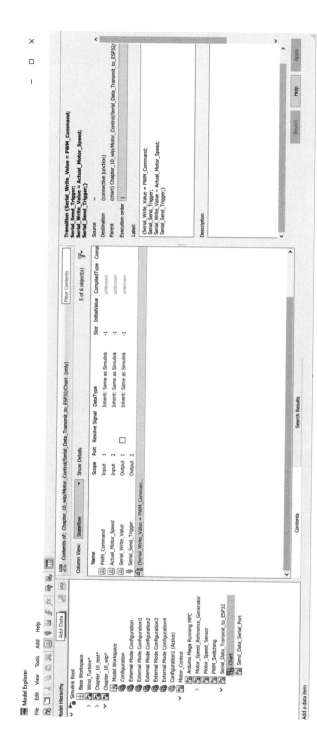

그림 10.37 Model Explorer에서 데이터 옵션 추가

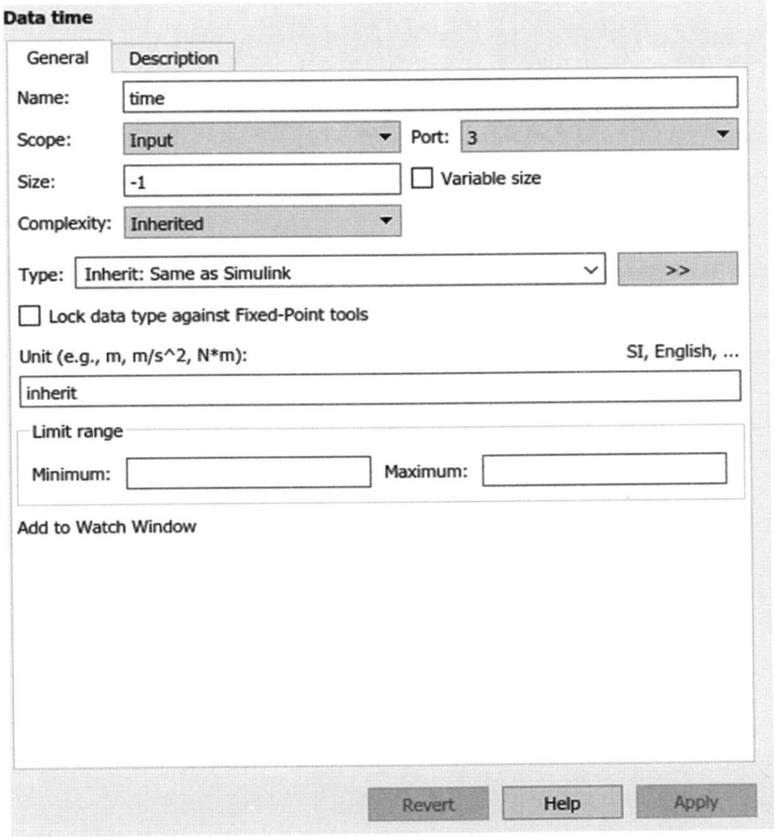

그림 10.38 'Time' 매개 변수 설정

Transmit_to_ESP32의 Wind_speed 입력에 연결된 Arduino Mega Running MPC 서브시스템의 화살표^{arrow}를 삭제한다. **From** 블록을 추가하고 Wind_speed로 이름을 설정한다. 관련 설정은 그림 10.45와 같다.

24. DC 모터 드라이버 모델에 대한 설정을 완료했다. 아두이노 보드를 USB 포트에 연결해 모델에 대한 적절한 포트가 선택됐는지 확인한다. 시뮬레이션 시간을 130초로 설정하고 결과를 시뮬레이션하고자 play를 클릭한다. Chapter_10/Motor_Control/Motor_Speed_Reference_Generator/Main_Controller에서 wind_speed 스코프^{scope}를 더블클릭하고 Chapter_10/Motor_Control/Motor_Speed_Sensor to visualize the results에서 모터 속도 스코프를 필터링한다. 풍속의 스코프 출력 및

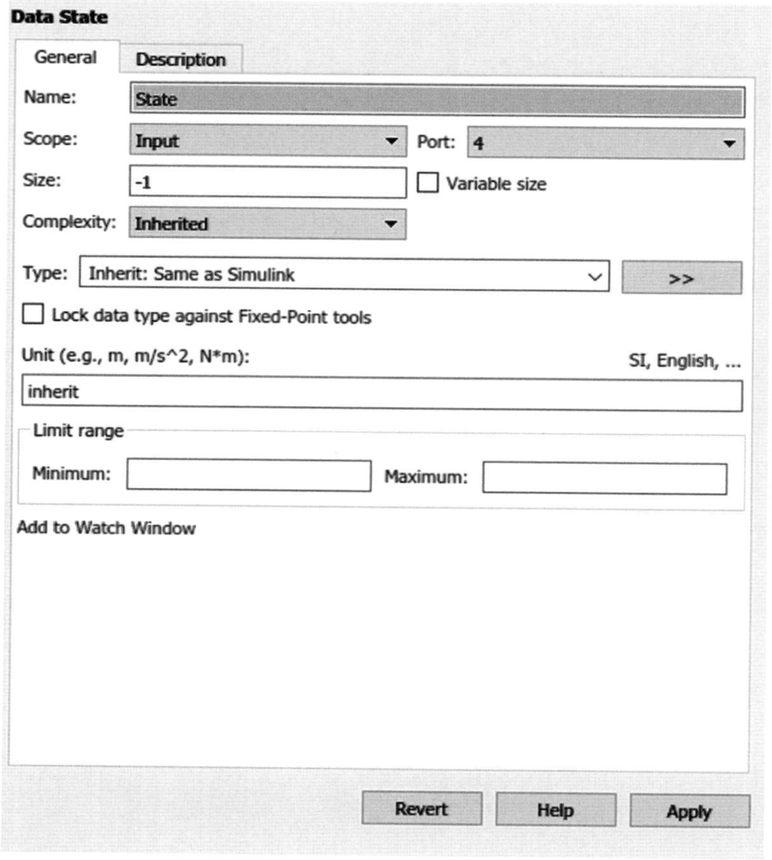

그림 10.39 'State' 매개 변수 설정

모터 속도는 각각 그림 10.46 및 10.47과 같다.

25. 하드웨어 프로토타입에서는 PID 로직이 DC 모터 드라이버에 맞게 조정됐기 때문에 오버슈트 영향을 적게 받는다. 또한 16단계에서 생성된 **ToWorkspace** 변수로 인해 Wind_speed 및 Turbine_speed가 MATLAB workspace에 스트럭처structure로 저장된다. 2개의 스트럭처를 디지털 트윈 C 코드 생성 검증에 필요한 chapt10.mat이라는 별도의 .mat 파일에 저장한다. 이제 DC 모터 드라이버 모델에 대한 변경을 완료했다.

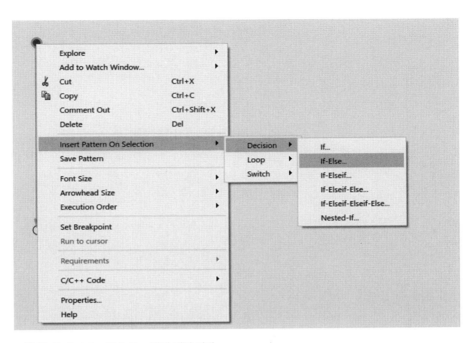

그림 10.40 Stateflow의 If–Else 결정 패턴 선택

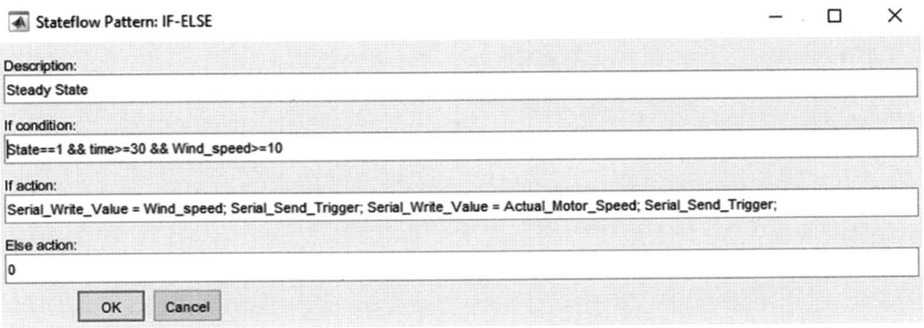

그림 10.41 If–Else 조건

10.4.2 AWS와 DC 모터 하드웨어 통신

DC 모터 하드웨어 모델(현재 변경된 이름은 Chapter_10.slx)과 ESP32 및 AWS 클라우드와의 통신은 DC 모터 장chapter에서 이미 다뤘다. 하지만 AWS에 메시지를 전송하는 ESP32의 아두이노 스크립트에서 몇 가지 수정이 필요한 부분들이 있다.

그림 10.42 If—Else 루프 추가

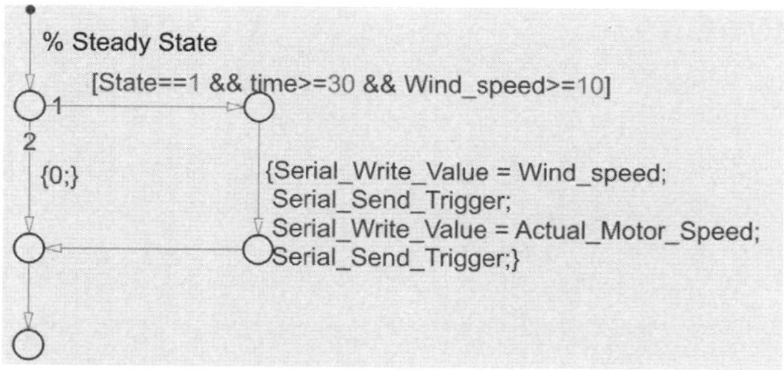

그림 10.43 If—Else 루프 포맷팅

1. 9장에서 AWS에 메시지를 전송하고자 사용한 아두이노 IDE 스크립트를 열고 Chapter_10_ESP32_AWS로 이름을 변경한다.

2. Ctrl+F를 누르고 PWM_Command를 Wind_speed로 변경한다.

3. Ctrl+F를 누르고 'if(message_counter = =30)'를 찾은 후에 해당 명령어 하단에 그림 10.48에 나온 명령어를 추가한다. 해당 명령어는 ESP32로 전송된 메시지는 시스템이 정상 상태인 경우에만 전송되기 때문에 이전 풍속 및 모터 속도 값이 0되지 않도록 한다. 따라서 DC 모터 장에서 이전 메시지를 0으로 설정할 수 없다.

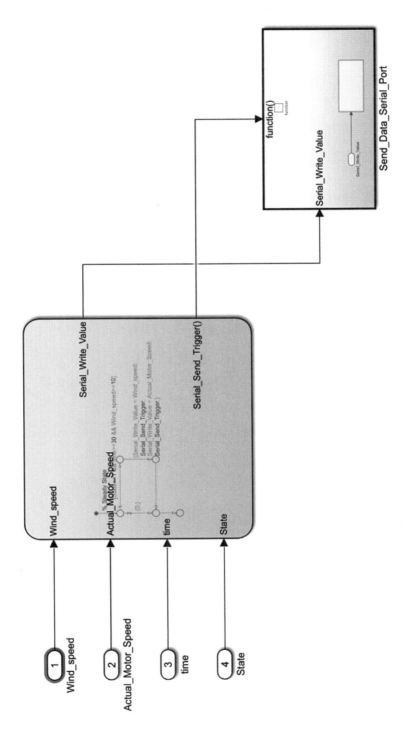

그림 10.44 Stateflow의 첫 번째, 세 번째, 네 번째 일부

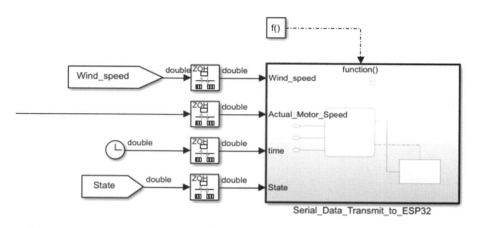

그림 10.45 Serial_Data_Transmit_to_ESP32 서브시스템의 state 포트 및 time연결

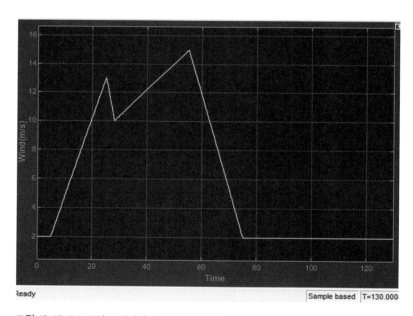

그림 10.46 DC 모터 드라이버 모델의 풍속 입력

  참고: 'count=count+1'이 참고되는 경우는 그림 10.48과 같다. 변수 'count'가 정의되지 않은 경우 void 셋업 함수 전에 'int count=0'을 설정한다.

4. ESP32를 컴퓨터에 있는 USB 포트에 연결하고 아두이노 스크립트를 실행한다.

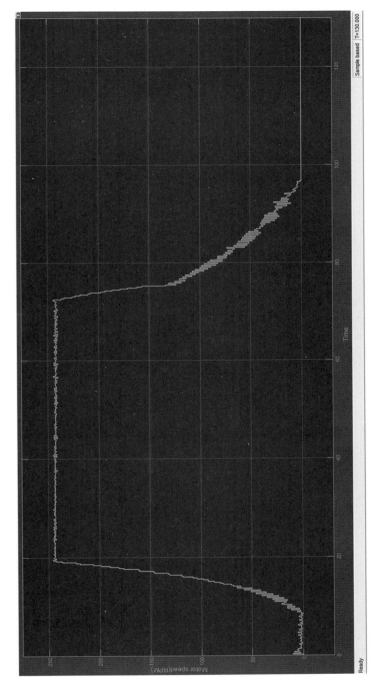

그림 10.47 DC 모터 드라이버 모델의 DC 모터 속도 RPM

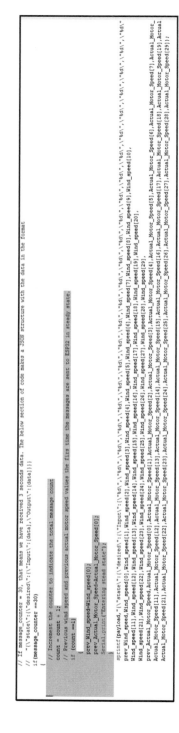

```
// If message_counter = 30, that means we have received 3 seconds data. The below section of code makes a JSON structure with the data in the format
// "{\"state\":{\"desired\":{\"Input\":{...data},\"Output\":{...data}}}}"
if(message_counter ==30)
{
    // Increment the counter to indicate the total message count
    count = count + 1;
    // Previous wind speed and previous actual motor speed values the firs time the messages are sent to ESP32 in steady state.
    if (count ==1)
    {
        prev_Wind_speed=Wind_speed[0];
        prev_Actual_Motor_Speed=Actual_Motor_Speed[0];
        Serial.print("Entering stead state");
    }

    sprintf(payload,"{\"state\":{\"desired\":{\"Input\":{\"%d\",\"%d\",\"%d\",\"%d\",\"%d\",\"%d\",\"%d\",\"%d\",\"%d\",\"%d\",\"%d\",\"%d\",\"%d\",\"%d\",\"%d\",\"%d\",\"%d\",\"%d\",\"%d\",\"%d\",\"%d\",\"%d\",\"%d\",\"%d\",\"%d\",\"%d\",\"%d\",\"%d\",\"%d\",\"%d\",\"%d\",\"%d\","
    prev_Wind_speed,Wind_speed[0],Wind_speed[1],Wind_speed[2],Wind_speed[3],Wind_speed[4],Wind_speed[5],Wind_speed[6],Wind_speed[7],Wind_speed[8],Wind_speed[9],Wind_speed[10],
    Wind_speed[11],Wind_speed[12],Wind_speed[13],Wind_speed[14],Wind_speed[15],Wind_speed[16],Wind_speed[17],Wind_speed[18],Wind_speed[19],Wind_speed[20],
    Wind_speed[21],Wind_speed[22],Wind_speed[23],Wind_speed[24],Wind_speed[25],Wind_speed[26],Wind_speed[27],Wind_speed[28],Wind_speed[29],
    prev_Actual_Motor_Speed,Actual_Motor_Speed[0],Actual_Motor_Speed[1],Actual_Motor_Speed[2],Actual_Motor_Speed[3],Actual_Motor_Speed[4],Actual_Motor_Speed[5],Actual_Motor_Speed[6],Actual_Motor_Speed[7],Actual_Motor_
    Actual_Motor_Speed[11],Actual_Motor_Speed[12],Actual_Motor_Speed[13],Actual_Motor_Speed[14],Actual_Motor_Speed[15],Actual_Motor_Speed[16],Actual_Motor_Speed[17],Actual_Motor_Speed[18],Actual_Motor_Speed[19],Actual_
    Actual_Motor_Speed[21],Actual_Motor_Speed[22],Actual_Motor_Speed[23],Actual_Motor_Speed[24],Actual_Motor_Speed[25],Actual_Motor_Speed[26],Actual_Motor_Speed[27],Actual_Motor_Speed[28],Actual_Motor_Speed[29]);
```

그림 10.48 이전 입력 및 출력 메시지를 설정하고자 ESP32 스크립트 수정

'Connected to AWS' 및 'Subscribe Successful' 메시지가 COM 시리얼 모니터에 표시되면 아두이노 메가 2560을 USB 포트에 연결하고 play를 눌러서 마이크로컨트롤러의 'Chapter_10.slx'를 실행한다. COM 시리얼 모니터의 메시지가 그림 10.49와 같이 표시된다.

참고: AWS 람다 함수에서 전송된 이메일 알림은 무시한다. AWS 람다는 아직 DC 모터 디지털 트윈용 C 코드를 사용 중이다. 따라서 C 코드를 Wind_Turbine.slx 생성 코드로 변환해야 한다.

10.5 Simscape™ 디지털 트윈 모델을 AWS 클라우드에 배포 및 오프보드 실행

10.5절에서 Wind_Turbine 디지털 트윈 모델용 C 코드를 생성하고자 리눅스^{Linux} OS를 사용한다. 여기서 사용할 리눅스 OS는 우분투다. 우분투를 부팅한 후 MATLAB를 실행한 다음에 아래의 단계를 수행한다.

1. Wind_Turbine.slx 모델을 열고 10.3.3절의 변경 사항이 적용되지 않은 경우 해당 변경 사항을 수행한다.

2. 모델의 최상위 레벨에서 스코프 블록 및 아웃포트 1을 삭제한다. 해당 요소는 코드 생성에 불필요하다. 추가로 10.3.1절과 같이 SLRT 블록을 삭제한다.

3. Wind_Turbine/Turbine Input/Wind로 이동한 후 Wind Input Signal Generator 블록을 더블클릭한다. Wind speed 시그널을 마우스 우클릭하고 delete to delete the signal을 선택한다. 수정된 Signal builder 블록은 그림 10.50과 같이 Wind Direction 시그널만 포함한다.

4. Wind_Turbine/Turbine Input/Wind의 **Mux** 블록의 첫 번째 입력으로 **inport**를 추가하고 WS 이름을 지정한 후 그림 10.51과 같이 **Mux** 블록의 첫 번째 입력으로 연결한다. WS **inport**를 복사한 후 그림 10.52와 같이 Wind_Turbine/Turbine Input에 붙여 넣는다. Wind_Turbine 최상위 레벨에도 동일한 과정을 수행한다. 그림 10.53과 같이 WS **inport**를 터빈 입력 서브시스템에 연결한다.

5. 모델의 최상위 레벨에 **From**과 **outport** 블록을 배치한다. **From** 플래그의 이름

Connected to wifi
Connected to AWS
Subscribe Successfull
Entering "dead state":"desired":{"Input":["10", "10", "10", "10", "10", "10", "10", "10", "10", "10", "10", "10", "10", "11", "11", "11", "11", "11"], "Output":["10", "10", "10", "10"],
Publish failed
{"state":{"desired":{"Input":["10", "10", "10", "10", "10", "11", "11", "11", "11", "11", "11", "11", "11", "11"], "Output":["243", "242", "244", "242", "244", "2367", "242", "2
Publish Message:{"state":{"desired":{"Input":["10", "10", "10", "11", "11", "11", "11", "11", "11", "11", "11", "11"], "Output":["244", "242", "243", "244", "2
{"state":{"desired":{"Input":["11", "11", "11", "11", "11", "11", "11", "11", "11", "12", "12"], "Output":["244", "243", "241", "2
Publish Message:{"state":{"desired":{"Input":["11", "11", "11", "11", "11", "11", "12", "12", "12", "12"], "Output":["244", "243", "242", "2
{"state":{"desired":{"Input":["12", "12", "12", "12", "12", "12", "12", "12", "12", "12"], "Output":["242", "121"],
Publish Message:{"state":{"desired":{"Input":["12", "12", "12", "12", "12", "12", "12", "12", "13", "13"], "Output":["242", "243", "243", "243"],
{"state":{"desired":{"Input":["12", "12", "12", "12", "12", "13", "13", "13", "13"], "Output":["241", "242", "243", "2
Publish Message:{"state":{"desired":{"Input":["12", "12", "12", "12", "13", "13", "13", "13", "13"], "Output":["241", "242", "244",
{"state":{"desired":{"Input":["13", "13", "13", "13", "13", "13", "13", "13", "13"], "Output":["243", "242", "243", "2
Publish Message:{"state":{"desired":{"Input":["13", "13", "13", "13", "13", "13", "13", "13"], "Output":["243", "242", "241",
{"state":{"desired":{"Input":["13", "13", "13", "13", "14", "14", "14", "14"], "Output":["242", "242", "2141",
Publish Message:{"state":{"desired":{"Input":["13", "13", "14", "14", "14", "14", "14", "14"], "Output":["2141", "142"],
Publish Message:{"state":{"desired":{"Input":["14", "14", "14", "14", "14", "14", "14", "14"], "Output":["2141", "141"],
{"state":{"desired":{"Input":["14", "14", "14", "14", "14", "14", "14", "14"], "Output":["2143", "2142",
Publish Message:{"state":{"desired":{"Input":["14", "14", "14", "14", "14", "14", "14"], "Output":["141", "141"],
{"state":{"desired":{"Input":["14", "14", "14", "14", "15", "14", "13", "13"], "Output":["13", "13", "137"],
{"state":{"desired":{"Input":["14", "14", "14", "13", "13", "13", "13", "13"], "Output":["241", "243", "243", "2
Publish Message:{"state":{"desired":{"Input":["14", "14", "13", "13", "12", "12", "11"], "Output":["241", "244", "242",
{"state":{"desired":{"Input":["13", "13", "13", "12", "12", "11", "11"], "Output":["11", "11"],
Publish Message:{"state":{"desired":{"Input":["13", "13", "12", "12", "11", "11"], "Output":["242", "244", "242",

그림 10.49 AWS에 전송된 메시지

618

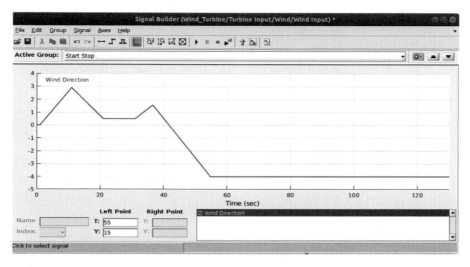

그림 10.50 Wind direction의 수정된 시그널 빌더

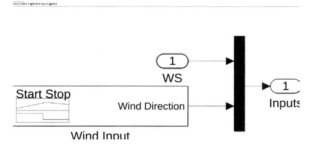

그림 10.51 WS inport와 Mux 블록 연결

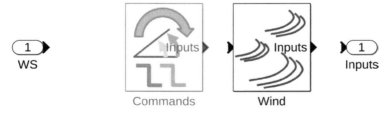

그림 10.52 Wind_Turbine/Turbine_Input의 WS inport

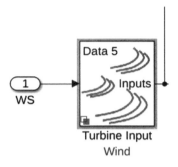

그림 10.53 WS inport 최상위 레벨　　　　　**그림 10.54** Turb 아웃포트 최상위 레벨

을 Gen_Spd_rpm으로 설정하고 **outport** 블록의 이름은 Turb로 설정한다. 관련된 **Goto** 플래그는 Wind_Turbine/Nacelle/Generator/Full에 포함돼 있다. From 블록을 outport에 연결하고 그림 10.54와 같이 페이저 60Hz 블록 상단에 배치한다. 해당 블록은 WS inport에서 주어진 풍속 입력에 대한 터빈 속도 출력으로 사용된다.

6. 모델의 최상위 레벨에서 페이저 60Hz 블록을 더블클릭하고 그림 10.55와 같이 설정을 입력한다. 이산 샘플링^{discrete sampling} 시간은 0.0015초로 설정되며 해당 시간은 Chapter 10.slx의 block sending messages to ESP32 함수의 실행 속도 0.1초와는 다르다. Wind_Turbine 디지털 트윈 모델의 샘플링 속도로 0.1초를 설정하지 않는 이유는 샘플 시간이 너무 크면 Wind_Turbine/Nacelle/Generator의 Asynchronous Machine 블록이 솔루션에 수렴되지 않기 때문이다. 모터 하드웨어의 샘플링 속도와 디지털 트윈 간의 차이를 처리하고자 생성된 C 코드에 몇 가지 추가 수정이 필요하다.

7. 모델의 오른쪽 상단에 있는 Pitch Power On 블록을 더블클릭하고 그림 10.56과 같이 샘플 시간을 0.0015초로 설정한다.

8. 저장한 후 모델을 닫는다. 모델을 다시 실행하고 Simulink의 상단 메뉴 바에서 그림 10.57과 같이 Code › C/C++ Code › Embedded Coder로 이동한다. quick start는 C 코드에 대한 적절한 설정을 선택하는 동안 모델의 C 코드 생성 프로세스를 보여 준다. C 코드가 생성되면 코드 생성 후 생성된 Wind_Turbine_ert_rtw

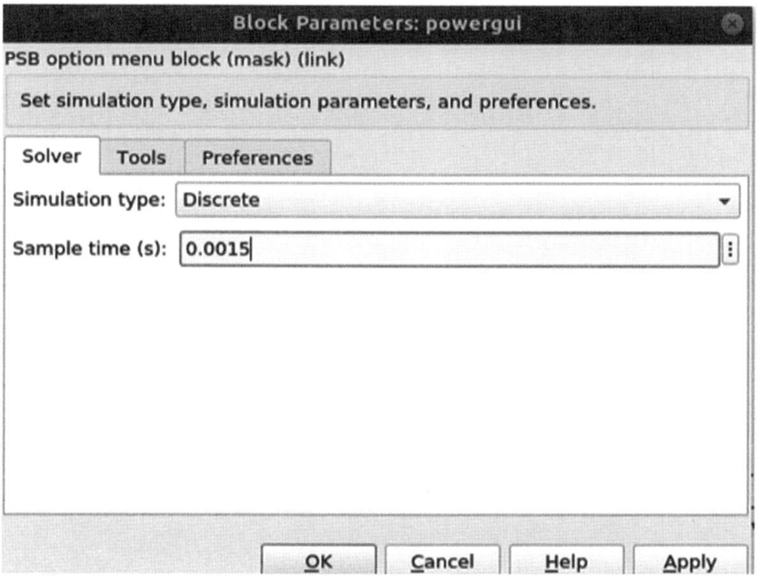

그림 10.55 Discrete 샘플링 시간 설정

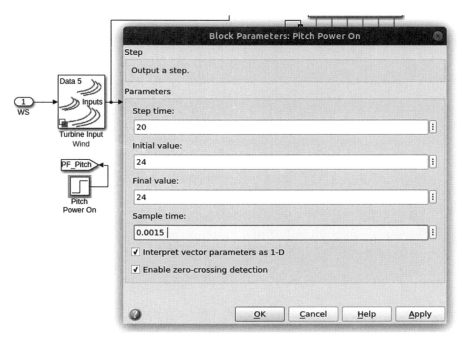

그림 10.56 Pitch Power On 설정

그림 10.57 Embedded Coder Quick Start

폴더의 ert_main.c 파일을 연다. 생성된 ert_main.c 파일의 두 가지 주요 함수는 그림 10.58 및 10.59와 같다.

9. 이번 단계에서는 헤더 파일을 정의한 후 Wind_Turbine ert_main.c의 코드를 DC 모터 장에서 사용된 ert_main.c의 코드로 변경한다. 그림 10.60~10.63과 같이 변경 후 Wind_Turbineert_main.c를 수정해야 한다. Wind_Turbine ert_main.c의 신규 변경 사항은 각 그림의 왼쪽에 표시된다.

   ert_main.c의 변경 사항들 중 몇 가지 확인해야 할 것들은 아래와 같다.

(a) 그림 10.60에서 DC 모터 하드웨어 ert_main.c의 step 함수는 입력 및 출력 인수(괄호로 표시)를 갖고 있다. 인수 전달은 코드 생성 방식으로 인해 Wind_Turbine ert_main.c에서 수행되지 않을 수 있다. 따라서 입력 및 출력 인수가 그림 10.63에 명시적으로 언급된다.

(b) 그림 10.61에서 Wind_Turbine ert_main.c 파일의 148행에서 Wind_Turbine 이 정상 상태에 도달하려면 0.0015초의 샘플링 속도로 약 7100개의 표본이 필요하기 때문에 100개 대신 7100개의 표본을 사용한다. 다음 2000개의 샘플은 이전과 같이 하드웨어의 3초 데이터에 해당하는 신규 데이터다.

   참고: 우리는 더 많은 샘플이 필요하지만 30개의 샘플만 ESP32에서 AWS 로 전송한다. 9100개의 표본에 데이터를 보간하고자 람다 함수의 보간 함수 ^interpolating function 를 사용해야 한다.

(c) 그림 10.62에서 Wind_Turbineert_main.c 파일의 199행에서 샘플 카운트가 7100보다 작으면 padd_hw_input_wind 및 padd_hw_output_rpm 배열에 이

```
#include <stddef.h>
#include <stdio.h>                          /* This ert_main.c example uses printf/fflush */
#include "Wind_Turbine.h"                   /* Model's header file */
#include "rtwtypes.h"

/*
 * Associating rt_OneStep with a real-time clock or interrupt service routine
 * is what makes the generated code "real-time".  The function rt_OneStep is
 * always associated with the base rate of the model.  Subrates are managed
 * by the base rate from inside the generated code.  Enabling/disabling
 * interrupts and floating point context switches are target specific.  This
 * example code indicates where these should take place relative to executing
 * the generated code step function.  Overrun behavior should be tailored to
 * your application needs.  This example simply sets an error status in the
 * real-time model and returns from rt_OneStep.
 */
void rt_OneStep(void);
void rt_OneStep(void)
{
  static boolean_T OverrunFlag = false;

  /* Disable interrupts here */

  /* Check for overrun */
  if (OverrunFlag) {
    rtmSetErrorStatus(rtM, "Overrun");
    return;
  }

  OverrunFlag = true;

  /* Save FPU context here (if necessary) */
  /* Re-enable timer or interrupt here */
  /* Set model inputs here */

  /* Step the model for base rate */
  Wind_Turbine_step();

  /* Get model outputs here */

  /* Indicate task complete */
  OverrunFlag = false;

  /* Disable interrupts here */
  /* Restore FPU context here (if necessary) */
  /* Enable interrupts here */
}

/*
 * The example "main" function illustrates what is required by your
```

그림 10.58 생성된 ert_main.c 파일의 void rt_OnStep 함수

전 데이터가 제공된다.

(d) Wind_Turbine ert_main.c 파일의 222행에서 입력 풍속은 rTU.WS=padded_
hw_input_wind[ii]로 명시적으로 정의된다. rTU.WS는 모델의 WS 인포
트다. arg_Turb_speed와 rtY.Turb를 동일하게 하는 경우에도 동일한 방법

```
/*
 * The example "main" function illustrates what is required by your
 * application code to initialize, execute, and terminate the generated code.
 * Attaching rt_OneStep to a real-time clock is target specific.  This example
 * illustrates how you do this relative to initializing the model.
 */
int_T main(int_T argc, const char *argv[])
{
  /* Unused arguments */
  (void)(argc);
  (void)(argv);

  /* Initialize model */
  Wind_Turbine_initialize();

  /* Simulating the model step behavior (in non real-time) to
   *  simulate model behavior at stop time.
   */
  while ((rtmGetErrorStatus(rtM) == (NULL)) && !rtmGetStopRequested(rtM)) {
    rt_OneStep();
  }

  /* Disable rt_OneStep() here */
  return 0;
}

/*
 * File trailer for generated code.
 *
 * [EOF]
 */
```

그림 10.59 생성된 ert_main.c 파일의 int main 함수

을 사용한다. rtY.Turb는 모델의 Turb 아웃포트다. 그림 10.63의 225행은 "printf("Digital Twin Predicted Motor speed [%d] with Wind Input %f is = %f\n",ii,padded_hw_input_wind[ii],arg_Turb_speed_1")이며 Wind_ Turbine ert_main.c 파일의 터미네이트terminate 함수가 존재하지 않는다.

10. Wind_Turbine_ert_rtw 폴더의 instrumented 폴더로 이동하고 MATLAB 워크스 페이스에서 아래 명령을 순서대로 입력해 9단계에서 수정한 내용을 기반으로 신 규 실행 파일을 생성한다.

i. !cp Wind_Turbine.mk Makefile

ii. !rm ert_main.o

iii. !make -f Makefile

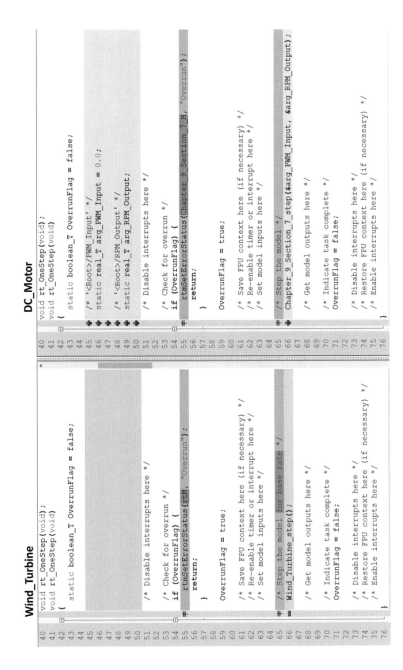

그림 10.60 ert_main.c 입력 및 출력 인수와 관련해 DC 모터 장과 풍력 터빈 장의 차이점

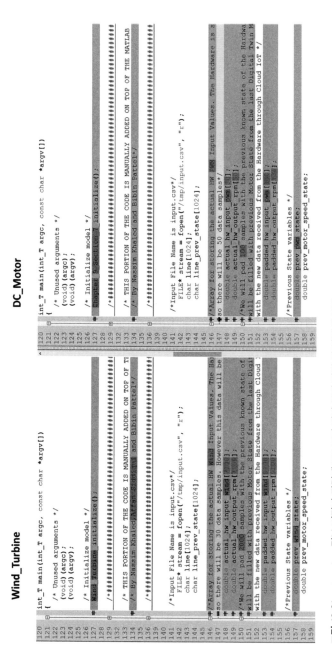

그림 10.61 ert_main.c 정보 저장과 관련해 DC 모터 정마 풍력 터빈 장 간의 차이점

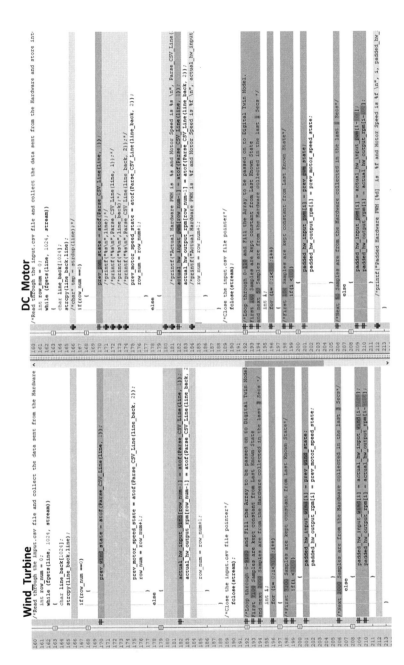

그림 10.62 ert_main.c 입력 및 출력 처리와 관련해 DC 모터 장치와 풍력 터빈 장 간의 차이점

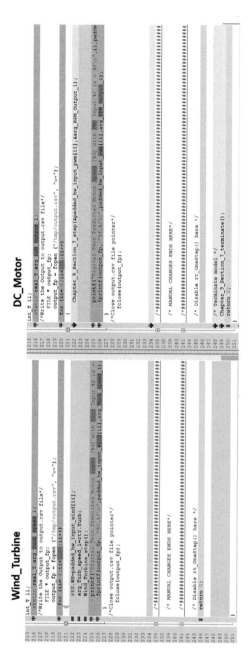

그림 10.63 ert_main.c 터미네이트 함수와 관련해 DC 모터 챕터 통합 터빈 장 간의 차이점

해당 작업을 수행한 후 Wind_Turbine_ert_rtw 폴더에서 나오면 신규 Wind_Turbine 실행 파일을 확인할 수 있다.

11. 실행 파일이 생성된 후 MATLAB 스크립트를 사용해서 해당 실행 파일을 검증한다. DC 모터 장에서 사용했던 .m 스크립트를 사용한다. 그림 10.64와 10.65와 같이 해당 스크립트에 몇 가지 수정이 필요하다.

MATLAB 스크립트에서 확인해야 하는 사항은 아래와 같다.

(a) 그림 10.64에서 터빈이 정상 상태에 진입하는 1501에서 3135 사이의 데이터만 사용한다.

(b) 그림 10.64의 Wind_Turbine을 확인하면 Wind_Turbine 코드의 interp1 함수를 생성할 수 있는 NaN 값이 있으므로 itnerp1 함수 대신 resample 함수를 사용한다. resampling함수는 시간 분할$^{time\ divisions}$을 0.0015초로 설정하고 다시 샘플링된 시간을 기준으로 y 값을 적절하게 계산한다.

(c) Wind_Turbine의 55행의 경우 3초 데이터가 0.0015 s*2002와 동일하므로 카운트 임계값은 32 대신 2002로 설정한다.

(d) 그림 10.65의 Wind_Turbine의 81행의 경우 7100 이전 데이터는 시스템을 정상 상태로 만들기 위한 과거 풍속 입력이기 때문에 7100부터 9100까지의 데이터만 사용한다.

12. 검증 스크립트를 실행하고 MATLAB 윈도우를 확인한다. 제너레이터 속도를 정상 상태로 만들고자 7100개의 샘플은 동일한 풍속을 사용한다. 여기에는 10.3절에서 언급한 RPM 값에 오버슈트가 존재한다. 해당 스크립트는 약 5분 정도 후에 결과를 시각화^{plotting}해 보여 준다. 시각화된 RMSE는 그림 10.66과 같다.

13. 실행 파일을 검증하고, AWS 람다에서 사용할 파이썬 함수를 생성한다. DC 모터 장에서 사용한 파이썬 스크립트를 활용한다. 그림 10.67 및 10.68과 같이 해당 파이썬 스크립트를 수정한다.

몇 가지 확인해야 할 사항은 아래와 같다.

(a) 그림 10.67의 Wind_Turbine의 8행에서 보간을 하고자 넘파이^{numpy} 라이브러리가 필요하다.

Wind_Turbine

```matlab
10  %% Load the DC Motor Data collected from Hardware for steady state region
11  load chap10.mat
12  %% The Data collected from DC Motor Hardware is logged at 0.02 Secs.
13  %% Resample Wind_speed to 0.0015 Seconds
14  wind_data_time = Wind_speed.time(1501:3135);
15  xs=wind_data_time;
16  yw=Wind_speed.signals.values(1501:3135);
17  [wind_resampled_data, wind_resampled_time] = ...
18  resample(yw,Wind_speed.time(1501:3135),666.6666667);
19  %% Resample Motor_Speed to 0.0015 Seconds
20  Motor_Speed_RPM_Filtered=Turbine_speed;
21  motor_speed_time = Motor_Speed_RPM_Filtered.signals.values(1501:3135);
22  xs=motor_speed_time;
23  ys=Motor_Speed_RPM_Filtered.signals.values(1501:3135);
24  [motor_speed_resampled_data, motor_speed_resampled_time] = ...
25  resample(ys,Motor_Speed_RPM_Filtered.time(1501:3135),666.6666667);
26
27  % Remove the input and output CSV files
28  !rm input.csv
29  !rm output.csv
30  % Initialize the Arrays and Variables
31  count = 1;
32  first_time = 1;
33  Wind_Speed = [];
34  Actual_Motor_Speed = [];
35  prev_Wind_Speed = wind_resampled_data(1);
36  prev_Actual_Motor_Speed = motor_speed_resampled_data(1);
37  call_model_index =1;
38  % Run a loop for each of the Wind Input data
39  for i =1:length(wind_resampled_time)
40      % The very first Wind_speed and Actual_Motor_Speed should be
41      % initialized with the previous Value for initializing the Digital Tw
42      % model to a steady state
43      if(first_time)
44          Wind_Speed(count) = prev_Wind_Speed;
45          Actual_Motor_Speed(count) = prev_Actual_Motor_Speed;
46          count = count +1;
47          first_time = 0;
48      end
49      % Continue adding the Wind_speed and Motor_Speed to the array to gath
50      % 3 Seconds data
51      Wind_Speed(count) = wind_resampled_data(i);
52      Actual_Motor_Speed(count) = motor_speed_resampled_data(i);
53      count = count+1;
```

DC_Motor

```matlab
10  %% Load the DC Motor Data collected from Hardware for Linear Region
11  %% Load Chapter 9 Section 5 Linear Region 1 Data.mat
12  %% The Data collected from DC Motor Hardware is logged at 0.2 Secs
13  %% Resample PWM Command to 0.1 Seconds
14  pwm_data_time = PWM_Input_Linear_Region_1(:,1);
15  pwm_resampled_time = (0:0.1:pwm_data_time(end));
16  pwm_resampled_data = interp1(pwm_data_time,PWM_Input_Linear_Region
17
18
19  %% Resample Motor_Speed to 0.1 Seconds
20
21  motor_speed_time = Motor_Speed_RPM_Filtered_Linear_Region_1(:,1);
22  motor_speed_resampled_time = (0:0.1:motor_speed_time(end));
23  motor_speed_resampled_data = interp1(motor_speed_time,Motor_Speed_
24
25
26
27  % Remove the input and output CSV files
28  !rm input.csv
29  !rm output.csv
30  % Initialize the Arrays and Variables
31  count = 1;
32  first_time = 1;
33  PWM_Command = [];
34  Actual_Motor_Speed = [];
35  prev_PWM_Command = pwm_resampled_data(1);
36  prev_Actual_Motor_Speed = motor_speed_resampled_data(1);
37  call_model_index =1;
38  % Run a loop for each of the PWM Input data
39  for i =1:length(pwm_resampled_time)
40      % The very first PWM_Command and Actual_Motor_Speed should be
41      % initialized with the previous Value for initializing the Dig
42      % model to a steady state
43      if(first_time)
44          PWM_Command(count) = prev_PWM_Command;
45          Actual_Motor_Speed(count) = prev_Actual_Motor_Speed;
46          count = count +1;
47          first_time = 0;
48      end
49      % Continue adding the PWM_Command and Motor_Speed to the arra
50      % 3 Seconds data
51      PWM_Command(count) = pwm_resampled_data(i);
52      Actual_Motor_Speed(count) = motor_speed_resampled_data(i);
53      count = count+1;
```

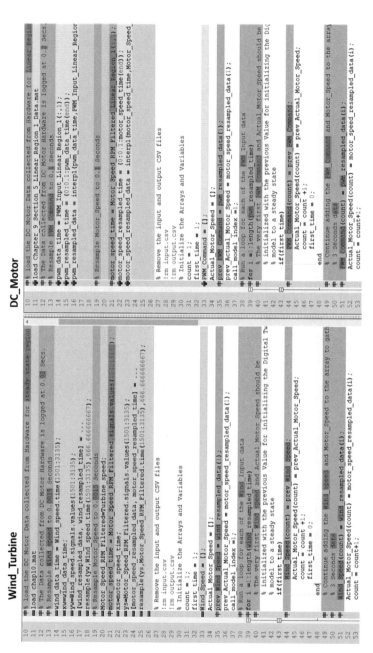

그림 10.64 입력 및 출력 처리에 대한 DC 모터 장과 풍력 터빈 장 사이의 실행 기능한 검증 스크립트 차이점

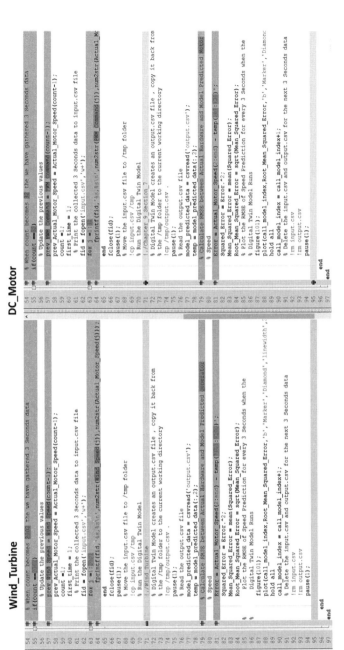

그림 10.65 종료 함수에 대한 DC 모터 장과 풍력 터빈 장 사이의 실행 가능한 검증 스크립트 차이점

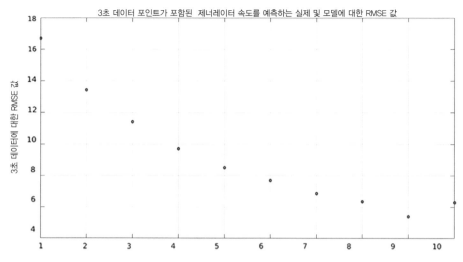

그림 10.66 검증 스크립트에 대한 RMSE 플롯

(b) 그림 10.67의 Wind_Turvine의 17행 이후부터 하드웨어의 데이터가 temporary input_1.csv 파일로 우선 전송된다. 그다음 input_1.csv를 읽고 디지털 트윈의 샘플링 속도와 샘플링 속도 0.0015초가 일치하도록 보간한다.

(c) 그림 10.68에서 보간된 데이터의 7100부터 9100 데이터를 읽을 수 있도록 RMSE 에러 프로세싱 함수를 수정한다.

14. 위에서 생성한 람다 함수를 신규 폴더에 저장한다. 해당 폴더를 **Digtal_Twin_ Simscape_book** 폴더 내에 **Chapter_10** 폴더로 명명한다. 컴파일된 디지털 트윈 실행 파일을 해당 폴더로 복사한다. 그림 10.69는 람다 함수와 디지털 트윈 실행 파일의 필요한 권한과 패키지를 제공하는 리눅스 명령어 집합을 보여 준다. 해당 명령어들에 대한 설명은 아래와 같다. 리눅스 터미널을 실행하고 아래 명령어들을 순서대로 실행한다.

a. ls 명령어는 컴파일된 실행 파일 **Chapter_9_Section_7** 및 람다 함수 **lambda_function.py**를 보여 준다.

b. *cp* 명령어를 사용해 실행 파일을 람다 함수에서 사용한 신규 파일 **Wind_ Turbine_Digital_Twin**에 복사한다.

c. AWS에서 파일을 실행하고자 해당 폴더의 전체 파일에 읽기/쓰기/실행[read/]

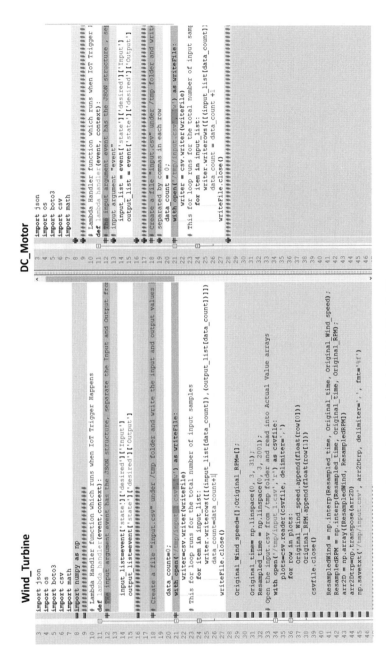

그림 10.67 입력 데이터 보기와 관련된 DC 모터 장 및 풍력 터빈 장의 람다 함수 차이점

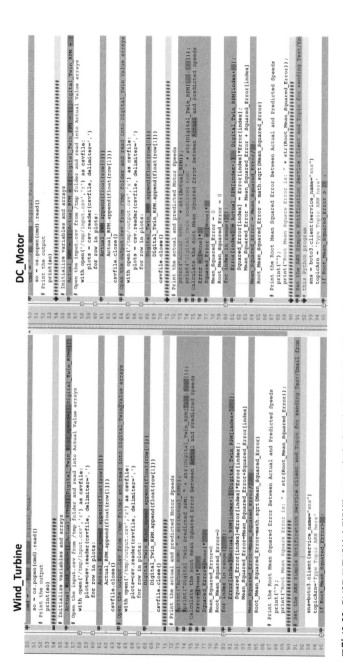

그림 10.68 RMSE 프로세싱과 관련된 DC 모터 장비 및 풍력 터빈 정의 람다 함수 차이점

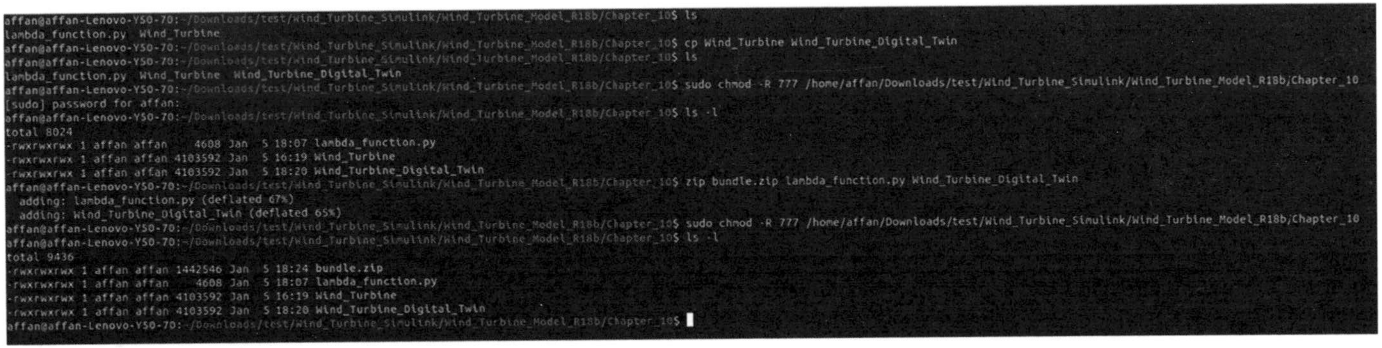

그림 10.69 람다 함수 및 디지털 트윈 실행 파일 패키징과 관련된 리눅스 터미널 명령어

^{write/executable} 권한을 설정한다. ***sudo chmod -R 777 <folder_name>*** 명령어를 사용한다.

 d. ***ls -l*** 명령어를 실행한다. 해당 명령어는 현재 폴더의 전체 파일과 폴더를 표시한다. 모든 파일 및 폴더는 ***rwxrwxrwx***를 보여 줘야 한다.

 e. 이제 ***zip bundle.zip lambda_function.py Wind_Turbine*** 명령어를 사용해서 람다 함수를 패키징하고 실행 파일을 컴파일한다. 해당 명령어는 ***lambda_function.py*** 및 ***Wind_Turbine***을 ***bulde.zip*** 파일로 압축한다.

 f. bundle.zip을 생성한 후 ***bundle.zip*** 파일의 읽기/쓰기/실행 권한을 허용하고자 c단계를 다시 한번 수행한다.

 g. ***ls*** 명령어는 신규 생성된 ***bundle.zip*** 파일을 보여 준다. 이제 람다 함수를 AWS에 배포하고 최종 테스트를 수행할 준비가 됐다.

15. 웹 브라우저를 실행하고 AWS 관리 콘솔에 접속한 후 9장에서 생성한 dc_motor_digital_twin 람다 함수를 연다. 드롭다운 메뉴에서 'Upload a .zip file' 옵션을 선택한다. 14단계에서 패키징한 bundle.zip을 찾은 후 선택한다. 그다음 'Save'를 클릭한다.

16. 람다 함수를 실행하기 전에 수행할 몇 가지 단계들이 있다. 람다 파이썬 스크립트는 넘파이를 라이브러리로 포함하지만 zip 파일에 해당 라이브러리가 포함돼 있지 않은 경우 AWS에서는 라이브러리를 인식하지 못한다. 하지만 이제 AWS에서 해당 라이브러리를 압축하지 않고도 사용할 수 있는 방법이 있다. Designer 영역에서 Layers를 클릭한 다음 그림 10.70과 같이 Add a layer를 클릭한다.

17. 이름 필드의 드롭다운 리스트에서 그림 10.71과 같이 AWSLambda-Python37-SciPy1x를 선택한다. 드롭다운 메뉴의 Version에서 최신 버전을 선택한 후 Add를 클릭한다. Designer 영역에 Layer가 추가된다.

18. Designer 영역에서 dc_motor_digital_twin을 클릭하고 그림 10.72와 같이 Basic settings 영역까지 스크롤한다. 람다 함수의 실행되는 시간이 필요하기 때문에 타임아웃^{Timeout}을 1분으로 늘리고 메모리(MB)를 3008MB 또는 최대 용량으로 늘린다. 하지만 람다 함수 트리거가 동시에 실행될 수 있다. DC 모터 데이터가 AWS 람다에 트리거로 전송되면 이전 트리거의 실행이 종료될 때까지 기다리지 않고

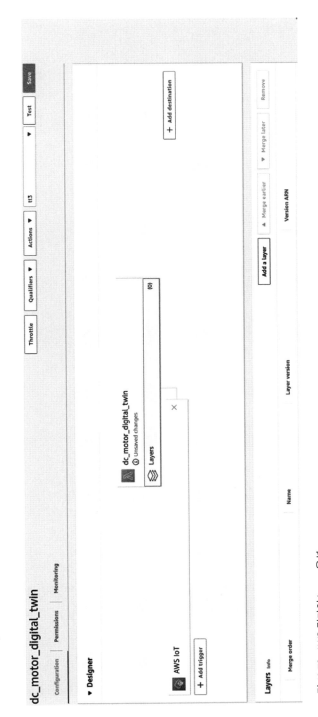

그림 10.70 AWS 람다의 Layer 옵션

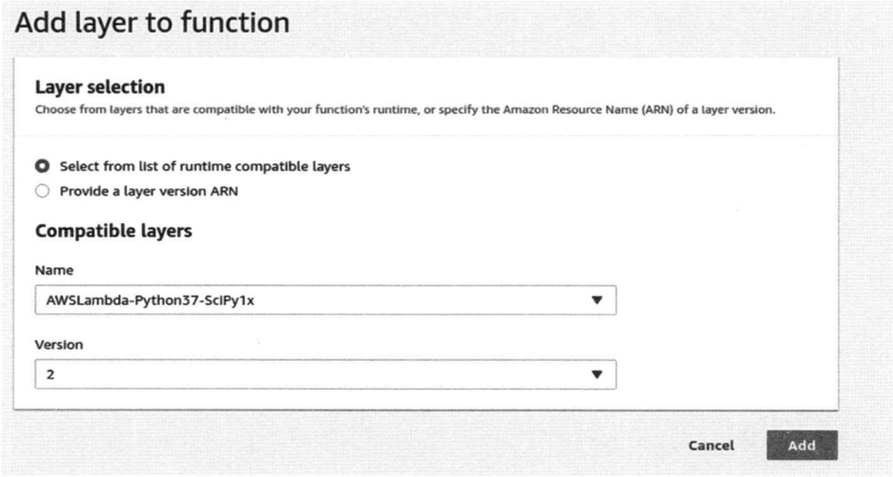

그림 10.71 SciPy 람다 Layer

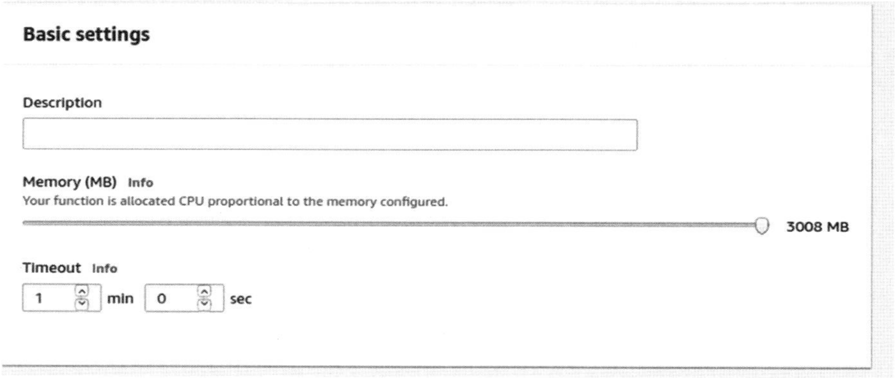

그림 10.72 람다 함수의 메모리 크기 및 타임아웃 옵션

트리거가 전송될 때마다 함수가 실행된다. 각 함수는 약 30~40초 동안 실행되며 AWS SNS 서비스 설정에 따라 이메일 알림이 전송된다.

19. 디지털 트윈을 AWS에 배포한다. 이제 하드웨어와 디지털 트윈을 테스트할 수 있다. DC 모터 하드웨어 모델과 아두이노 스크립트를 저장한 윈도우 OS로 전환할 수 있다. ESP32 및 2560을 각 COM 포트에 연결하고 MATLAB에서 아두

```
Shadow state:

{
  "desired": {
    "Input": [
      "13",
      "13",
      "13",
      "13",
      "13",
      "13",
      "13",
      "13",
      "13",
      "13",
      "13",
      "12",
      "12",
      "12",
      "12",
      "12",
      "12",
      "12",
      "12",
      "12",
      "12",
      "12",
      "12",
      "12",
```

그림 10.73 AWS의 Shadow 업데이트

이노 IDE 스크립트와 DC 모터 하드웨어 모델을 실행한다. 그림 10.73과 같이 AWS IoT Core digital_twin_thing Shadow 업데이트에서 하드웨어가 정상 상태에 도달하면 AWS로 메시지가 전송되는 것을 볼 수 있다. 람다 함수의 트리거 실행이 완료되면 시스템에 장애가 발생하지 않았으므로 SNS 설정에 따라 장애가 발생하지 않은 것과 관련된 이메일을 수신한다. 그림 10.74는 장애가 발생하지 않은 시스템에 대한 메시지를 보여 준다.

20. 이번에는 DC 모터의 전원 공급 장치를 분리해 시스템 장애를 발생시킨다. DC 모터 하드웨어 모델이 실행되는 경우 모터 속도에 대한 순환 참고[circular reference]를 하지 않기 때문에 그림 10.41의 조건에 따라 계속 전송된다. 하지만 모터 속도의 RPM이 곧 0이 된다. 람다 함수가 종료되면 그림 10.75와 같이 장애 관련 이메일 메시지가 전송된다.

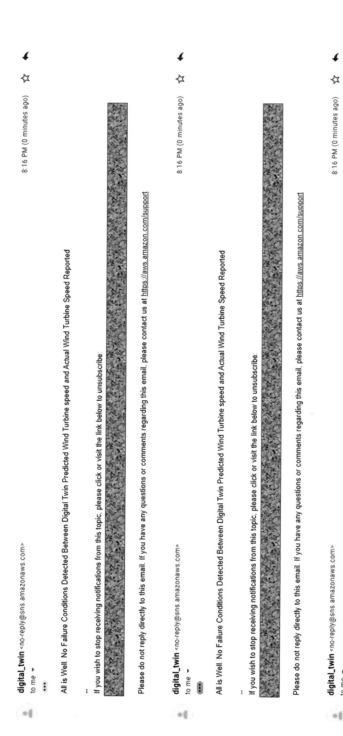

digital_twin <no-reply@sns.amazonaws.com>
to me ▾

All is Well. No Failure Conditions Detected Between Digital Twin Predicted Wind Turbine speed and Actual Wind Turbine Speed Reported

--

If you wish to stop receiving notifications from this topic, please click or visit the link below to unsubscribe:

Please do not reply directly to this email. If you have any questions or comments regarding this email, please contact us at https://aws.amazon.com/support

8:16 PM (0 minutes ago)

digital_twin <no-reply@sns.amazonaws.com>
to me ▾

All is Well. No Failure Conditions Detected Between Digital Twin Predicted Wind Turbine speed and Actual Wind Turbine Speed Reported

--

If you wish to stop receiving notifications from this topic, please click or visit the link below to unsubscribe:

Please do not reply directly to this email. If you have any questions or comments regarding this email, please contact us at https://aws.amazon.com/support

8:16 PM (0 minutes ago)

digital_twin <no-reply@sns.amazonaws.com>
to me ▾

8:16 PM (0 minutes ago)

그림 10.74 장애가 발생하지 않은 시스템의 이메일 메시지

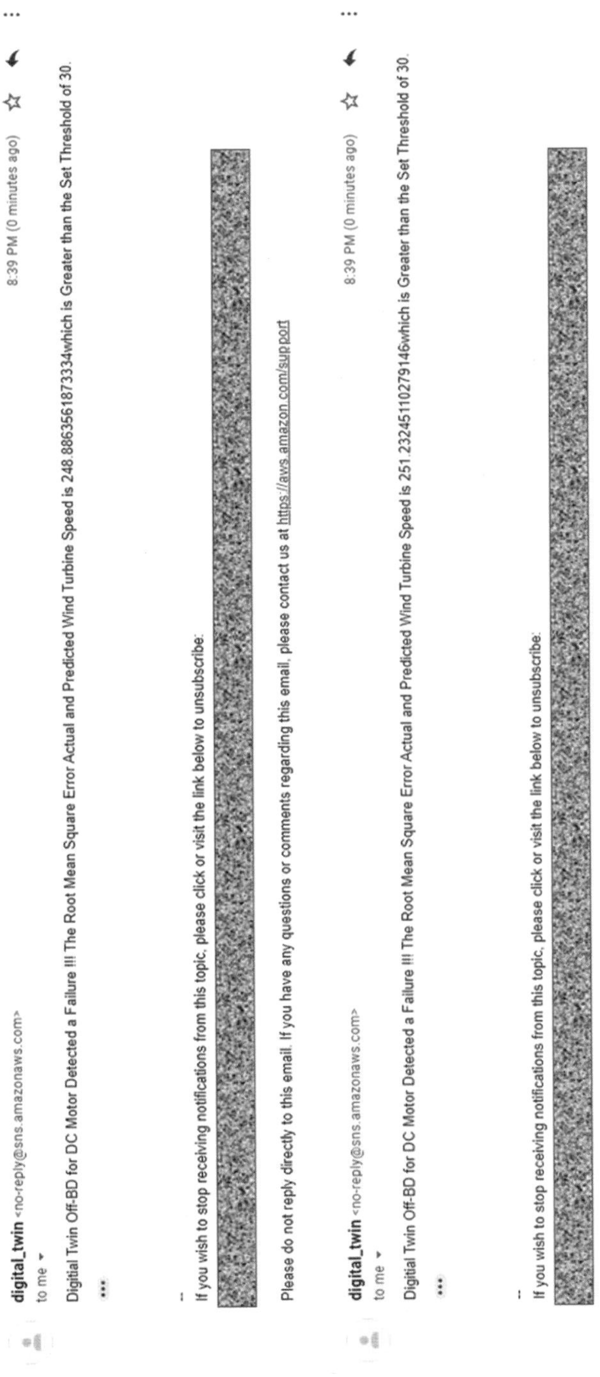

digital_twin <no-reply@sns.amazonaws.com>
to me ▾

Digital Twin Off-BD for DC Motor Detected a Failure !!! The Root Mean Square Error Actual and Predicted Wind Turbine Speed is 248.8863561873334which is Greater than the Set Threshold of 30.

8:39 PM (0 minutes ago) ☆ ✦ ⋯

···

If you wish to stop receiving notifications from this topic, please click or visit the link below to unsubscribe:

Please do not reply directly to this email. If you have any questions or comments regarding this email, please contact us at https://aws.amazon.com/support

digital_twin <no-reply@sns.amazonaws.com>
to me ▾

Digital Twin Off-BD for DC Motor Detected a Failure !!! The Root Mean Square Error Actual and Predicted Wind Turbine Speed is 251.232451102791 46which is Greater than the Set Threshold of 30.

8:39 PM (0 minutes ago) ☆ ✦ ⋯

···

If you wish to stop receiving notifications from this topic, please click or visit the link below to unsubscribe:

Please do not reply directly to this email. If you have any questions or comments regarding this email, please contact us at https://aws.amazon.com/support

그림 10.75 장애가 발생한 경우의 이메일 메시지

10.6 애플리케이션 문제

RPM 대신 가속도를 사용하도록 10장의 출력을 수정하고 시스템이 정상 상태에 도달했을 때 DC 모터와 디지털 트윈 제너레이터의 가속도 간의 RMSE를 계산한다. 시스템이 정상 상태인 경우 가속도가 0에 가깝기 때문에 해당 비교가 RPM보다 용이하다.

힌트: **Discrete Derivative** 블록이 이 문제에 유용하게 사용될 수 있다. 해당 블록을 사용하는 경우 하드웨어 드라이버 모델과 디지털 트윈 모델 간의 샘플링 속도 차이를 고려해야 한다.

MATLAB® Central에서 10장과 관련된 자료를 다운로드한다. 최종 모델 및 코드는 **Application_Problem_windturbine** 폴더에 있다.

참고문헌

[1] S. Miller, Wind Turbine Model, 2020. https://www.mathworks.com/matlabcentral/file exchange/25752-wind-turbine-model. MATLAB Central File Exchange. Retrieved November 11, 2019.

찾아보기

디지털 트윈 개발 및 클라우드 배포

Simulink, Simscape, AWS를 활용해 클라우드 기반 다이내믹 모델 개발하기

발 행 | 2022년 2월 25일

지은이 | Nassim Khaled · Bibin Pattel · Affan Siddiqui
옮긴이 | 최 만 균

펴낸이 | 권 성 준
편집장 | 황 영 주
편 집 | 조 유 나
　　　　김 다 예
디자인 | 윤 서 빈

에이콘출판주식회사
서울특별시 양천구 국회대로 287 (목동)
전화 02-2653-7600, 팩스 02-2653-0433
www.acornpub.co.kr / editor@acornpub.co.kr